KPI 이노베이션

조직 성과측정의 올바른 이해와 혁신

딘 R. 스피처 지음 | IBM 글로벌 비즈니스 서비스 FM팀 감수

KPI 이노베이션
조직 성과측정의 올바른 이해와 혁신

딘 R. 스피처 지음 | IBM 글로벌 비즈니스 서비스 FM팀 감수

한국경제신문

사랑하는 아내, 신시아에게
멋진 아들, 데이비드에게
훌륭한 어머니, 마조리 골드먼에게

| 감사의 말 |

내가 이 책의 저자이기는 하지만, 내가 거론할 수 있는 것보다도 훨씬 더 많은 분들이 이 책에 여러 가지로 기여했다.

우선 깊은 감사를 드릴 분은 짐 스포러Jim Spohrer, IBM 알마덴 서비스 리서치Almaden Service Research의 소장이며 IBM의 진정한 혁신주의자이고, '측정의 사회화'라는 저자의 연구를 믿고 시간을 허락해서 이 책을 쓰게 한 분이다. 또한 감사를 드릴 분은, IBM 연구소IBM Research, IBM 글로벌 테크놀로지 서비스IBM Global Technology Services와 IBM 글로벌 비즈니스 서비스IBM Global Business Services에 근무하고 있는 동료들로, 그들은 저자에게 귀중한 아이디어, 대화와 자극을 주었다. 또한 모든 고객들께도 감사를 드린다. 그분들은 수년 동안 저자의 충고를 믿고 최대의 실험실, 즉 그들의 조직을 저자에게 제공해 주었다.

성과측정 사상의 훌륭한 리더들 덕택으로, 그분들이 세운 토대 위에 이 책은 새로운 영역을 구축했고, 많은 분들이 이 책에 인용되기도 했다. 그분들의 기여가 없었다면, 이런 영역도 없을 것이다.

미리 감사를 드릴 분들은 또한 이 책을 읽을 분들, 용기를 내어 자신들의 조직에서 성과측정의 변혁에 착수하고, 그래서 기회를 잡는 분들이다.

또한 감사를 표할 분들은, AMACOM의 편집장으로서 이 책의 중요성을 첫날부터 믿고 AMACOM의 훌륭한 자원을 동원해서 이 책의 출간 과정을 도운 에이드리엔 히키Adrienne Hickey, 담당 편집자로서 문장을 훌륭하게 다듬어준 닐스 블루셈Niels Bluessem, AMACOM의 우수한 부편집장인 마이크 시빌리Mike Sivilli, 그리고 저자의 개인 편집자이며 친구로서 편집뿐만 아니라 기도, 사기 진작, 그 외 이 책에 관련된 좋은 제안을 아끼지 않은 비키 웨일랜드Vicki Weiland이다.

특히 가족에게 이 책을 바치며, 그들의 사랑과 지원에 감사를 표한다. 아내 신시아Cynthia와 아들 데이비드David에게 특별한 감사를 표하는데, 그들은 이 책의 저술 과정 동안 자신들에게 신경도 못 쓰는 걸 잘 참아주었다. 그리고 가장 큰 감사는 하나님께 바치는데, 저자에게 의미, 목적의식, 지혜, 인내, 그리고 힘을 주셔서 이 책을 완성할 수 있게 하셨다.

딘 스피처Dean Spitzer

만일 여러분의 조직이 성공하는 데에 매우 중요한 열쇠 중의 하나가 생각지도 못한 곳에 있다면 어떻게 하겠는가? 만일 그곳이 흔히 복잡하고, 접근할 수 없다고 생각되며, 또한 지독히 지루하게 여겨지는 장소라면? 만일 이 성공의 열쇠가 이미 여러분의 조직 안 어디에나 존재하고 있는 강력한 세력들 중의 하나라면 어떻게 하겠는가? 그것은 분명히 존재하며 여러분이 끌어내서 쓰기를 기다리고 있다.

이 성공의 열쇠는 바로 '측정measurement' 이다.

올바른 측정은 여러분의 조직을 혁신시킬 수 있다. 이는 현재 여러분이 처해 있는 상황을 보여줄 뿐만 아니라 여러분이 원하는 것은 무엇이든 이루도록 해줄 수 있다. 믿어지지 않는가? 그럼 여러분이 측정에 대하여 생각하고 있는 방법을 바꿀 준비를 하라. 이 책에서 보게 되겠지만, 측정이야말로 높은 성과, 개선, 그리고 궁극적으로 비즈니스나 인간이 노력하는 다른 분야의 성공에 있어서 근본적인 것이다.

성공의 비결을 찾기는 어렵다

비즈니스 성공의 비결을 찾는 것은 우리 모두가 끊임없이 추구하는 것이다. 우리는 수없이 많은 책을 사보고, 강연을 들으며, 쉬지 않고 최신 경영 추세에 촉각을 곤두세우고 있다. 우리는 조언도 받고, 훈련도 받고, 심지어 이런 모든 정보에 다소 지쳐 있기도 하다. 우리는 모두 우리의 조직, 위원회, 작업장, 부서, 팀에서 보다 더 나은 관리자, 더 나은 동기부여자, 더 나은 리더가 되려고 힘겹게 싸우고 있다. 그리고 회사는 궁극적으로 역량을 확보하고, 수익성을 개선하기 위해 많은 시간과 예산을 투입하고 있다. 그러나 불행하게도 기업이 자원을 투입한 노력과는 별개로 성과는 대체로 불규칙하다. 때로는 시간과 예산을 투자한 것에 대한 성과를 보일 때도 있지만, 대체로 그런 경우는 드물다.

그 이유는 조직 내에서 문제의 근본원인root causes들이 해결되지 못한 상태로 남기가 쉽기 때문이다. 그 경영상의 '획기적인 발전break-through'이라는 요란한 선전문구 너머로 항상 믿을 수 있는 한 가지가 있다. 그것은 최신의 경영기법들이 아무리 획기적이고 중요하며 또는 본질적이라고 하더라도, 새로운 경영 솔루션들은 나오는 순간 모두 똑같이 소모품이 되어버릴 것이라는 사실이다.

패러다임 바꾸기

이 책에서 말하려는 것은 조직 구성원들이 자신들의 업무, 제품, 그리고 고객을 바라보는 방법에 혁신적인 충격을 줄 수 있는 확실한 성과 측정지표와 측정방법이 있다는 것이다. 너무나 많은 회사들이 그동안 자신의 조직을 내부 또는 외부에서 바라보는 방법에 대한 근본적인 변화를 도모하지 않고, 단기적인 프로그램을 채택하거나 구조, 시스템, 또는 기술상의 피상적인 면만을 바꿈으로써 자신의 변화를 시도해 왔다.

실제로 조직성과측정의 혁신은 사업구조나 체계에 대한 대대적인 변화를 요구하는 것이 아니라, 단지 조직을 측정하는 데에 있어서 사고방식의 변화를 요구하고 있다. 이러한 근본적인 변화가 발생하기 위해서는 반드시 조직성과를 측정하는 패러다임이 바뀌어야 한다.

잘 아시다시피 패러다임이란 널리 받아들여지고 있는 '정신적인 모델mental model' 로서 우리들이 세상을 어떻게 바라볼 것인가를 결정한다. 그 모델에 변화가 있을 때 "패러다임의 전환"이라고 말한다. 기업에 있어서도 사람들이 같은 사물을 다르게 바라보기 시작할 때 대부분의 변화가 일어난다. 제1장에서 설명하겠지만, 성과측정은 기본적인 렌즈를 의미하는데, 사람들은 자신들의 조직성과를 이 렌즈를 통해 바라본다. 우리가 사물을 측정할 때 똑같은 방법을 사용하면, 우리는 똑같은 렌즈, 똑같은 관점에서 작업하는 것이다. 만일 우리가 그릇된 측정지표에 초점을 맞추면, 계속 움직이는 비즈니스에 따라 계속 변하는 가장 중요한 사항을 놓칠 수 있다. 측정은 렌즈이므로, 우리가 사물을 바라보는 방법을 결정하며, 조직성과측정의 혁신은 사람들이 자신들의 조직을 새로운 렌즈를 통해서 바라볼 때 생기는 것이다.

그렇지만 이 책에서 제안하는 첫걸음은 측정 자체를 새로운 렌즈를 통해 바라보기 시작하라는 것이다. 측정은 어쩌면 조직이 수행할 수 있는 가장 파급력이 큰 활동 중의 하나이다. 그러나 그러한 중요성에도 불구하고 우리는 대부분 측정을 지엽적으로 다루거나 피상적으로 다루는 경향이 있다. 그 이유는 업무적이든 업무외적이든 우리의 삶 속에서 측정의 진정한 힘을 깨닫지 못하고 있기 때문이다. 우리는 측정을 당연한 것으로 취급하고, 종종 잘못 측정하며, 대개는 매우 전문적인 업무로 여기고 회계사, 재무 분석가, 측정업무 담당자 등 소위 전문가에게 맡기는 것이 낫다고 생각한다.

대부분의 사람들은 측정에 대하여 생각할 때, 기술적인 측면(데이터의 수집, 계산, 분석, 통계 등)에 대해 생각한다. 그러나 성과측정이란 단순히 숫자들의 일람표나 채점표와는 차원이 다른 것이다. 측정은 숫자를 사용하겠지만 숫자에 국한된 것이 아니다. 그것은 인식, 이해, 그리고 통찰력에 관한 것이다. 측정이 올바로 이루어졌을 때, 여러분의 조직에 대단히 긍정적이고 혁신적인 충격을 가져올 수 있는 것이다.

성과측정에 관한 놀라운 진실

아마도 이 책에서 다룬 가장 놀라운 진실은 바로 '측정의 상황context

of measurement'이 측정의 효과를 좌우한다는 것이다. 실제로 측정의 상황이 측정 자체보다도 더 중요하다. 성과측정이 좀처럼 측정의 긍정적인 가능성을 전해주지 못하는 큰 이유 중의 한 가지는 거의 절대적으로 적절한 '사회화'가 이루어지지 않았기 때문이다. 다시 말해 측정이 긍정적인 방법으로 조직의 사회적인 구조에 짜넣어진 것이 아니었기 때문이다. 성과측정을 위해 긍정적인 환경을 만드는 작업이야말로 기본적인 기교에 치우친 성과측정과 이 책에서 제안하고 그 실행을 도와주려고 하는 진정한 조직성과측정의 혁신 사이에서 빠져 있는 고리에 해당한다.

대부분의 직원이 그들의 조직 내에서 측정 시스템을 특별히 좋아하거나 신뢰하지 않는다는 것은 별로 놀라운 일이 아니다. 조직의 리더 중 93%가 측정이 사업의 결과를 좌우하는 데 중요하다고 믿는 반면에, 직원들은 51%만이 현행 시스템에 만족하고, 겨우 15%만이 매우 만족한다고 한다. 심지어 최근의 한 조사에 의하면 회계 담당자들도 응답자의 35%만이 자신들의 조직성과측정 시스템을 효과적 또는 매우 효과적이라고 평가했다.

측정에 대해 사람들이 보여주는 흥미로운 모순이 또 하나 있는데, 업무 중에 측정을 당한다고 생각하면 불쾌하게 생각하는 사람들이 만약 점수 기록 없이 골프(볼링, 야구, 테니스, 축구 등)를 친다면 매우 끔찍하게 생각할 것이다. 사실은 측정이야말로 스포츠와 게임에서 가장 큰 동기유발이 될 것이다. 학교에서 수학에 낙제를 했거나 세무신고서 양식에 겁을 먹는 사람일지라도 스포츠 통계를 수집하고 비교하며, 다른 사람과 토의하는 데에는 몇 시간씩 보낸다.

왜 직장에서의 측정에 대한 태도가 애증 반반의 감정에서부터 노골적인 적대감까지 그렇게 다른 것일까? 왜냐하면 너무나 많은 사람이 측정의 부정적인 측면, 특히 측정에 뒤따르는 평가에 익숙해져 있기 때문이고, 너무나 많은 전통적인 성과측정지표들이 '소수에 대한 포상, 다수에게는 징벌, 그리고 범인 색출'로 인식되고 있기 때문이다.

그와는 대조적으로 측정이 평가하거나 책임을 묻는 데 사용되기보다는 개선의 목적으로 사용되는 경우, 또 올바른 측정지표에 집중하는 경우에는 측정의 진정한 힘이 드러난다. 개인적으로 여러분이 저울에 올라섰을 때 과체중이라는 말을 듣는 것과 체중을 줄이기 위해 저울에 올라서는 것과는 느낌이 다르다. 같은 저울이지만, 전자의 경우에는 평가하는 데에 사용하였고, 후자의 경우에는 동기를 부여하고 권한을 부여하는 데에 사용하였다. 측정이 사용되는 상황에 따라 이러한 중요한 차이를 만들어내는 것이다.

이 책의 목적

이 책은 측정의 실행에 관한 책이 아니라, 측정의 효과적인 사용을 위한 최적의 환경을 만드는 것에 관한 책이다. 대규모 조직은 매일 수백만 건의 데이터를 수집하고 측정하지만, 그 측정을 효과적으로 사용하기 위해 올바른 환경을 만들지는 못하고 있다. 대부분의 조직은 유능한 담당자를 두어 숫자를 처리하고 기록하고, 이 데이터의 홍수를 감당하기 위해 정보기술에 막대한 투자를 하고 있다. 그러나 거의 어떤 조직도 모든 구성원에게 측정을 생산적이고 즐거우며 사회적이고 조직적인 상황으로 개선하려는 노력을 하지 않았다. 그 구성원에는 궁극적으로 무엇을 측정하고 어떻게 측정할 것인지를 결정할 사람으로부터 데이터를 해석하고 그것에 관해 전달하고, 또 그것으로부터 배우는 사람이 포함되어 있는데도 말이다. 이것이 진짜로 어려운 일이다. 사실 측정은 소수의 선택된 사람을 위해 확보되어야 하는 것이 아니다. 높은 성과를 올리는 조직에서 측정은 모든 사람의 일이다. 불행하게도 만일 '측정의 상황'이 가지는 이슈가 충분히 설명되지 않는다면, 성과측정의 효과는 거의 달라지지 않고, 계속해서 고역이 될 것이며, 계속해서 똑같은 낡은 렌즈를 통해 보이게 될 것이다.

성과측정이 이 책에서 주장하는 방식대로 올바르게 수행된다면, 조직 자체와 그 구성원 둘 다 긍정적인 영향을 받을 것이다. 조직성과측정의 혁신은 조직의 성과를 사고accident의 감소로부터 무결점zero defects까지의 모든 국면에서 개선된 결과로 인도하는데, 거기에 포함되는 사항에는, 효과적인 전략의 실행, 보다 나은 투자 의사결정, 가치창출의 증대와 다양한 유무형의 자산으로부터의 가치 증가, 관계 개선(대고객, 직원, 공급자, 동업자, 기타), 시너지와 공급망supply chain의 동시성의 증가, 예측 정확도의 증가, 직원 동기부여와 능률의 향상, 조직 학습 능력 증대, 그 밖에 수많은 개선사항들이 있다.

조직성과측정의 혁신을 통해 조직 구성원들은 측정에 대해서 좋은 감정을 갖게 되며, 그들의 사기, 몰입도, 충성심을 향상시킬 수 있다. 뿐만 아니라 그들로 하여금 좀 더 열성적으로 그들이 성과를 향상시키게 만든다. 회피되거나 두려워지는 활동 대신에, 측정은 사람들이 즐길 수 있는 활동이 되고, 측정 데이터는 사람들이 받기를 기대하는 정보로 변한다. 너무나 좋은 말이라 믿기 어려운가? 측정을 혁신적으로 사용함으로써, 그리고 효과적으로 쓰기 위한 올바른 상황을 만들어 냄으로써 앞에서 말한 이점들은 어느 조직에서도 달성할 수 있다.

이 책은 하나의 선언문과 하나의 안내서로서 만들어졌고, 조직성과측정의 혁신으로 향하는 여정을 시작하는 데 도움이 될 것이다. 저자는 독자 여러분이 사용하면 사용할수록 가치가 점점 더 커지는 자원을 마련하고자 노력했다. 이 자원은 적절하게 사회화된 성과측정을 만들어내고 이를 고무시킬 것이다. 그리고 적절하게 사회화된 성과측정은 여러분의 팀, 부서, 사업단위, 또는 전 조직이 성과측정에 대해서 생각하는 방법과 성과측정을 실행하는 방법을 변화시킬 것이다.

일단 이 책을 읽으면 기본적인 개념이 간단하다는 사실에 놀라겠지만, 올바르게 실행하는 것은 결코 쉽지는 않다. 바로 그 점 때문에 이 책은 가장 중요하고 영향력이 큰 전략, 전술, 그리고 실행 계획을 중점적으로 다루고 있고, 여러분들은 이를 활용하여 조직 내 측정 시스템의 힘을 분출시켜 진정한 조직성과측정의 혁신을 달성할 수 있을 것이다.

제1장을 읽기 전에 다음의 '조직성과측정의 혁신 수준을 가늠할 수 있는 설문지TMQ; Transformational Measurement Questionnaire'에 답해 보기 바란다. 이 설문지는 여러분의 조직에서 성과측정의 혁신 작업이 필요한지에 관해 신속한 평가를 제공해 줄 것이다.

TRANSFORMATIONAL MEASUREMENT QUESTIONNAIRE

응답 요령 여러분이 속한 조직 내에서 성과측정의 현황을 솔직하게 평가한 후, 아래 20개의 질문에 '예' 또는 '아니오'로 답하세요. 즉석 채점 안내는 설문지 끝에 나옵니다.

---

1 조직의 현재와 미래의 성공을 위한 핵심요소들이 효과적으로 측정되고 있다고 확신하고 있습니까?　　____ 예　____ 아니오

2 성과측정지표를 전략과 연계하여 계속적으로 정렬aligning, 재정렬realigning하는 과정이 존재합니까?　　____ 예　____ 아니오

3 성과측정의 중요성과 가치가 조직 전반에 걸쳐 광범위하게 인식되어 있습니까?　　____ 예　____ 아니오

4 조직 구성원들은 측정에 기반한 피드백을 적극적으로 탐색하고 이를 환영합니까?　　____ 예　____ 아니오

5 조직 구성원들은 성과에 대해 긍정적인 자세를 갖고 있고, 신뢰하며, 그 성과가 자신에게 적대적으로 사용되지 않을 것이라고 확신하고 있습니까?　　____ 예　____ 아니오

6 조직 내의 성과측정 정보는 시의적절하며 이해가 잘 됩니까?　　____ 예　____ 아니오

7 성과측정 데이터는 일상적으로 지식, 깊은 식견, 그리고 지혜로 전환되고 있습니까?　　____ 예　____ 아니오

8 조직 내의 프로젝트와 이니셔티브는 효과성(비용뿐만 아니라, 적시성)

면에서 측정됩니까?　　　　　　　　　____ 예　　____ 아니오

9　조직의 성과측정 시스템은 결단력, 솔직함, 투명성, 그리고 협동을
　　촉진합니까?　　　　　　　　　____ 예　　____ 아니오

10　조직의 성과측정 시스템은 부서간 협력을 촉진합니까?

　　　　　　　　　　　　　　　　____ 예　　____ 아니오

11　조직의 이해 당사자들은 주요 성과측정지표 사이의 인과관계, 의존
　　성, 상충관계trade-off를 이해하고 있습니까?

　　　　　　　　　　　　　　　　____ 예　　____ 아니오

12　조직의 이해 당사자들은 조직의 성과측정 시스템이 최적의 의사결정
　　을 내리는 데에 있어서 통찰력과 예측력을 제공하고 있다고 확신하
　　고 있습니까?　　　　　　　　　____ 예　　____ 아니오

13　보다 더 총체적인 의사결정을 할 수 있는 통합 데이터(특히 고객데이
　　터)를 확보하는 데에 있어서 의미있는 발전이 이루어졌습니까?

　　　　　　　　　　　　　　　　____ 예　　____ 아니오

14　성과측정 시스템을 지속적으로 개선하고 성과측정지표를 최적화하
　　는 것이 조직의 우선 사항입니까?

　　　　　　　　　　　　　　　　____ 예　　____ 아니오

15　측정하기 어려운 무형자산(재주, 지식, 혁신 등)의 원천을 측정하기 위
　　한 발전이 이루어지고 있습니까?　____ 예　　____ 아니오

16　새롭고 혁신적이고 교차적인 기능의cross-functional 성과측정지표를
　　시도하는 데에 있어서 조직은 개방적입니까?　____ 예　　____ 아니오

17　직원과 경영층의 회의에서 성과측정에 대한 상호간의 긍정적인 대화
　　가 자주 있습니까?　　　　　　　____ 예　　____ 아니오

18 조직의 성과측정 시스템은 충분히 역동적이고 유연해서 복잡하고 급변하는 환경에 신속하게 대응할 수 있습니까? ____ 예 ____ 아니오

19 측정이 모니터링, 보고 및 보상에 사용되는 만큼 개선과 학습에 자주 사용됩니까? ____ 예 ____ 아니오

20 조직 내에 성과측정에 관해 직원을 교육하기 위한 많은 노력이 있습니까? ____ 예 ____ 아니오

즉석 채점 안내 본 채점 안내에 따라 사용하면 여러분 조직의 간략한 조직성과측정의 혁신지수Transformational Measurement Quotient를 알 수 있습니다. '예'에 1점, '아니오'에 0점을 매기십시오. 그리고 아래의 지침에 따라서 여러분 조직의 점수를 해석하시면 됩니다.

16~20점 축하합니다! 당신의 조직은 성과측정의 혁신작업을 훌륭하게 해내고 있습니다. 이 책은 좋은 재교육 교재로 쓰여서 당신의 능력을 키우는 데 도움이 될 것입니다.

10~15점 당신의 조직은 성과측정의 혁신에 진전을 보이고 있습니다. 이 책은 당신의 조직이 성과측정에 있어서 다음 단계로 올라가는 데 도움을 줄 것입니다.

0~9점 당신의 조직은 성과측정에 있어서 아직 커다란 혁신이 필요합니다. 그렇다고 낙담하지 마세요. 이 책은 조직성과측정의 혁신에 대한 청사진을 개발하는 데 큰 도움이 될 것입니다.

측정이 왜 그토록 중요한가

측정은 시간의 시작과 함께 존재하였던 만큼 새삼스러운 것이 아니다. 원시 자급자족의 시대에서는 측정이 거의 필요 없었다. 측정은 간절한 필요에 의하여 발전되어 왔는데, 사회적인 상호교류의 필요성과 겨우 자족하는 수준의 생활에서 벗어나려는 움직임의 필요성은 교역과 상업의 길로 이어지고, 또한 물리적 환경의 이해와 극복의 필요성으로 이어져서 과학이 싹트는 데에까지 이르렀다. 교역과 상업은 세계 역사에 있어서 너무나 중대한 부분이 되어 거의 우리의 DNA 속에 굳어져 버렸고, 이 교역과 상업이 바로 초기의 실용적인 측정을 대부분 탄생시킨 주역이다. 그런 측정에는 무게, 크기, 양과 화폐의 척도가 포함된다. 초기의 측정은 인간의 몸 부위에 기준을 두었는데, 예를 들어 지금의 길이 단위인 야드의 바탕이 된 고대의 큐빗cubit(팔꿈치에서 손까지의 길이)은 파라오의 팔 길이에 그의 손 길이를 더한 것이었다. 그리고 꽃, 돌, 조개껍질 같은 여러 가지 자연물이 재화와 서비스의 교환으로 사용되었다. 수 세기가 흐르면서 좀 더 세련된 척도의 필요성이 대두되자, 더욱 세련된 측정 척도가 개발되었다.

그런 식으로 인간에게는 사회적인 소통, 교역과 상업이 필요하고, 주위의 세계를 이해하려는 충동이 있는데, 그런 인간의 고유한 필요성과 충동 때문에 측정이 생겨났다. 오늘날에도 대체로 측정은 우리의 사회활동과 제도의 형성과 운영을 매끄럽게 해주고 있다. 이 책의 전체를 통해 흐르고 있는 한 가지 중요한 논제는 바로 측정이 그 근원부터 사회적인 현상이며, 동떨어진 숫자의 계산이 아니라는 점이다. 사실 측정은 사회화를 촉진하기 위해서 창안된 것이며, 측정의 발달과 효율성의 진보는 사회화 과정에 달려 있다.

측정의 사회적 성격은 시간의 측정이 어떻게 사회적 필요성으로부터 진화되었는가가 좋은 예시가 된다. 초기 문화에서는 시간은 별로 중요하지 않아서, 당시 필요로 하는 시간 의식 수준으로는 하늘에 떠 있는 태양의 위치 정도이면 충분하였다. 사람들이 좀 더 시간을 의식하게 되자 시간에 더욱 가치를 두기 시작했고, 시간에 관련된 규율이 더 필요하게 되었다. 그것은 좀 더 정밀한 시간 측정과, 시계 같은 적절한 측정도구의 탄생으로 이어졌다. 데이비드 랜즈David Landes가 말했다. "설득력 있는 주장인데, 시간 측정의 향상은 서구 문명사에 있어서 가장 중요한 물리학적 진보이다. 그 향상이 없었다면 다른 진보도 존재할 수 없었다."

사실상 모든 과학적·산업적 발달은 측정과 점점 더 정교해지는 측정도구(망원경, 현미경, X선, 원자시계 등)의 발달과 정밀도에 의존해 왔다. 루이 파스퇴르Louis Pasteur의 말이다. "과학의 성숙은 측정도구의 성숙과 궤를 같이 한다."

측정은 두루 퍼져 있다

만일 오늘날 우리 생활 속에 측정의 영향이 널리 퍼져 있는 걸 의식적으로 찾아본다면, 측정이 얼마나 사방에 널려 있는가를 깨닫고 놀라게 될 것이다. 현대 생활에서는 거의 모든 것이 일정한 형태의 측정에 기반을 두고 있다. 일상생활에서 측정이 없어선 안 될 역할을 하는 것에 대해 잠시 생각해 보자.

글자 그대로 수백 개의 측정이 아침 잠자리에서 알람시계가 우리를 깨우는 순간부터 하루 일과 중에 우리의 모든 행동을 유발하고 있다. 우리는 매일 사물을 측정하는 데 많은 시간을 사용한다. 예를 들어 시간(시계와 달력), 금전(봉급, 은행 계좌, 예산, 신용, 투자, 은퇴 계획), 쇼핑(가격 비교, 제품 품질 등급), 날씨(기온, 강수량, 풍속, 습도, 기압), 자동차 운전(속도와 유량계, 정비 기록, 규격 명세), 여행(일정표, 운임, 위치, 방향, 거리), 수량(길이, 부피, 무게), 음식(1인분의 양, 영수증, 칼로리, 지방 함유량), 교육(등급, 시험 성적, 졸업자격), 건강(생체지수, 검사 항목, 콜레스테롤, 혈압, 몸무게), 스포츠(점수, 타율, 각종 기록), 정치(투표, 여론 조사), 기타 일상용 수백 가지의 측정 척도들이 있다. 단순히 자동차를 운전하면서 또는 골프를 치면서 얼마나 많은 측정을 하는지 생각해 보라. 허버트 아서 클라인Herbert Arthur Klein이 "인간은 만물의 측정자測定者이다."라고 한 것은 아주 적절한 표현이다.

그러나 일상적인 측정은 너무나 습관처럼 되어서 거의 의식을 하지 않고 있고, '측정'이라고 부르는 것도 이상하게 들릴 정도이다. 측정이 도처에 퍼져 있고 다른 활동들과 너무나 많이 결합되어 있기 때문에, 흔히 배경과 어우러져서 당연한 것으로 생각하는 경향이 있다. 그러나 너무나 뻔한 말이지만, 특히 오늘날의 복잡한 세상에서 우리의 결정을 안내해 줄 측정이 없다면, 커다란 문제에 봉착할 것이다. 개인적 생활에서 측정하지 않을 경우의 몇 가지 가능한 결과를 고려해 보라. 결코 제시간에 도착하지 못할 것이고, 건강은 위험해지며, 주식은 아수라장이 되고, 자동차는 끊임없이 휘발유가 바닥나는 사태가 벌어질 것이다.

제니아Geniat와 리베르Libert가 (약간은 과장해서) 말했다. "측정 능력이 없다면 글자 그대로 우리가 어디에 서있는지, 어디로 가고 있는지 헷갈릴 것이다. 우리가 부유한지 가난한지, 더운지 추운지, 늙었는지 젊은지 모를 것이다. '측정'이란 말 자체가 모든 분야에 널리 퍼져 있다.… 진정한 측정 없이는 결정이나 연결을 할 수 없고, 돈을 벌 수도 없고, 음악을 만들 수도 없다." 대체로 성공을 측정하는 방법이 우리가 성취하는 성공을 결정한다. 측정이 되지 않은 것은 쉽사리 복제되거나 관리되거나 또는 평가될 수가 없다.

물론 측정이 성공에 필요조건이기는 하지만, 그것만으로는 충분하지 않다. 우리는 결국 행동을 취해야만 한다. 우리가 혈압을 재는 행위를 무시한다면, 혈압을 재는 것은 별 소용이 없다. 그렇지만 만일 우리가 이러한 행위에 주의를 기울이면, 그리고 적절한 행동을 취하면, 우리의 생명에 변화를 가져올 수 있고, 어쩌면 생명을 구할 수도 있을 것이다.

측정을 가치 있게 만드는 것은, 정보에 근거한 행동을 유발하고, 제때에 적절한 행동을 할 수 있는 기회를 주는 데에 있다.

조직적 측정의 도전

인간이 노력하는 분야 중에 조직만큼 효과적인 측정이 절실하게 필요한 분야는 없다. 조직은 아마도 틀림없이 우주에서 가장 복잡하고 많은 '부품'으로 구성된 존재일 것이다. 사실상 그 무엇도 대기업이나 공공 조직보다 '움직이는 부품'을 더 많이 가지고 있는 것은 없다. 그렇게 수많은 부품을 전략적으로, 시너지 효과가 있도록 관리하고, 또한 적절한 정렬상태alignment와 공시성synchronicity을 갖추어 바람직한 결과를 달성하기란 매우 힘든 일이다. 이런 종류의 조화와 정렬상태를 이룩하는 것은 매우 우수한 성과측정performance measurement이 없으면 불가능하다.

물론 소규모의 단순한 기업은 훨씬 덜 세련된 측정으로도 그럭저럭 관리될 수 있다. 그렇더라도 개인기업 소유자나 소기업의 소유자도 일정한 측정은 필요하고, 규모와 복잡성이 커지면서 측정의 역할이 점점 더 중요해진다.

더 나아가서 오늘날의 격렬한 경쟁 시장 상황은 과거와는 차원이 다른 수준과 품질에 대한 성과측정을 요구하고 있다. 별로 멀지 않은 과거에만 해도 기업이 돈을 벌고 경쟁에서 이기는 것은 지금보다 훨씬 쉬웠다. 회사는 쉽게 경쟁우위를 달성하고 그 상태를 오랫동안 유지할 수 있었다. 고객의 요구도 까다롭지 않았고, 선도기업은 그럭저럭 괜찮은 전략을 평범하게 실행해도 비교적 효과적으로 경영을 할 수 있었다. 그러나 오늘날엔 '괜찮은' 것이 괜찮지 않게 되었다.

오늘날의 초경쟁 시장 상황에서는 어느 회사이건 어느 경영자이건 간에 성공을 달성하고 유지하는 것이 궁극적인 도전이 되고 말았다. 이 시대는 전례가 없는 변화, 복잡, 변동, 그리고 위험의 시대로, 모든 것이 나노 속도로 움직이는 것처럼 보이는 때이다. 더 이상 시행착오를 허용할 여유가 없다. 오늘날 기업의 명제는 그저 탁월한 실적을 올리는 것만이 아니고 계속해서 탁월한 실적을 올려야 하는 것이다. 성과측정을 이해하고 활용하는 기업은 그들의 전략, 시스템과 절차를 더욱 효율적으로 계속 관리할 수 있어서, 성과측정이 엄청난 경쟁우위를 확보해 주고 있음을 알 수 있다.

조직 변화 전문가 대릴 코너Daryl Conner가 말한 바와 같이, "전 세계에 대해서 그렇게 많은 변화가 그렇게 신속하게, 그렇게 극적인 영향을 준 적은 과거에 없었다." 모순되게도 변화에 적응하려면 조직은 더 복잡해져야 하고, 더 복잡해지면 관리하기가 더 어려워진다. 그리고 복잡성과 변화가 더 증가하면, 측정은 더욱더 중요해진다. 효과적인 측정을 하지 않고 경영하는 것은 폭풍우 속에서 계기판 없이 비행기를 조종하는 것과 같다. 오늘날 어느 조직이건 성공을 원하는 조직에게 있어서 최고의 성과측정은 더 이상 선택사항이 아니다.

측정의 힘

조직에서 보상은 가장 강력한 힘이라고 말하는 이가 있다. 마이클 르 뵈프Michael Leboeuf는 세계에서 가장 위대한 경영 원리에 대해 이렇게 말했다. "보상이 주어진 일은 완수된다." 그는 아래의 우화를 듣고 이 결론에 도달했다고 했다.

낚시꾼이 보트 옆을 보니 뱀이 개구리 한 마리를 입에 물고 있는 것이 눈에 띄었다. 개구리를 불쌍하게 여긴 그는 손을 뻗어서 개구리를 뱀의 입에서 빼내고 놓아주었다. 그러자 이제는 배고픈 뱀이 안쓰럽게 느껴졌다. 먹을 게 없어서 버번 위스키가 든 휴대용 술병을 꺼내 뱀의 입에다 몇 방울 떨어뜨려 주었다. 뱀은 기분이 좋아져서 헤엄쳐 가버리고, 그 남자는 그런 선행을 베푼 데 대해 만족감을 느꼈다. 그는 모든 게 잘 되었다고 생각하고 낚시를 계속했다. 몇 분이 흐른 후에 보트 옆 구리에 무언가가 부딪히는 소리가 나서 내려다본 그는 깜짝 놀랐다. 뱀이 이번에는 개구리 두 마리를 입에 물고 다시 나타난 것이다.

우리는 모두 비슷한 경우를 겪은 경험이 있을 것이다. 예를 들면 직원이 어떤 일을 했는데, 그 일은 조직의 목표나 가치와 일치하지 않고, 도대체 그가 왜 그런 일을 했는지 이해가 안 되는 경우이다. 사실은 사람들이 그런 일을 하는 이유는 그들의 관리자가 무심코 르뵈프의 원리인 "보상이 주어진 일은 완수된다."를 사용했지만, 그걸 지원하기 위한 측정의 효과적인 시스템을 구현하는 데 실패했기 때문이다.

저자는 매일 조직 내의 구성원과 이들의 성과가 어떻게 보상받는 지에 따라, 조직을 혼란시키는 행동을 하는 것을 보거나 듣게 된다. 다음은 그 사례들이다. 영업관리자가 분기별 영업 보너스를 받기 위해 월말 영업을 그대로 마감하여 핵심고객이 이탈하였다. 어떤 기업체의 임원들은 당기순익으로 보상받기 위해 경비를 다음 회기로 이월하였다. 직원들의 지식공유가 성과 평가에 반영되지 않기 때문에, 조직 내 지식이 공유되지 않는다. 이 밖에도 보상-동기 유발 남용 사례는 얼마든지 찾아볼 수 있다.

그렇다면 마이클 르뵈프가 옳은 것인가? "보상이 주어진 일은 완수된다."는 세계에서 가장 위대한 경영 원리인가?

아니, 저자는 그렇게 생각하지 않는다.

보상은 실로 대단히 강력하고, 사람들은 당연히 자신들이 보상을 받는 일을 하려는 경향이 있다. 그렇지만 생각할 수 있는 모든 조직의 실패나 경영상의 어려움에 대한 해법으로 보상과 표창을 장려하는 책과 논문이 넘쳐남에도 불구하고, 단순히 보상체계를 구현하는 것은 겨우 그 해법의 일부분일 뿐이며, 심지어 가장 중요한 부분도 아니다. 사실 이 책을 쓴 이유는 아무리 보상이 중요하고 강력하다 하더라도, 그 보상이 기반을 두고 있는 측정 시스템이 더 중요하다는 것을 깨달았기 때문이다.

그러나 훌륭한 측정이 이루어지지 않는다면 문제가 발생할 수 있는 것은 보상만이 아니다. 측정은 조직의 모든 시스템을 뒷받침하고 있기 때문에 성과측정이 그렇게 중요한 것이다.

"보상이 주어진 일은 완수된다."가 세상에서 가장 위대한 경영원리의 하나일 수도 있지만, 보다 더 근본적인 또 다른 원리가 있다. 사실 이 원리는 사람들이 업무상, 또는 생활 속에서 무엇을 선택하여 실행하고 보상할 것인가를 결정해 준다. 이 원리는 "측정하면 얻는다." 이고 이 원리의 적절한 적용은 보상을 더욱 잘 활용하도록 할 뿐만 아니라 기타 모든 것들을 좀 더 효과적으로 관리하도록 도와준다.

성과측정은 효과적인 경영을 촉진한다

효과적인 경영은 효과적인 측정의 토대 위에 근거를 두고 있고, 거의 모든 여타의 것들도 마찬가지의 근거를 두고 있다. 베인 앤 컴퍼니 Bain & Company의 명예이사이며 고객충성도customer loyalty 전문가인 프레데릭 라이히헬드Frederick Reicheld는 이렇게 표현했다. "측정 시스템은 효과적인 경영을 위한 토대를 만들어낸다."

[그림 1-1]이 보여주듯이 측정은 경영자가 실행하는 것을 결정하고, 경영을 통해서 작용하며 보수와 보상을 포함하여 조직의 모든 부분에 관여한다.

조직은 수많은 시스템의 집합체이다. 측정은 실제로 모든 시스템 중에서 가장 근본적인 시스템이다. '측정 시스템' 이 잘 돌아가면, 경영자는 올바른 일을 제대로 관리(그리고 보상)하게 되며, 바람직한 결과를 얻을 것이다. 측정 시스템은 싫든 좋든 조직 내에서 발생하는 전략적이고 전술적인 모든 것을 유발시킨다. 이것은 다른 모든 시스템이 궁극적으로는 측정 시스템이 말하는 대로 하도록 한 것에 기초를 두

[그림 1-1] 측정 : 가장 근본적인 경영 시스템

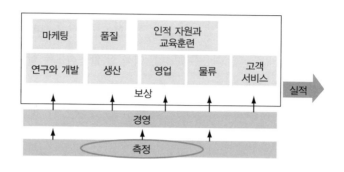

고 있기 때문이다. 유감스럽게도 앞으로 보겠지만, 대부분의 조직은 하나의 통합된 측정 시스템을 갖고 있지 않을 뿐만 아니라 오히려 수많은 측정 시스템들이 기능별로 '사일로silos' 깊숙한 곳에 있어 상호 연결이 잘 안 되어 있다.

저자는 참으로 많은 리더들이 잘못된 것을 추구하지만 결국은 거의 언제나 측정대상의 문제에 부딪힌다는 데 놀란다. 그릇된 측정지표는 그릇된 행동을 유발하는 경향이 있는데, 그 이유는 측정지표가 사람들이 '보는' 것을 나타내기 때문이다. 그리고 그릇된 행동은 그릇된 결과를 발생시키는데, 그 행동이 아무리 잘 실행되었더라도 그렇다. 대부분의 조직과 개인들은 자신들이 바라는 것을 얻지 못하는데, 그 이유는 진정으로 원하는 것을 측정하지 않기 때문이다.

만일 당신의 측정 시스템이 고장 나면, 다른 모든 것도 그렇게 될 것이다. 이것은 실제적인 문제인데 그 이유는 어떤 조직도 그 조직의 측정 시스템보다 더 나을 수가 없기 때문이다. 다음은 아주 작은 예로

서 좋은 회사가 측정을 잘못하는 바람에 나쁜 일이 생기는 경우이다.

- 전략이 잘 실행되지 않았다. 그 이유는 관리자와 직원이 그들의 직무에 전략이 무슨 의미가 있는지 몰랐기 때문이다.
- 운영 성과의 관리가 적절하게 될 수 없는데, 그 이유는 관리능력이 (기껏해야) 경험에서 나온 추측들의 집합이기 때문이다.
- 우선순위는 막연하며 상반되고, 목표는 확정할 수가 없는데, 그 이유는 목표가 올바른 측정지표를 필요로 하기 때문이다.
- 사람들은 자신들에게 기대되고 있는 것이 무엇인지 이해를 못하고, 이해했을 때는 이미 시기를 놓치는 경우가 흔하다.
- 관리자들은 자신의 업무, 부하직원의 업무, 그리고 주도적인 일들이 얼마나 잘 수행되고 있는지 잘 모른다.
- 부산하게 많은 활동을 하지만, 성사되는 것은 없는 듯하고, 어떤 성과가 있고, 어떤 성과가 없는지 아무도 모른다.
- 문제해결과 능률향상에 엄청난 노력을 쏟아 붓지만, 문제는 실제로 해결되지 않고, 무엇이 향상되었는지 아무도 모르고, 더군다나 문제의 원인이 어디 있는지조차 모른다.
- 엉뚱한 일이 보상받고, 정작 보상받아야 할 일은 보상을 받지 못하고 있다.

이런 증세에 대해서는 익히 들어보았을 것이다.

어설프게 측정되는 조직에 널리 퍼져 있는 혼란과 낭비를 목격하는 것보다 더 무익하고 좌절감을 주는 것은 없다.

성과측정의 기능

우리는 항상 잘 측정하지는 못하더라도 자주 측정하는 경향이 있다. 그렇게 때문에 이 책은 두 가지 방법론, 자주 측정하는 방법론과 잘 측정하는 방법론을 다루고 있다.

평일 근무하는 날에 여러분이 일정한 형태의 측정과 얼마나 많이 관련되는지를 알면 깜짝 놀랄 것이다. 측정이 너무나 널리 침투되어 있어서 거의 눈에 띄지 않고, 우리는 그걸 일상으로 여기게 되어, 조직의 표준 하부구조의 일부로 간주하며, 또 진화하도록 내버려두고 있다. 그러나 그건 잘못된 행동이다. 조직의 성과측정은 너무나 중요한 것이라서 우연과 진화에 맡겨서는 안 된다. 업무 현장에서의 측정은 중대한 목적에 크게 기여하며, 그 측정이 그 목적에 기여하는 한계가 조직이 진정한 가치를 실현할 수 있는 한계인 것이다.

성과측정의 주요 기능을 살펴보기로 하자.

● **측정은 행동을 지배한다.** 경영학의 고전, 《더 골The Goal》의 저자, 엘리 골드렛Eliyahu Goldratt에 의하면, 모든 행동은 측정대상에 의하여 예측할 수 있다고 한다. "나를 측정하는 방법을 말하세요. 그러면 내가 어떻게 행동을 취할지 말하지요." 저자가 의뢰인에게서 받는 가장 흔한 질문 중의 한 가지이다. "우리 회사에서 당장 성과를 개선하려면 우리가 무얼 할 수 있지요?" 저자의 대답은 한결같다. "현재 잘못된 행동을 지배하는 한 가지 중요한 측정지표를 바꾸세요."

● **측정은 성과의 가시성을 높인다.** 여러분이 측정할 수 없는 것은 관리할 수 없다. 그 이유는 조직 내부에서 일어나고 있는 대부분의 일들, 즉 절차, 역량, 성과 등은 직접 눈에 보이지 않기 때문에, 측정이 '우리의 눈'이 되는 것이다. 이 책은 어떤 사항이라도 측정하는 방법을 제시하며, 그 대상이 측정하기 어려운 무형적인 것, 즉 혁신, 관계, 그리고 지식이라도 가능하게 하고, 그리하여 조직 내에서 중요한 사항을 모두 효과적으로 관리할 수 있게 한다. 최근 널리 퍼져 있는 가상 기업에서는 현장 속에서 관리하기가 대단히 어려운 상황이기 때문에, 측정이야말로 이 '가상 조직'과 자기 관리를 가능하게 만드는 것이다.

● **측정은 주의를 집중하게 한다.** 사람들은 경쟁적으로 그들의 시간과 자원에 대한 요구에 직면하고 있으므로, 측정되는 대상에 그들의 주의를 집중하게 되며, 측정대상이 보상 시스템과 조금이라도 연계되어 있을 때는 특히 더 하다. 더 나아가서 좋은 측정 시스템이 없을 경우에는 인간은 천성적으로 이례적이거나 귀찮은 일에 신경이 쏠리게 되어 있다. 그렇기 때문에 삐걱거리는 바퀴가 실제로는 필요한 바퀴가 아닌데도 윤활유를 치게 되는 것이다.

● **측정은 기대되는 사항을 명확하게 만든다.** 경영자의 가장 중요한 역할 가운데 하나는 종업원에게 자신이 기대하는 사항을 전달하는 것이다. 종업원들은 반드시 경영자가 측정하는 일을 하지, 경영자가 기대하는 일을 하지 않는다는 것은 잘 알려진 사실이다. 경영자가 종업

원들에게 기대하는 사항에 대해 명확하게 밝히지 않는 바람에 큰 혼란이 일어나는 경우가 너무나 흔하다.

"우리는 우리의 공급망이 좀 더 민첩하기를 바랍니다."

"우리는 우리의 산업에서 가장 혁신적인 회사가 되기로 맹세했습니다."

"우리는 최대의 고객서비스와 완전 고객만족을 지향합니다."

이 문장들은 무슨 의미인가? 아마 사람마다 다르게 해석할 것이다. "내가 보면 안다니까!"라고 고집하는 사람도 있을 것이다. 그러나 그 말이 맞을까? 앞으로 보겠지만, 잘 정의된 측정지표는 겹겹이 둘러싸고 있는 애매함의 층을 꿰뚫어 핵심으로 가게 한다.

● **측정은 책임경영을 가능하게 한다.** 책임accountability이란 '측정 가능한 책무'에 지나지 않는다. 측정은 약정된 사항에 대해 여러분과 여러분의 직원이 얼마나 잘하고 있는가(책임경영의 본질)를 보여준다. 측정 없이는 어느 누구도 어떤 일에 대해서도 책임을 물을 수 없다. 무슨 일을 하도록 되어 있더라도 실제로 달성되었는지의 여부를 판단할 수 없기 때문이다. 유감스럽게도 전통적으로 책임은 부정적인 어감을 담고 있다. 이 책에서는 '긍정적인 책임positive accountability(완수하고 개선하는 기회)'과 '부정적인 책임negative accountability(보상을 받거나 징계를 회피하기 위해 단지 필요한 것을 행하기)'을 구별하기로 한다.

● **측정은 객관성을 증가시킨다.** 이 책에서 말하고자 하는 것 중의 한 가지는 사람들이 측정하기와 심지어는 측정 당하기를 실제로 좋아한다는 것이다. 그러나 사람들은 심판 받기는 싫어하는데, 특히 주관적인 견해에 입각한 것은 더욱 그렇다. 측정이 어떤 식으로 체험되는가는 그 목적에 달려 있는데, 측정이 가지는 최고의 목적은 배우고 개선하는 것이다. 측정 전문가 밥 프로스트Bob Frost가 설명했듯이 "객관적인 측정은 사실에 의한 관리를 가능케 하지만, 측정이 없다면 매력과 인간성으로 이끌 수밖에 없다." 직원치고 그런 종류의 '매력과 인간성'을 달갑게 여길 사람은 없을 것이다.

● **측정은 목표 설정의 기반을 제공한다.** 누구나 알다시피 목표란 대부분의 조직이 성공을 정의하는 수단이다. 회사가 책정하는 목표는 회사의 측정대상에 의존하게 된다. 그런데 목표란 특정한 측정저울 기준으로 설정된 '도달가치target value'에 지나지 않는다는 것을 알고 있는 사람은 드물다. 측정저울은 순이익, 고객만족, 영업실적, 생산성 등이 될 수가 있다. 대부분의 사람들이 잘 알고 있는 좋은 목표의 특성을 나타내는 SMART는 Specific, Measurable, Actionable, Relevant, Timely[구체성, 측정 가능성, 실행 용이성, 관련성, 적시성]의 머릿글자이다. 모두 중요한 요소이지만 가장 결정적인 것은 'M'—Measurable이다. 기억해 두자. 측정하면 얻는다.

● **측정은 실행을 개선한다.** 목표가 무엇이든 잘 실행되지 않으면 목표 달성을 하지 못한다. 측정이 없으면 실행을 일관성 있게 잘할 수

없다. 세상에서 가장 훌륭한 계획이라도 실행을 잘못해서 망칠 수 있다. 실행에 있어서 측정의 중요성에 의심이 있다면 실행에 관한 권위자, 래리 보시디Larry Bossidy의 측정과 관련된 말을 들어보자. "실행이 안 되는 회사가 눈에 띄면, 측정을 안 하는 회사일 것이다."

● **측정은 일관성을 촉진한다.** 위에서 경영을 일관성 있게 잘하라는 말을 했다. 일관성이 없고 가변성이 큰 것은 측정되지 않거나 또는 조잡하게 측정되는 체계의 특징으로서, 진정한 품질과는 정반대의 개념이라 할 수 있다. 우수한 성과는 어느 한 분기나 한 해의 성공에 관한 것이 아니라 장기간에 걸친 일관성 있는 성공에 관한 것이다. 이는 때때로 모자에서 토끼를 꺼내거나 단 한 번의 홀인원을 하는 것 이상을 요구한다. 경영이나 스포츠에서 모두 볼 수 있는 것이지만 승자는 그냥 이기는 것이 아니다. 그들은 일관성 있게 이기고, 그러기 위해서 그들은 효과적인 측정을 사용하고 있는 것이다.

● **측정은 피드백을 쉽게 한다.** 만일 좋은 피드백이 없다면 세운 목표를 일관성 있게 실행하거나 달성할 수 없다. 피드백은 개인이나 조직의 방향을 조종하는 기본 장치이다. 어릴 적의 술래잡기 놀이를 기억하는가? "멀어!" "가까워!" "됐어!" 술래는 다른 아이들이 제공하는 피드백에 의존해야 했다. 명확하고 시의적절한 피드백을 받으면 매우 신속하게 상대방에게 도달하며, 우왕좌왕하거나 실패를 최소화할 수 있었다. 그렇지만 피드백이 없거나 부정확하거나 늦거나 하면, 고생길이었다.

마찬가지로 좋은 측정이 없다면 조직은 계기판 없이 비행하는 것이고, 목적지 근처에라도 도착하려면 많은 행운이 따라야 할 것이다. 많은 조직이 고장 난 계기판을 지닌 선박이나 비행기처럼 느끼지 못하는 사이에 점차 진로를 벗어난다. 미사일은 발사 각도가 1도만 어긋나도 목표물에서 수백 킬로미터를 벗어난다. 아무 직원에게라도 측정 시스템에서 받는 피드백의 품질을 물어보라. 그러면 그들이 피드백에 대해 너무 과소평가하는 것을 보고 놀랄 것이다. 품질 전문가 H. 제임스 해링턴H. James Harrington은 다음과 같이 말한다. "측정은 자물쇠이고, 피드백은 열쇠이다. 그 둘의 상호작용 없이는 개선의 문은 열리지 않는다." 훌륭한 측정 기반의 피드백은 조직이 높은 성과로 가는 열쇠인지도 모른다.

　● **측정은 정렬상태를 증진한다.**　만약 잘 정렬된 측정 시스템이 없다면, 어떤 조직이든지 조직 전반에 걸쳐 일관성 있는 행동을 하고 성과를 얻는 것이 불가능하다. 여러분의 조직 내에서 이기적 행태를 많이 보았을 것이다. 사실 조직이 부서별 '사일로'의 집합체처럼 보이는 곳도 있는데, 이들 부서별 '사일로'는 너무나 동떨어져서 운영되기 때문에 그들 간에는 연결이 전혀 안 되어 있는 것처럼 보이기도 한다. 그건 사람들이 일을 잘하려고 애쓰지 않는다는 것이 아니라, 자신들이 일을 잘한다는 것을 성공에 대한 자신들의 기능적인 측정지표로써 삼는다는 것을 뜻한다. 자신의 이익을 조직의 이익과 일치시키기 위한 핵심은 잘 정렬된 총체적인 측정 시스템일 것이며, 이 책에서 그 개발 방법을 배울 것이다.

● **측정은 의사결정을 개선한다.** 베인 앤 컴퍼니의 컨설턴트 폴 로저스Paul Rogers와 마르시아 블렝코Marcia Blenko가 말하듯이, "고효율 조직의 특징은 좋은 의사결정을 하는 것이고, 경쟁자보다 더 좋게, 더 신속하게, 더 일관성 있게 의사결정을 하는 것이다." 유감스럽게도 정식으로 의사결정 방법을 배운 관리자는 드물고, 데이터를 기반으로 하여 의사결정을 하는 관리자는 더욱 드물다. 그 점이 바로 《의사결정 실패의 원인Why Decisions Fail》의 저자 폴 너트Paul Nutt 박사의 주장으로, 관리자 세 명 중 두 명은 '실패하기 쉬운' 의사결정 관행을 사용하며, 모든 경영상의 의사결정 가운데 50%가 실패한다고 한다.

실패하기 쉬운 의사결정의 주요한 이유 중의 하나는 과도하게 직관에 의존하는 것이다. 다시 말해 개인적인 경험, 의견, 신화, 영향력, 정치, 그리고 확률의 조합에 의존하는 것인데, 이 모든 것들은 편견과 개별적인 맹점의 여지가 많은 것이다. 데이터가 없는 경우에는 누구의 의견이나 다 좋은 의견일 수 있지만, 보통은 제일 많은 의견이 채택된다. 우리는 다음의 격언에 귀를 기울여야 할 것이다. "하나의 정확한 측정은 천 개의 의견의 가치가 있다." 직관도 괜찮지만, 그것만으로는 충분하지 못하다. 이 책은 여러 가지 중에서도 측정이 어떻게 여러분의 경영자적인 직관을 향상시키며, 여러분의 '의사결정 타율'을 의미있게 증가시키는가를 보여줄 것이다.

● **측정은 문제해결을 향상시킨다.** 윌 케이도스Will Kaydos에 의하면, "어떤 일이 돌아가도록 하는 것은 올바른 95%가 아니다. 모든 것을 망치는 것은 그릇된 5%이다." 만일 그러한 5%를 찾아내는 방법을

갖고 있지 못하다면 여러분과 여러분의 직원들이 잘하는 95%는 위태로워질 수도 있다. 만일 그 방법이 있다면, 95%의 모든 가능성은 달성할 수 있다. 사람들이 '문제'를 바라볼 때, 그들이 실제로 보고 있는 대부분은 단지 '증상'이다. 그 이유는 대개의 조직에서는 눈에 보이는 증상만이 측정되고 있기 때문이다. 설상가상으로 조직 시스템의 특성상 그 증세가 드러나는 것은 흔히 많은 시간이 흐른 뒤이다.

피터 센게Peter Senge는 "증상에 대응한 해결책을 조심하라."고 경고한다. 왜냐하면 단지 증상을 제거하는 것만으로는 문제를 해결할 수 없기 때문이다. 심각한 문제가 확인되었을 때는, 그 근본 원인을 진단하고 훈련된 절차를 활용하여 실제 성과측정 데이터를 수집하고 검증해 봐야 한다. 이미 체계적으로 성과를 측정하고 있다면, 문제는 훨씬 더 쉽게 발견되고 우선순위가 매겨지며 이내 해결될 것이다.

● **측정은 조기경보 신호를 제공한다.** 해결책이 올바르다 하더라도, 너무 늦게 해결되어서는 좋을 게 없다. 많은 사람은 문제가 위기 수준에 이르러서야 비로소 인식하게 된다. 기업의 경우에도 마찬가지이다. 만일 아주 중대한 문제를 확인하지 못하고 일찍 대처하지 않는다면, 장기간의 결과는 대단히 어려워질 수가 있다. 회사들은 변화를 인식하기 위해서 그 내·외부 환경에 맞추어 측정 시스템을 조정할 필요가 있다. 때로는 간과하기 쉬운 작고 의미 있는 변화들이 올바른 측정을 통해 가시화되기도 한다. 예를 들어 새롭고 혁신적인 방법으로 고객을 모니터링하지 못하는 회사는 자신들의 주가가 하락하는 걸 바라보며 "도대체 뭔 일이 일어난 거야?" 하고 물을 가능성이 높다.

문제의 진단은 빠를수록 좋다. 좋은 측정은 장기간으로 볼 때 대대적인 정비, 사업복구나 파산보다 훨씬 저렴한 것이다.

● **측정은 이해를 향상시킨다.** 품질관리 분야의 권위자 W. 에드워즈 데밍W. Edwards Deming이 일본 산업의 변화에 도움을 주기 위해 사용한 방법론의 대부분은 체계적인 프로세스의 측정을 통한 깊은 이해에 근거하고 있는데, 그는 이를 '심오한 지식profound knowledge' 이라고 부른다. 측정은 실질적으로 모든 것에 대한 깊은 이해를 제공할 수 있다. 품질 전문가 제임스 해링턴James Harrington의 말이다. "측정할 수 없는 것은 이해할 수 없다. 이해할 수 없는 것은, 통제할 수 없다. 통제할 수 없는 것은 개선할 수 없다." 유명한 물리학자 켈빈 경Lord Kelvin의 유명한 말에서도 확인할 수 있다. "만일 어떤 것을 측정할 수 없으면, 그것에 대한 이해는 빈약하다."

조직의 어느 부문을 막론하고, 좋은 측정 없이는 어떤 것이 잘 돌아가고 어떤 것이 잘 안 돌아가는지 파악할 수가 없다. 조직 내에서 진정한 가치를 창출해 내는 근원은 측정하기 어려운데, '적절하게 사회화된 측정' (이 책에서 다루는 종류)을 잘 활용하면, 여러분과 여러분의 직원이나 여러분의 파트너에게 그러한 근원을 관리하는 데에 필수적인 이해력을 향상시킬 수 있다. 또 그 과정에서 훨씬 더 유능한 관리자와 더 나은 경영자가 되는 데 도움이 된다. 가장 주목할 만한 것은 측정하기 곤란한 사항을 측정하려고 단지 노력만 해도 훨씬 더 깊은 이해로 이어지고, 해당 사항의 특징이나 이점을 좀 더 효과적으로 관리하게 해준다는 점이다.

● **측정은 예측을 가능하게 한다.** 이런 격언이 있다. "뒤를 돌아보는 것은 도움이 되는 정도이지만, 앞을 보는 것은 필수불가결한 것이다." 《신경제학The New Economics》에서 W. 에드워즈 데밍은 이렇게 단언한다. "경영은 예측이다." 물론 예측이 경영에 전혀 새로운 것은 아니며, 기업들은 정기적으로 예측을 한다. 이 책에서 말하고 있는 것은 그저 보고의 목적으로 데이터를 추론하려는 시도가 아니라, 조직을 이끄는 데 좋은 '예보적 측정predictive measurement'이 어떻게 사용될 수 있는가 하는 점이다. 이 책은 어떻게 대화를 사용하여 예보적 측정과 추산 및 예측의 정확도를 향상시킬 수 있는가를 보여줄 것이다. 어떤 예측도 확실한 것은 없지만, 측정모델 또는 틀을 만들고 끊임없이 다듬어서 예보적 측정에 활용함으로써 조직의 경영을 좀 더 예방적이고 미래지향적이며 훨씬 더 효과적으로 만들 수 있다.

● **측정은 동기를 부여한다.** 측정은 일이 일어나도록 만드는 경향이 있어서, 관성에 대한 특효약이다. 우리 모두가 경험한 것이지만, 주요 단계가 표시된 프로젝트 계획은 목표를 달성시키는 데에 활력을 불어넣어 주는 반면, 처음과 끝만 있는 프로젝트 계획은 반드시 안이함과 무기력함을 초래한다. 측정은 또 사람들이 진척 상황을 보는 데 도움을 주는데, 이 또한 매우 중요한 동기부여 요인이다. 매우 우호적인 분위기 속에서 사람들에게 측정 가능한 목표(꽤 야심찬 목표도 무방)를 주고, 그들의 진척도를 조회하게 해주면 강력한 동기유발이 될 것이다. 그 반대로 개선 목표가 애매하거나, 측정이 불가능하고, 객관적으로 조회가 불가능하면, 사람들은 측정되는 상황과는 반대로 관심을

잃고 개선하려는 노력에서 멀어지게 된다.

그 외에도 측정은 강력한 동기부여에 대한 영향력(진취성, 성취에 대한 자부심, 경쟁위협, 경쟁력)을 가져온다. 측정이 가지는 동기부여 기능을 가장 잘 보여주는 예는 운동선수가 좀 더 나은 기록을 달성하기 위해 자신에게 채찍질하는 것이다. 여러분도 조직 내에서 그와 똑같은 노력을 이끌어낼 수 있다.

그러나 본질적으로 동기부여를 위한 엄청난 잠재력을 가지고 있음에도 불구하고, 측정은 종종 그 가치를 압도하고도 남을 만큼 강력한 보상과 연계된다. 제2장에서 설명하겠지만, 측정과 외부적인 결과(보상과 징계)의 정렬이 바람직하지만, 성과측정을 보상과 징계에 너무 단단히 연계하는 것은, 측정의 역기능과 바람직하지 못한 행동을 초래하는 요소 중의 하나가 된다. 이 점이 '측정이 잘못 되었을 때' 조직이 당면하게 되는 수많은 문제 중의 한 가지이며, 또한 조직이 성과측정의 긍정적인 힘을 완전히 실현하지 못하게 하는 요인 중의 하나이다.

측정이 잘못 되었을 때

앞에서 보았듯이 측정은 조직과 직원에 대해서 대단히 강력하고, 매우 기능적이며, 극히 긍정적인 힘이 될 수 있는 가능성을 지니고 있다. 잘 활용되면, 성과측정은 경영상의 그 어떠한 측면보다도 더욱더 훌륭한 기능을 제공한다.

그러나 성과측정은 유감스럽게도 잘못 사용되면, 긍정적인 기대에 못 미칠 뿐만이 아니라, 대단한 역기능으로 작용할 수도 있다. 이 점이 측정이 지니고 있는 엄청난 힘의 '어두운 면'이다. 무엇이든지 좋은 일에 강력한 것이, 만약 오용된다면 나쁜 일에도 강력할 수가 있다. 측정은 대부분의 성과를 바라보는 렌즈이고, 다른 경영 시스템의 기반이 되는 가장 근본적인 경영 시스템이며, 그리고 조직에서 발생하는 대부분의 상황에 대한 유인체계이기 때문에, 의도하든 의도하지 않든 왜곡과 조작의 가능성이 존재한다는 것은 명백한 사실이다. 만일 여러분의 렌즈가 초점이 안 맞거나 그릇된 사물에 초점이 맞춰져 있으면, 또한 여러분의 가장 근본적인 경영 시스템이 잘못 사용된다면, 그리고 여러분의 유인체계가 그릇된 행동을 유발한다면, 나쁜 일이 일어나는 것은 거의 확실하다.

제2장에서는 측정이 잘못되었을 때 무슨 일이 일어나는지를 학습하고, 그 문제에 대해 미리 대처할 수 있게 함으로써, 잘못된 측정이 계속해서 여러분의 조직이나 기능상의 효과성을 침해하는 것을 두고 보기보다는 전향적으로 문제를 설명하고자 한다.

성과측정의 긍정적인 측면과 부정적인 측면 모두에 대한 식견이 없으면, 여러분은 허황된 자기 만족감에 빠져서, 어떤 문제들이라도 일상적인 개선활동을 수행하거나 기술적으로 측정 전문가에게 위임해도 된다고 생각할 염려가 있다. 오늘날 조직의 경영자는 어느 누구도 자신의 성과측정 시스템을 당연한 것으로 치부해 버릴 여유가 없다.

오늘날 성과측정에 대한 좋은 소식은 조직이 마침내 측정의 중요성을 발견하고 있다는 점이다. 나쁜 소식은 대부분의 조직이 여전히 측정을 대단히 잘못 사용하고 있다는 것이다. 《아젠다The Agenda》에서 마이클 해머Michael Hammer는 다음과 같이 말한다.

한 회사의 측정 시스템은 으레 거의 무의미한 데이터의 홍수를 넘겨준다. 그 데이터는 아무 중요성도 없는 것을 정량화한 것이고, 두서도 전혀 없고, 지나치게 막대한 양이라 사용할 수가 없고, 너무 늦게 제공

그러나 여러분이 보는 바와 같이 조직 측정 시스템에 대한 해머의
비난은 결코 강한 것이 아니었다.

대부분의 사람들은 자신들의 조직 내 측정 시스템이 '뭔가 잘못되
고 있다'는 것을 인식하고 있지만, 그 원인을 꼭 집어내는 사람은 거
의 없고, 더구나 해결책을 제시하는 사람은 더더욱 없다. 이로 인해
역기능적인 측정이 계속 남아 있는 것이다. 성과측정은 복잡한 것이
고 우리는 아직도 충분한 이해가 부족하다. 이해도 제대로 못하는 것
을 고칠 도리는 없다. 성과측정에 대한 무지로 인해, 많은 임원들이
측정을 제외한 다른 모든 것을 고쳐보려고 애를 쓰지만, 그 문제는 결
코 해결되지 않는다는 것을 깨닫게 된다. 왜냐하면 많은 조직문제에
있어서의 그 원천이 결함 있는 측정 시스템에 있기 때문이다.

측정 역기능의 문제

흔히 '측정 역기능measurement dysfunction'은 측정 프로세스가 조직의
이익에 반하는 행동에 영향을 미칠 때 발생한다. 측정 역기능이 발생
할 때, 특정 숫자는 개선될 수도 있지만, 정작 중요한 성과는 악화된
다. 기업 역사상 가장 악명 높은 측정 역기능의 사례는 엔론Enron, 월
드컴WorldCom과 타이코Tyco 같은 회사에서 찾아볼 수 있지만, 좀 더

일상적인 사례는 매일같이 전 지구상의 거의 모든 조직에서 벌어지고 있다.

문제의 근본원인을 다루는 데 실패했기 때문에, 대부분의 조직은 측정이 잘못 사용된 예로 가득 차 있는데, 이를테면 개인적인 출세, 자기 과시와 자기 방어에 사용된 예나, 현상 유지를 하거나 자신이 선호하는 프로젝트를 정당화하기 위해 사용된 예, 그리고 측정을 통해 개선하기보다는 입증하기 위해서 사용된 예 등이다. 측정 역기능의 좀 더 일상적인 경우는 개별적으로는 심각하게 보이지 않으나, 측정 역기능이 조금씩 모인 집합적 결과는 심각할 수 있다.

측정 역기능의 주요 원인

측정에서 발생할 수 있는 가장 큰 문제는 시스템의 결점보다는 흔히 결함이 있는 측정 뒤에 나타나는 결과이다. 어떻게 사용되느냐에 의해서 측정에는 두 가지 유형이 있다.

1 _ **정보제공형 측정** 정보 제공 목적에 사용되는 측정
2 _ **동기부여형 측정** 보상과 징계에 사용되는 측정

조직 구성원들이 경영과 수행 중인 업무를 개선하는 과정에서 측정을 정보의 원천으로 사용할 때, 측정은 큰 가치가 있다. 그러나 측정지표가 보상이나 징계의 위협과 밀접하게 연계되어 있을 때, 측정

이 가지는 정보제공의 가치는 종업원들에게 더욱더 노력하라고 설득하기 위해 측정을 활용하는 것에 달려 있다. 이점에서 바로 중요 문제들이 시작된다.

　대체로 조직에는 매우 강력한 조건부 규정이 있어서 직원에게 명시적 또는 묵시적으로 지시한다. "만일 당신이 이런 '행동'을 하거나 또는 이런 '실적'을 올리면, 이런 '보상, 징벌'을 받게 된다." 조직은 대개 행동과 결과를 직접적으로 관찰할 수 없으므로 이러한 성과 기대사항은 측정 방법에 의해 운영의 묘를 기한다. 그 성과측정 지표는 보상을 달성하고 징계를 회피하는 수단이 된다. 아무리 다른 많은 사항들이 측정되더라도, 보상이나 징계를 받는 측정사항이 중심이 된다.

　보상을 위해 노력하는 것은 생활과 일의 가장 중요한 면 중 하나이다. 그러나 보상이 종착점에 있을 때에는, 측정은 그 종착점으로 가는 수단이 된다. 게다가 제시된 보상이 크면 클수록 측정이 제공하는 정보에 대해 기울이는 주의는 점점 더 소홀하게 된다. 젯밥에 온통 초점이 맞춰져 있으니, 다른 게 눈에 들어올 리가 없다. 그리고 인간이란 원래 보상을 받는 것에는 대단히 능숙하다. 측정이 조건부 보상과 결합될 때는 특히 강력하기 때문에 측정 역기능이 만연되어 있다. 더군다나 사람들이 기존 측정 시스템으로 보상을 받고 있는 경우에는, 조직에 최선의 이익을 가져오는 변화가 제시되더라도, 자신들의 보상을 감소시키는 변화라면 저항하게 된다.

보상이 어떻게 측정 역기능을 증가시키나

대부분의 측정 시스템의 약점과 보상의 토대로 삼는 측정의 필요성은 수많은 측정 역기능을 초래한다. 프레데릭 라이히헬드가 설명하듯이, "많은 회사가 그들의 보상 시스템으로 자승자박의 결과를 초래한다. 그들은 올바른 실적 기준이 아니라 측정하기 쉬운 실적 기준으로 지급한다." 보상이 잘못된 성과측정지표와 연계되었을 때에 일어날 수 있고 현실적으로 일어난 역기능의 예들은 이 책을 가득 채울 정도로 많다.

대표적인 이야기 중 하나는 스포츠계에서 나온 것이다. 러시아의 유명한 슈퍼헤비급 역도 선수 바실리 알렉세예프Vasili Alexeyev에게 그가 깨트리는 모든 세계기록에 대해 인센티브가 제시되었다. 이 조건부 측정으로 빚어진 결과는 그가 보상 금액을 최대화하기 위해, 한 번에 1, 2g씩의 기록 갱신을 계속했다는 것이다. 만일 기업에서 측정지표와 보상이 그런 종류의 행동을 장려한다면 거의 모든 기업 조직에서 무슨 일이 일어날지 상상할 수 있는가?

보상을 위한 노력이 측정에 대한 반응에 영향을 준다는 데에는 의심의 여지가 없다. 개인이나 그룹에 대한 보상이 높을 때는, 측정 시스템은 대립되는 이해관계 사이에서 줄다리기가 되어버린다. 조직을 위해서 최선을 다하는 사람들과 자신을 위해서 최선을 다하는 사람들 사이에서 말이다. 그런데 '조직을 위해서 최선을 다하는' 경우마저도 사용되고 있는 측정지표의 해석에 토대를 두고 있는 것이다. 거의 모든 측정 시스템에 존재하는 결함을 염두에 둔다면, 보상은 그런 결함이 개인적으로 이득을 보기 위한 용도로 사용될 확률을 높일 것이고 측정 역기능을 발생시키게 될 것이다.

다음의 사례 가운데 어떤 것은 믿기 힘들다고 느끼고, 적어도 되돌아보면, 믿을 수 없을 정도로 멍청하다고 느끼겠지만, 슬프게도 이런 상황들은 모두 사실이고 놀라울 정도로 흔하다.

- 한 패스트푸드 레스토랑의 어느 관리자는 레스토랑의 '닭고기 효율' 100% 달성 상을 받기 위해 노력하였다. 그 효율의 측정지표는 팔린 닭고기 숫자 대비 내버린 닭고기 숫자의 비율이었는데, 그가 달성한 방법은 닭고기 주문이 접수될 때까지 기다렸다가 조리를 하는 것이었다. 그는 그 상을 받았지만, 그 레스토랑은 긴 대기시간 때문에 문을 닫고 말았다.
- 한 회사의 측정치는 거의 완전한 배달 기록을 보여주었는데, 고객의 50% 정도는 도착이 늦었다고 불만을 토로했다. 보상을 타기 위해서 그 회사가 채택한 제시간 배달의 측정지표는 단지 그 제품의 공장 출고가 제시간에 되었는가만 반영하고 있었다.
- 자동차회사의 한 임원이 설명한 것인데, "분기별 보너스를 받기 위해서, 중요한 것은 생산 할당량을 만족시켜 공장 밖으로 내보내는 것이었다." 그 이후에 일어나는 일은 다른 사람의 문제이었다.
- 매출 목표를 채우고 커미션을 챙기기 위한 경주에서, 영업사원은 흔히 영업실적을 올리는 데 필요한 짓은 무엇이든지 하는 데 도가 터 있으나, 판매할 때마다 회사가 손해를 보고 있는지 여

부는 별로 관심도 없었다. 이런 행동은 흔히 완전히 비논리적인 사고로 정당화되기도 하는데, 그것은 "이들 판매에서의 마이너스 마진은 더 높은 판매량으로 보충할 수 있다."라는 생각이다.

- 많은 교육훈련 관리자는 교육훈련 효과성 측정을 훈련시간 수와 피교육자 만족도 평가로 보상과 상을 받고 있고, 진정한 효과성 측정에 의하지 않고 있다.

- 저자는 다음의 주제와 관련해서 여러 가지로 변화된 이야기를 듣고 있다. "여기서 궁극적인 목표는 고객이 아니라 성과기록표이다." 한 고위 관리자가 말했다. "나와 같이 일하고 있는 사람들은 다른 일은 안중에도 없고 온통 분기마다 받는 보너스와 점수 이야기만 한다." 또 다른 관리자는 이렇게 말했다. "우린 전략에 대해서는 걱정 안 한다. 우린 그냥 숫자만 움직이고 보상을 받는다."

다음은 실제 비즈니스 상황에서 너무나 흔히 발생하는 것으로, 인센티브에 근거를 둔 역기능적인 측정의 예이다.

- 어느 회사가 생산성이 7% 증가했다는 보고를 받고 관리자의 성과에 긍정적으로 반영하고, 생산담당 관리자에게는 두둑한 보너스를 안겨주었다. 그러나 보너스가 지급되고 장시간이 흐른 후에 좀 더 널리 인정되는 생산성 공식이 사용되자, 실제 생산성이 1% 감소했음을 발견하였다.

- 어느 회사가 중앙 창고의 예비 부품 담당자에게 재고율이 낮다

고 보너스를 지급했다. 그 결과 필요한 예비 부품이 창고에 없는 바람에 작업이 중단되어야 했고, 부품을 주문해서 배달될 때까지 기다려야 했다.

- 여러 군데의 제조회사는 분기별 매출 할당량을 채우는 것이 얼마나 쉬운 일인지 배웠다. 그들은 그냥 재고가 넘칠 정도로 생산하고, 좋은 가격, 많은 할인, 납득할 수 없는 리베이트, 과다선전, 매력적인 결제 조건 또는 다른 방법을 제공하면 된다. 이 방법들은 모두 이익을 볼 수 없는 대량판매를 발생시킬 것이 틀림없다.

- 구매부서는 너무나 흔히 협상에 의한 가격할인으로 평가받고 보상을 받는다. 구매담당 관리자는 낮은 가격을 확보하는 가장 좋은 방법은 대량발주라는 것을 알고 있다. 설사 생산부서가 거대한 재고를 안게 되더라도 말이다. 불행하게도 아무도 재고 유지비용, 창고비용, 정비비용 등이 발생시키는 현금흐름은 측정하고 있지 않았다. 또 대량의 재고분은 결국은 폐기물로 처리되고 말았다.

- 기말에 이익 숫자를 만들어내기 위하여, 일부 공장은 높은 마진의 상품을 일정 전에 출하하였으나, 그 바람에 낮은 마진의 상품은 제때에 배송되지 않아, 고객의 불만을 사는 위험을 초래한다.

- 일부 회사는 상을 받고 인증서를 확보하기 위하여 품질관리 부서를 신설하였는데, 그 부서는 이익이나 품질보다는 손해에 더욱 공헌하고 있다. 회사는 막대한 예산을 들여 감사팀과 검사관

들의 방문에 대비하여 공들인 준비를 하였다. 연구에 의하면 ISO 인증의 80~90%는 품질을 향상하는 데 비용에 비해 효과적이지 못하다고 한다. 한 회사는 수상 신청 준비 작업에 1만 4,000의 근로시간을 썼다고 한다.

- 더 나은 성과에 투자하기보다는 많은 회사가 가치 있는 자산을 매각해서 숫자를 맞추고, 그들의 '수익주종 사업cash cow'에서 더 짜낼 수 없을 만큼의 '돈'을 짜낸다.

이 예들에서 볼 수 있듯이 사람들은 잘못된 일이더라도 시킨 일이라면 그대로 하는 경향이 있다. 관리자와 직원이 보상을 위해서 분투할 때는, 그 보상이 '이달의 우수 직원'에서 급여 인상이나 스톡옵션까지, 그게 무엇이든지 그들의 행동이 고객이나 회사를 해롭게 한다는 걸 알면서도, 흔히 자기의 이익을 도모하는 행동으로 되돌아가게 된다. 역기능이 극히 적은 경우일지라도 강력한 인센티브가 연계된 측정이 건전한 결과나 계속적인 개선으로 이르는 경우는 극히 드물다.

사람들은 그들의 이기심이 관대하게 보상받을 때는 특히, 사리를 위해서 행동하기가 쉽다. 영국의 경영 저널리스트 필립 슬레이터Philip Slater가 이런 말을 했다. "사람들로 하여금 돈을 추구하게 하는 것은… 돈의 추종자들 외에는 만들어내는 것이 없다."

그리고 저자가 아는 어떤 사람은 인센티브 성향이 심한 사람들을 '동전투입식coin operated'이라고 묘사했는데, 측정에 대한 반응 치고는 똑똑한 경영자들이 원하는 종류의 반응은 확실히 아니다. 그러나 사람들을 그런 식으로 반응하도록 만드는 것은 탐욕뿐만이 아니다.

두려움 또한 측정 역기능을 야기한다

인센티브와 보상만이 측정 역기능을 조장하는 영향의 전부는 아니다. 이 점은 칭찬보다는 야단을 맞을 가능성이 짙은 대부분의 직원에게는 특별히 더 맞는 말이다. 두려움은 측정 역기능의 중요한 원인인데, 많은 직원이 자신들이 아무런 통제권이 없는 측정 시스템의 불행한 희생자가 되기 때문이다.

부정적인 측정 메시지는 거의 모든 조직에서 넘쳐난다.

"당신은 금주 출하분에 20% 뒤처졌다."
"고객불만이 8% 올라갔다."
"이 프로젝트는 12만 8,000달러 예산초과이다."
"또 다른 사고는 감당할 형편이 아니다."

이러한 메시지는 부정적인 반응을 이끌어내기 십상이지, 문제를 해결하자는 행동을 기대하기는 어렵다. 이것은 직원들이 자신들의 일자리가 위태로워질 수 있다고 느낄 때 특히 더욱 맞는 말이 된다. 대부분의 전통적인 측정에는 실제적이거나 암시적인 위협이 부수되어서 목표를 달성하도록 직원들을 유도하는 데 중점을 두었다.

부정적인 압박은 직원들로 하여금 어떤 무리한 일을 해서라도 측정되는 성과 기대사항을 따르도록 강요한다. 목표 자체는 나쁜 것이 아니지만, 어떤 식으로 쓰이냐에 따라 다르다. 품질 권위자 W. 에드워즈 데밍에 의하면, 측정목표와 당면해서 많은 회사들이 종업들에게 다음과 같은 지시를 내린다고 한다. "이번 분기를 보기 좋게 만들어야 해. 월말(또는 분기말)에 재고품을 몽땅 선적해. 품질은 신경 꺼. 선적 완료로 표시해. 미수금으로 나타내라고." 잘못된 것이라고 알고 있는 일에 억지로 복종하는 것은 대부분의 직원으로부터 자신들의 일에 대한 자부심을 박탈하고 본질적인 동기의식을 축소하고, 또한 조직에 대한 헌신의욕을 쇠퇴하게 만든다.

만일 일정한 점수를 얻는 것이 실패를 회피하는 것이라면, 사람들은 대부분 그 점수를 올리는 데 필요한 일을 하는 데는 이골이 나있다. 직원들은 그 숫자를 만드는 데 필요하다면 무슨 일이라도 해야 하고, 결과만 좋다면 수단과 방법을 가리지 말아야 한다고 배운다. W. 에드워즈 데밍은 사람들은 목표를 달성하는 데 필요한 일을 할 것이라며, "필요하다면 심지어 기업을 파괴해서라도 그렇게 한다."고 말했다. 또한 어떤 학자는 "숫자로 된 목표와 마주쳤을 때, 겁먹은 인간이 얼마나 영리해질 수 있는지 결코 얕보지 말라."고 말했다.

많은 경우 직원은 규칙에 순종하는 듯이 보이지만, 규칙의 취지에 반하거나 간신히 말썽을 피할 정도로만 실행하며 상사의 간섭을 피하려 한다. 이런 걸 '소극적 저항passive resistance' 또는 '악의적 순종malicious compliance' 이라고 부르는데, 사람들이 억지로 목표 숫자에 이르지 않으면 각오하라고 강요당할 때 보이는 흔한 반응이다. 끝으로 이런 형태의 측정은 어리석은 복종을 강요할 뿐만 아니라, 성과를 달성하게도 하는데, 흔히 목표나 할당치를 달성하고 나면 그냥 거기서 멈춘다. 여러분이 사람들을 강요하면 그들은 두 가지 중 하나를 행동에 옮긴다. 그들은 여러분이 강요하는 방향으로 가거나, 반대로 밀어

젖힌다. 불행하게도 두 상황 모두 부정적인 행동을 야기하고 조직 전체에 피해를 입힌다.

측정의 부정적인 사용의 가장 터무니없는 사례로 어느 대규모 생산 공장을 살펴보면, 생산팀장은 측정의 통제적인 힘에 대해 상당한 식견을 지니고 있는 사람으로, '수치의 벽'이라고 부르는 공장 식당 외벽에 기준 이하의 실적을 보이고 있는 직원과 생산성 수준을 써서 붙였다. 생산성 목표는 기록적인 시간에 만족되었지만, 품질과 안전 등 다른 생산지수가 나빠졌고, 또한 직원의 사기도 저하되었다. 이 공장의 경우, 성과측정이 별로 환영을 받지 못했다는 것을 장담할 수 있다.

다음은 두려움으로 초래된 측정 역기능의 다른 예이다.

- 공장이 매월 말에 원자재의 선적분 입고를 접수 거부한다. 이유는 월말 재고목표를 맞추어야 하기 때문인데, 이를 위해 생산 차질과 고객주문 불이행도 불사한다.
- 작업자가 팔레트에 적재된 품목이 1개인지 50개인지 상관없이 '팔레트 적재완료'라고 보고하는데, 그것이 중요한 생산성 측정 지표이기 때문이다.
- 항공사 승무원이 문책을 피하기 위하여, 일상적으로 이착륙 지체시 코드를 잘못 입력하고, 화물 취급자는 일단 내린 여행가방 들을 그대로 계류장에 방치하는데, 그 이유는 그들을 측정하는 것은 여행가방을 내릴 때 걸리는 시간으로만 하기 때문이다.
- 공장 직원이 고객의 배달 희망일자 전에 제품을 출하해서, 재고를 줄이고 재고목표 수준을 맞춘다.

- 회사들이 감사 직전에 재고품을 여러 공장으로 순회 이동시켜서 재고 수준이 적정한 것처럼 눈속임을 한다.
- 회사들이 정시 배달 일자의 숫자를 맞추기 위해서 미완료된 주문을 출하하거나, 매우 중요하지만 정시에 배달 가능한 다른 주문들을 위해 이미 선적이 지체된 주문을 희생시키는 경우이다.

이런 일들이 불합리하게 들리는가? 사람들은 측정 시스템이 자신들에게 불리하게 작용한다고 느끼면 흔히 불합리하게 보이는 행동을 취하게 된다. 그리고 조직에 어떤 결과가 초래되더라도, 그 결과가 자신들의 일자리나 경력, 수입에 부정적인 영향이 미치지 않도록 만든다. 다음에 몇 가지 예가 더 있다.

- 헬프데스크 직원의 성과는 그들이 응대하는 전화 수와 고객문제의 해결에 걸린 시간으로 측정되고 있는데, '눈부신 성공'을 하고 있어서, 알고보니 고객의 문제가 해결되기 전에 중도에 끊는다든지, 너무 이르게 종결 짓고 있었다. 그들이 그렇게 하는 것은 무례를 범하려는 것이 아니라 측정 시스템이 하라는 대로 하는 것뿐이었다.
- 많은 결함을 보고하고 있는 소프트웨어 품질 검사원이 심지어 모든 사소한 문제가 진정한 결함인지에 대한 논쟁까지도 불사하는데, 그 이유는 검사원들은 그들이 발견하는 결함의 수로 평가되기 때문이다. 그 반면에 자신의 제품에서 얼마나 많은 결함을 발견되는가에 따라 평가받는 검사원은 데이터를 얼버무리거

나, 검사를 위해 제품을 넘기기 전에 많은 시간을 들여 제품 완성도를 높이거나, 아니면 검사 자체를 회피하려고 할 수 있는 짓은 무엇이라도 한다.

- 더 터무니없는 것은 사고 데이터를 줄여서 보고하거나 아예 감추는 직원인데, 그 이유는 '무사고일수'나 '기록할 만한 사건이 없음'이 측정대상이었고, 또한 '안전하지 않은 직원unsafe employees'에 대한 대상 여부 확인이 우선이지 무슨 일이 일어났는지 알아내서 미래의 사고를 줄이는 것을 권장하는 대상이 아니었기 때문이다.

- 어느 보건관리 조직이 병원의 대기자 명단상의 환자수를 줄이겠다는 공약의 실천에 성공했는데, 그 내용은 의사들에게 압력을 넣어서 쉽고 빠르게 고칠 수 있는 작은 병들을 큰 병보다 우선적으로 치료한 탓이었다.

- 우리는 영업실적을 적당한 때로 잡아 당해 연도나 다음 연도의 할당량을 채우는 관행을 익히 알고 있다. 영업사원들은 그들의 관행으로 악명이 높은 데, 그 관행이란, 할당량을 이미 채웠을 경우에 주문 처리를 지체하거나 게을리 하여, 다음 기간에 추가적인 실적을 확보할 수 있도록 하는 것이다.

- 그리고 또 흔한 관행인데, 공급업자에게 대금을 미리 지급하여 예산액이 없어지지 않도록 하거나 경비가 미리 잡히도록 하는 것이다.

잘못된 것을 측정하기

강력한 보상과 징계하에서, 조직이 잘못된 것을 측정하는 것은 아주 흔한 일이다. 고의적인 부정행위로 인한 경우들도 있지만, 대체로 측정되는 시스템에 대한 지식의 부족으로 인한 경우가 많다. 대부분의 경우에 관련자들은 그들이 조직을 위하여 올바른 일을 하고 있다고 굳게 믿는데, 성과의 올바른 측정지표를 제공하기란 쉬운 일이 아니다. 숫자에 대한 과도한 기대로 인해 으레 경영자로 하여금 정량화하기 가장 쉬운 일을 관리하게 하기가 십상이고, 직원들에게는 셈에 넣는 일을 하도록 하고, 반드시 중요한 일을 하게 하는 것이 아니다. 그리고 측정의 용이함과 시시한 일은 높은 상관관계가 있다.

측정의 '치욕의 전당Hall of shame'에는 잘못된 측정지표의 실적을 아주 잘 만들어내는 조직들로 가득 차 있다. 다음의 예를 살펴보자.

- 어느 호텔 체인은 현금흐름 위기에 대처하느라고 무자비하게 비용을 낮추었는데, 실은 객실판매율에 집중했어야 할 때였다. 그 방법은 단기적으로는 현금의 증가를 가져왔지만, 곧 더욱더 경영 악화를 가져왔다.
- 소매점 체인이 '미소지수smile index'를 사용하여 고객만족도를 높이려고 했는데, 그걸로 측정을 당하는 직원들은 고객들에게 미소를 짓게끔 되었다. 고객들은 그 미소가 거짓임을 알아챘고, 부자연스런 행동을 강요 당한 직원들의 사기는 곤두박질쳤다.
- 제품 다변화로 측정을 받는 상점이 13가지 종류의 토스터(두 종

류가 85%의 판매 점유율을 지니고 있는데도)를 취급하고, 스포츠 담당 부서는 40가지의 서로 다른 낚싯대를 취급했다. 결과적으로 고비용 저이익에 공헌을 했다.

- 콜센터의 측정지표가 가장 흔히 사용되는 경우는, 사업을 키우기 위해서 고객통찰과 통합판매를 추진하기보다는 빠른 응답과 낮은 비용을 추진하는 것이다. 모순되게도 기존 측정 시스템에 의하면, 고객과의 통화를 더 빠르게 끊어버릴수록 성과는 더욱 좋게 나온다.
- 어떤 회사는 생산에 관계된 모든 것을 측정하고 있었는데, 고객에게 제품을 인도하는 것에 관계된 일은 어떤 것도 측정하지 않았다.
- 우리 모두가 알고 있는 사실이지만, 얼마나 많은 닷컴dot-com회사들이 매출이나 이익에 관한 수치에 집중한 것이 아니라 웹사이트 방문 횟수에만 집중하였기 때문에 망했는지 모른다.

역기능적인 측정은 흔히 조직이 올바른 이유로 그릇된 일을 하는 바람에 야기된다. 고객 대기시간을 줄이기 위하여, 어떤 유명한 보험회사가 콜센터 팀의 평균 고객 대기시간을 측정하는 장치에 투자했다. 그들은 사무실의 칸막이 너머로 모두가 잘 보이게끔 높은 곳에 디지털 득점판을 설치했다. 이 바람에 직원들이 고객과의 통화를 빨리 끝내는 현상이 벌어졌다. 문제의 해결 여부와는 상관없이 대기 중인 고객이 오래 기다리지 않게 하기 위해서였다. 이는 또한 고객서비스 태도(예를 들면 최근에 가족 중에 사망한 분이 있는 고객에 대한 공감)에도 구김살이 생기게 되었다. 다행히도 CEO가 그 문제를 깨닫자마자 '대기시간' 측정지표를 고객이 재확인 전화를 걸 필요 없이 첫 번째 전화에 문제를 완결 짓는 백분율로 바꿔버렸다.

'실체' 보다 '외관' 을 측정하기

측정 시스템의 약점 때문에 측정은 두드러지게 결함이 있고 흔히 매우 주관적인데, 지원부서와 지식 작업에 관계된 경우에 그렇고, 특히 비재무적이고 무형의 측정 분야에서 그렇다. 조직이 중요성을 인식하거나 그것을 측정하기가 어려울 경우에는, 많은 부서에서, 그리고 그 구성원들은 그들이 효과적이고 성공적으로 보일 수 있도록 '좋게 보이는 것' 이 가장 중요한 것이라고 믿기 시작한다. 구성원들이 생각하는 질문은 다음과 같다. "어느 정도로 나 자신, 또는 나의 부서를 잘 보이게 할 수 있는가?"

우리는 모두가 측정되고 있을 때 그 시간만큼은 조직이나 개인들이 과업수행을 잘하는 것을 경험한 적이 있다. 최근의 한 경험이 이 점을 잘 나타내고 있다. 저자가 이따금 건강진단과 일상적인 의료 서비스로 방문하는 한 진료센터에서, 서비스 품질이 측정되고 있기 때문에 정시의 진료행위와 친절함이 극적으로 개선되었다. 그렇지만 그 '측정 실습' 후에는, 서비스는 다시 낮은 수준으로 되돌아갔다. 여러분도 비슷한 경험이 있을 것이다.

너무나 많은 측정 시스템이 최고 경영자들을 회유하려고 설계되고 사용된다. 그 점이 바로 측정이 그렇게 자주 외관의 경쟁, 말하자면 너무 흔한 미인 선발대회로 타락해 버리는 이유이다. 실제 기업을 경영하고 개선하기를 목표로 삼거나 고객에 초점을 맞추는 대신에, 측정은 내부적으로 팔고 뽐내는 데 쓰이고 있다.

그래서 이런 조직의 구성원들은 불완전한 측정 시스템을 사용하여 자신들과 자신이 속한 단위 부서를 가장 좋은 모습으로 보이도록 만드는 데 아주 익숙해져 있다. 그들은 진정한 성공 대신에 성공의 겉모습만을 추구하고, 좋은 소식은 강조하고 나쁜 소식은 감춘다. 또 진실이 알려져도 측정치가 기록된 시점으로부터 오랜 시간이 흐른 뒤이고, 훨씬 더 교활한 것은 책임질 사람이 이미 승진을 했거나 다른 부서로 이동한 뒤라는 것이다.

우리 모두는 측정 시스템을 이용하여 출세한 사람들을 잘 알고 있다. 그러한 조직에서는 흔히 '최고의 직원'은 성과 평가 시에 '자신의 가장 좋은 모습'을 내보이기를 가장 잘하는 사람이다. 이 화제에 대해 한 동료가 "더 잘 반짝이는 구두를 신었다고 더 빨리 걷는 게 아니라는 걸 조직은 깨달아야 한다."라고 한마디 했다.

예상하겠지만, 그러한 환경하에서는 여과되고 왜곡된 측정정보가 막대한 양으로 존재하며, 그래서 대단한 공을 들여서 좋은 소식만 공유하고 나쁜 소식은 은폐한다. 결국 아무도 '총살당하는 전달자 messenger who gets shot'는 되고 싶지 않은 것이다. 심지어 회계 담당자도 가장 유리하게 숫자들을 보이라고 권장한다. 미국증권거래위원회 전 위원장 아서 레빗Arthur Levitt은 "기업체들은 그들의 순수익 계산 놀이를 하던 끝에 가장 최상의 숫자에 도달한다."라고 말한 바 있다.

이런 '외양 우선' 환경하에서는 활동 측정지표activity measures가 판을 친다. 그 예는 고용 직원 수, 교육훈련 프로그램 실시 수, 헬프데스크 콜 횟수, 수선 기계 대수, 검사 실시 수, 감사 횟수, 영업 방문 수, 임상실험 횟수, 특허출원 수 등이다. 활동 측정지표는 흔히 진보의 착각을 일으키고, 또한 '활동의 함정activity trap' 이라고 부르는 상황도 초래한다.

또 다른 '외양 우선' 측정은 조직이 측정할 수 없거나 측정하지도 않을 기술 및 혁신 프로젝트에 막대한 투자를 하는 것이다. 이러한 프로젝트들의 실제 비용이 얼마나 자주 약속된 이득을 훨씬 초과하는가를 알면 놀랄 것이다. 또 성공의 측정지표는 그 프로젝트 실현이 '정시에 예산 범위 내에 성공적으로 완료되는 것' 인데, 실제로는 이러한 프로젝트들이 가치를 파괴하고 있다는 사실을 인정하려 하지 않고, 심지어 알지도 못한다. 이런 경우에 프로젝트 옹호자는 프로젝트를 완수한 성과에 대해 과다평가하고 비용은 과소평가함으로써 시원찮은 프로젝트를 좋은 프로젝트로 둔갑시키는 데 아주 능란하다.

비재무적 가치생성과 무형의 것을 측정하는 표준적인 방법이 없이는 아무런 기준하에서 '성공 선언' 을 하기는 쉬운 일이다. 조직들은 잘못된 성공 측정지표로 좋게 보이게 하는 것(단기간이기는 하지만)이 얼마나 손쉬운지를 깨닫고 있는 중이다.

부분 최적화

'부분 최적화Suboptimization'는 전체 시스템total system의 한 부분에 집중하거나 변화를 이루는 관행으로, 전체에 주는 영향을 고려하지 않는 것이다. 이는 한 부분만의 최적화를 이루는데, 개인과 부분 기능부서는 자신들의 성공 측정지표상에서는 잘하겠지만, 다른 이에게는 해를 입히고, 조직 전체에도 손해를 입힐 가능성이 있다. 실제로 대부분의 측정 시스템이 수많은 이질적인 측정 '사일로'로 구성된 것이다. 이런 '미니 측정 시스템mini measurement system(영업 측정, 마케팅 측정, 재무 측정 등)'은 실제로는 상반되는 목적으로 돌아간다. 즉 전체를 최적화하는 것이 아니고 자신들의 숫자만을 최적화하려고 시도한다.

측정 역기능과 부분 최적화를 둘 다 예시하는 것으로 가장 좋은 예는 연간 예산수립 과정이다. 그럴 필요는 없는데도 조직의 예산수립은 시간이 오래 걸리고 힘겨운 싸움을 해야 해서 모든 부서가 자신의 예산과 융통성 없는 실적 공약을 위해 경쟁한다. 오늘날 이루어지는 대부분의 예산수립 방식은 비즈니스 기능이라기보다는 정치적인 활동처럼 되어서, 전략적 계획과는 동떨어진 채로, 자신의 조직단위나 부서를 위해 최대한의 자원을 획득하려는 뻔한 의사를 가지고, 목표는 가능한 한 줄이고(그래야 목표숫자를 맞출 수 있으니까), 예산은 가능하면 다 써버린다(그래야 내년 예산이 줄지 않으니까). 제너럴 일렉트릭General Electric의 전 CEO, 잭 웰치Jack Welch에 의하면, "예산은 주식회사 미국corporate America의 독이다. 애초부터 존재하지 말았어야 했다." 비즈니스 저널리스트 사이먼 콜킨Simon Caulkin이 말하듯이, "예산은 사람을 타락시킨다는 말은 과장이 아니다." 더 나아가서 경영이 예산에 너무 집중되다 보니, 관리되는 것은 예산이지 비즈니스가 아닌 상황이 자주 벌어진다. 어찌 보면 연말 시점에 대다수의 경우 최대의 승자는 최대의 가치 파괴자가 될 것이다.

또 다른 부분 최적화의 고전적인 사례는 조직 내 프로젝트의 확산이다. 《점 잇기Connecting The Dots》에서 벤코Benko와 맥팔랜드McFarland는 "개별적으로 프로젝트는 조직에 가치를 부가하는 듯이 보인다. 그러나 프로젝트를 함께 검토해 보면 다른 그림이 나타난다. 서로 다른 목적으로 작업 중인 것도 있으며, 쓸데없이 서로 중복되는 것이 있는가 하면, 또 무용지물이 된 목적을 지향하는 프로젝트도 있다. 그런데 이 모든 프로젝트가 불충분한 자원을 놓고 경쟁을 벌이고 있는 것이다."라고 말하였다. 상호 관련된 시스템의 일부를 측정하는 것은 항상 부분 최적화에 이르게 된다. 다음은 흔히 볼 수 있는 또 다른 부분 최적화의 사례이다.

- 제조회사의 영업 분기 말에 고객으로부터 주문을 받았다. 그런데 일부 고객은 그들이 주문하도록 '권장받은' 제품 일부에 대하여는 지불을 할 수 없었다. 미지불된 제품분은 고객이 원하는 날짜에 인도가 안 되었기 때문에, 모든 주문이 '배달지연'으로 처리되었다. 이 경우에 모든 사람은 자신의 측정사항을 만족시키기 위해 자신의 몫을 하고 있다. 영업담당자는 고객의 문제가 되는 신용가치를 적정하게 표기하지 않았고, 이유는 그 성과측정사항이 아니었기 때문에 관심을 안 썼던 것이다.

- 마케팅 부서는 자신들의 성과기록표 관리를 위해서 흔히 어마 어마한 숫자의 영업기회를 발생시키지만, 결과는 대수롭지 않았다. 그런데도 그 일이 그냥 넘어가는 것은 그 영업기회들의 '적격 정도how qualified'를 측정할 방법이 없기 때문이다.

- 어느 회사가 한 가지 비용을 감사한 후에, 건물간의 우편물 전달 횟수를 50%로 줄여서 우편물 담당부서의 운영비를 상당량 절감했다. 이를 위해 우편물 담당부서의 업무를 보완하여 각 기능부서별로 자체요원들을 활용하여, 건물간의 우편물을 직접 배달하게 함으로써, 결국 그 비용은 우편물 담당부서의 절감액을 훨씬 웃돌았다. 우편물 담당부서의 경비 '최적화'가 실제로는 조직의 총비용을 증가시키는 결과를 초래한 것이다.

오늘날 조직은 부분 최적화의 보루가 되어 있는데, 그 이유는 기능부서 중심으로 상호간의 조화가 안 되는 측정지표로 가득 차 있기 때문이다.

속이기

스포츠나 사업에서 보상을 위해 경쟁할 때, '선수들'은 승리를 위해서라면 들키지만 않으면 무슨 짓이라도 한다. 스포츠에서는 선수가 파울을 범하거나 부상을 가장하면서, 그 속임수가 정신이 산만해진 심판에게 들키지 않기를 바란다. 물론 '속이기'에는 여러 가지 종류가 있다. 비즈니스에서의 대부분의 속임수는 너무나 사소해서 우리는 정상적인 걸로 받아들이고, '꼼수gaming'라고 부르게까지 되었다. 예를 들면 프로젝트 팀은 업무일정을 예상할 때마다 충분한 여유를 집어넣어서, 실질적으로 프로젝트 이정표의 달성을 확보한다. 또한 목표를 세울 때 가능한 한 낮추어 잡는 관행은 누구나 다 경험이 있는데, 그래야 초과 달성하기 때문이다.

최근의 베스트셀러 책, 《괴짜경제학Freaknomics》에서 저자 레빗Levitt과 더브너Dubner는 "누가 속이는가? 뭐, 거의 모두 다지. 내기가 적절하다면야."라고 자문자답하고 있다. 다시 말해 동기가 충분히 강력하다면 거의 모두가 측정 시스템을 속여 넘길 것이라는 말이다.

조직 내의 구성원은 숫자에 맞춰 관리하는 데는 이골이 나있는데, 구체적으로는 숫자 보고하기, 숫자 조정하기, 숫자 날조하기(필요할 경우), 그리고는 거의 매 분기마다 수용할 만한 점수를 획득하는 것이다. 이 모든 방책은 수용할 만하다고 인식되고 있다. 반면에 '진짜 속이기(정체가 뭐든지)'는 그렇지 않다. 케이블 TV의 선도자 크레이그 매코Craig McCaw가 말했다. "수많은 회사가 그들의 수익을 관리하고 있는데, 난 합당한 범위 내라면 괜찮다고 본다." 제너럴 일렉트릭의 CEO 제프 이멜트Jeff Immelt도 그 관행을 지지하고 있다. 그렇지만 경영자문회사 스턴 스튜어트Stern Stewart는 이의를 제기한다. "점잖은 사람이 점잖지 못한 행동을 지지한다면 무언가 대단히 잘못된 것이다." 그 회사는 또 덧붙여 말한다. "재무적 실적을 날조하는 것은 기업문화에 너무나 깊숙이 배어 있어서 도덕적인 경영자들조차도 대중을 오도하는 유혹에 굴복하고 있다."

속이기의 극단은 범죄적인 활동이다. 물론 측정 시스템을 속이는 것이 어느 지점에서 '범죄'가 되는지는 결정하기 어렵다. 그러나 속이든 범죄든 이런 종류의 측정 역기능은 계속하여 존재할 것이고 조직의 효율성을 심각하게 훼손할 것이다. 우리는 모두 진짜로 흉악한 형태의 속이기(실제의 범죄행위)의 사례를 대개는 뉴스를 통해 간접적으로 알고 있는데, 그 이야기는 세계 도처의 법정에서 다뤄지고 있다. 어쨌든 다음에 꽤나 흔한 일상적인 측정 속이기 사례가 있다.

- 정부기관의 숙련된 사회복지 담당자가 가장 쉬운 문제를 다루고, 어려운 문제는 미숙한 요원에게 맡긴다. 이유는 '완결된 사건의 숫자'로 평가받고 있기 때문이다.
- 어느 회사에서 부서장급 임원에게 승진하려면 승계 계획을 정식으로 작성하여 제출하라고 했더니, 이들이 '로저 존스 현상 Roger Jones Phenomenon'이라고 부르는 상황이 나타났다. 그들이 자신들의 후계자를 발굴하기에 어려움을 겪자, 그냥 회사에서 최우수 실적을 올리는 사람의 이름을 적어냈다. 그들의 계획을 한데 모아보니, 단 한 명의 직원, 로저 존스Roger Jones가 대부분의 중요 보직 후계자로 거론된 것이다.
- 많은 회사의 경영층이 목표 수치에 도달하기 위해서, 주가를 부풀리기 위해서, 또 보너스를 받기 위해서 '공격적인 회계'에 의존한다. 공격적인 회계란 회계원칙을 선택적으로 적용하여 겉으로 더 낫게 보이는 실적을 달성하는 것으로, 그 예는 수익수치 관리, 조기매출 인식, 경비의 이월, 특별비용의 사용, 영업비

용을 일반경비가 아닌 자본화 비용 처리, 기타 속임수의(불법까지는 아니라도) 관행이다. 선빔 코포레이션Sunbeam Corporation의 회계 조작 사건은 전설적이다. 그 회사는 당기에 막대한 구조조정 비용(세전 3억 3,700만 달러)을 일괄 처리해서, 그 다음 회기에는 엄청난 영업 및 순익으로 재기의 모습을 보여줄 수 있었다.

- 많은 회사들이 순익을 부풀려서 더 높은 주가를 추진하는 데 반해서, 엄중한 규제를 받고 있는 어느 회사는 실제 달성한 것보다 낮은 순익을 보고해서 그들의 연도별 이익 도표를 평탄하게 만들어 정부의 눈을 피하려고 했다.

- 소프트웨어 검사자들은 소프트웨어 프로그램에 버그bug를 심는 것으로 알려졌는데, 버그를 잡아내는 숫자로 측정이 되기 때문이다.

- 어느 회사가 속기 타이피스트의 생산성 측정을 위해서 타자 수기준의 측정지표를 관리했는데, 점심을 먹으면서 아무 키나 또는 스페이스 바를 두드리는 속기 타이피스트가 있는 걸 발견하고는 놀랐다고 한다. 그들이 놀랐다는 것이 이해가 안 되지만 말이다.

과도하게 측정하기

오늘날 어떤 조직은 측정을 과도하게 실행하는 듯이 보이는 곳도 있다. 그러나 측정을 지나치게 많이 하는 것도 너무 적게 하는 것처럼 역기능적일 수 있다. 어느 직원이 조직 내의 상황을 다음과 같이 묘사했다. "우리는 움직이는 건 모든지 다 측정한다. 단 중요한 것은 전혀 없다." 엘리엇 제이크스Elliot Jaques는 그 이유를 《경영자의 리더십 Executive Leadership》에서 밝히고 있다. "안정적인play-it-safe 환경에서는 모든 걸 측정하려는 경향이 있다."

조직 내의 모든 직능부서, 모든 분야, 그리고 심지어 모든 팀이 자기 자신의 성과기록표, 계기판과 자기만의 독특한 성공 측정지표를 가지고 있는 듯이 보인다. 그 의미는 많은 조직이 문자 그대로 수백 가지의 서로 다른 측정지표 세트를 가질 수 있다는 것이다.

마이클 해머는 과도하고 불필요한 측정에 대하여, 다음과 같은 말을 어느 회사 경영자와 나누었다. "우리는 너무나 많이 측정하는 것에 비해, 너무 적게 얻고 있다."

너무나 흔히 측정 그 자체가 목적이 되어서, 조직의 커다란 목적과는 동떨어져 있는 경우가 많다. 한 회사의 R&D 부서에서 측정지표를 작성하는데 한 페이지로 제한하라는 지시를 받았다. 그 지시에 부응하려고 그 부서에서 측정의 책임자가 약 60개의 갈피를 잡을 수 없는 '혁신 측정지표'를 한 페이지에 빽빽하게 채워 넣었다. 한 측정 전문가는 이를 '쓸모없고 해로운' 시도라고 평했다.

오늘날의 데이터 수집 열광의 결과로 일부 회사는 자신의 '데이터 광산'에 파묻혀버렸다. 게다가 그릇된 대상이나 쓸모없는 대상을 측정하는 것은 측정의 높은 비용을 치르게 하는데, 그 비용에는 실제 비용뿐만 아니라 기회비용도 포함된다. 오늘날 혼란만 가져오는 쓸모없는 데이터로 직원을 괴롭히지 않더라도 일거리는 충분히 많다.

현재 수집되고 있는 많은 측정 데이터를 활용했음에도 불구하고, 행동이 취해지지 않고 있다는 것은 슬픈 일이다. 그 이유는 조직이 그것으로 무엇을 해야 할지 모르기 때문이다. 다우Dow와 쿡Cook이 말하듯이, "만일 측정 결과를 행동으로 전환하지 않는다면, 창문 밖으로 던져버리는 게 나을 것이다." 예를 들어 한 슈퍼마켓 체인은 주당 3억 3,400만 데이터 점수를 수집했는데, 그 데이터의 겨우 20%만 활용했다.

측정 시스템이 잘 돌아가지 않는데도 불구하고, 왜 리더들은 바꾸기를 그렇게 주저하는가? 그 이유는 그들이 기존의 측정 시스템에 깊게 투자해서 그걸로 보상을 받고 있는 데다가, 어찌 바꿔야 할지 모르고 있고, 또한 그들은 더욱더 위험한 괴물을 만드는 건 아닐까 하는 두려움이 있으므로, 구관이 명관인 것이다.

역기능적 측정과 직원

위에서 살펴본 문제들은 실제로는 측정 자체에서 생기는 것이 아니고, 오히려 직원이 사용하고 해석하는 방법에서 오는 것이다. 아트 클라이너Art Kleiner는 많은 직원들이 취하는 겉보기에 불합리한 행동을 이런 식으로 설명한다. "뭔가를 측정하라. 그러면 조직은 그걸 만들어내려고 움직인다. 특히 인센티브가 걸려 있다면 그에 상응해서 그렇게 한다."

인용된 사례를 보더라도, 직원들이 측정과 측정의 긍정적인 가능성에 대해서 냉소적인 사실이 전혀 이상할 게 없다. 대부분의 직원에게 측정이 가지는 긍정적인 힘의 약속은 그저 실현되지 않는 약속으로 남아 있을 따름이다. 그러나 측정을 회피하거나 비난하는 사람들은 실제로는 그들이 전통적으로 과거에 경험했던 방식에 단순히 반응하고 있는 것이다. 다음 장에서는 왜 사람들이 측정에 대해서 그렇게 강하게 느끼고, 왜 자주 일터의 '적enemy'으로 생각하고 있는지 살펴보겠다.

왜 측정이 잘못 운영되는가

측정의 모든 놀라운 긍정적 힘과 기능적 잠재력을 감안할 때, 성과 측정이 그렇게 잘못 운영되는 것처럼 보이는 이유는 무엇인가? 제2장에서 살펴본 바와 같이 왜 정상적인 사람들이 조직 내에서 잘못된 행위를 그렇게 자주 하는가? 제3장은 그런 질문에 답을 제공하고 측정역기능과 냉소주의를 줄일 수 있는 방법을 보여주고, 여러분의 회사가 좀 더 긍정적인 측정의 미래를 향해 움직일 수 있는 방법을 제시한다.

동기와 기회

측정 역기능을 조장하는 두 가지 요소가 있는데, 이는 또한 불행하게도 으레 부정적이고 바람직하지 못한 행동으로 나타난다. 첫째는 기회이다. 기회는 거의 모든 측정 시스템에 만연하고 있는 결점에 의해 주어진다. 측정지표가 실제 성과의 대용품이기 때문에 성과측정은 어김없이 불완전할 것이고, 또한 이들 불완전한 상황은 진보적인 조직이 장래에 새로운 측정지표를 실험하면서 증가할 따름이다. 앞에서 말한 측정 역기능 종류는 결함 있는 측정 시스템의 부정적인 부작용이다. 그런데 결함 자체는 부정행위에 '틈을 주기는 해도', 문제의 전체는 아니다.

소프트웨어 프로그램의 결함처럼, 사람들은 결함을 해킹 같은 나쁜 목적에 이용할 수도 있고, 또는 결함을 보고하여 고칠 수 있게 할 수도 있다. 긍정적인 예가 리눅스Linux 운영체제로, 사용자들이 결함을 악용하기보다는 그 결함을 메우려고 제휴하여 공동작업을 진행하고 있다. 물론 그들도 해커의 숫자가 문제이지만, 해커는 항상 있을 것이라고 인정하고 있다. 측정 시스템의 결함도 마찬가지의 경우로, 고의적이든 아니든 역기능적인 행위를 조장하거나, 아니면 측정 시스템의 계속적인 개량으로 이끌 수도 있는 것이다.

두 번째 요소는 동기인데 이는 고의적인 역기능적 행위의 발생 여부를 결정한다. 동기는 그 사람들이 측정 시스템상의 약점을 이용하는 이유이기도 한데, 이런 종류의 측정 역기능을 고의적으로 발생하게 하려면 기회와 동기 둘 다 있어야 한다.

저자가 뉴욕시에서 자랄 때는, 다양한 상점 밖에 무인 신문판매대가 있었는데, 사람들은 상점 안으로 들어가서 계산하기보다는 가판대에 돈을 놓고 신문을 집어가고는 하였다. 그 돈을 다른 행인이 훔쳐가려 한다면 식은 죽 먹기였겠지만, 그런 일은 거의 일어나지 않았다. 널리 퍼져 있는 '양심제도'로 인해, 사람들은 잘못된 행위를 하지 않게 된다. 어떤 시스템이든 시스템상의 결함으로 인해 '득실'이 생기는 입장에 있는 사람들은 언제든 개인적인 이득을 위해 그 시스템을 이용할 수 있는 기회를 지니고 있는 셈이다. 그런데 여기서 문제는, 왜 그들이 그 기회를 이용하게 되는가이다. 왜 뉴욕시의 사람들은 가판대에서 돈을 훔치는 일이 거의 없고, 왜 리눅스 사용자는 그 약점을 파고들기보다는 그 운영체제의 문제해결에 중점을 두는가? 왜 역기능적인 측정이 발생하는가, 또 그런 역기능이 오늘날 대부분의 조직에서 왜 만연하고 있는가에 대해 이 다음에 나오는 설명이 대답해 줄 것이다.

제2장의 예에서 설명한 바와 같이, 압박과 자극이 빈번하게 사람들에게 시스템상의 결점을 이용하게 하는 강한 동기를 제공하고 있다. 이는 '침묵의 공모conspiracy of silence'로 악화되어 결과적으로 문제의 발견과 해결이 안 된다. 이 상황에 관해서 참으로 모순된 일은 역기능적인 측정을 진실로 원하는 사람은 거의 없다는 것이고, 그것으로 이득을 보는 사람조차도 이를 원하지 않는다는 점이다.

아침에 깨어나서 자신의 조직 내 측정 시스템을 이용해서 개인적 이득을 보겠다고 생각하는 사람은 없다. 우리들 대부분은 어떻게 하면 회사를 속이고 자신에게 이익을 가져올까 하는 음모를 꾸미지는 않는다. 그렇지만 우리들 대부분은 고의는 아닐지라도 무의식적으로 '측정 범죄measurement crime'를 범하고 있다. 여러분은 일하는 과정에서 조직을 위해 최선의 일이 아니라는 걸 알면서도 행동에 옮긴 적은 없는가? 물론 있을 것이다. 우리 모두가 그런 적이 있다. 또한 조직에 최선이 아닌 일을 무의식적으로 한 적이 수없이 많을 것이다.

측정 역기능의 발생 여부는 결함의 수와는 별 관련이 없고, 그 결점에 대한 사람들의 반응방식과 더 큰 관계가 있다. 리눅스 사용자의 예와 마찬가지로 결점이 있는 측정에 대한 긍정적인 반응은 그 한계를 인정하고, 문제를 고치거나 또는 보고하여 고칠 수 있게 하여 계속적으로 시스템을 개선하는 데 공헌하는 것이다. 부정적인 반응은 한계를 무시하고, 그 결점을 개인적이거나 부서의 이득을 위해서 이용하고, 문제의 보고를 회피하고(거기에서 이득을 보고 있으니까), 해결책을 찾는 데에 게을리하는 것이다. 측정이 잘못 운영될 경우, 그 상황은 측정 시스템 결점을 이용할 수 있는 지식과 지위를 지닌 사람들에 의해 대부분 '게임game'으로 변질되어 버린다. 또한 이 게임은 빈번하게 직원들, 관리자들, 그리고 조직을 서로 적대적인 관계로 다투게 만든다. 레너드 그린할Leonard Greenhalgh은 "관계가 적대적일 때, 사람들은 통제 시스템을 속이려는 자극을 받게 된다."고 이야기한 바 있다.

측정의 경험

사람들은 부정적이고 위협적으로 인식하는 대상을 적으로 간주하는 경향이 있다. 저자가 주최하는 워크숍에서 참가자에게 그들의 개인적인 측정 경험에 대해 질문을 했더니, 적대감이 노골적이었다. 부정적인 반응이 긍정적인 반응보다 숫자적으로나 비중으로 봐서도 (더 중요한 사항인데) 압도적이었다. 훨씬 더 비참한 것은, 깊이 파고들어가 보니 대부분의 사람들이 긍정적인 경험을 전혀 기억해 낼 수 없었다는 점이다.

우리는 매우 어렸을 때부터 측정과 만나게 된다. 많은 사람들에게는 부모님으로부터 받는 측정은 칭찬보다는 벌로 이어졌다. 선생님들은 우리가 잘못한 횟수로 우리를 측정하고, 으레 붉은 표시로 우리의 잘못을 강조하고 우리의 성적에서 점수를 뺐다. 사실상 대부분의 사람들은 오랜 세월 동안 다양한 주체로부터 '측정당한' 기억을 지니고 있는데, 그 측정의 주체에는 부모님, 선생님, 은행직원, 신용조사기관, 정부 관료, 의사 그리고 기타 등등이다. 우리가 성인이 되었을 때는 수백 또는 수천 가지의 측정 경험을 가지게 된다.

거의 누구나 부정적인 측정이 사용되어 부정적인 사항들, 즉 착오, 결함, 사고, 비용초과, 재고부족, 온갖 종류의 예외적 사항들을 노출시키고, 또한 그 부정적 측정이 유발한 부정적인 정서들, 즉 두려움, 위협, 트집 잡히기, 비난, 그리고 징계를 경험한 적이 있다. 또한 측정을 악의적으로 사용하는 사람들에게 있어서 측정이 얼마나 위험할 수 있는지 잘 알고 있다. 부정적인 측정도 결과를 얻을 수는 있지만, 대개는 단기적인 순응이고 나쁜 인상을 남기게 된다.

거의 모든 직원이 적어도 초기에는 성과측정을, '명령과 통제'의 상명하달식 관점에서 인식한다. 예를 들어 "이게 당신의 측정지표요, 따르시오!"라는 관행이다. 빈번하게 측정이 사용되어 통제하고, 정당화하고, 감사하고, 또 무엇이 잘못 돌아간 것인가보다는 누가 잘못을 범했는지 결정한다. 또한 유용한 피드백을 제공하거나 적극적인 동기를 유발하기보다는 허물을 발견하는 데 쓰인다. 불행하게도 직원들이 흔히 측정과 연관 짓는 것들은, 시간동작연구, 판단받기, 모욕적 비교, 그리고 제한적 작업환경인데, 이들은 성과측정과는 본질적으로 관계가 없다. 대부분의 직원들은 으레 데이터가 자신들에게 적대적으로 사용될 가능성이 크다고 단정한다.

측정에는 부정적인 것이 너무나 많이 연관되어 있어서 우리는 흔히 측정의 긍정적 측면을 간과한다. 그 긍정적 측면의 예를 들어보면, 수없이 많은 경우에 우리는 측정의 안내로 자동차와 비행기로 안전하게 목적지에 도착하고, 측정의 도움으로 재무를 관리하고 다양한 문제를 해결하며, 때로는 우리의 건강을 유지하거나 회복한다. 대부분의 사람은 측정을 긍정적인 경험과 연관 짓지 않으면서, 반면에 부정적인 경험만을 기억하는 경향이 있다.

직장에서 측정에 대한 직원의 태도

대부분의 직원에게 측정은 잘해야 '필요악' 정도로 간주되고 있다. 최악의 경우에는 위협적인 힘으로 여겨져서 치과의 신경神經 치료법 정도의 별로 달갑지 않은 취급을 받고 있다. 대부분의 사람들이 직장에서 측정에 대한 생각을 할 때, 그들은 관찰 당하기, 시간 재기, 그리고 평가 당하기로 생각하는 경향이 있다. 뱀에게 한번 물린 사람은 평생 뱀을 무서워하는 것과 마찬가지로, 많은 사람은 직장에서의 측정에 결코 한두 번 물려본 것이 아니다. 결과적으로 그들은 측정을 비생산적인 비용으로, 관리상의 간접비로 보는 경향이 있다.

측정 환경이 직원들의 측정 인식방식에 대해서 중대한 영향을 주는 경향이 있고, 그래서 직원들의 정서적인 반응방식에도 영향을 크게 준다. 설사 사람들이 측정에 직접적으로 관련이 없을지라도 거의 모두가 그것을 강렬하게 느끼고 있다. 그러면서도 그에 대해서 이야기하는 사람은 거의 없고, 바로 이점이, 뒤에도 나오겠지만 대부분의 조직에서 성과측정이 구현되고 있는 방식과 관련되어 겪는 일차적인 문제들 중의 한 가지이다.

앞에서 말했지만 측정은 중요하고, 좋든 싫든 측정되는 것은 관리되는 경향이 있다. 또한 대부분의 직원들은 직관적으로 측정의 중요성을 이해하고 있는 것처럼 보이는데, 그 이유는 그들의 성공, 보상, 예산, 징계, 그리고 기타사항들이 궁극적으로 직접적이든 간접적이든 측정에 토대를 두고 있기 때문이다.

직장에서 사람들은 으레 그들에게 부과된 목표에 대비하여 측정되고 있고("이것들이 목표인데 당신이 책임지고 맞춰야 해." "당신은… 를 기준으로 측정하겠어."), 그들이 타당하지 않다고 느끼고 있는 등급 구분에 억지로 속하게 된다. 관리자들은 특정 수준 밑으로 측정 점수가 떨어진 것을 보면 화를 내고, 이를 문제해결의 기회로 생각하는 대신에 예방적인 행동을 취하며, 그로 인해 문책을 당하는 사람들이 생길 때도 있다. 흔히 완전히 이해도 못하고 있는 숫자들이 사용되어 부서, 팀, 또는 개인들이 비교되기도 한다. 또한 직원들은 (설사 엉뚱한 방향으로 가는 것을 의미하더라도) 숫자들을 따르며 행동한다. 측정의 부정적인 사용은 대부분 문화에 깊이 뿌리를 내리고 있는 것이다.

존 세든John Sedden이 측정의 통례적인 범위에 대해 다음과 같이 말하고 있다. "관리자는 걸려오는 전화 건수, 그들이 달성하고 있는 서비스 수준에 사로잡혀 있고, 부하 직원들이 매뉴얼과 절차를 지키는지 감시하며 직원들이 '규정대로 하고 있는지' 확인하려고 검사를 수행한다. 관리자들은 그런 검사를 '품질 모니터링'이라고 부르지만, 대부분은 품질하고는 관계가 없다는 걸 알고 있다."

잠깐, 만일 어떤 사람들이 여러분의 조직을 방문하여 다음과 같은 말을 한다면, 여러분은 어떤 반응을 보일지 생각해 보자. "우리는 측정 위원회 소속으로 여기에 왔는데, 여기 온 목적은 여러분이 일을 더 잘할 수 있도록 도와주는 것입니다." 얼마나 열성적으로 그들을 받아들일 것이라고 생각하는가?

최근 몇 년간, 측정은 점점 더 증가되고 있는 실적 조작과 관련되고 있는데, 그것은 회계적인 숫자로 증명되고 있다. 연간 성과 평가만큼 측정의 상황을 부정적으로 나타내고 있는 것은 없는데, 1년에 단 한 번 평가를 하는 일이 조직생활 중 가장 천대받고 있는 측면임에도 불구하고 연중 내내 업무 현장의 어두운 그림자로 뒤덮여 있는 상황이다.

피터 헌터Peter Hunter는 직원의 성과측정 중에 일어나고 있는 이런 종류의 행동을 목격하며, 대단히 끔찍하다고 동의한다. "학교에서는 왕따라고 불리고… 직장에서의 이런 행동은 계속 월급을 받고 싶으면 매일 참아내야 하는 행동인 것이다." 이런 것은 확실히 개방성과 투명성을 권장해야 하는 환경에 도움이 되지 못한다. 오히려 어떤 사람은 "무슨 이유에서인지, 어떤 사람의 입에서 '측정'이라는 소리만 해도, 나는 반대 방향으로 재빨리 멀리 도망가게 된다."라고 표현하기도 한다.

측정이 제멋대로이고 변덕스러운 실례에서 오는 이런 고통스러운 경험은 그 일이 지나간 뒤에도 오래 남아 있으며, 그 경험은 측정이 부정적인 힘일 뿐만이 아니라 전적으로 회피해야 할 대상이라는 느낌을 강하게 만들 뿐이다. 실제로 머서 휴먼 리소스 컨설팅Mercer Human Resources Consulting에서 2,600명의 근로자를 대상으로 최근 실시한 조사에서, 응답자의 29%만이 성과평가에서 좋은 성과에 대한 보상을 받았다고 느낀다고 했다. 이 결과는 아주 많은 사람들이 일에서 측정의 부정적인 측면을 개인적으로 밀접하게 경험했음을 의미한다. 물론 그러한 두려움과 나쁜 경험은 보편적인 것은 아니며, 측정을 매우 편하게 느끼는 사람들도 있고, 시스템의 결점에서 이득을 취하는 사람들도 있지만, 부정적인 경험이 제법 널리 퍼져 있어서 효과적인 성과 측정의 구현을 매우 어렵게 만들고 있다.

이른바 이 모든 직원 성과측정에도 불구하고, 어떤 매니저도 부하 직원들이 어떻게 성과를 내고 있는지, 또는 어떻게 재능을 향상시키고 있는지 진정으로 알고 있는 사람은 없다. 또한 직원 입장에서 볼 때, 아무도 자신들이 어떻게 성과를 내고 있으며, 어떻게 하면 일을 더 잘할 수 있는지 아는 사람은 없다. 거의 아무도 자신들의 월별 '성적'이 어떠한지 모르며, 주간 또는 일간 성적을 알고 있는 사람은 더더욱 없다. 최종 결론은, 대부분의 조직에서 '인력 측정'이 모든 측정을 주도하고 있어야 함에도 불구하고, 최악의 상태에 있다는 것이다.

측정의 상황

앞서 발간된 《슈퍼 동기부여SuperMotivation: A Blue print for Energizing Your Organization from Top to Bottom》에서 저자는 일의 '업무task(수행되는 특정한 전문적인 활동)'와 '상황context(업무를 둘러싸고 영향을 주고 있는 모든 것)'을 구분했다. 측정은 업무이다. 그러나 대부분의 사람들이 직장에서의 측정을 생각할 경우에, 그것은 그들이 반응하고 있는 대상인 기술적인 업무보다 훨씬 많은 것을 의미한다. 그 경우 그것은 업무 플러스plus 상황이다.

《슈퍼 동기부여》에서 이 점을 밝히기 위해 사용한 주된 예는, 긴 막대기를 사용해서 작고 둥근 물체를 구멍에다 18번 집어넣는 업무이다. 여러분은 이 '업무'가 골프, 즉 세계에서 가장 인기 있는 게임이라는 사실을 알 수 있다. 수백만 명이 엄청난 시간과 돈을 들여서 그 업무를 전 세계의 골프 코스에서 즐겁게 수행하고 있는 반면에, 왜 그 동일한 업무가 직장에서 수행된다면 틀림없이 매우 고통스러운 것이 되는 것일까?

그것은 '상황'의 문제이다. 앞에서 설명한 '작은 물체 집어넣기 업무'와 마찬가지로, 측정은 상황에 따라서 긍정적으로 또는 부정적으로 보이는 것이다. 측정에 대해 널리 퍼져 있는 부정적인 태도는 동기를 유발하고, 그에 대한 반응으로 부정적 행동을 부수적으로 불러일으킨다. 긍정적인 상황에서는 속임수를 쓸 동기가 존재하지 않는다. 부정적 상황에서는 시스템상의 결함을 조작하려는 동기가 수없이 존재하기 쉽다. 만일 골프가 여러분에게 적대적으로 사용된다고 느꼈다면, 설사 여러분이 그 게임을 좋아하더라도, 골프에 대한 여러분의 마음가짐은 꽤나 다를 것이다.

　대부분의 태도 문제는 사람들로 하여금 시스템 결함을 개인적 이득에 이용하도록 하고 있는데, 이 태도 문제는 대체로 선의로 준비된 성과측정 시스템에 혼란을 일으키는 몇 가지 경영 관행 때문에 발생된다. 직장에서의 측정에 대해 부정적으로 보는 태도는 평가와의 관련 그리고 혼동 때문에 비롯된다. 아무도, 심지어 기업체의 임원들조차도 측정과 평가의 차이를 알고 있는 사람이 없다. 그러나 그 둘 사이에는 아주 커다란 차이가 존재한다.

혼란스러운 측정과 평가

평가라는 뜻의 단어 'evaluation'은 세 개의 부분, 즉 'e', 'value'와 'ation'으로 구성되어 있다. 평가 개념의 중심 요소는 가치value이다. '평가를 한다evaluate'고 할 때, 평가하고 있는 대상에 '가치를 부여하는place a value' 것이다. 대부분의 사람들은 측정하거나 측정받기에는 별로 신경을 쓰지 않지만, 측정 당하기는 좋아하지 않는다. 그런데 그게 바로 대부분의 평가가 하는 일이다. 즉 외부의 행위자가 우리와 우리의 성과에 가치를 부여하는 것이다.

　평가의 결과는 판정judgment이다. 평가는 본질적으로 가치 판정을 하는 것에 관한 것이다. 사람들은 판정받기를 좋아하지 않는데, 특히 평가 과정의 공정성과 그 판정을 하는 사람들의 동기에 관해 의심을 갖고 있을 때 그렇다. 우리는 인생을 살아가면서 각종 부정적인 측정치에 의해 포격을 받고 있다시피 하는데, 그 예는 "너무 작아, 너무 뚱뚱해, 적극성이 부족해, 너무 느려" 등이다. 이점 때문에 엘리 골드렛이 다음과 같이, "측정 문제는 분명히 조직에서 가장 민감한 논란거리이다."라고 말했다.

측정이 평가에 가치 있는 투입 input이 될 수는 있지만, 두 가지를 절대로 동일시해서는 안 된다. 특정한 상황에서 판정이 시작되는 순간, 어느 정도 방어적으로 되는 것은 거의 불가피하다. 조직 내에서 측정을 광범위하게 사용하기 때문에 많은 사람들은 측정치가 자신들에게 적대적으로 사용될까 봐 두려워한다.

이전의 경험 때문에 사람들은 흔히 경영층의 동기를 의심한다. '이게 나에겐 무슨 뜻인가?' '데이터는 어떻게 사용될 것인가?' 게다가 평가는 조직 프로세스에서 의욕들이 상실되고, 각종 논란거리가 발생하는 것과 긴밀하게 결부되어 있다. 그 논란거리의 예는 조직 이해관계, 감지된 불공정성, 한정된 자원에 대한 내부적 경쟁 등이다. 불행한 것은 측정이 권한부여의 도구보다는 통제의 도구로 간주되고 있다는 점이다. 그러나 측정이 본질적으로 그런 식으로 간주될 이유는 전혀 없다.

측정은 실제로, 측정 대상에 대한 이해를 위한 정보의 수집, 분석과 그리고 가장 중요한 그 정보를 활용하는 비판정적인 프로세스이어야 한다. 측정은 본질적으로 중립적이다. 측정의 기능이 무엇이든, 무슨 일이 일어나는지에 대해 더 잘 이해하려는 욕심에 근거를 두어야 하며, 적어도 초기에는 판정이 없어야 한다. 효과적인 측정이 어떠한 판정이나 의사결정보다 먼저 있어야 하지만, 실제 그런 경우는 너무나 드물다. 설득력을 가지기 위해서 평가는 항상 측정의 단단한 토대 위에 근거를 두어야 한다.

훌륭한 측정 데이터가 없는 평가는 매우 주관적이고 비판적일 가능성이 높고, 바로 그 점을 대부분의 사람이 측정과 혼동하는 것이다. 또한 그 점이 바로 많은 사람이 측정을 피하려고 하는 이유이다. 판정은 사람들에게 피해의식을 느끼게 만든다. 《기업을 리엔지니어링하다Reengineering the Corporation》의 저자인 제임스 챔피James Champy는 이렇게 말한다. "사람들은 판정으로부터 자신들을 보호하길 바라고, 빗나가게 하고… 뒤죽박죽으로 만들고… 그들의 가치가 명백하고 뚜렷하게 측정되어 훤하게 드러나는 한가운데에 서는 것을 피하기 위해 무슨 일이라도 한다." 그래서 측정이 사용되어 조직의 보상 시스템과 징벌 시스템을 돌아가게 하고 있는 상황에서 누가 그들을 비난할 수 있겠는가?

무엇을 측정할 것이냐 또는 평가할 것이냐 둘 중에 하나를 선택해야 하는 상황에 직면하면, 사람들은 거의 항상 훌륭한 측정을 무시하고 평가를 선호한다. 왜냐하면 평가는 아주 자연스럽지만 측정은 그렇지 않기 때문이다. 어느 것을 표준으로 설정할 것인지 새삼스럽지도 않다. 순간적인 판정을 하는 것은 쉽지만, 체계적인 측정에 나서는 것은 힘든 노력인 것이다.

우리는 아마도 관리자로서 신속한 판정을 내리는 것이 우리의 직무라고 믿고 있는지도 모르고(충분한 정보가 없는 상태에도 불문하고), 또한 부하직원에게도 마찬가지로 하라고 장려하는 것인지도 모른다. 이것은 잘못 되었다. 측정이 판정과 연관되어 있는 한 두려움이 존재할 것이다. 그리고 두려움이 존재하는 한 측정은 항상 부정적인 힘으로 생각될 것이다.

목적

측정이 사용되는 목적은 측정에 대한 직원들의 반응을 결정하는 주요 요인이다. 참된 이해, 도움이 되는 피드백을 제공하고, 또 학습과 개선을 장려하기 위해 사용되는가, 아니면 정당화, 보고, 판정, 통제 및 보상의 목적으로 사용되는가?

　조직의 구성원 대부분은 목표 도달의 책임이 있다. 목표 도달에 대한 반응은 자신의 성적을 향상시키기 위한 노력과는 매우 다른 경향이 있다. 목표 도달은 명령과 통제의 마음가짐과 복종으로 통하는데, 보상이나 징계가 연관되어 있을 경우에는 더욱 그렇다. 그러한 환경에서는 모두가 희망하는 숫자 도달에 초점이 맞추어져 있고, 때로는 가능한 수단을 모두 다 동원하거나, 심지어는 규칙을 어기는 것도 서슴지 않는다.

　최근에 IBM의 CEO인 샘 팔미사노Sam Palmisano가 혁신을 주제로 하여 CEO 회의를 주최한 적이 있다. 이 회의에서 다트머스 대학교Dartmouth University 교수 비제이 고빈다라잔Vijay Govindarajan이 지적하기를 회사가 범할 수 있는 최대의 잘못 중 하나는 관리자의 인센티브를 너무 직접적으로 특정 혁신 측정지표와 묶는 것이라고 했다. 그가 경고하기를, 급여를 특정 측정지표와 너무 긴밀하게 연계시키는 것은 관리자들로 하여금 진정한 획기적인 약진보다는 수많은 점진적 브랜드 확장에 의하여, 높은 '신제품 매출비중'을 달성하도록 부추길 수도 있다고 했다.

이것과 대비되는 상황, 즉 측정의 목적이 학습과 개선을 보조하기 위해 수준 높은 정보를 제공하는 것일 때를 보자. 후자의 경우, 측정은 훨씬 더 긍정적인 힘으로 인식될 것이다. 또한 그 힘은 단순히 목표 달성을 감시하기보다는 계속적인 개선이 가능하도록 할 것이다. 이 책의 후반부에서 우리는 측정의 학습 목적을 좀 더 상세하게 다루고, 어떠한 최선의 방법으로 장기적인 이득을 기할 수 있는가를 살펴볼 것이다.

측정이 등급을 매기는 도구보다 조종도구로 사용될 때, 직원들은 훨씬 더 긍정적으로 받아들일 것이다.

권한 배제

만일 여러분의 조직에서 직원이나 관리자에게, "어떻게 진행되고 있나?"라고 질문한다면, 몇 명이나 그 질문에 정확하고 자신 있게 대답할 수 있을까? 대개는 "나쁘지 않아요."와 "예, 진전이 되고 있어요." 같은 애매한 대답을 들을 것이다. 그러나 대부분은 구체적인 것을 질문하면 당황할 것이다.

훌륭한 측정에 근거하는 피드백이 없이는, 개인이나 회사가 어떻게 수행하고 있는지 정확하게 판단할 방도가 없다. 많은 조직이 목표를 설정하되 그 진전 상황을 추적할 방법이 없는 잘못을 범하고 있는데, 효과적으로 측정할 수 없는 대상을 어떻게 전달할 수 있는가? 만일 사전에 '잘한다'의 의미가 무엇인지 정의하지 않는다면, 여러분이 잘하고 있다는 걸 어떻게 알겠는가? "우리는 매우 성공적인… 을 했다." 여러분의 성과를 비교할 측정 가능한 목표가 존재하지 않는 경우 어떻게 알겠는가?

만일 사람들이 성공할 수 없다고 느끼거나, 또는 측정이 성공하는데 도움이 안 된다고(측정 데이터가 타당치 않거나, 이해가 안 되거나, 때를 못 맞추거나 할 때) 인식될 경우, 이 측정도구들은 끊임없이 무기력함을 일깨우는 자극제로 변한다.

좌절한 골프선수나 체중조절에 실패한 사람처럼, 너무나 많은 직원들은 조직 내 측정을 성공하지 못하는 자신들의 무능력을 계속적으로 상기시켜 주는 대상으로 생각하고 있다. 만일 직원들이 측정의 효과에 대해 확실한 자신감을 가지고 있다면, 그들은 성적을 지키기 위해서 더 많은 기회를 추구했을 것이다.

사람들은 자신들이 처해 있는 상황을 바꿀 수 있는 권한을 지니고 있다고 생각하게 되면, 측정에 대해 긍정적으로 느낄 것이다. 이와는 대조적으로 만일 자신들이 처한 상황을 바꾸라고 강요를 당하고 있거나, 자신들이 처해 있는 상황에 대해 '권한이 배제Disempowerment'된 경우라면, 설사 동일한 측정을 사용 중일지라도 사람들은 측정에 대하여 아주 부정적으로 느낄 것이다.

측정의 '동기부여적' 사용

측정의 동기부여적 사용이 본질적으로 나쁜 것은 아니다. 결국 측정 시스템은 다른 모든 시스템의 토대이고, 그 시스템에는 보수, 보상, 그리고 규율이 포함된다. 불행하게도 동기부여적 사용이 너무나 빈번하게 측정의 정보제공적 가치 같은, 측정의 다른 기능들에 우선하는 경향이 있다. 측정 시스템에 보상이나 징계의 위협을 추가하면, 측정의 정보제공적 가치는 통제를 위한 사용에 종속되어 버린다. 앨피 콘 Alfie Kohn이 자신의 저서 《보상에 의한 징계 Punished by Rewards》에서 지적하기를, 인센티브와 보상은 위협이나 징계와 마찬가지로 통제적일 수 있다고 한다. 만일 좋은 성과에 대한 보상과 나쁜 성과에 대한 징계의 차이가 너무 크면, 이 또한 부정확하고 상황에 좌우되는 측정과 보고를 조장하고, 이는 정보의 정확성과 신뢰성을 무색하게 만들 수도 있다.

다음의 예는 결함 있는 측정이 동기부여적 측정과 상호작용하여 어떻게 문제를 일으키는지 보여준다. 여러분이 속도계가 고장난 자동차를 갖고 있다고 가정하자. 여러분은 제한속도 밑으로 차의 속도를 유지할 것이 확실하고, 다른 차량과 보조를 맞춰서 가다가, 목적지에 안전하게 거의 일정대로 도착할 것이다. 그게 바로 긍정적인 반응이다. 측정의 한계를 알고 있으면서, 거기에 맞춰서 당신의 행동을 적절하게 적응시켰다. 그런데 여러분이 목적지에 빨리 도착하면 보상을 받는다거나, 제시간에 도착을 못하면 징벌을 받는다고 가정하자. 여러분은 과속으로 잘못을 범하려는 자극을 받을 가능성이 매우 높고, 또 경찰차를 보면 재빨리 속도를 늦출 것이다. 만일 과속카메라 탐지기가 있다면, 제한속도를 넘어 달리다가도 알람이 울리면 속도를 재빨리 늦출 것이다. 그리고는 '위험'이 지나고 나면 다시 속도를 올릴 것이다.

이것과 비슷한 것이 조직에서 커다란 보상 또는 징계의 위협과 더불어 빈번하게 발생하는 일이다. 사람들은 보상을 받기 위해서 또는 징계를 피하기 위해서 필요한 일을 하는 경향이 있다. 직장에서 강력한 인센티브와 결함이 있는 속도계(측정 시스템)로 '운전'을 하는 여러분이 어찌 반응할 것인지 생각해 보라. 여러분은 여러분의 속도에 남의 이목을 의식하고(편집증적일 수도 있고), 보상에 집중하면서, 아마도 '속도 조절' 게임에 지치기도 하고, 속도를 올렸다 내렸다 하면서 '휘발유(또는 다른 자원)'를 소모할 가능성이 매우 높을 것이다. 만일 누군가 여러분이 아는 사람(고객 같은)이 여러분이 그런 식으로 운전하는 걸 보게 된다면 여러분(또는 여러분 회사)의 평판에 별로 좋지 않을 것이다. 또한 이 전략은 '균형 잡힌 관점'에서 볼 때 반드시 최선의 것은 아닐지라도, 무엇이 이기는 것인지 모두 알고 있지 않은가! 저자라면 확실히 이런 식으로 기업을 운영하지는 않을 것이다. 그렇지만 불행하게도 높은 인센티브에 유인된 직원들이 탐이 나는 보상을 노리고 분투할 때, 그런 종류의 행동은 매일 일어나고 있다.

불신

신뢰는 효과적인 측정의 필수적인 요소인데, 현재는 심각하게 결여되어 있다. 만일 사람들이 측정 시스템에 권한을 가진 지위에 있는 사람들을 신뢰할 수 있다고 느끼면, 그들은 측정을 신뢰할 것이다. 우리가 논의 중에 있는 측정의 민감성 때문에 신뢰는 결정적인 요인이다. 두려움은 흔히 측정에 대한 직원들의 최초의 반응인데, 측정이 자신들에게 적대적으로 사용될 것이라는 두려움이다. 두려움은 신뢰에 상반되는 것이다. 데이비드 메더David Meador는 크라이슬러Chrysler에서 측정에 관여했을 때를 "사람들의 신뢰를 얻기 위해서, 측정을 경영진으로부터 분리해야 했다."라고 설명했다.

사람들이 측정지표를 불신하고 중시하지 않는다면, 그들은 아무 거리낌 없이 측정을 무시하거나 조작할 것이다. 만일 사람들이 측정 시스템을 신뢰하지 않으면, 그들은 그것을 적으로 간주하기가 쉽다. 예를 들어 영업담당 임원이 말하기를 그는 성공 확률이 90% 이하의 기회는 신뢰하지 않는다고 했는데, 그 의미는 거의 전부를 신뢰하지 않는다는 것이다. 여러분이 내용을 신뢰하지 않는다면, 어느 측정 시스템이라도 관리하기는 어렵다. 측정은 완벽해야만 신뢰할 수 있는 것은 아니다. 그렇지만 반드시 정직해야 한다. 측정의 가능성과, 특히 측정의 한계는 반드시 공개적으로 인정되어야 한다. 그런 이후에야 그 상황을 개선하는 일을 추진할 수 있다.

사람들은 자신이 신뢰하지 않거나 싫어하는 측정 시스템을 회피하거나 방해하려고 온갖 방도를 찾아낼 것이다. 최고경영진에게 주는 중요한 충고 한마디가 있다. "만일 당신이 속임수 방지 측정 시스템을 만들어서 속임수를 제거하려 한다면, 시간 낭비일 뿐만 아니고 파산하고 말 것이다. 만일 속일 필요성을 제거한다면, 속임수는 훨씬 덜 발생할 것이며 돈도 많이 절약될 것이다. 궁극적으로는 당신의 조직이 개선되는 것을 보장한다."

부정적인 책임

'책임accountability' 이라는 용어는 억울한 누명을 쓰고 있다. 그것은 실제로 건전한 경영의 토대이므로 책임에 대한 두려움은 결코 없어야한다. 그것은 책임을 지겠다는 합의이다. 그것은 단순한 책무 이상의 것이다. 이 책에서는 책임을 '측정이 된 약속measured commitment' 이라고 정의하는데, 그 이유는 측정 없이는 책임이 있을 수 없기 때문이다. 이것은 '긍정적인 책임' 이다. 흥미롭게도 진정한 두려움은 책임에 대한 것이 아니라, 측정이 제공하고 있는 가시성으로 훤히 드러나 보이는 상태에서 약속대로 실천해야 하는 데에 익숙하지 못한 사람들이 느끼는 그 가시성에 대한 두려움이다.

이와는 대조적으로 '부정적인 책임' 은 성과를 강요하고 성과가 미흡한 것을 징계하는 데 측정이 사용되는 경우이다. 측정의 결함과 측정을 관리하는 사람들에 대한 불신 때문에 측정이 잘못 사용될 것이라는 두려움이 항상 존재한다. 직원이 준비가 안 되었다고 느끼거나, 직원에게 권한이 엉성하게 부여되거나 또는 측정을 위협적으로 보게 될 경우, 그들은 측정이 제공하는 책임에 대하여 당연히 두려움을 느낄 것이다. 더구나 측정 가능한 책임은 결함 있는 측정 시스템으로부터 숨거나 조작하거나, 또는 교묘한 술책을 쓸 수 있는 능력 때문에 전통적으로 성공했던 사람들을 노출시키는 경향이 있다.

측정에 대한 저항

왜 많은 사람들이 성공으로 가는 길을 측정을 통하기보다 기꺼이 그럭저럭 통과하려고 하는가에 대해 여러분이 혹시 의문이 있다면, 이제는 그 이유를 이해하기가 어렵지 않을 것이다. 이미 제기된 수많은 사항들을 통해서, 왜 직원들이 측정을 사용하기를 주저한다든가 개인적인 계획을 추진하는 데 사용하기로 결심하는지 그 이유가 명백하게 되었다.

저자가 사람들에게(임원에게도) 왜 측정을 사용하기보다는 자신들의 '육감'에 의존해서 관리하기를 선호하느냐고 물어보았는데, 그들의 대답은 별로 새로울 게 없었다.

- 그것은 너무 어렵고, 시간을 잡아먹고, 또 지루하다. ("너무 일거리가 많다." "지겹다." "막상 측정을 할 때면, 데이터는 폐물이다.")
- 그건 다른 사람의 일이다. ("난 그냥 회계담당자와 다른 전문가에게 일임한다.")
- 이해의 결핍. ("난 데이터를 가지고 어떻게 해야 할지 모르겠다.")
- 자원 부족. ("내가 어떻게 다 할 수 있겠는가!")
- 나쁜 경험. ("우린 벌써 해봤는데, 영 안 되었다.")
- 정확성의 결여. ("데이터를 안 믿는다." "너무 주관적이다." "너무 정치

적이다.")

- 참여 의식 부족. ("내가 왜 해야 하나? 아무도 내 의견에 관심도 없는데.")

개중에는 측정이 없으면 실패도 없을 것이라고 생각하는 사람들도 있다. 그러나 실상은 훌륭한 측정이 없으면, 나쁜 측정들이 그 빈자리를 채울 것이다. 그게 바로 조직 전반에 걸쳐 일어나고 있는 현상이다. 두 가지 최악의 경우가 겹쳐지고 있는데, 이는 부정적인 상황 속에서 나쁜 측정이 온갖 종류의 역기능적인 행동으로 이어지는 것이다.

기회와 동기 재고

역기능적인 행동이 가지는 기회는 항상 존재하는데, 그 이유는 성과 측정이 본질적으로 결함이 있고, 완벽에서부터 항상 멀리 떨어져 있게 마련이기 때문이다. 여러분이 나서서 기술적인 측정 시스템의 구멍을 일부 메울 수는 있겠지만, 전부 메울 수는 없다. 또한 모든 측정지표가 변하고 진화하며, 또 새롭고 변혁적인 측정지표가 채택되면, 그에 따라서 사람들에게는 개인적이고 조직적인 차원의 계획을 실행할 기회가 새로 생기게 된다. 그래서 측정의 역기능에 대한 해결책은 계속 동기와 결부된다. 동기를 줄여라. 그러면 꼼수와 속임수의 기회들이 의미 있거나 말썽이 될 정도까지 되지는 않을 것이다.

성과측정의 잠재력을 실현하기 위해서는, 조직이 기술적인 측면을 개선하는 것 이상으로 더 많은 일을 해야 할 것이다. 그것은 다른 조직차원의 진보와 마찬가지로, 궁극적으로 그 진보를 활용할 필요가 있는 사람에 관한 일이다. 인간적인 측면에 충분히 주의를 기울이지 않고 기술적인 측면을 개선하려는 시도는 항상 실패하고 있다. 앞으로 이런 과오를 다시는 범하지 말아야 한다.

우리 앞의 도전

성과측정의 기술적인 분야의 엄청난 진보(특히 스코어카드, 대시보드, 분석도구, 그리고 기술 지원 분야에서)와 인간적인 측면에서의 일부 진보(예를 들어 린Lean과 식스시그마6sigma)에도 불구하고, '측정의 콘텐츠'는 별로 변하지 않았고, 또한 일반직원들이 가지는 경험도 변하지 않았다. 대개의 경우 성과측정은 계속해서 사람들로 하여금 권한이 부여된 것보다는 속수무책의 느낌을 갖게 만들고 있다. 대부분의 조직 내 직원들은 여전히 하자 있는 보고서를 받아보고, 불충분한 품질로 야단맞으며, 또 사태를 개선할 도구나 권한이 없다. 직원들은 측정 역기능이 여전히 너무나 널리 퍼져 있고, 또 날마다 새로운 사례가 등장하니 사기는 한층 더 떨어질 수밖에 없다. 스코어카드와 대시보드의 확산에도 불구하고, 대부분의 직원에게는 회사의 측정지표는 경영진의 스코어카드이지 자신들의 스코어카드가 아닌 것이다. 어느 정도이냐 하면, 숫자들이 사용되는 경우는 고작 올해 왜 급여인상이 안 되는지를 통보하는 경우이다. 그러므로 대부분의 직원들이 아직도 성과측정을 그다지 환영하지 않는다고 해서 크게 놀랄 일이 아니다.

　다음 장으로 옮기기 전에, 여러분의 조직이 얼마나 훌륭하게 직원들의 혼과 마음을 쏟게 만들고 있는지 직감적으로 확인해 보자. 직원들이 사용하는 측정지표에 대하여 물어보고, 비즈니스의 전략적 측정지표와 어떠한 관계가 있는지, 그리고 자신들의 업무에서 그 측정지표들을 어떻게 사용하고 있는지 물어보라. 아마도 멍한 눈으로 바라보거나, 아니면 극히 피상적이거나 귀찮은 듯이 얼버무리는 반응을 얻게 될 것이다.

　산발적인 진척이 있음에도 불구하고, 대부분의 회사는 아직도 먼 길을 가야 측정이 직원에게 쓸모 있고 타당성 있게 만들 수 있다. 그것은 어려운 도전이지만, 보람이 있는 도전이다. 어떻게 변혁적인 성과측정을 향한 여정을 시작할 것이냐가 다음 장의 주제이다.

변혁을 시작하기

지금까지 우리는 대부분의 조직에서 성과측정의 현 상태에 대한 부정적이고 어두운 면을 자세히 살펴보았다. 그럼에도 불구하고 이 책은 극히 낙관적인 메시지를 담고 있는데, 제4장을 시작으로 '변혁적인 성과측정'이라는 비전의 실현을 지향하는 변혁의 길로 들어서게 된다.

제4장에서는 변혁적인 성과측정을 실현하기 위한 토대인 '네 가지 열쇠'를 소개한다. 그리고는 제5장~제8장에서 그 열쇠를 자세하게 설명한다. 제9장~제13장에서는 여러분의 조직이 변혁을 달성하고 지탱하는 것을 도와주는 지식과 도구들을 살펴본다. 이 책에 펼쳐진 변혁 여정을 따라가면서, 여러분은 조직을 위한 성과측정의 변혁적인 잠재력에 대한 통찰과 견해를 추가로 계속 습득하게 된다.

변혁적 비전

변혁적 성과측정은 아직은 존재하지 않는 상상 속의 행선지이다. 그렇지만 그 행로에는, 특히 초기 단계에는 뚜렷한 이정표가 길가에 있어서 우리의 안내자 역할을 할 수 있다.

앞에서 변혁적 측정이 조직적 성과의 거의 모든 면에서 어떻게 개선을 기할 수 있는가에 대해 살펴보았다. 이번에는 변혁적 측정의 모양이 어떤 것인가에 대해 좀 더 구체적으로 이야기할 것이다.

우리가 그리고 있는 이상적인 상황에 근접한 상상 속의 한 조직을 가정하기로 하자. 이곳에서는 성과측정 기능이 잘 활용되고 있고, 측정은 타당하고 실용적이며 이해할 수 있다. 측정은 단순화되어 있어 쓸모가 더 많고 부담은 덜 된다. 또한 측정의 일상적인 기능은 거의 자동화되어 있고, 사람들은 숫자들이 무엇을 나타내는지 잘 이해하고 있다.

조직의 말단에서부터 최고 직급까지 모든 사람이 측정에 관련되어 있다. 모든 직원은 스코어카드(개인 담당 업무에서 활용되는 측정지표)를 지니고 있고, 자신의 스코어카드와 더 커다란 기능 단위나 팀의 측정지표 사이에 서로 간섭이 없는 투명한 조준선을 가지고 있다. 또한 자신의 측정지표와 관련 있는 다른 측정지표 세트와의 관계가 어떤 것인지 파악하고 있다. 그러한 만큼 그들은 외부의 피드백이 그리 많이 필요하지는 않은데, 피드백을 자기 자신의 스코어카드가 제공해 주고 있기 때문이다. 직원들은 자신의 스코어카드를 작성하는 데 계속적으로 관여하고 있으며 자신의 측정치를 근거로 행동을 취할 수 있는 권한이 있다.

측정 주위에는 상호작용이 광범위하게 존재한다. 누구나 깨닫고 있는 것은 측정이 실제 성과의 대용물이지만, 실제로 어떤 일이 일어나고 있는지를 '살펴보고', 또 바람직한 결과를 가져오는 근본 원인의 영향을 추적하는 유일한 방법이라는 것이다. 측정의 긍정적인 사용을 통해서, 모든 계층의 직원들은 발생하는 모든 일과 그들이 영향을 줄 수 있는 모든 일의 대부분을 훤하게 들여다볼 수 있는 시야를 확보하고 있다. 그들은 변화를 가져오기 위해서 무슨 일을 해야 할지 알고 있다. 또한 그들은 성과측정은 원래 숫자에 관한 것이 아니며, 좀 더 명확한 인식과 통찰과 지식을 함께 공유하는 것이라는 걸 잘 깨닫고 있다.

새로운 측정지표는 정기적으로 스코어카드에 나타나서(적어도 실험에 기반할 때는), 낡은 측정지표를 대체하거나 보충하고 내·외부적인 혁신을 추진한다.

측정에 관한 의사소통과 공개적인 토론은 매우 중요하다. 팀 내에서와 부서 간에 정기적인 회의를 통해 기존의 측정에 대한 토론을 하고 실행계획을 수립하며, 측정 프레임워크를 검토하고, 또 변혁적 측정 논란거리를 고찰한다. 직원은 측정에 강한 주인의식을 느끼고 있으며, 측정이 자신과 조직의 성공을 위한 열쇠라는 것을 점점 더 깨닫고 있다.

측정은 조직의 사회적 구조에 짜맞추어 넣어졌으며, 더 이상 단지 하나의 프로그램이나 하나의 부가물이 아니다. 측정은 과거에는 프로그램식이었지만(식스시그마처럼), 이제는 문화 구석구석까지 스며들어 있다.

측정은 판정과 보상에 덜 밀접하게 연결되어 있고, 평가는 훨씬 더 데이터에 기반을 두고 있다.

자율관리체제는 훨씬 더 활성화되어 있다. 관리자는 더 이상 '감독자' 노릇을 안 해도 되며, 자원의 제공, 제약 해소를 돕거나, 계속 진행 중인 개발과 승계 계획에도 집중할 수 있는 등 경영기능의 이양에 더 집중할 수 있다. 거의 모든 사람이 자율관리하며 높은 성과를 올리는 팀의 일부이며, 관리자는 더 이상 세부사항을 관리할 필요가 없다. 그 이유는 성과가 모든 사람에게 잘 보이고 있기 때문이다.

측정 데이터의 '날조 · 변조하기'도 없고 데이터에 대한 앞뒤가 안 맞는 상황도 없다. 매우 다양한 종류의 스코어카드가 사용 중에 있으며, 가치사슬에까지도 확장되어 있다. 공급사슬에 대한 중요성이 증가되면서, 기업과 공급망에 있는 기업들은 공급자 스코어카드를 만들어 공동으로 성과와 실적을 관찰하고 자신들의 성과에서 주요 사항을 개선할 수 있다.

측정 패러독스는 극복 중에 있고, 직장에서의 측정은 스포츠의 측정을 많이 닮아가는 중이다. 직원들은 팀의 통계수치와 높은 성과를 올리고 있는 개인들을 즐겁게 추적하고 있고, 높은 성과를 올리는 개인들은 단순히 이미지만이 아니라 마침내 실제의 업적으로 인정받고 있는 중이다.

측정에 대한 태도는 긍정적인 방향으로 바뀌고 있다. 성과측정이 다양한 목적으로 사용되고 있지만, 그 중심은 개선과 학습에 있다. 조직의 모든 구성원은 계속해서 측정에 대한 교육을 받고 있는 중이다.

측정에 대해서 어떤 비밀도 더 이상 존재하지 않는다.

측정의 힘에 대하여 인정하고 있지만, 측정의 한계에 대해서도 공개적인 인정이 이루어졌다. 측정의 기술적인 면에 관여하기 싫은 사람들을 위해 내부측정 전문가가 준비되어 있다. 이것으로 직원들은 측정지표를 계산하는 데 힘쓰는 대신 측정치의 의미에 보다 집중할 수 있게 되었다.

측정지표로 게임하는 일은 거의 다 사라졌고, 더불어 대부분의 다른 역기능적인 행동도 사라졌다. 회계적인 폐습도 발생하지 않고 있는데, 그 이유는 직원들이 정보에 휜해져서 누군가 시스템을 오용한다면, 기꺼이 곧장 '내부자 고발'을 하기 때문이다.

이제는 단 하나의 완전 통합된 측정 시스템이 존재한다. 기존의 많은 부서별 '사일로' 경영장벽은 허물어져 버렸는데, 그 이유는 부서 간 상호협력 측정이 널리 퍼졌기 때문이다. 부서 간 상호협력 측정은 조직을 가로지르는 협력의 열쇠로서 간주되고 있고, 또한 새로운 부서 간 상호협력 측정지표가 정기적으로 채택되고 있는 중이다.

조직은 풍부한 데이터를 활용할 수 있고, 비즈니스 정보를 발굴해내서 고객을 유지하고 끌어들이며, 신제품을 개발하고, 또한 핵심직원을 유지할 수 있다. 측정은 시간을 훨씬 덜 잡아먹고, 훨씬 더 풍부한 식견을 제공한다.

측정 전문가들은 비즈니스 계통의 사람들과 함께 일하며 통계와 모델링을 잘 활용하여서 기본적으로 투자 원금이 잘 회수되게 된다.

계획과 예측은 점점 더 정확해진다. 각종 투자의 총비용은 더욱더 가시적이며, 이상적인 것이 아닌 실제 이익도 마찬가지로 가시적이다. '멀티 게이트' 평가와 '실물옵션' 을 활용하여 개선된 투자 결정이 이루어지고 있으며, 실제 데이터를 기준으로 계속적으로 재평가되고 있다. 이제 실질가치가 추적되고 있으므로, 장래에는 좀 더 개선된 투자 결정이 가능해진다.

틀림없이 가장 결정적인 것은 직원과 경영자가 측정을 높은 성과와 개선을 가능하게 하는 수단으로 생각한다는 점이다. 직원은 측정을 신뢰하며, 또한 자신들에게 적대적으로 사용되지 않을 것이라는 자신감을 갖고 있다.

조직 구석구석에 측정지표와 측정 시스템을 끊임없이 개선하려는 헌신적인 노력이 팽배해 있다. 그리고 경영자와 직원들은 지속적인 개선 가능성이 있다는 걸 깨닫고 있으며, 또한 변혁적인 측정은 도착지라기보다는 하나의 여정이라는 것도 잘 알고 있다.

다음에 설명할 내용은 비전을 전부 또는 부분적으로 달성하고, 또한 성과측정을 단순한 기능성에서 진정한 변혁적 힘으로 변화시키는데 필요한 사항들의 개요이다.

비전 실현 방법 : 네 가지 열쇠

변혁의 길에서 전진하는 데 필요한 네 가지 열쇠는 상황Context, 집중 Focus, 통합Integration, 그리고 상호작용성Interactivity인데 [그림 4-1]에 나타나 있다. 그림의 밑바탕에는 '기본적인 성과측정Basic Performance Measurement' 이 있고, 그것은 여러분 조직의 성과측정의 현재 수준으

[그림 4-1] 성과측정을 변혁시키는 네 가지 열쇠

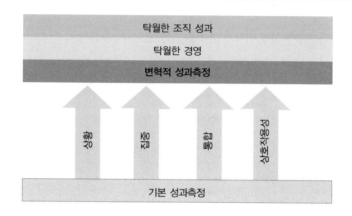

로 일부 진보된 측정 프로젝트가 진행 중일 수도 있다.

만일 전통적인 기준을 사용하여 성과측정을 한다면, 여러분과 여러분의 조직은 좋게 보일 것이다. 조직에는 어떤 균형성과표Balanced Scorecard(테크놀로지가 뒷받침된 기록표일 수도 있고)와 재무적 및 비재무적 성과측정에 잘 훈련된 전담 전문가를 갖추고 있을 수도 있다. 이 기본적 수준에서 조직은 성과측정이 제공하는 일부 기능 정도는 활용할 수 있다. 그러나 진정한 힘을 이용하기 위해서는 이 수준 너머로 진보하는 것이 중요하다.

그림에서 볼 수 있듯이, 조직이 네 가지 열쇠를 효과적으로 사용할 수 있는 범위는, 조직이 변혁적 성과측정의 진정한 잠재력을 활용할 수 있는 범위이다. 변혁적 성과측정은 '탁월한 경영outstanding management'을 할 수 있게 하고, 탁월한 경영은 다음에 '탁월한 조직 성과outstanding organizational performance', 즉, 측정 작업과 경영 행위의 궁극적인 목표를 가능하게 한다.

상황

제1의 열쇠, 상황은 업무task를 둘러싸고 있는 모든 것으로, 상황이 파묻혀 있는 사회적·심리적 풍토를 포함한다. 측정이 지극히 긍정적이고 능력을 부여하는 힘일 수는 있으나, 진정한 힘은 오직 긍정적인 상황 안에서만 실현할 수 있다. 긍정적인 환경은, 조직의 내부적인 분위기 측면뿐만 아니라, 훨씬 나은 결과에 의해 설명되듯이 외부적으로도 진짜 변혁적일 수 있다.

　여러분은 성과측정과 관계된 균형성과표Balanced Scorecard나 식스시그마 같은 개념들을 잘 알 것이다. 그 개념들을 잘 이해하면 눈부신 성과 향상에 기여할 수 있다. 그러나 이러한 개념들이 얼마나 효과적일 것인가는 대체로 구현된 상황에 달려 있다. 균형성과표나 식스시그마 같은 프로그램의 절차는 본래 기술적이고, 겨우 일부 사전에 규정된 사회적인 상호작용을 포함하고 있다.

　측정의 상황은 직원들이 측정을 어떻게 인식하고 있고, 어떻게 감정적으로 반응하는가를 반영하는 경향이 있다. 흥미롭게도 가령 측정이 훌륭한 기술적인 솜씨에 의해 이루어졌다고 하더라도, 여전히 부정적인 의미를 담고 있을 수 있다. 사람들이 측정에 어떻게 반응하는가는 대개 어떻게 사용되는가에 따른 작용인데, 다시 말해 수집된 데이터로 무슨 일을 하였느냐이다. 예를 들면 측정의 경험은 경우에 따라 매우 다른데, 검사, 통제, 보고, 조작에 사용되는 경우와 피드백을 제공하고 학습과 개선을 위해 사용되는 경우를 비교해 보라.

측정의 상황은 사람에 따라 차이를 만들어내는데, 즉, 측정으로 원기가 왕성해지는 사람들과 측정에 간신히 따르는 사람, 또 자신의 이득을 위해서 측정을 이용하는 사람들 사이에서 차이가 난다. 그 점이 바로 변혁적 측정을 향해 전진하기 위해서는 첫번째 열쇠인 상황을 긍정적인 방향으로 바꾸는 것이라고 하는 이유이다.

집중

진보를 위한 제2의 열쇠는 집중이다. "측정하면 얻는다."의 타당성 때문에 올바른 측정지표의 선택은 매우 중요하다. 만일 올바른 대상이 측정되면, 올바른 일이 일어날 것이다. 그런데 무엇이 올바른 일인가? 제2장에서 보았지만, 조직들은 너무나 많은 사항들을 측정하는데, 측정 전문가들이 다양하게 묘사했듯이, '엉망'에서 '개 밥거리'까지 있다. 게다가 조직들이 측정하는 것은 일상적인 것들로서, 수백 수천 개의 측정지표들이 조직의 구석구석에 퍼져 있다.

이것은 성과측정의 효과에 물을 타서 묽게 만드는 것이고 바닷물을 끓이려 드는 것과 마찬가지로 허망한 짓이다. 모든 것이 중요하면, 진짜 중요한 것은 없는 법이다. 이런 일이 벌어지면, 조직은 집중을 안 하고 있다는 것이고, 성과측정은 힘이 없어지게 마련이다.

오늘날의 경쟁시장에서 기업들은 매우 확실하게 집중할 필요가 있다. 기업들은 일상적인 일들을 잘해야 할 뿐만이 아니라, 그런 일들을 더욱더 잘해야 한다. 또한 기업들은 파급효과가 큰 측정지표를 새롭게 찾아내야만 하고, 이를 통해 경쟁우위를 달성할 수 있어야 한다. 이런 일은 극히 중요한 소수의 변혁적 측정지표에 집중함으로써 가능한데, 이러한 측정지표는 경쟁우위 상황에 참된 차이를 가져와야 하고, 그 조직을 경쟁 상대와 차별화할 수 있어야 한다. 그러나 훌륭하지만 고립된 측정지표로는 충분하지 못하다.

통합

변혁적 성과측정의 제3의 열쇠는 통합이다. 개별적 측정지표들이 (변혁적 지표들일지라도) 아무리 강력하다고 해도 더 커다란 '측정 프레임워크'에 통합되어 있지 않으면 탐탁지 않게 사용될 가능성이 있다. 측정 프레임워크는 각각의 측정지표가 다른 중요한 측정지표들과 어떤 관계가 있는지 보여주고, 어떻게 구성개념construct(측정지표가 상징하는 것)이 결합해서 조직에 가치를 창출하는지 보여준다. 고립된 부서별 측정지표에 집중하기는 부분 최적화를 초래하고, 이기주의적인 측정지표에 배타적으로 집중하는 부서별 '사일로'를 세우기 쉽다.

이것은 저자의 주장인데, 측정 프레임워크는 한 측정지표가 다른 측정지표에 미치는 영향에 대해 중요한 전체적인 시각을 제공해 준다. 예를 들면 수익성에 대한 과다한 집중은 실제로 고객충성도를 위태롭게 하고, 고객충성도에 대한 지나친 강조는 수익성에 지장을 줄 수 있다. 그것은 모두 전반적인 절충과 균형에 관한 것이다. 서로 다른 여러 가지 요소 중에 적절한 절충과 균형을 취하는 것은 측정지표의 최적의 구성을 만들어낼 것이다. 물론 어느 특정한 때의 최적 상태가 한두 달 후에는 아닐 수도 있다. 비즈니스와 시장은 변화하게 마련이고, 따라서 측정 프레임워크도 변화해야만 한다.

추가적으로 측정지표 간의 인과관계의 논리(특히 원인과 결과 간에)

는 반드시 이해되어야 한다. 이 일을 잘해서 얻어지는 효과는 조직이 좀 더 자신감을 가지고 예측할 수 있다는 것인데, 조직과 이해당사자에게 최적가치를 창출하기 위해서 무엇을 해야 하는지 예측할 수 있고, 최적가치의 창출이야말로 탁월한 경영의 존재 이유가 아닌가 생각한다.

측정지표는 전략과 잘 연계되고 정렬되어야 하며, 또 모든 조직을 가로 질러서 통합되어야 한다. 그렇지 않으면 분열이 일어날 것이다. 게다가 측정 프레임워크는 '부서 간 측정지표'의 기능적인 측면을 돋보이게 하는데, 이 측정지표는 부서 간의 기능통합에 도움이 되고 더 높은 수준의 협력으로 이끌 수 있다.

상호작용성

변혁적 성과측정의 제4의 열쇠는 상호작용성이다. 이 책이 강조하고 있는 것은 측정은 계산, 데이터 수집 또는 분석에만 국한된 것이 아니고, '측정 사회화 프로세스measurement socialization process'라고 부르는 전체적으로 진행되고 있는 상호작용에 관한 것이다. 성과측정의 힘이 완전히 실현되기 위해서는 각 프로세스 단계마다 상당한 상호작용이 있어야만 하고, 결국은 무엇을 측정하고 어떻게 측정할 것인가에 관해 새로운 식견에 도달하게 된다.

변혁적 성과측정은, 표준적인 측정지표들을 확인하거나 그 지표들에 관한 데이터를 수집하고 분석하는, 정적이고 기술적인 프로세스가 아니다. 그것은 훨씬 더 중요한 하나의 사회적 프로세스social process이다. 만일 변혁적 성과측정이 실행이 잘 된다면, 모든 프로세스는 고도로 사회적이며 상호작용적일 것이다. 그 프로세스들은 조직의 비즈니스 모델과 전략에 바탕을 둔 주요 측정지표들을 선택하고 창출하는 것이고, 또한 매 단계마다 필요한 피드백 순환고리feedback loop를 활용하는 것이다.

이것은 측정의 기술적인 측면이 중요하지 않다는 것이 아니고 그 측면이 단지 성과측정의 효과적인 시스템의 일부이고, 또 제일 쉬운 부분이라는 것이다. 예를 들면 측정의 프레임워크를 개발하고 검증하고 정렬하는 데에는 비즈니스 모델, 전략, 그리고 운영상의 필수사항들에 대한 깊은 이해가 반드시 필요하다. 그리고 그런 것은 강력한 '사회적 인프라social infrastructure'가 함께 있어야만 일어날 수 있는 일이다. 그 차이는 기술적인 인프라는 구입할 수 있지만, 사회적 인프라는 구입할 수 없다는 것이다.

왜 네 가지 열쇠인가?

어떤 조직들은 한두 가지의 열쇠에 능하다. 그렇지만 어떤 조직이건 우수한 결과를 달성하려면, 네 가지 열쇠가 모두 함께 협력하여 작용하는 것이 필수적이다. 예를 들면 올바른 집중이 없이는 다른 열쇠는 의미가 없을 것인데, 그 이유는 올바른 일을 측정하지 못하면, 올바른 일을 관리할 수 없고, 올바른 결과를 얻을 수도 없기 때문이다. 아무리 기술적으로 측정을 잘 하였더라도 말이다. 반면에 올바른 집중을 하였더라도, 긍정적인 상황이 없이는 사람들이 올바른 일을 측정할 동기부여가 안 될 것이고, 최대의 개인적 보상을 가져오는 일에 집중하기가 쉽고, 측정되는 일이 무엇이든 그것에 대해 적대적인 자세를 지니는 경향이 있을 것이다. 측정이 잘못된 집중과 부정적인 상황을 갖게 되면 수많은 일이 잘못될 수가 있다.

올바른 통합이 없이는, 측정지표는 따로 놀고, 기능부서의 '사일로'는 계속 존재할 것이고, 개인과 부서는 적절하게 정렬이 안 될 것이다. 또한 개인적인 측정지표를 최대화하려는 본능적인 경향이 생겨나게 되고, 흔히 조직의 다른 부문이나 또는 조직 전체적으로 희생을 치르게 될 것이다. 사실상 개인적인 측정지표들은 실제로 서로 적대적으로 작용하거나, 서로 상쇄되는 결과를 초대할 수도 있다. 측정은 통합이나 또는 역 통합, 즉 분열에 대해 강력한 힘으로 작용할 수 있다.

측정에 관련된 많은 상호작용이 없이는, 다른 어떤 열쇠도 실제로 작용할 수가 없다. 빈번하고 효과적인 상호작용 없이는, 사회적인 동력 없는 기술적인 동력만 지닌 꼴이 되어, 마치 페라리Ferrari 자동차를 소유하고 있지만 운전할 수 없는 경우와 같을 것이다. 게다가 여러분은 스코어카드나 측정 프레임워크를 개발할 수도 있겠지만, 누가 그걸 유지하고 최신 상태로 만들 것인가? 적절한 상호작용성이 없으면 다른 세 가지 열쇠에서 얻어낸 이득을 유지할 수 없다.

네 가지 열쇠가 모두 상승작용에 의해 같이 작동될 때, 놀라운 일이 가능할 뿐만 아니라, 실제로 발생해서 측정의 놀라운 힘이 발휘되게 되고 실로 커다란 차이, 즉, 변혁적인 차이를 여러분의 조직에 가져올 것이다.

성공을 향한 길잡이

일단 여러분이 좀 더 긍정적인 상황을 구현하기 시작하면 조직 전체를 통해서 측정에 대한 열정이 커지고, 올바른 방법으로 실행하려는 헌신적인 노력이 자연스레 증가한다. 조직에서 측정의 상황을 계속적으로 개선하다 보면, 성과측정의 긍정적인 측면이 점진적으로 나타날 것이다. 신뢰가 강화되고 측정이 어떻게 개인과 조직 모두에게 혜택을 줄 수 있는지에 대한 올바른 평가가 활발하게 이루어진다. 더 나아가서는 측정의 지배구조가 경영 지도력에 아주 중대한 국면으로 변하게 될 것이다.

이 책에 제시된 길잡이를 따라가는 것이 바로 지금 올바른 일을 하는 것이고, 또한 장기적으로는 가장 효과적인 해결책이 되는 것이다. 이는 즉각적인 결과를 이끌어낼 뿐만이 아니라 더욱 중요한 것은 조직 전체를 통해서 지속적인 개선을 하고 측정 완성도를 높이려는 노력을 촉진한다는 것이다.

측정의 긍정적인 상황 만들기

이 장에서는 '측정의 상황', 즉, 사회적 · 조직적 측면이 어떻게 주로 성과측정의 효과성을 결정하는가, 또 측정의 상황이 어떻게 실제로 측정의 기술적인 측면보다 더욱더 중요한가를 탐구하기로 하자.

측정지표는 있다가 없어지기도 하지만 상황은 언제나 그 자리에 존재한다. 여러분이 무슨 조치를 취하지 않는 한 부정적인 상황은 여러분의 측정 시스템의 기술적 측면을 개선하려는 어떠한 노력도 약화시킬 수 있다. 긍정적 상황이 없는 상태에서는 성과측정의 잠재적 능력의 많은 부분이 실현되지 못할 것이다.

[그림 5-1] 측정의 상황

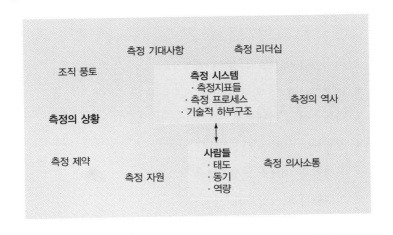

측정의 상황

측정의 상황은 다른 세 가지 열쇠의 토대가 된다. [그림 5-1]에서 보듯이 모든 것에 닿아 있고, 닿아 있는 모든 것에 영향을 주는데, 가장 두드러지게 영향을 주는 것은 측정 시스템의 기술적 측면과 측정 시스템을 사용하는 사람들이다. 그림에 나오는 요소들은 측정 시스템에 가장 강하게 영향을 주는 사항들이다.

조직 풍토

제1요소, 조직 풍토Organizational Climate는 조직의 지배적인 '분위기', 사회심리학적인 환경으로 모든 행동에 커다란 영향을 주고, 또 전형적으로 직원들의 인식에 의해 측정된다. 풍토는 조직 대 직원을 가장 잘 '정의하는' 것이다. 그것은 인식을 다양한 요소로 반영하는데, 거기에는 다음의 사항들이 포함된다.

- 격식(계급구조) vs 약식의 한계
- 내향적 시선 vs 외향적 시선
- 과거중심 vs 미래중심
- 직원들의 신뢰 vs 불신(과 냉소주의)
- 공개적 vs 폐쇄적 의사소통
- 업무중심 vs 사람중심
- 통제적 vs 협조적 의사결정
- 능력보상 vs 서열
- 변화 vs 경직
- 리스크 감당 vs 리스크 회피

이들 조직 풍토 특질들 중 많은 것들은 확실히 타당하며 성과측정과 밀접하게 연관되어 있다. 변혁적 성과측정과 가장 잘 통하는 풍토를 지닌 조직이 일정한 특질에서 높은 평가를 받는 경향이 있는데, 그 특질들의 예는, 공개성, 신뢰, 정직성, 협조, 고객중심, 그리고 융통성이다.

측정 기대사항

측정 기대사항은 조직의 측정 관행과 측정에 관계된 '규칙들'을 기술한 것이다. 이 기대사항은 언제나 명시적으로 문서화되어 있지는 않지만, 그렇다고 그들이 덜 현실적이라는 것은 아니다. 이들 기대사항은 조직의 전제사항, 성과측정에 관한 뿌리 깊은 신념을 반영하는 경향이 있다. 예를 들어 기대사항은 어떠한 유형의 측정지표가 신빙성이 있는지 규정한다. 오늘날 대부분의 조직에서는 재무적 측정지표가 비재무적 지표보다 훨씬 더 높게 가치를 인정받는다. 일부 조직에서는 비재무적 측정은 여전히 뒤늦게 보충되거나, 아니면 적극적인 저항을 받기도 한다. 대부분의 조직에서는 어떤 재무적 측정지표를, 어떻게 사용할 것인가에 관해 고도로 구조화된 기대사항을 유지하고 있는데, 거기에는 회계 규칙, 예산 과정, 그리고 보고 주기 등이 포함된다. 그런데 비재무적 측정은 훨씬 덜 형식을 갖추고, 또 으레 개인적 기능 담당자에게 맡겨 결정한다. 이런 종류의 측정 기대사항은 기능 부서별 '사일로'를 강화하고 조직 간의 통합을 가로막는 경향이 있다. 아무리 보아도 변혁적 성과측정에서 비재무적 측정의 중요성 때문에 재무적 측정 편중이 강한 조직은 변화를 일으키는 데 더 큰 어려움이 있을 것이다.

　　다른 기대사항이 관계되는 문제에는 측정 및 보상과 징계의 관계, 성과측정에서의 테크놀로지의 역할, 그리고 사회적 측면의 중요성이 있다. 그렇지만 성과측정이 사용되는 목적만큼 중요한 것은 없다. 성과측정의 목적을 감시하기, 정당화하기, 보고하기에 집중하는 경향이 있는 조직은 변혁적 측정에는 크게 고심할 가능성이 높다. 그러한 목적들이 맞기는 하지만 사실은 이것은 강조와 균형의 문제인 것이다. 한 가지는 확실한데, 변형적이 되기 위해서는 측정의 목적은 가능한 한 확실하게 판정과 분리되어야만 한다. 특히 성과평가와는 더욱 그러하다. 이 책에서 계속 강조하고 있지만, "측정의 최강의 목적은 개선하는 것이지, 증명하는 것이 아니다."

측정 리더십

측정 리더십과 관계되는 것이 역할, 책임, 그리고 전체 조직 내에서와 기능 부문에서의 측정 리더들의 관행이다. 효과적인 측정 리더십이 없이는 대규모 변화는 일어날 수가 없다. 대개는 리더가 성과측정에 대한 기대사항을 확립한다. 이 요소는 또한 조직의 리더가 성과측정에 수반되는 기회와 위협을 어떻게 보는가와 관계가 있다. 많은 중역들이 자신들의 조직에서 측정 역기능이 초래하고 있는 심각한 문제들을 여전히 깨닫지 못하고 있다. 반면에 다른 사람들의 경우에는 측정의 잠재적 오용에 대해 너무나 크게 걱정하다가, 오히려 극단적으로 조심하는 잘못을 범하여 측정의 변혁적 힘을 활용하는 데에 실패하기도 한다. 두 가지 태도 모두가 적절치 못하다. 측정 리더십은 변혁적 측정이 일어나도록 하는 데 중대한 요소라고만 말하자.

측정의 역사

측정의 역사는 조직이 지니고 있는 성과측정의 경험과 관계가 있다. 개인과 조직은 둘 다 습관의 노예이다. 우리는 무슨 일을 할 때, 과거의 경험에 의해서 무엇은 받아들이고 무엇은 회피한다든지 하는 경향이 있는데, 이는 조직도 마찬가지이다. 역사는 현재와 미래의 관행에 관하여 강력한 메시지를 보내는 경향이 있다. 명백하게 긍정적인 측정 경험을 가진 조직은 부정적인 경험을 가진 조직보다 변혁적 측정을 좀 더 잘 받아들일 수 있다. 그런데 이것은 또한 어떤 종류의 경험, 즉 일상적 경험을 겪었느냐 혁신적 경험을 겪었느냐의 문제이고, 이는 성과측정이 현재 어떻게 사용되고 있는지에 영향을 준다. 조직의 구성원이 얼마나 열렬하게 변혁적 측정을 받아들일 것인가의 한 가지 주요한 결정요소는 '측정의 귀결'이 어떻게 조직 내의 사람들에게 개인적으로 영향을 주고 있는가이다.

측정 의사소통

측정 의사소통은 성과측정을 둘러싸고 일어나고 있는 상호작용(만일 있다면)의 양과 유형이다. 이 요소는 물론 변혁적 성과측정에 대한 열쇠 중의 한 가지인 상호작용성과 긴밀하게 연관되어 있다. 특별하게 중요한 것은 공개성의 수준, 정직성, 그리고 측정과 관계된 의사소통의 공유이다.

측정 자원

측정 자원에는 성과측정 활동(예 : 자금, 소프트웨어, 시설, 교육 훈련)을 위해 이용할 수 있는 자원이 포함된다. 이들 자원은 중요하지만 변혁적 측정에 통할 수 있는 풍토의 대체물은 아니다. 물론 변혁적 성과측정이 통하는 조직 풍토라면 그것을 지원하기 위한 자원을 제공할 가능성이 높다.

측정 제약

측정 제약은 본래 위에 언급된 다른 모든 상황적 요소의 이면이다. 포괄적인 용어로 변혁적 측정을 억제하거나 방해하는 것은 무엇이라도 해당되는 것으로, 예를 들어 자원 부족, 시간 부족, 데이터 공유의 부족, 그리고 효과적인 성과측정을 좀 더 어렵게 만드는 억압 등이다.

성과측정 시스템의 형식적 측면

[그림 5-1]에서 보는 것같이 형식적 또는 기술적 '측정 시스템' 은 세 가지 기본 성분으로 이루어져 있다.

1 _ 측정지표들
2 _ 측정 프로세스
3 _ 기술적 하부구조

측정지표들은 측정되는 변수들이다. 측정 프로세스는 측정이 구현되는 단계적 절차를 말한다. 기술적 하부구조는 측정 프로세스를 지원하기 위해 보통은 컴퓨터 하드웨어와 소프트웨어(데이터베이스, 분석 소프트웨어 등)를 포함하고 있다. 테크놀로지는 흔히 성공적인 성과측정의 중요한 수단이기는 하지만, 변혁적 성과측정의 가장 결정적인 요소의 하나인 적은 거의 없다. 제11장에서 변혁적 성과측정을 위한 테크놀로지의 적정한 역할에 대해 다루고 있으므로, 여기서는 가장 훌륭한 테크놀로지를 갖추고 있더라도, 긍정적 상황이 없고 변형적 성과측정에 대한 다른 세 가지 열쇠가 없이 조직이 활용할 수 있는 것은 테크놀로지의 완전한 잠재능력의 극히 하찮은 부분뿐이라고만 하자.

진실은 바로 성과측정의 기술적인 부분이 잘 돌아가지 못하는 것이 사회적인 측면이 제자리에 있어야 하기 때문이라는 것이다. 대부분의 조직이 데이터가 목구멍까지 들어 찬 훌륭한 기술적 하부구조를 갖추고 있지만, 거의 통찰력을 산출하지 못하고 있다. 사방의 조직은 작동이 잘 안 되는 측정 시스템에 코를 꿴 채로 있고, 또한 대체로 문제는 기술적인 것도 아니다.

인간요소

[그림 5-1]에 그려진 측정상황의 마지막 부분은 '사람'이다. 측정 시스템의 효과성을 궁극적으로 결정짓는 것은 사람인데, 측정 데이터는 인간의 개입이 없이는 아무런 가치가 없기 때문이다. 데이터를 정보로 바꾸고, 정보를 통찰력으로, 통찰력을 지식으로, 그리고 지식을 지혜로 바꾸는 것은 기계가 아니고 인간이다. 사람 없이는 측정 데이터는 저장소 안이나 보고서상에 그냥 처박혀 있으면서 아무짝에도 쓸모가 없을 것이다.

자세와 동기
모든 사람은 주로 과거 경험에 의거해서 측정에 대해 일정한 태도를 지니고 있다. 부정적인 경험을 갖고 있는 사람이면 태도도 부정적이거나 기껏해야 중립적인 경향이 있을 것이다. 측정을 좋아하는 사람들도 있지만, 그런 사람은 극소수이다. 대부분의 사람은 거리를 두고 떨어져서 감내를 하거나 피한다. 대체로 측정을 좋아하는 사람들은 측정이 기본적 부분으로 되어 있는 과학이나 재무 분야 출신 사람이다. 그런데 과학적 측정을 편안하게 느끼는 사람들도 성과측정에는 편안함을 못 느낄 수가 있다.

우리의 태도가 우리의 선호를 결정한다. 이들 태도는 스며 있는 감정과 더불어서 동기를 형성하고, 그 동기는 측정에 쓸 수 있는 활력이다. 감정은 동기와 매우 긴밀하게 연관되어 있다. 그 점이 바로 측정에 대한 부정적인 느낌이 그렇게 문제가 되는 이유이다. 좋은 소식은 태도와 그 태도에 관계된 감정은 영원한 것이 아니라는 것이다. 어떤 부정적인 태도이건 돌아서게 할 수는 있지만, 저절로 이루어지는 것은 아니다. 사람들이 측정에서 긍정적인 경험을 지니고 있는 경우에는 새로운 태도가 형성되어 낡은 태도를 대체할 수 있다. 우리의 긍정적이거나 부정적인 경험이 우리의 태도와 동기에 깊은 영향을 끼치고 있지만, 우리 대부분은 긍정적인 결과를 경험하도록 하는 활동을 선호한다. 또한 긍정적인 경험을 기대하고, 높은 동기부여가 될 수도 있다. 그 반대의 경우도 물론 맞는데, 부정적인 경험을 기대할 때의 일이다.

역량

역량은 인간의 적성, 기능, 지식, 그리고 경험으로, 효과적인 측정의 준비상태를 확립한다. 이런 역량은 주로 이전의 교육과 실제 경험에 근거하고 있다. 기술적인 역량의 수준은 직원의 기능과 훈련 분야에 크게 의존할 것이다. 분명히 회계나 과학 분야 같은 일부 분야는 다른 분야보다 좀 더 자연스럽게 기술적 측정에 가깝지만, 이 요소가 단일하게 성과측정을 받아들이는 개인적 직원의 태도와 성향에 영향을 줄 것이다. 우리의 개인적 경험으로 알고 있듯이, 우리가 할 수 있다고 더 굳게 느낄수록 더욱더 강하게 동기부여가 되는데, 그 이유는 역량이 우리로 하여금 유능하다고 느끼게 하기 때문이다. 정신분석가 데이비드 크루거David Krueger가 설명했다. "한 개인의 일에 있어서, 잘하고 있다는 숙달의 경험은 가장 강력하게 동기를 부여하는 힘일 것이다."

측정의 상황 연속체

대대적인 조직의 변화와 마찬가지로, 조직에서 측정의 상황을 바꾸는 것은 하룻밤 사이에 일어날 수 있는 일이 아니다. 그것은 계속되는 개선 프로세스로 보아야 한다. 측정의 상황은 하나의 연속체이다. 그것은 일방적으로 긍정적이거나 부정적인 것이 아니라, 긍정적이거나 부정적인 정도의 문제이다.

　말할 것도 없이 직원이 측정과 같이 겪어온 모든 경험을 부정할 수는 없다. 그렇지만 오늘부터 앞으로는 그들의 측정과의 경험을 바꾸는 게 가능하다. 이 책의 나머지의 대부분에서 보여주는 것은 측정의 상황 연속체를 따라서 여러분의 조직을 움직이기 위해서는, 그런 경험을 바꾸어야 하는데 무슨 일을 할 수 있는가 하는 것이다. 여러분은 여러분의 상황을 제12장의 변혁적 측정 완성 평가Transformational Measurement Maturity Assessment를 사용하여 추적할 수 있을 것이다. 현재 여러분의 조직이 어디에 있는가는 중요한 것이 아니며, 또한 성과측정을 개선하기 위해서는 측정의 상황보다 더 나은 출발점도 없다.

측정상황의 긍정적 변화를 알리는 지표

조직의 측정상황이 긍정적인 방향으로 바뀌고 있음을 말해주는 '확실한' 지표가 한 가지 있다. 그 지표는 증가된 자율관리인데, 측정에서의 더 많아진 권한 부여와 증가된 직원 주인의식과 참여도로 가능해진 것이다. 자율관리는 아주 효과적인 측정과 적어도 점점 더 긍정적인 측정의 상황이 없이는 불가능하다.

사람들이 변화하기를 바랄 때는, 보통 변화에 도움을 받으려고 측정을 사용한다. 사실상 사람들은 자신들의 성과 가능성에 대하여 좋게 느낄 때는, 어떻게 성과를 올리고 있는지에 대한 정보를 가능한 한 많이 원하는 경향이 있다. 사람들은 성패는 어찌되든 측정이 개선에 대한 열쇠임을 깨닫고 있는 것이다. '측정 패러독스'에 대한 이야기를 기억하는가? 예를 들어 대부분의 골퍼는 아무리 그의 현재의 성과가 수수하다고 해도 좀 더 나은 성적이 한 스트로크만 더 치면 되는 것으로 알고 있다. 사람들이 몸무게 줄이기에 진지할 때는, 저울은 능력을 부여하는 피드백 도구인 것이다.

직원이 개선하는 권한을 위임받았다고 느끼는 경우, 직장에서도 마찬가지로 맞는 말이 된다. 성과기록표 같은 측정도구들은 필수적인 정보를 제공하는데, 그 도구들은 개선을 본질적으로 유발한다. 측정 도구들은 사람들에게 목표를 수립할 수 있게 하고, 목표를 행한 진도를 확인하는 데 도움을 주고, 또 툭하면 역기능적 행동을 촉발하기 쉬운 외부적인 인센티브나 보상이 없더라도, 자신들이 달성하고 있는 것에 대해 기분 좋게 느끼도록 만든다. 모든 사람이 측정에서 조직과 자신들을 위한 참된 가치를 알아볼 경우, 측정을 받아들일 것이고, 또한 자신들에게 적대적으로 사용되지 않을 것이라고 믿는다.

한 가지 변화가 극적으로 측정의 모양을 바꾸고 있는데, 그것은 무엇이 측정되어야 하는지 결정하는 데 직원이 참여하는 것이다. 적어도 그들이 하는 일을 이해하고, 관리하고, 또 개선하는 데 도와주려고 무엇이 측정되어야 하는지 결정하는 데 그들의 참여가 허용된 것이다. 조직은 점점 더 성과 집계 시스템 디자인에 직원들을 참여시키고 있는데, 그 시스템이 직원들의 직무에서 그들에게 의미가 있도록 하기 위함이다. 성과기록표는, 과거의 성과나 또는 목표 수준 같은 상대적인 데이터와 대응해서 실제 성과를 반영하고 있다. 그 외에 직원들은 그들 수준의 측정지표들과 조직의 중요한 측정지표와의 사이에서 겹치는 것 없이 투명한 조준선을 갖고 있다. 게리 하멜Gary Hamel과 C.K. 프라할라드C.K. Prahalad는 이렇게 말한다. "모든 직원은 개인적인 성과기록표를 가져야 한다. 그 기록표는 도전하고 있는 일과 자신의 직무를 직결시키고, 또한 개인의 성취를 조직의 전반적인 전략적 의도와 결부시킨다."

책임부담과 효과적 성과측정은 또한 자율관리에도 반드시 필요하다. 오늘날의 복잡하고 지식집약적인 작업장에서는 자율관리가 조직의 성공에 필수적이다. 명령과 통제식 방법은 더욱더 폐물이 되어가고 있다. 통제 대신에 권한부여가 현재의 풍조이다. 그렇지만 통제의 사고방식은 서서히 사라진다. 마이클 해머의 충고이다. "만일 그들이 실행할 필요가 있는 정보와 도구가 주어진다면, 만일 그들이 고객의 요구조건과 일의 대국적 상황에 대한 이해가 제공되고, 만일 그들이 투명한 측정 시스템에 의해 안내된다면… 그러면 그들은 '관리' 되지 않아도 해야 할 일을 할 것이다."

자율측정은 자율관리의 필요조건이다. 그것은 또한 모든 측정 프로그램의 주요 이정표이고, 지속 가능한 성과 개선의 열쇠이다. 이 책에서의 주요한 추천사항 중의 하나인데, 측정의 힘을 모든 직원에게 부여하라. 그러나 그것은 오직 긍정적인 상황하에서만 돌아간다.

새로운 성과측정 패러다임의 스냅 사진

측정의 긍정적인 상황이 확립될 때, 태도, 동기, 그리고 성과에 있어서 놀라운 변화가 가능할 뿐만이 아니라 거의 확실하게 일어난다. 존 케이스John Case의 말을 되새겨보자. "바람, 염려, 열정, 문제해결과 솔선수범 같은 비즈니스의 인간적 특질이 점점 더 극심해지는 경쟁에서 승리하거나 패배하는 투쟁의 현장에 존재한다."

다음의 이야기들은 전투를 이기기 시작하는 조직에서 온 것들이다. 측정의 상황이 긍정적인 방향으로 바뀌기 시작할 때, 성과측정의 모습이 어떻게 보이는가를 찍은 '스냅 사진'이다. 스냅 사진으로 불리는 이유는 다양한 조직으로부터 분리해낸 이야기들이기 때문이다. 멀지 않은 장래 언젠가 곧, 동일한 조직으로부터 완전한 변혁의 모습을 생생하게 보여주는 '사진 앨범' 전체를 전할 수 있기를 바란다. 그리고 곧 이러한 스냅 사진들이 예외가 아니고 일반적인 사례가 되기를 희망한다.

- 한 가지 놀라운 것은 이전에 권한을 박탈 당했던 공장 직공이 통계적 공정관리Statistical Process Control: SPC의 사용권한을 받아서 그들 공정의 품질을 관리하는 광경이다. 후속 라인의 누군가가 부품의 품질 불량을 불평하는 대신에 그들 자신이 품질을 통제하는 것인데, 언제 '통제 한계control limit'가 넘는지 끊임없이 계기를 감시하고, 또한 누구에게 허가를 요청하지 않고 필요한 조치를 취할 수 있다. 그들은 더 이상 무력하지 않다. 그들은 자신들의 공정과 자신들의 제품의 품질을 그들이 이해하고 있고 직접적인 영향을 줄 수 있는 측정지표를 가지고 관리하며, 이는 좀 더 정확한 공정 측정뿐만이 아니고, 또한 '무과실no-fault' 측정 풍토로 이어지고 있다.
- 직원들은 자신의 성과를 자신들에게 의미 있는 방식으로 명백하게 알아볼 수 있게 되면, 긍정적인 행동을 취할 가능성이 높다. 어느 가공처리 공장의 최근의 성과 그래프가 하강 곡선을 가리키자, 한 직원이 한마디 했다. "그건 다시는 일어나지 않을

것이다.… 우리가 이미 그 문제를 처리했으니까."

- 영업부문의 중역들이 영업 '파이프라인'에 있는 구멍에 대해 보이는 습관적인 반응은 영업인력에게 "더 열심히 팔아!"라고 훈계를 하거나, 필요하면 인센티브를 더 올리는 것이었다. 마침내 그 방법이 소용없다고 인정하고는, 중역들은 이제 영업 데이터를 사용하는 것에 더 집중해서 영업인력이 좀 더 효과적으로 판매하도록 도와주고 있다. 한 중역의 말에 의하면, "우리가 기존에 사용한 영업 측정은 마치 우리가 이미 가지고 있는 오렌지에서 원액을 좀 더 짜내는 것과 마찬가지였다. 이제 우리는 새로운 오렌지를 따고, 새로운 나무를 키우고, 그리고 한 걸음 더 나아가서 새로운 과수원을 세우는 데 집중하고 있다."

- 저자가 최근에 방문했던 또 다른 회사에는 성과기록표와 그래프가 사방에 널려 있었다. 그것들은 조잡하게 그려진 일람표와 도표를 게시판에 붙인 것이나 화이트보드에 그려진 것에서 컴퓨터상의 정교한 대시보드 영상 출력까지 다양했다. 이전에는 직원들은 측정을 회피하거나 숨기기까지 했다. 그러나 이제 측정은 긍정적으로 사용되고 있고, 모든 사람이 성적의 기록을 원하고 있는 것처럼 보인다.

- 어느 회사의 CEO가 제철공장을 시찰하다가 멈춰 서서 주괴鑄塊의 숫자를 세었다. 그는 아무 말도 없이 도가니 위에다 분필로 '78'이라고 쓰고는, 다른 구역으로 시찰을 계속했다. 그 다음 날 그가 같은 작업 장소에 돌아와 보니, 옆의 다른 도가니 직원들이 '80'이라고 쓴 게 보였다. 하루 후에 그것은 '85'이었다. 이러한

생산을 증가하려는 긍정적인 경쟁은 날마다 계속되고 있다.

- 다른 회사에서는 한 직원 팀이 스스로 부과한 생산목표 달성에 실패했는데, 아무런 비난도 없었다. 대신 그들은 데이터를 사용해서 무슨 일이 일어난 건지 발견하고, 해결책도 찾아냈다. 이렇게 데이터를 바탕으로 문제를 해결하여, 그 팀은 3주가 지난 뒤에 극적으로 공정을 개선하여, 결과적으로 8.5시간의 공정주기 시간을 단지 1시간으로 줄일 수 있었다. 그 외에, 그 기간 동안 그 팀은 실제로 공정을 개선하기 위한 74건의 제안을 만들었다.

- 긍정적인 작업 측정의 또 다른 예는 오픈 북 경영Open-Book Management을 실천하는 회사에서도 일어난다. 이들 회사에서는 직원들이 모든 재무적이거나 운영상의 측정지표를 볼 수 있고, 대부분이 무슨 의미인지 이해하고 있다. 그들은 그것을 '비즈니스 게임'이라고 부르고 있지만, 매우 진지하게 받아들이고 있다. 그들은 측정에 대해 교육을 받았고, 중요한 인과관계를 많이 파악하고 있다. '옹기종기 모이는' 회의에서 그들은 관리자와 동료와 함께 숫자를 올바른 방향으로 움직이려면 어떤 행동을 할 수 있는가 논의한다. 그리고 그들은 회사의 돈을 자신의 돈처럼 취급한다. 왜냐하면 그들은 진정한 참여의식을 갖고 있고, 깊은 이해를 갖고 있으며, 또 회사의 성공에 진실한 이해관계를 갖고 있기 때문이다.

- 한 회사는 그들의 성과기록표를 게임화하기로 결정했다. 18개의 조직 측정지표가 확인되고 직원들은 회사를 도와서 총 성적을 최대화하기로 했는데, 그들은 자신들의 각각의 성과측정지

표상에서 '이글', '버디', '파', 또는 '보기'를 달성하기로 했다. 이런 별나고 재미있는 접근 방식은 측정을 둘러싸고 많은 흥분을 자아냈다.

- 저자가 방문한 또 다른 회사에서는, 다음과 같은 성과측정 관련 대화가 계속적으로 들려왔다. "고객 불평이 8% 올라갔어. 우린 무슨 조치를 취해야 하지?" "데이터를 확인해 보자고." "선적 지연이 훨씬 올라간 듯하군." "지연 원인이 뭐지?" "창고가 얼마나 자주 재고 품절이야?" "제2교대 시간에 장비 중단 시간이 얼마 동안 계속됐지?" 사람들이 올바른 질문을 하기 시작하면, 그들이 하고 있는 일이 무엇이든 개선의 길로 가고 있는 것이다.

- 또 다른 회사에서는 재무적 · 비재무적 성과측정을 둘러싼 이해 부족을 해소할 목적으로 전 직원을 교육하는 중요한 노력을 들였다. 회사 전체에 퍼져 있는 직원은 측정을 둘러싼 공통 언어를 배우고 있고, 이는 측정 관련 문제에 관해 좀 더 효과적으로 의사소통을 하는 데 도움이 되고 있다. 모든 관리자는 그들의 팀 교육 과정에 함께 참가하며, 직원들은 충분한 시간이 주어져서 배우고 그들이 배운 것을 실무 프로젝트에 적용한다.

저자는 이들 그림들을 통해 여러분이 어렴풋이나마 무슨 종류의 변혁적인 일들이 전 세계의 여러 군데서 선별된 조직 내의 측정 상황 내에서 일어나고 있는지 보았기를 바란다. 또 여러분에게도 그들의 열정이 조금이나마 '옮아갔으면' 한다. 똑같이 흥분되는 것은 다음의 예들로, 성과측정의 변혁 과정을 막 시작하고 있는 회사들로부터인

데, 그들은 긍정적인 결과를 보기 시작하고 있다.

- 대단히 결점투성이의 기술적 측정 시스템을 갖추고 있는 어느 회사로, 몇 가지 개선에도 불구하고, 아직도 관리자나 직원이 측정지표를 자신들의 이득을 위해 왜곡할 수 있는 기회가 널려 있다. 그런데 아주 흥미로운 점은 아무도 그렇게 하고 있지 않다는 것이다. 그런 까닭은 측정이 신뢰받고 있는 상황이 존재하고, 측정에 대해 정직한 의사소통이 열려 있으며, 또한 측정되고 있는 사항에 모든 사람의 의견이 반영되고 있기 때문이다. 가장 중요한 점은 회사 전체적으로 끊임없는 개선에 대한 헌신이 드러나고 있기 때문이다.

- 또 다른 조직에서 관리자들이 자각하게 된 점은, 그들 자신의 기능부서의 측정지표를 최대화하는 것이 그들에게 이득이 될 것이지만, 그럴 경우 실제로는 총체적으로 조직을 해치는 결과가 되리라는 것이었다. 이기적인 측정지표에 기대는 대신에, 그들은 새로운 부서 간에 협력적인 측정지표를 채택하기로 결정했는데, 새로운 측정지표를 채택하면 단기적으로 그들의 인센티브 지급액이 감소될 가능성도 무시한 것이다.

- 어떤 회사는 이전에는 측정을 '비난 게임'의 일부로 이용하여 성과가 부족한 사람을 가려냈는데, 그 접근방법을 바꾸기로 결정했다. 이제는 성과 부족이 확인되면, 데이터는 범인 색출이 아니고 문제해결을 유발한다. 직원은 데이터를 자신들의 적이 아니라 친구로 보기 시작했으며, 더욱더 열심히 그로부터 배우

려고 한다. '옛 체제'를 기억하고 있는 사람들에게 가장 놀라울 만한 변화는 나쁜 숫자가 실제로는 '좋은 소식'으로 생각된다는 점인데, 그 이유는 그 숫자들이 개선과 배움의 기회를 나타내기 때문이다.

- 어느 회사에서는 부서담당 이사들이 오랫동안 그들의 데이터를 자신들의 소유물로 조심해서 보호하고 있었는데, 놀랍게도 그들이 자진해서 그들의 데이터베이스를 공유하고 있다. 측정을 둘러싼 협동이 도움이 되어 부서별 '사일로' 간의 전통적인 방어벽이 허물어지고 있는 것이다. 이는 부서 간 상호협력 측정지표를 확인해 내고 채택해서 부서 간 협력 현실을 반영하게 하고 있고, 그래서 그 회사는 내부적인 기능이 아닌, 고객을 무게중심으로 생각하기 시작했다.

- 또 다른 회사는 과거에 경직되고, 적대적이며, 부서 내부중심이었던 연간예산 수립과정(부서별 관리자들이 그들의 예산목표 달성에 보상을 받았던)을 반복하고 있었다. 그들은 이런 오랜 습관에서 벗어나서 좀 더 유연하고, 협조적이며, 고객중심적이고, 진행중인 계획 과정으로 바꾸고, 그들의 목적을 부서별 성과에서 상대적인 개선의 달성과 전체 조직을 최적화하는 데 두고 있다. 이것으로 전통적인 계획 관료주의가 현저하게 감소되었고, 조직 전체를 통하는 협조가 증가되었으며, 또한 자원은 가장 필요한 시기와 장소에 제공되게 되었다.

- 또 다른 회사에서는 재무부서가 스스로를 변혁하여 과거의 숫자만 따지던 '회계 경찰'의 역할을 벗어나서 좀 더 협조적인 파

트너로서 회사의 운영부서들을 대하고 있다. 이제 중점은 사전 대책 정신으로 공동으로 작업하여 단순한 표준 회계적 대답 대신에 최선의, 가끔은 혁신적인 해답을 제시하는 데 있다.

- 끝으로 한 회사의 선임 부사장이 묘사하는 그의 조직의 변혁적 측정의 경험이다. "우리는 측정의 혼동에서 측정의 명료함으로 가는 여정 중에 있다. 그러나 우리가 갈 길은 멀다. 우리가 배우고 있는 것은 측정이란 고립된 데이터 점수나, 숫자 일람표나, 심지어는 균형성과기록표에 관해 반응하는 것이 아니다. 우리가 배우고 있는 것은 숫자를 관찰, 의문, 모델, 마음속의 구상들, 그리고 직관과 결합하고, 그래서 모든 사람을 도와서 추상적인 숫자 속에 숨어 지내던 데이터의 '뒷이야기'를 이해하는 것이다. 더 나아가서 우리의 측정 시스템이 우리의 전략을 반영하는 올바른 측정지표를 포함할 경우, 사람들이 우리의 실적을 위해서 무엇을 해야 할지, 어떻게 좀 더 효과적으로 공헌할 수 있을지 알게 될 것이다. 그리고 그 사항도 굳이 말해줄 필요도 없을 것이다."

변혁을 계속하는 상황의 힘

지금까지 성과측정을 변혁하는 데 '상황'이 얼마나 중요한가 보았다. 제1장에 나온 측정의 각 기능들을 고려해 보자. 각 기능은 측정의 상황에 따라서 긍정적인 방법으로 또는 부정적인 방법으로 경험할 수 있다. 예를 들면 각각의, 그리고 모든 기능은 명령과 통제의 풍토 속이나 또는 자율 결정적인 풍토 속에서는 아주 다르게 경험될 것이다. 만일 직원들이 측정이 제자리를 차지하고 자신들이 더욱더 성공적이 되도록 도와주고(그들을 감시하고 판정하는 대신에), 그들에게 힘을 실어준다고(그들을 조종하는 대신에) 인식하면, 측정은 조직 내에서 강력하게 긍정적인 힘이 될 것이다. 긍정적인 상황 속에서는 만사가 더 좋게 느껴지고, 부정적인 상황 속에서는 만사가 더 나쁘게 느껴질 것이다.

폴 스트라스만Paul Strassman이 지적했다. "한 기업의 근간은 그 회사의 측정 시스템이다. 그것이 현실을 인식하고 그에 따라 행동을 취할 수 있는 렌즈이다." 측정의 상황은 실제로 측정 시스템의 가장 중요한 측면이며, 그렇기 때문에 문화와 렌즈 둘 다에게 영향을 준다. 올바른 상황이 제자리에 있도록 확실히 하는 것이 최상의 투자인데, 그 이유는 상황이 전체 조직에 걸쳐서 측정 시스템의 모든 면에 영향을 주기 때문이다. 상황의 중요성 때문에 우리의 여정을 계속하면서 이 화제로 반복해서 되돌아오게 될 것이다.

그런데 한 가지는 더 강조하고 넘어가야겠다. 측정의 상황을 변혁하기는 시간이 걸리고, 또한 작은 규모로 시작해야 할지도 모른다. 여러분이 속한 조직의 어떤 분야는 다른 데보다 변화를 좀 더 잘 받아들일지도 모른다. 때로는 변화가 위에서 강력하게 추진되고 조직의 나머지가 노선에 순응해서 따를 수도 있다. 좀 더 가능성 있는 모델은 '개념 증명'으로서 변화를 조직의 한 분야에서 시작하되, 선각자적인 인물에 의해 추진되도록 한다. 일단 그 개념이 효과적이라고 증명됐다면, 조직의 나머지는 좀 더 광범위한 변화를 훨씬 더 잘 받아들일 것이다.

저자가 수년 동안 조직 리더십과 컨설팅에서 배운 것이 한 가지 있다. 확실히 변화에 저항하는 자는 변화를 시도하지 말라는 것이다. 그것만큼 사람을 좌절시키는 일도 없다. '감각이 있는' 선각자적인 리더, 즉 우리가 논의하고 있는 개념의 '얼리 어답터early adopter'의 가능성이 높은 사람을 찾아내라. 제9장에 소개된 '측정 리더십' 류의 후보자들의 후원을 얻어내라.

측정의 집중

변혁적 성과측정의 제2의 열쇠는 집중이다. 다시 말해, 측정되는 것은 관리되고, 관리되는 것은 수행된다. 올바른 측정지표를 선택하는 것은 어떤 조직에게도 엄청난 지렛대 효과를 얻을 수 있다. 그리고 물론 측정이 되는 사항은 경영자의 주의를 받게 마련이고, 경영자의 주의는 한 회사의 가장 주요한 자원 중의 하나이다. 그러나 경영 전문가 제프리 무어Geoffrey Moore는 단언한다. "포춘Fortune 500대 기업에서 경영자의 주의보다 더 낭비되는 것은 없다." 만일 경영자가 주의를 하고 있다면, 올바른 일에 주의를 하고 있는가? 불행하게도 너무나 많은 조직이 '사소한 일에 중대한 자원을 낭비하는' 듯이 보인다.

집중의 중요성

확실히 측정의 노력을 올바른 사항에 집중하는 것은 중대하다. 올바른 측정지표는 경영진에게 레이저 같은 집중과 투명성을 제공할 것이다. 네이피어Napier와 맥다니엘McDaniel이 말한 바 있다. "리더십의 힘의 대부분은 리더가 관심을 기울이는 것과 밀접한 관계가 있다. 측정은 집중된 주의이다." 불행하게도 대부분의 리더가 중대한 몇 가지 측정지표(최대의 영향력을 갖고 있는)와 수백, 수천의 다른 수많은 사소한 측정지표(조직에 도처에 퍼져 있는)를 구별하지 않고 있다.

어떤 조직이건 다양하고 무수한 사항들이 측정될 수 있어서, 집중의 결여는 대단히 위험할 수 있다. 심지어는 고위 중역들 중에도 측정의 '집중'이 너무 흔하게 전술적이거나, 부서 편향적이거나, 산만하다. 게다가 최근에 강조되고 있는 주주, 고객, 단속기관, 그리고 기타 다양한 사회적 지지자들의 관심사항들에 대처하려다 보니, 주의는 더욱더 산만해진다.

결과적으로 대부분의 조직은 잡탕식 사항들을 측정하고, 그 과정상에서 중요한 사항을 잡아내기를 바라고 있다. 그렇지만 이는 자원의 낭비만 초래할 뿐이며, 그 자원은 중대한 몇 가지 파급효과가 높은 동인動因, 즉 가장 중요한 결과를 얻을 수 있는 요소에 집중되어야 한다. 문제는 그런 사항들이 파악이 되어 있어야 하겠지만 말이다. 모든 직급의 사람들, 그리고 모든 부서의 사람들에게 무엇이 가장 중요하냐고 물어보라. 물어본 사람 숫자만큼의 각양각색의 대답을 들을 것이다. 이렇게 집중이 안 된 측정의 확산은 결과적으로 제너럴 일렉트릭의 전 CEO 잭 웰치가 이야기한, "측정 전부, 이해 전무"의 사태로 이어질 것이다.

올바른 측정지표 선택하기

대부분의 조직이 측정이 경영에 중요한 것은 알고 있는데, 그들 측정지표의 선택이 얼마나 중요한지는 깨닫지 못하고 있다. 한 회사 또는 한 부서가 측정하는 것이, 대개의 경우 그 구성원이 어떻게 행동할 것인가를 결정한다.

　너무나 많은 중역과 다른 관리자들이 그냥 일반적이고 표준적인 업계 공인의 측정지표를 따르면 충분하다고 생각하고 있다. 이것은 저자가 '일상적 측정지표'라고 부르는 것으로, 현상을 유지하기에는 충분하지만, 조직을 다음 단계로 올리기에는 부족하다. 그것은 여러분 몸의 '활력 징후vital signs'와 마찬가지로 중요하지만, 그것이 여러분을 건강의 정상으로 이끌어주지는 않는다. 그것들은 차별화 능력이 없다. 마찬가지로 조직의 일상적 측정지표는 차별화 능력이 없다. 단, 조직의 전략이 '운영 능률'에 있을 경우, 특정의 일상적 측정지표는 매우 전략적일 수 있다. 조직이 경쟁자와 똑같은 사항을 측정하면서 어찌 경쟁자와 차별화할 수 있겠는가? 일상적인 측정지표가 틀렸다는 것이 아니고(모든 조직은 생존하기 위하여 그런 지표가 필요하다.) 지금 우리의 관심사항이 아니라는 것이다.

　경영자는 그들만의 조직의 성과에 실제로 동력을 제공하는 측정지표에 주의를 집중할 필요가 있다. '모든 것'이 중요할 때는 가장 중요한 것은 존재하지 않는다. 밥 펠프스Bob Phelps에 의하면, "대부분의 관리자는 사실은 측정지표와 데이터로 압도되어 있고, 또한 그것들이 관리자의 성과를 개선하지도 못했다. 왜냐하면 회사들이 쉬운 선택을 했고 좋은 측정지표 몇 가지 대신에 수많은 하찮은 측정지표를 선택했기 때문이다." 또한 우리가 특정한 관심의 대상을 측정하려고 선택할 때는, 우리는 적어도 다른 것들을 무시하는 선택을 하는 것이다.

많은 조직의 측정지표가 '지표metrics'라고 라벨을 붙이고 있는데, 너무나 강력하게 제도화 되어 있어서 실질적으로 바꾸거나 삭제할 수가 없다. 그 점이 바로 이 책에서 그냥 아무 측정지표에나 '지표'라는 용어를 쓰지 않으려는 이유 중의 하나이다. 이것은 언어적인 문제를 뛰어넘는 사항이라고 생각한다. 측정지표가 제일 처음 도입될 때는, 그걸 '시지표試指標' 또는 '신생 측정지표indicator or emergent measure'라고 부르기를 추천한다. '측정지표measure'는 정의를 명확하고 광범위하게 사용하는 데에 자신이 있을 때 불러야 한다. '지표metric'란 용어는 그 측정지표가 '핵심 조직 성과측정지표key organizational performance measure'로서 조직 전반에 걸친 사용이 공인되었을 때 쓰기로 한다. 성과측정의 일관된 언어를 갖는 것은 측정 완성을 향한 중요한 걸음이다.

물론 일상적인 일을 잘하는 것(기본적인 블로킹과 태클)은 어떤 분야(스포츠뿐만이 아니고 비즈니스도)에서나 필요하지만, 선수권을 여러 번 차지하는 것같이 성과를 지속적으로 성공하기에는 충분하지 않다. 예를 들어 모든 회사는 매출, 비용, 이익과 고객만족을 측정할 필요가 있다. 제조회사는 원자재 비용, 생산성, 그리고 품질을 측정할 방법이 필요하다. 보험회사는 리스크를 측정하지 않으면 비즈니스를 계속할 수 없다. 은행은 예금과 투자수익률을 측정해야 한다. 중요하지만 일상적인 측정지표의 리스트는 거의 끝이 없다.

남들이 다 측정하는 것을 여러분도 측정한다면, 여러분의 비즈니스는 일반 소비재화의 길로 잘 가고 있을 것이다. 그렇지만 여러분의 조직이 그 이상의 것을 위해 노력한다면, 현재 여러분의 측정 시스템을 차지하고 있는 측정지표들에 대해서 다시 한 번 생각해야 할 것이다.

한 남자의 이야기가 기억나는데, 그 사람은 컴컴한 밤에 잃어버린 열쇠를 어떤 가로등 밑에서 헛되이 찾고 있었다. 왜냐고 묻자, 그가 대답하기를 불빛이 있는 장소가 거기뿐이라서 그랬단다. 마찬가지로 많은 관리자가 현재 측정되고 있는 사항들만 관리할 수밖에 없는데, 그 이유는 그 측정지표들이 빛을 비추고 있는 유일한 '가로등 기둥' 이기 때문이다.

똑같이 무의미한 것은 올바른 사항을 측정에서 빠트릴까 봐 너무 걱정되어서 모든 걸 측정하려고 시도하는 조직들이다. 당연한 이야기이지만 어떤 사항들은 많은 측정이 필요 없는 것들도 있다. 모든 것을 측정할 필요는 없다. 너무 흔히 오늘날 조직들에서 측정되고 있는 많은 것들은, 물이 끓는 걸 알기 위해 온도계가 필요하다고 생각하는 사람과 비슷하다.

성과측정이 렌즈를 통해서 사물을 바라보는 것이므로, 효과 있는 질문은 다음과 같다. "그것은 올바른 렌즈인가?" "올바른 사항을 올바른 방법으로 보고 있는가?" "시계는 충분히 투명한가?" 만일 관리자들이 정직한 사람들이라면, 그들의 대답은 "아니오."라고 나와야 한다.

오늘날의 심한 경쟁과 점점 더 강화되고 있는 서비스 중심의 시장에서는, 그 같은 구태의연한 일상적 측정지표를 뛰어넘는 것을 측정하는 것이 중요하다. 거의 모든 측정이 일상적일 뿐만이 아니고, 거의 모두가 일용품을 제조하는 사고방식에서 유래된 것이다. 산업혁명 이후 새로운 측정지표가 개발된 것이 얼마나 드문지 놀랄 따름이다.

무엇을 측정하지 않기로 결정하는 것은 무엇을 측정하기로 결정하는 것과 거의 마찬가지로 중요하다. 주요 이해당사자에게 실제로 중요하지 않은 것을 측정하는 것은 시간과 자원의 낭비이다. 더 나아가서 경영 전문가 에클즈Eccles와 노리아Nohria가 한 말처럼, "타당하다고 여기는 모든 측정지표를 공식적인 측정 시스템의 필수 부분으로 만들고 싶은 유혹이 존재한다." 그 이유는 일단 채택이 된 뒤에는 제거하는 것보다는 추가하는 것이 훨씬 더 쉽기 때문이다. 이 경향은 '케케묵은' 측정 시스템(대부분이 대량생산 모델에 기반을 둔)의 비만을 초래하고 있다. 이는 또 실제로 대부분의 조직에서 민첩성을 감소시켰는데, 군살이 없고, 집중되고, 맞춤식 측정지표 세트를 제공할 수 있는 것과 비교해 보라.

만일 이 말이 믿어지지 않으면, 측정 감사를 실시해서 어떤 측정지표가 사용되고 있고, 더 나은 의사결정에 공헌하고 있는지 찾아내보기 바란다.

집중하지 않은 측정의 위험을 깨닫고, 현명한 조직들은 그들이 측정하는 변수들을 상당히 줄이고, 그들이 주의를 집중할 측정지표들이 올바른 것인가 확인하고 있다. 자신에게 질문해 보라. "이것을 얼마나 오랫동안 측정하고 있었는가?"와 "이 측정지표를 기반으로 우리가 취한 행동 중에서 성공적인 것이 무엇인가?" 그 질문은 정말로 중요한 측정에서 시간과 주의를 빼앗아가는 일상적이고 사소한 측정지표들을 확인하는 데 도움이 될지도 모른다.

만일 여러분과 여러분의 조직이 지금까지 측정해 오던 것을 계속해서 측정한다면, 계속해서 같은 것을 얻을 가능성이 있지만, 시장이 더욱더 경쟁적으로 변하는 상황 때문에, 틀림없이 과거보다는 덜 얻어낼 것이다. 대부분의 회사는 확실히 더 많은 측정지표가 필요하지 않고, 오히려 더 적은 지표가 필요하지만, 그러나 모두 더 나은 측정지표가 필요하다.

효과성 제일주의

집중된 측정은 효과적인 상태, 올바른 일이 수행되도록 하는 것에 관한 것이다. 그와 대조적으로 효율성은 조직이 비용을 절박하게 줄이려고 애쓰는 것과 관련되어, 자원의 최소화에 밀접한 관련이 있다. 효율성이 중요하지만, 효과성이 우선되어야 한다. 피터 드러커Peter Drucker가 지적하듯이, "전혀 하지 않았어야 할 일을 효율적으로 하는 것이 무슨 가치가 있는가? 효과적이지 않은 것은 낭비이고, 차례로, 낭비를 줄이는 것이 효율성 증가의 열쇠이다."

그릇된 측정지표 선택의 위험은 뻔하겠지만, 다음에 그 문제를 제법 명백하게 전달하는 작은 일화가 있다. 낯익은 도로표지를 지나간 지 몇 시간 후에, 택시 운전수는 일정한 속도를 유지했다. "길을 잃은 거지요?" 승객이 물었다. "네, 그렇지만 우린 빨리 가고 있어요. 그렇지 않나요?"

식스시그마는 해결되어야 할 특정 문제들이 있던 경우에는 잘 돌아갔다. 식스시그마는 100만 분의 1 수준까지는 아닐지라도, 많은 문제점을 몰아내는 데는 주목할 만한 일을 하고 있다. 그러나 기존의 식스시그마 방법론과 그 실천가들은 좀 더 질적 성향이고, 주관적이며, 또 유연한 변혁적 측정지표와는 고된 씨름이 될 것이다. 식스시그마와 변혁적 측정은 동반 성공이 가능하지만, 좀 더 유연한 방법이 채택되어야 한다. 식스시그마는 기존의 측정에 일어난 가장 훌륭한 일이지만, 좀 더 변혁적인 도전과 일하려면 적응이 필요하다.

그래서 고객이 "우리는 무엇을 측정해야 하지요?"라고 물으면, 저자의 반응은 되묻는 것이다. "당신의 조직에서 성공은 어떤 모양입니까?" 그때가 바로 가치창출에 관해 반드시 필요한 재검토를 시작할 때이고, 측정 과제를 다루기 이전 단계인 것이다.

가치가 어떻게 창출되고 파괴되는가?

오늘날 '가치창출'의 개념보다 더 중요한 것은 없으며, 그것은 성공의 벤치마크 기준이 되고 있다. 궁극적으로 모든 조직은 그들의 이해 당사자들을 위한 가치를 창출하기 위하여 존재한다. 가치의 창출은 이해당사자에게 제공된 이득이 발생된 총비용을 초과할 때 이루어진다. 모든 기업체, 정부기관, 그리고 비영리 단체도 이해당사자가 누구이든지, 그들을 위해 가치창출에 집중해야 한다.

비즈니스에서는 가치창출은 통상적으로 수익성과 장기적인 성장에 의해 측정된다. 이런 목표들을 달성하기 위해서, 기업은 제품과 서비스의 안정된 흐름을 개발하고 전달하기 위한 프로세스를 계속 확립해야 한다. 그리고 그 제품과 서비스는 그 기업의 비즈니스 모델에 근거하여 독자적이고 차별화된 편의와 이득을 선별된 고객집단에 제공해야 한다. 과거에 조직이 주주를 위해서 가치를 창출한 적이 있다는 이유만으로 미래에도 그 조직이 계속해서 가치창출을 할 수 있다는 의미가 될 수는 없다. 장기적 가치창출은 어려운 도전으로 대단한 경영 역량이 필요하다.

가치를 창출하지 않는 조직은, 정의한 바대로 가치를 파괴한다. 이익이 없는 회사는 주주의 돈을 낭비하는 것이고, 그 주주는 그 돈을 다른 데 투자할 수도 있었다. 마찬가지로 정부기관의 경우에도 시민들의 돈을 낭비하고 있는 것이며, 비영리 조직의 경우에도 기증자의 자원을 낭비하는 것이다. 어떤 이는 가치파괴를 좀 더 완곡하게 표현해서, "가치가 새거나 증발하게 한다."라고 하지만, 어떤 방법으로 발생하든지, 너무나 자주 한 조직의 자원과 자산의 가치가 없어진다.

가치창출이 조직의 성공에 대한 열쇠이고, 또 측정하는 것이 얻는 것이므로, 이 가치창출 프로세스를 측정하는 것이 매우 중요하다. 자신의 조직에서 어떻게 가치가 창출되는지 진짜로 알고 있거나, 또는 걱정하는 듯이 보이는 사람은 거의 없다. 더 나아가서 비즈니스 리더가 프로젝트에 자원을 투자하고 관리했는데, 그 프로젝트가 수지가 안 맞으면, 그 리더는 가치를 파괴한 것이다. 대형 조직에서는, 글자 그대로 매일 수천 가지의 기회가 가치를 창출하거나 파괴하고 있다. 불행하게도 가치창출적인 사고방식이나 또는 가치창출을 지원하기 위해 필요한 측정 시스템을 지니고 있는 조직은 별로 없다.

이는 결과적으로 심각하고 잘못된 경영과 그릇된 길로 이끄는 행동으로 모아진다. 그 점이 바로 조직의 측정지표가 최우선적으로 특정 조직을 위한 가치창출의 '이야기'를 포착해야 하는 이유이다. 집중과 명쾌함이 부족하면 혼동, 정렬의 결여, 그리고 결국은 가치파괴를 초래한다. 더구나 조직 내의 누구라도, 어떤 계층에 있든지, 가치를 창출하거나 파괴하는 데 공헌할 수 있다. 직원이 시간을 낭비하거나, 비생산적일 경우 그는 가치를 파괴하고 있는 것이다.

오늘날 노동인력의 대부분은 지식 노동자로 구성되어 있는데, 그 생산성은 눈으로 '보기' 어렵고, 측정하기는 더욱더 어렵다. 측정은 점점 어려운 도전이 되고 있는데, 성과가 점점 더 보이지 않게 되기 때문이다. 그렇지만 그 점이 바로 변혁적 측정이 필요한 이유이다. 적어도 복잡한 서비스와 지식 작업에 있어서는, 구식 측정은 더 이상 작동이 잘 안 된다. 우리가 가치창출을 하고 있는 '원자재'의 대부분이 무형의 것이다.

올바른 행동을 하고 올바른 투자를 하였을 경우에는 가치가 창출된다. 그릇된 행동을 하고 그릇된 투자를 하였을 경우에는 가치가 파괴된다. 아무 것도 하지 않으면 가치가 새거나 증발한다. 슬프게도 조직 내의 너무나 많은 의사결정이 개인적인 옹호나 이기심에 의해 추

[그림 6-1] 가치창출과 파괴

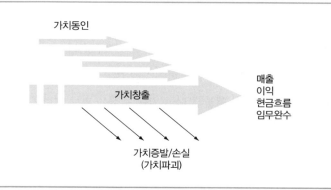

진되고, 측정 가능하고, 장기적 가치를 창출하는 사항에 의해 이루어
지지 못하고 있다. 네이피어와 맥다니엘은 이렇게 말한다. "측정되는
방침이 잘 정착되고 활용된 경우에, 얼마나 강력한지, 또한 그것이 엉
성하게 이루어졌을 경우에 얼마나 파괴적일 수 있는지는, 아무리 강
조해도 지나치지 않다." 기존의 측정은 너무나 많이, 또 아주 정밀하
게 그릇된 사항들에 집중한다.

[그림 6-1]에는 가치창출과 파괴의 일반적 유형이 나와 있다.

대부분의 조직은 가치창출의 확실한 정의조차도 갖고 있지 못하
다. 그러나 그들은 일부 핵심적이고 전형적인 수익성의 측정지표들을
확립하고는 있다. 거기에 포함되는 지표의 예는, 총이익, 순이익,
EBTDAEarnings Before Interest, Tax, Depreciation & Amortization(지급이자, 법인
세, 감가상각비 차감 전 이익), ROIReturn On Investment(투자수익률),
EVAEconomic Value Added(경제적 부가가치), EPSEarnings Per Share(주당순이
익), 주가, P/E율Price Earnings ratio(주가수익률), 현금흐름, CFROICash

Flow Return On Investment(현금흐름 투자수익률), ROARetum On Assets(총자산 수익률)과 ROERetum On Equity(자기자본수익률) 등이다.

그렇지만 폴 호켄Paul Hawken은 설명한다. "핵심적인 것은 속하고 있는 제자리, 즉 밑바닥에 있다. 중요도로 보아 훨씬 그 위에 있는 것은 손익을 발생시키는 이벤트, 무수한 개수의 이벤트이다." 여러분은 여러분의 조직에서 어떻게 가치가 창출되는지 알고 있는가? 가치창출 프로세스의 체계도를 그릴 수 있는가? 그걸 측정할 수 있는가?

호켄이 말하듯이, 가치를 창출할 수 있는 활동이 대단히 많이 존재하지만, 모든 성공적인 조직은 상대적으로 적은 수의 주요 '가치동인(최대의 가치창출을 추진하는 요소들)'을 가지고 있다. 전략은 가치동인을 최대로 활용하는 데 집중되어 이해관계자를 위해 자원에서 최적 가치를 창출해 내도록 해야 한다. 측정은 가치창출에서 반드시 필요한 요소이고, 그 이유는 훌륭한 측정 없이는 가치창출은 관리될 수 없기 때문이다. 그 점이 바로 빈약하고 일상적인 제조업에서 이어받은 측정 시스템이 혁신을 도모하고, 더 많은 가치를 창출하려고 애를 쓰는 조직을 난처하게 만들고 있는 이유이다. 자원이나 자산의 적절한 측정의 실패는 개발을 더디게 하고, 가치로의 전환을 손상할 가능성이 높고, 또한 누출이나 증발의 형태로 낭비를 하도록 내버려둔다.

비즈니스 모델과 전략

경영전략 전문가 램 차란Ram Charan은 모든 경영자들에게 조심하라고 충고한다. "비즈니스를 단순화하고 기본에 충실하라." 그게 되면, 가치창출(파괴) 프로세스는 잘 보이게 되고, 그러면 효과적으로 관리할 수 있게 된다. 한 회사의 '비즈니스 모델'은 어떻게 조직이 자신과 주주를 위해 가치를 창출하고 고객에게 가치를 전달하는가에 관한 기본 논리이다.

그러나 만일 무엇이 여러분의 성공을 추진하는지 여러분이 모른다면 문제가 된다. 예를 들어 거의 모든 의류 상점이 머천다이징이 자신의 핵심역량이라고 생각하고 있는데, 신사복 유통 할인업체인 맨즈 웨어하우스Men's Wearhouse는 자신의 비즈니스를 판매에 관한 것이지, 상품을 사들이는 것이 아니라고 알고 있었다. 그런 이유로 직원 1인당 매출액이 경쟁자보다 그렇게 높았던 것이다. 여러분의 비즈니스 성공의 열쇠들은 무엇인가? 만일 그걸 모르고 있다면, 찾아내는 것이 좋을 것이다. 그리고 만일 알고 있다면, 그 열쇠들의 측정을 잘하는 방법을 발견해 내는 것이 급선무이다.

조직의 '전략'은 한정된 시기에 한정된 시장에서 '경쟁우위'를 만들어내기 위해서, 비즈니스 모델을 적용하는 조직의 특정한 계획이다. 설사 여러분이 정부나 비영리 기관의 리더라도 여전히 여러분의 '비즈니스'를 잘 경영하는 데 집중할 필요가 있다. 여러분의 비즈니스가 무엇이든지, 결국은 경쟁우위에 관한 것이다. 설사 여러분에게 직접적인 경쟁이 없더라도, 여러분의 경쟁은 여러분의 제품이나 서비스를 사용하지 않겠다거나 대안을 찾고 있거나, 또는 여러분의 예산을 삭감하기로 결정하는 어떤 사람인 것이다. 가치의 창출은 전략의 효과적인 실행을 통하여 비즈니스 모델이 적절하게 추진되어서

[그림 6-2] 비즈니스 모델과 전략

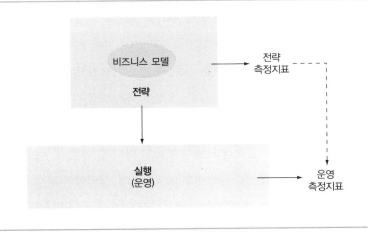

올바른 운영 성과를 올리면 이루어진다. 그 점이 [그림 6-2]에 나타나 있다.

한 기업이 비즈니스 모델의 기본적인 경제학의 원리를 추진하는데 자신의 전략을 사용할 수 있으면, 좋은 결과가 생기기 쉽다. 이와는 대조적으로 기업의 기본적인 경제학 원리(알맹이)가 잘 이해가 안되고 관리도 부실하다면, 그 외의 모든 일은 그냥 '알맹이 없는 포장'이다. 예를 들어 한 호텔 체인이 자신의 비즈니스 모델의 경제학에 케이터링과 컨퍼런스가 얼마나 중요한지 깨닫지 못하고 있었다. 그 호텔은 객실 점유율에 너무 집중한 나머지 케이터링과 컨퍼런스 예약에는 충분한 집중이 이루어지지 못했다. 그 결과로 매우 높은 객실 점유율 달성에도 불구하고, 주주에 대한 가치를 파괴하는 결과가 되고 말았는데, 그 이유는 그 호텔이 자신의 비즈니스 모델의 세 가지 요소인 객실, 컨퍼런스, 그리고 케이터링 사이의 본질적인 시너지를 이해하지 못하고 있었기 때문이다.

일반적인 비즈니스 모델('수익 모델'에 관한 에이드리언 슬라이워츠키 Adrian Slywotsky의 연구는 약 20개를 거론하고 있다.)이 존재하지만, 오늘날 어느 일반적인 비즈니스 모델만으로, 또는 일반적인 비즈니스 '지표' 만으로 여러분이 성공할 수 있다는 오해를 하면 안 된다.

더군다나 비즈니스 모델과 전략적 우선순위를 기준으로 하는 성과 측정지표의 올바른 선택은 단발성 활동이 아니며, 특히 한 비즈니스 의 생명주기 동안 우선순위가 변화하기 때문에, 끊임없이 시행되어야 한다. 예를 들어 한 회사에서는, 비즈니스 기본이 숙달되었을 때는, 측정의 중심이 중요한 운영 측정지표로부터 브랜드 확립 측정으로 옮 겨졌다. 또 다른 회사에서는 회사가 저성장기로 접어들자, 우선순위 의 측정지표가 고객획득에서 고객유지로 이동했다.

성공적인 회사들은 비즈니스 모델의 계속적인 강화가 경쟁우위를 지탱하기 위해 필수적인 조치임을 배우고 있다. 이들 새롭고 강화된 비즈니스 모델들은 컨설턴트의 책장에서 바로 올 수 있는 것이 아니 다. 회사들은 스스로 그 모델들을 만들어내야만 하는데, 컨설턴트의 도움을 받을 수는 있다.

가장 중요한 것 측정하기

그냥 생존이 아니고, 번영하기 위해서, 그리고 한층 더 높은 수준의 성과로 올라가기 위하여, 조직은 가장 중요한 한 개 또는 그 이상의 중대한 측정지표에 집중할 필요가 있고, 회사는 모든 사람의 주의를 그 측정지표에 집중시킬 필요가 있다. 엘리 골드렛은 단언한다. "변수의 0.1%가 99.9 %의 결과를 결정한다." 이 단언이 과장일 수가 있지만, 가치의 파괴가 아니고 창출을 원하는 사람이라면 누구라도 진지하게 받아들일 만한 여운이 있는 말이다. 자원(인력 및 기타)은 낭비하기에는 너무 가치가 있지만, 그러나 우리의 현행 측정 시스템은 부적절해서 우리의 가장 소중한 가치의 원천을 관리할 수가 없다.

사우스웨스트 항공 사례

사우스웨스트 항공Southwest Airlines의 비즈니스 모델은 항공회사를 오히려 버스회사에 가까운, 그러나 더 낮게 운영하도록 구상되었다. 주안점은 승객을 최저의 비용으로 한정된 숫자의 인기 노선에서 제시간에 A 지점에서 B 지점으로 운송하는 것이다. 비즈니스 모델이 근거하고 있는 전제 조건은 기존 항공사에서 서비스를 제대로 받지 못하고 있는 승객이 많이 있고, 그 승객들은 약간의 불편(도중에 여러 번 기착하기, 기내식 생략, 지정석 폐지, 일등석 폐지, 여행사 이용 금지, 변두리 공항에서 운항하기 등)을 감수할 것이며, 이로써 노선과 운임구조의 복잡성이 감소한다는 것이다. 모든 비즈니스는 궁극적으로 성공의 측정을 어느 정도 변화된 이익개념으로 하지만, 비즈니스 모델에 따라서는 수익을 일으키는 근본 요인은 매우 다르다.

사우스웨스트 항공 비즈니스 모델은 저렴한 비용을 유지하고 항공기 좌석을 채우는 데 집중하고, 한편으로는 버스나 다른 육상 교통수단을 이용할 수도 있는 고객들에게 싼 운임을 부과한다. 동일한 항공기(보잉 737)를 구입함으로써, 정비, 서비스, 그리고 승무원의 교체를 쉽게 하여, 사우스웨스트 항공은 왕복 준비시간 turnaround time을 기존 항공사가 한 시간 이상 걸리는 데 비해 15분과 20분 사이로 줄일 수 있었다. 잘 선택된 근거리 노선과 더불어, 이로써 사우스웨스트 항공은 항공기 가동률aircraft utilization을 극적으로 올릴 수 있었다. 기존 항공사의 일상적 측정지표의 많은 부분이 사우스웨스트에게도 맞겠지만, 사우스웨스트 항공 비즈니스 모델의 주요 수익 요인은 저렴한 '승객 1인당 비용cost-per-passenger' 이다. 저렴한 승객 1인당 비용의 가장 중요한 요인은 높은 '항공기 가동률' 이고, 높은 항공기 가동률의 가장 중요한 요인은 짧은 '왕복 준비시간' 이다. 사우스웨스트 항공처럼 시간의 전략적 중요성을 지렛대로 활용한 회사는 없다.

'왕복 준비시간' 은 사우스웨스트 항공의 가장 변혁적 측정지표, 즉 비즈니스 모델을 최대로 살리는 지렛대 받침이 되었다. 다른 어떤 측정지표보다도 그 지표는 사우스웨스트 항공으로 하여금 독자적인 '항공기 버스회사' 비즈니스 모델의 작동이 되도록 하여, 사우스웨스트 항공이 업계 최우수 정시 운항 성과를 유지하게 하고 기존 항공사에 비해 25%의 비용 절감을 가능하게 했다. 그들은 '빠르다' 는 '더 신속하고 더 쌀 뿐만 아니라 더 나은 것' 이라는 걸 깨달았다.

또 다른 '왕복 준비시간' 측정지표의 특별한 결과는 그 지표가 작동하기 위해서는 모든 사람(비행 승무원들, 램프요원, 운항요원, 화물 취급자, 청소담당, 주유요원)이 함께 협동해서 작업해야만 했다. 파급효과가 큰 다른 많은 변혁적 측정지표와 마찬가지로 '왕복 준비시간' 은 부서 간 협력적 측정지표임을 보여주었다.

델 컴퓨터의 사례

델 컴퓨터의 창업자이자 CEO인 마이클 델Michael Dell이 말했다. "아주 초반부터 델 컴퓨터는 비즈니스 모델과 성과측정지표간에 연관을 맺었다." '델 직거래' 비즈니스 모델은 '주문'에 의해 컴퓨터를 만들고 고객에게 직접 판매하는 데 기반하고 있는데, 이의 성공은 공급망의 단순화에 달려 있었다. 델 컴퓨터는 '접촉touches(몇 번이나 컴퓨터 부품을 작업자가 건드리나)'을 측정하기 시작했고, 그 숫자의 감소에 착수했다. 더 많은 접촉은 더 긴 사이클 시간, 비용 증가와 결함의 기회 증가를 의미했다. 사우스웨스트 항공과 마찬가지로 델 컴퓨터도 하나의 주요 측정지표에 집중함으로써 상당한 파급효과를 달성해서 의미 있는 개선을 이룩할 수 있었다.

필요는 자주 발명의 어머니이지만, 델 컴퓨터의 가장 혁신적인 측정지표는 아주 고통스러운 경험에서 비롯된 것이었다. 마이클 델의 언급에 의하면, 처음에 델 컴퓨터에서의 우선사항은 '성장, 성장, 또 성장'이었다. 그러나 델 컴퓨터는 '현금이 왕'임을 뼈아프게 배워야 했다. 마이클 델이 그 상황을 회상했다. "우리는 막대한 액수의 현금을 소진하고 있었고, 반면에 수익성의 악화가 시작되고, 재고와 외상 매출계정은 쌓이고 있었다."

델 컴퓨터는 그 상황을 타개하고 회사의 현금 포지션을 계속적인 기반으로 크게 개선할 수 있는 방법을 제공하는 데 도움이 되는 측정지표를 찾아낼 필요가 있었다. 이 문제에 대응하기 위하여, 델 컴퓨터는 기존의 제조업 사고방식에 어긋나는 측정지표에 집중했다. 델 컴퓨터는 전통적인 측정지표 '제조 사이클 타임manufacturing cycle time'에 집중하는 대신 새로운 측정지표를 목표로 했다. 그것은 '현금 전환 사이클 타임cash conversion cycle time(또는 현금화 사이클 타임cash-to-cash cycle time)'으로 부품에 대한 현금 지불에서부터 고객의 대금 납부까지 걸린 시간을 말한다. 이 측정지표의 도움으로 델 컴퓨터는 우선사항을 '성장, 성장, 또 성장'에서 '유동성, 수익성, 그리고 성장'으로 바꾸었다. 델 컴퓨터는 현금화 사이클 타임을 70일에서 0zero 미만으로, 즉 이제는 재고에 대해 비용을 지불하기도 전에 현금을 수금한다는 의미였다.

그런데 이러한 비상한 성취는 단지 델 컴퓨터의 현금 포지션만 개선한 것이 아니었다. 이를 달성하기 위하여, 델 컴퓨터는 많은 다른 일, 예를 들어 영업, 구매 및 재고관리도 잘 해야 했다. 그 측정지표를 사용함으로써, 델 컴퓨터는 파국 직전의 비즈니스 상황에서 현금이 풍부한 회사로 거듭날 수 있었고, 어떠한 비즈니스 상황에서도 수익성 있게 운영할 수 있었다. 그러한 것이 집중이 된 올바른 측정지표의 힘이고, 또한 어떻게 단일한 측정지표가 전 회사에 변혁적 영향을 줄 수 있는가 하는 하나의 훌륭한 사례이다. 그러나 아무리 개별적인 측정지표들이 강력하다고 해도, 회사는 그 지표들에만 끈덕지게 매달릴 수는 없다. 효과적인 경영은 단 하나의 지표가 아니고 여러 측정지표의 배합에 달려 있다. 실제로 델 컴퓨터는 현재 새로운 도전에 직면하고 있는데, 현재까지의 변혁적인 측정지표가 해결에 도움이 될 수 없는 문제, 즉 어떻게 그들의 모든 놀고 있는 현금을 주주가치로 바꾸는가이다.

무형자산 측정하기

가치창출, 비즈니스 모델, 그리고 전략은 꽤 추상적일 수가 있는데, 측정을 통해서 운영되어 구체화된다. 가치창출의 주요 요인들을 측정할 수 있을 때 비로소 당신은 적절한 행동을 취해서 진정으로 비즈니스 모델과 전략의 효과를 볼 수 있을 것이다. 측정은 또한 보이지 않는 자산과 기타 자원들을 드러낼 수 있는데, 이들은 가치창출 프로세스에 결정적일 수 있다. 그렇지만 좋은 측정이 없이는 유·무형의 어떠한 자산들도 크게 낭비될 수가 있다.

유형의 자산은 좀 더 쉽게 측정하고 관리할 수 있는데, 그 이유는 재무적 가치를 부여하기가 더 쉽고 대부분이 회사의 대차대조표상에 나타나기 때문이다. 그런데 유형의 자산은 점점 더 소비재화되어 버리는 바람에 이제는 좀체 주요 경쟁우위의 원천이 되기는 어렵다.

오늘날의 조직에서 가치창출의 가장 중요한 요인은 대부분이 무형적이다. 연구자 데브러 아미돈Debra Amidon 이 무형의 가치 측정의 중요성에 대해 조리 있게 표명했다. "측정이 안 된 것은 측정이 되어야만 한다. 측정할 수 없다면, 가치가 있다고 생각할 수 없다."

무형의 자산이 어떤 회사의 시장가치 중에 80%까지나 차지하지만, 무형의 자산이 회사의 재무 보고서에 나타나는 경우는 거의 없으며, 겨우 경비 항목 외에는 나타나지 않는다. 결과적으로 민간부문이든 공공부문이든, 두 경우 모두 기존의 측정 시스템으로 조직 가치를 절반도 안 되게 추적하고 있었다는 것이 밝혀지고 있다. 자산들, 예를 들어 재능, 리더십, 지식, 동기부여, 직원 관계, 대고객 관계, 문화, 브랜드, 혁신성, 속도, 융통성, 민감성, 민첩성, 탄력성, 제휴 관계, 지식 공유, 윤리, 지속성 등은 거의 측정이 되지 않고 있고, 따라서 관리도 거의 되지 않고 있다. 그뿐만이 아니라, 서비스 분야에선 운영 프로세스와 측정지표도 역시 대부분이 무형적이다. 그래서 만일 여러분이 서비스 분야(특히 복잡한 서비스 분야)에 있다면, 정말로 난처하다. 그리고 부족한 측정 때문에 아무도 어느 정도로 이 중요한 무형의 가치가 낭비되고 있는지, 저개발되고 있는지, 또 잘못 관리되고 있는지 아는 사람이 없다.

대부분의 회사에서는 경쟁우위의 새로운 무형적 원천을 개발함이 중요하다는 걸 인식하고 있는 반면, 무슨 일을 해야 할지 아는 사람이 없는데, 그 이유는 이 가치는 대개가 막연한 개념으로 포장되어 있기 때문이다. 이런 무력감이 잘 예시되고 있는 것이 볼턴Boulton, 리버트Libert와 사멕Samek의 조사 결과로 그들의 저서, 《가치코드의 해독Cracking the Value Code》에 실려 있다. "조사에 응한 중역들 중 약 85%는 직원이나 고객 같은 무형자산의 중요성을 인정한다고 보고했다. 그렇지만 35% 이하가 그에 따라 행동을 취했다고 했다." 어느 경영 회계 연구소의 조사 결과에 의하면 응답자의 10% 이하가 무형자산의 성과 측정에 대한 평가를 '매우 좋음' 또는 '우수함'이라고 했다. 이러한 측정의 틈의 결과로, 그들 눈에 보이지 않는 경쟁우위의 원천의 잠재적 가치의 대부분이 낭비되고 있고, 설상가상으로 얼마나 낭비가 되고 있는지 아는 사람도 없는 실정이다. 명백하게 수많은 잠재적 가치가 간과되고 있거나 또는 충분히 활용되지 못하고 있는 것이다.

명백히 무형의 측정은 완전하지 못하지만 이 책에서는 한 가지 주요한 아이디어를 제시하고 있다. "측정되어야 할 모든 것은 전혀 측정하지 못하는 것보다는 우월한 방법으로 측정할 수 있다." 의심할 것도 없이 파급효과가 큰 무형자산은 더 낮게 측정되어야 하고, 그리하여 더 낮게 관리할 수 있어야 한다.

파급효과가 큰 측정

지렛대의 원리는 지금까지 발견된 것 중 가장 중요한 개념이다. 그 개념은 그리스의 고대 수학자 아르키메데스에 의해 가장 유명하게 표현되었다. "나에게 받침점과 지렛대를 달라. 그러면 지구라도 움직여 보이겠다." 오늘날 지렛대의 주된 대상은, 적어도 비즈니스 분야에서는 전 세계가 아니고, 경쟁우위에 관련된 것이다. 그것은 측정 가능한 '지렛대 요소'를 찾아내서 여러분의 비즈니스 모델과 전략을, 사우스웨스트 항공과 델 컴퓨터가 한 것처럼 우위에 서게 만드는 것이다.

파급력이 큰 측정의 열쇠는 가장 중대한 몇 가지 측정지표를 찾아내서, 조직에게 경쟁우위에 관한 가장 훌륭한 통찰력을 제공하는 것이다. 그것은 조직의 비즈니스 모델을 통하여 가치가 창출되는 방법과 관련된 요소를 측정하는 것이다. 가능한 작은 변경을 하는 것만으로도 그 달성되는 결과에 커다란 차이를 가져올 수 있다. 그게 바로 전체 비즈니스 전략의 지렛대 지점일 수 있다. 잠재적인 파급력이 큰 측정지표를 발견할 경우, 다음과 같은 질문을 해보라. "이런 변경, 예를 들어 5%를 했을 경우, 매출이나 수익성 같은 가치적인 결과의 관점에서는 어떤 의미가 있을 것인가?"

그렇지만 어디에 집중해야 할지, 어디에 그 지렛대가 있는지는 항상 확실한 것은 아니다. 그렇기 때문에 가장 혁신적인 조직이, 그리고 긍정적인 측정의 상황을 지니고 있는 조직이 일상적인 측정에서 벗어나려는 시도라도 하는 것이다.

그러나 파급력이 큰 변혁적 측정이 무슨 일을 할 수 있는지 그 가능성을 잡아낸 조직에서도, 가장 측정하기 쉬운 것이나 모든 것이 아닌, 가장 중요한 것만을 측정하는 데 지속적으로 공을 들이고 있다. 그들은 좀 더 타당하고, 유익한 정보를 제공하고, 또 혁신적인 측정지표를 끊임없이 찾고 있다.

대체로 우리가 측정하고 있는 것이 우리의 세계관을 정의한다. 제1장에서 본 것처럼 역사를 통틀어서, 측정은 사회로 하여금 진보하도록 만들고 있는 힘이었다. 측정이 새로운 패러다임, 또는 정신적 모델을 운영할 수 있게 만들 경우에는, 그 새로운 패러다임은 새로운 렌즈를 제공하여 이를 통해 사람들로 하여금 세상을 바라볼 수 있게 한다. 우리의 시각을 바꾸려면, 우리의 측정지표를 바꾸어야 한다. 만일 낡은 렌즈를 통해 세상을 본다면, 새로운 세상을 절대로 볼 수 없을 것이다. 이와 관련해서 잘 알려진 사례는 원주민이 콜럼버스의 배를 볼 수 없었는데, 그 이유는 그들에게는 배를 인식하게 해줄 수 있는 '측정 렌즈'가 없었기 때문이다.

데이비드 메더가 적절하게 표현했다. "우리가 측정하는 방법을 바꾸는 것은 만사를 바꾸는 것이다." 그러나 이런 일이 일어나려면, 조직은 새로운 측정지표와 새로운 측정도구를 사용한다는 리스크를 기꺼이 감당해야만 한다. 그런데 변화에 저항하기 쉬운 압도적 대다수의 조직에게는 작은 과제가 아닌 것이다.

비즈니스와 정부를 변혁하기 위한 강력한 개념이 부족하지는 않다. 변혁적 측정 중 가장 모범적인 것은 품질 측정에서의 획기적인 발전이다. 대부분의 독자는 틀림없이 '사후의 검사를 통해 제품 결함 제거하기'의 집중에서 '제품 결함 문제 발생원에서 해결하기(프로세스의 대폭적 변동)'로 바뀌었을 때, 엄청난 패러다임 전환paradigm shift이 발생했음을 잘 알고 있을 것이다. 이런 획기적인 변화는 측정 혁신(프로세스 측정 제어 차트)에 의해 가능했는데, 프레데릭 라이히헬드는 그 측정 혁신을 "품질 혁명의 문을 땄다."고 표현했다.

우리가 보았듯이, 사우스웨스트 항공에서의 '왕복 준비시간' 측정의 사용은 사람들로 하여금 이전에는 못 보던(측정이 안 되고 있었으므로) 것을 볼 수 있게 하고, 그리하여 관리를 가능케 하여 가치를 창출하고 경쟁우위를 달성하게 했다. 또한 델 컴퓨터에서의 '현금 전환 사이클 타임' 활용은 그 회사로 하여금 현금흐름 문제를 극복하게 하고, 그 회사의 혁신적 비즈니스 모델이 이론상뿐이 아니고 실천상으로도 작동할 수 있는 얼개를 제공하였다.

사우스웨스트 항공과 델 컴퓨터, 두 군데 모두 우리가 위에서 살펴본 그 측정지표들이 그냥 추상적인 '지표'나 숫자로, 보고서나 장부상에 있어서 기능부서나 기술적인 전문가들에 의해서만 이해되는 것이 아니었다. 그 측정지표들은 그 회사들의 초기 성공에 중추적인 작용을 했고, 각 회사에 인상적인 결과를 가져왔다. 그렇기 때문에 많은 조직들이 다른 조직의 변혁적 측정 성공을 복제하는 경향이 있는 것은 놀라운 일도 아니다. 사우스웨스트 항공의 획기적인 결과로, 다른 많은 항공사가 자신들의 왕복 준비시간을 상당히 줄이고 있다. 건강 과학 회사 퍼킨엘머Perkin-Elmer에서는 1만 명 이상의 직원이 '현금 사이클 단축하기' 교육을 받았고, 자신의 현금화 사이클을 개선하고 있다. 그렇지만 변혁적 측정은 비즈니스 모델이 한정적이기 때문에 한 조직에서 변혁적이었지만 다른 조직에서는 변혁적이 아닐 수도 있다. 이 점이 업계 표준 측정지표가 설사 한 때 '변혁적'이라고 생각되었을지라도, 단순히 그냥 사용하지 말아야 할 또 다른 이유가 된다.

신생 측정지표

대부분의 변혁적 측정지표는 저자가 '신생 측정지표'라고 부르는 상태로 시작하는데, 이 측정지표는 비즈니스 성공의 주요 요인의 이해가 점차로 깊어지는 과정을 통해 떠오른다. 그 측정지표는 텍스트북이나 또는 메뉴에서는 거의 나오지 않으며, 업자가 공급하는 일도 드물다. 수많은 측정지표는 측정하기 어려운 무형자산의 측정지표들이 될 것이며, 그 이유는 변혁 중의 조직은 그들의 많은 주요 가치동인이 무형적이라는 것을 깨닫고 있기 때문이다. 그러나 어떤 것이 측정이 불가능하다는 말을 아무에게도 하지 말기 바란다. 모든 것은 전혀 측정하지 못하는 것보다 우월한 방법으로 측정할 수 있다.

그렇지만 그러한 새로운 측정지표는 측정을 좋아하지 않거나, 신뢰하지 않는 조직, 즉 '측정의 부정적인 상황' 속에서는 생겨날 가능성이 없다. 비즈니스에 혁명을 가져올지도 모르는 잠재력에도 불구하고, 신생의 그리고 변혁적인 측정지표는 흔히 저항을 받거나 사용이 되지 않는데, 그 이유는 변화에 대한 두려움, 측정의 어려움에 대한 인식, 그리고 측정에 대해 널리 퍼져 있는 부정적인 태도 때문이다. 대부분은 아닐지라도 여전히 많은 조직 내에 존재한다. 토머스 쿤 Thomas Kuhn이 그의 고전 《과학 혁명의 구조The Structure of Scientific Revolution》에서 알려주기를, 거의 모든 주요한 관점의 변화(패러다임 전환)는 초기에는 거부되다가, 결국 광범위한 수용과 활용을 획득한다고 했다. 그러나 거부되든 안 되든 떠오르는 세계에서는 측정 역시 떠오를 필요가 있다. 정보 기술 사상의 리더 매릴린 파커Marilyn Parker의 충고는 이렇다. "우리는 측정하고 측정받는 새로운 방법에 관해서 생각하고 구현하는 데 대해 대비해야 한다."

모든 것을 측정할 수 있지만, 그렇게 하기 위해서는 때로는 상당한 창의성, 인내, 그리고 용기까지도 필요하다. 가장 중요한 통찰력을 생성하는 측정지표의 일부는 명확한 경우가 드물다. 게다가 많은 변혁적 측정지표는 틀림없이 과거에 피상적인 주의조차 받아본 적이 없을 것이고, 그 이유는 그 지표들이 심각한 주의를 받기에는 '너무 소프트'하게 보이거나, 그 지표들이 '정의하기가 너무 어렵기' 때문이다. 심지어는 오늘날 신생 측정지표가 받아들여지기 시작했는데도 불구하고, 그 지표의 조직 전체에 대한 확산은 부족한 의사소통에 의해 방해를 받고 있는데, 거기에는 불명확하고 일관성이 없는 정의도 포함된다.

신생 측정지표들이 실제 사용에서 파급력이 큰 결과를 달성하여 증명이 되면, 그들은 '변혁적 측정지표들' 이 된다. 하나의 신생 측정지표가 조직적 실무에서 의미 있는 개선에 기여할 경우, 하나의 변혁적 측정지표가 된다.

이들 새로운 측정지표는 조직의 거의 모든 사항을 개선하는 데 사용할 수 있다. 일정한 변혁적 개념을 측정하는 방법을 누군가가 또는 어떤 조직이 궁리해 내자마자, 그것의 사용을 시작할 수 있고, 그것의 효과성을 측정하고, 또한 계속적인 개선을 추진할 수 있다. 이것은 이 책에서 주장하는 것으로, 실질적으로 신생 비즈니스 측정지표를 발견하는 기회가 거의 무제한으로 존재하며, 그 지표들은 조직 구성원이 자신이 하는 일, 제품, 그리고 고객을 바라보는 방법에, 변혁적인 영향을 줄 수 있다. 그들 새로운 측정지표는 진보적인 비즈니스 리더를 도와줌으로써, 비즈니스 사고를 변혁시킬 것이며, 그리하여 회사의 상황을 다르게 바라보고, 또는 전에는 보이지 않던 자산과 현상(무형자산과 프로세스 역량 같은)을 '보게' 한다. 과거에 보이지 않았던 이유는 그들을 측정할 적절한 방법이 없었기 때문이다. 그렇지만 우리가 마침내 그런 사항들을 '보는' 것이 가능해지면, 틀림없이 왜 전에는 '그렇게 뻔한 것' 을 못 보았던가 하고 어리둥절할 것이다.

이런 측정지표 중 일부는 제14장의 목록에 올라가겠지만, 다음에 사례를 마련하여 어떻게 변혁적 측정이 한 특정 분야의 진보적인 조직에 극적인 영향을 주고 있는지 보기를 바란다.

신규고객 측정지표

신규고객 측정지표보다 더 명확하게 변혁적 측정지표의 힘을 예시하는 것은 없다. 측정으로 인해 초래된, 가장 중요한 사고방식상의 전환은 '고객수익성' 분야에 있다. 최근까지도 대부분의 회사가 세운 마케팅의 목표는 아무 고객이든 가능한 한 최대의 고객을 끌어들이는 것이었다. 기존의 사고 습관으로는 '모든 고객은 좋은 고객'이고, 따라서 구속을 받지 않는 고객획득이 권장되었다. 많은 회사들은 일부 고객이 다른 고객들보다 더 바람직하다는 아이디어는 갖고 있었지만, 그 믿음도 발생되는 매출에 근거한 것이었지 획득한 이익에 근거하지는 않았다. 그것은 심각한 부주의로 판명되었는데, 그 이유는 그 회사들이 발견한 것에 의하면, 놀랍게도 그들의 많은 '최고' 고객들이 실제로는 그들에게 손해를 입히고 있었다는 것이다.

흥미 있는 주목거리는 마케팅에서 '게임의 법칙'을 바꾸게 한 측정혁신이 실제로는 회계 분야, 그러나 비전통적인 회계사로부터 비롯되었다는 사실이다. 활동기준원가ABC; Activity-Based Costing는 비즈니스계에 충격파를 주었는데, 지금도 그 여파가 울리고 있다. ABC는 일부 선도적인 회사에서 개별적 고객을 대하는 데 들어가는 사실적이고 전체적인 비용을 가시적으로 만드는 데 힘을 발휘하고 있다. 그 결과는 경악적이었다. 모든 사람이 놀랐는데, 대부분의 회사에서 모든 고객의 30~80%가 이익이 없고, 일부는 극도로 무익했다. 이 새로운 측정으로 일부 고객의 '영업의 보이지 않는 발생 비용'은 다른 고객보다 의미심장하게 높다는 것이 밝혀졌다.

전통적인 회계 준칙 때문에, 대부분의 회사는 고객경비를 회사의 간접비용에 파묻어서 특정 고객과 연결시킬 수가 없었다. 회사들은 제품의 수익성은 알고 있지만, 고객들의 수익성에 대해서는 전혀 알지 못했다. 대부분의 회사는 고객관련 활동을 기록도 하지 않고 있었고, 대고객 서비스에 얼마나 비용이 들어가는지에 관해 고객들을 구분한다는 것은 말할 것도 없었다. 결과적으로 가격할인과 판촉의 적정 여부를 결정할 방법도 없는 형편이고, 대고객 서비스 수준이 제공 중에 있지만, 많은 부분은 가치도 인정받지 못하거나 받을 자격이 없는 경우도 있었다. 그들이 이익이 없는 고객으로 인해 벌을 받는 것도 아니었기 때문에 영업인력은 관심도 없었다.

고객수익성에 대한 변혁적 측정으로 일부 회사들이 대고객 서비스에 관련된 활동의 실제 비용을 계산하는 데에 착수하는 계기가 되었고, 그로부터 주요 고객을 결정하고 고객 구분별로 '고객수익성'을 결정하게 되었다. 이제 진정으로 누가 '최고의 고객'인지 알게 됨으로써, 이들 회사는 그들의 전반적인 수익성을 극적으로 증대할 방법을 발견하는 중이고, 이익이 없는 고객을 수익적으로 바꾸고, 그렇게 바꿀 수 없는 무익한 고객은 '내버리고', 또한 새로운 고객을 '올바른 특성(수익 잠재력)'을 가진 대상으로 잡는 식의 개선을 가하기도 하였다.

관계 있는 변혁적 측정지표인 '고객 평생가치customer lifetime value'의 도움으로 회사는 일부 최고의 고객의 모든 잠재력을 실현하고 관리의 개선을 이루기도 하였다. 예를 들어 자동차 제조업체에서는 최상위 고객의 평생가치를 20만 달러로 예측하고 있고, 슈퍼마켓도 그렇게 한다. 그렇기 때문에 가장 수익성이 높은 고객들과의 관계에 대해서 배우고, 또 육성하는 일이 더욱더 커다란 중요성과 긴박감을 지니게 되었다. 그 점이 바로 오늘날 가장 중요한 무형자산의 하나가 '고객관계' 인 까닭이며, 또한 그것은 측정 가능하기도 하다.

또 다른 변혁적 고객 측정지표는 '고객경험customer experience' 으로, 그것은 회사에서 자신의 고객과의 상호작용을 바라보는 방법에 그야말로 패러다임 전환의 변화를 만들어내고 있다. 이는 초점을 기존의 '거래적인transactional' 제품 또는 서비스 모델에서 전반적으로 끝에서 끝까지의 고객경험, 즉 최초 접촉에서부터 전체적인 관계 전부를 포함하고, 심지어는 관계의 종결(필요할 경우에) 방법에까지 확대되는 변화를 보이고 있다. 더 나아가서 이것은 비약적으로 발전된 변혁적 측정의 종류로서 조직이 함께 일해야 하는 방법(기존의 '사일로' 식이 아니고)에 커다란 영향을 줄 것이다. 그 이유는 실질적으로 회사의 모든 사람이 고객경험에 일정한 영향을 주고 있기 때문이다. 통합된 측정의 개념이 다음 장의 주제이다.

위에서 살펴본 새로운 변혁적 고객 측정지표들은 '고객만족' 과 같은 좀 더 전통적인 지표들과는 완전히 다른 대조를 보이고 있다. 고객만족은 여전히 중요하지만, 많은 회사들을 자신들이 경쟁적이라는 착각에 빠지게 하여, 파산지경에 이르게 한 경우도 있었다. 예를 들어 떠나가는 고객의 90%까지도 마찰을 빚기 직전까지 그들이 '만족한다' 고 말했다는 것이 나타나고 있다. 오랫동안 유지되어 온 오해와는 다르게, '고객만족' 은 실제로는 '고객의 과거의 구매 결정에 대한 합리화' 에 대해서는 훌륭한 측정지표가 되지만, 미래의 구매 결정에 대해서는 그리 좋은 측정지표가 되지 못한다.

고객에 대한 이러한 새로운 사고방식은 현명한 회사에서는 영업 및 마케팅 조직의 초점을 완전히 바꿔버렸는데, 그 일은 새로운 신생 측정지표 없이는 불가능한 것이고, 그런 곳에서는 진정한 데이터 기준의 지식이 불완전한 직관을 대체하고 있다.

완벽을 기대하지 말라

만일 측정지표가 즉각적으로 객관적이고, 정량화할 수 있어야 하고, 또 통계적으로 신뢰할 수 있어야 한다고 요구한다면, 가장 잠재력이 있고, 떠오르고 있는 변혁적 측정지표들을 배제하게 된다. 정확도는 시간이 흐름에 따라 증가하게 되지만, 타당성의 증가는 이루어지도록 노력이 들어가야 하는 일이고, 그렇게 못한다면 아무 것도 성사되지 않을 것이다. 좀 더 나은 측정지표를 찾고 있는 동안에, 사람들에게 임시적이고 실험적인 측정지표를 찾아내고 사용할 수 있는 권한을 주어야 한다. 설사 신생 측정지표가 완전히 정확하지 않더라도, 그게 올바른 방향으로 가는 한걸음이 될지도 모르고, 진도를 재는 투박한 방법을 제공하기도 한다. 차라리 그러는 것이 재는 방법이 전혀 없는 것보다는 확실히 낫다.

정밀도는 소수점 이후의 여러 숫자들과 관계가 있는데, 그게 무슨 상관인가? 정밀도의 결여가 문제가 되는 것은 의사결정에 정밀도가 결부되었을 경우뿐이다. 너무나 많은 조직이 부정확하지만 기대되는 새로운 통찰력을 보여주는 측정지표를 무시하고, '정밀하지만 그릇된' 측정지표의 선택을 선호한다. 조직은 진실성을 추구해야지, 반드시 정확성을 추구할 필요는 없다. 무슨 옷을 입어야 하는가에 온도계가 꼭 필요하지는 않다. 그렇지만 일기예보를 들을 수 없다면, 우산을 휴대해야 할지 여부는 확신할 수가 없을 것이다. 그래서 여러분이 필요한 측정지표의 유형은 상황에 달려 있고 그릇된 의사결정을 할지도 모르는 리스크에 따라 다르다. 온도계가 몇 도 어긋나 있는 것이 중요한가? 그것은 사용되는 방법에 달려 있다. 측정에 있어서의 창의성의 열쇠는 절대로 목표와 측정하고 있는 이유를 놓치지 않는 것이다.

가능한 것은 직접 측정하고, 직접 측정할 수 없는 것은 추산하는 것 estimate이 중요하다. 완벽을 기대하지 말라. 완벽한 측정지표나 완벽한 측정 시스템이란 것은 존재하지 않는다. 좋은 측정, 특히 신생 측정은 발견의 과정이다. 노스페이스North Face의 창립자이면서 전 CEO인 합 클롭Hap Klopp의 명언을 꼭 기억하기 바란다. "…열린 마음은 아무 것이나 측정할 수 있다. 정량화할 수 없을지 모르지만, 측정할 수는 있다.

이러한 신생의 세계에서는 더 많은 측정지표가 질에 관계되고 꽤나 주관적일 것이다. 예를 들어 잘 고안된 평가척도도 좀 더 객관적인 방법으로 측정이 아직 불가능한 무형가치에는 흔히 쓸모없는 측정도구일 수 있다. 그렇지만 신생 측정지표는 진지하게 다루어야 한다. 회사가 새로운 측정지표로 실험하면서, 데이터를 수집하는 데 시간을 들이지 않을 경우에는, 아무 것도 바뀌지 않는다. 그것은 마치 안경을 새로 사고도 쓰지 않는다면, 시력이 개선되지 않는 것과 같다.

성과측정 렌즈가 바뀐 경우보다 더 빨리 조직에 변화를 가져오는 것은 없다. 그렇지만 '측정하기 어려운 사항'을 측정하려는 시도에는 여전히 상당한 저항이 존재한다. 다행히도 일부 혁신적인 조직이 있어서, 기존의 정량적인 측정지표로 무형의 가치를 측정하려는 짓은 헛된 일이라는 것을 깨닫고는, 그들은 기꺼이 질적인 측정지표의 '멋진 신세계'를 받아들이고 있는데, 특히 측정지표 구상의 초기 단계에서 그러하다.

이 시점에서 저자의 최선의 충고는 가장 중요한 것을 공들여서 측정하라는 것이다. 그것은 진행 중인 탐구이며, 여러분의 조직이 온힘을 쏟을 수 있는 가장 중요한 탐구 중의 하나이다. 조직 내의 누구도 새로운 측정지표를 실험해 보는 데 두려워해서는 안 되며, 또한 측정의 긍정적인 상황이 존재하고 있어서, 게임적으로나 또는 자기 이익을 도모하거나, 또는 비난을 단념케 하는 한, 실험의 시도는 좀 더 자주 일어나게 된다.

업계나 혹은 기타 외부 세력이 여러분의 조직의 측정 우선순위를 결정하게 하지 말라.

다음 단계

측정지표가 점점 더 집중적이 되고, 더욱더 혁신적이 됨에 따라서, 더욱더 중요해지는 점은 그 측정지표가 여러분의 조직의 전반적인 틀과 구조에 통합되는 것이다. 집중은 필요하지만, 그것만으로는 충분치 못하다. 측정은 또한 전체로서의 조직의 성과 목표를 반영하고 있어야 한다. 오늘날 대부분의 조직에서의 중대한 문제점의 하나는 측정 시스템의 엉성한 통합 혹은 정렬이다. 사실상 대부분의 조직은 단일한 측정 시스템을 지니고 있는 것이 아니며, 오히려 많은 기능부서별 측정 시스템을 지니고 있고, 흔히 그 측정 시스템들은 상반되는 목적으로 작용하기도 한다.

다음 장에서는 정보의 소유권과 공유 및 협조적인 의사결정에 관계되는 사회적, 조직적, 그리고 정치적인 논란 사항들을 살펴보고, 그와 함께 조직 전체를 아우르는 통합과 수용을 촉진하는 도구들을 추천하기로 하자.

측정의 통합

제6장에서는 가장 중요한 것을 측정하는 데에 대한 중요성을 강조했다. 그런데 그것은 다만 전체 모습의 일부일 뿐이다. 이번 장의 주요 메시지는 한 조직이 고립되어 있는 측정지표에 그대로 집중할 수는 없다는 것이다. 적어도 장기적으로는 그렇게 할 수 없다. 여기에서 강조사항은 집중에서 통합, 즉 측정지표 간의 관계로 옮아간다. 조직의 성공을 추진하는 데 한두 개의 측정지표에 의존하는 것은 부자가 되기 위해 전체 포트폴리오를 관리하는 대신에 하나의 투자에만 의지하는 것과 마찬가지이다. 집중과 통합은 두 가지 다 조직의 성과측정 성공에 필수적이다.

가치창출에 개별적 측정지표가 아무리 강력할 수 있더라도, 그 측정지표가 다른 측정지표와 어떠한 관계인지 보여주는 프레임워크 속에 통합되어 있지 않는다면, 또한 무력해질 수 있다. 장기간에 걸쳐서 일관성 있게 계속적으로 가치창출을 올릴 수 있는 것은 그 관계이다. 이번 장의 최종적인 메시지는 다음과 같다. 만일 진정으로 변혁적인 장기적 영향력을 지니려면, 성과측정은 전체 시스템의 상호 연락성과 전체성, 그리고 조직 전체를 아우르는 통합을 반영해야 한다.

측정 통합의 중요성

실제로는 측정 통합에는 두 가지 유형이 있는데, 수직적 통합과 수평적 통합이다. 수직적 통합은 전략과 측정지표의 관계를 조직의 상하를 통하여 관련 짓고 있다. 수평적 통합은 조직의 부서와 프로세스를 가로지르는 측정지표 간의 관계이다. 측정의 그 두 가지 형태가 [그림 7-1]에 그려져 있다.

어떠한 가치 있는 목표를 달성하는 데는 부분들이 함께 작용하도록 하기 위해서 조정이 필요하다. 측정 전문가 밥 펠프스가 통합의 문제를 설명하고 있다. "조직의 문제는 이질적인 기능과 배경을 가진 수많은 사람들로 하여금 어떻게 해야 확실하게 모두가 조직의 목표를 달성하는 데 최대의 노력을 기울이게 하는가이다."

측정지표의 통합이 없이는, 조직은 필연적으로 상반된 목적으로 운영되게 되며, 흔히는 알아차리지도 못하는 사이에 상호 실질 가치를 창출하는 데 집중할 수 있는 자원을 낭비하게 된다. 예를 들어 오늘날 조직은 서로 연결이 안 된 성과기록표를 곳곳에 가지게 되기 쉽

[그림 7-1] 수직적 통합과 수평적 통합

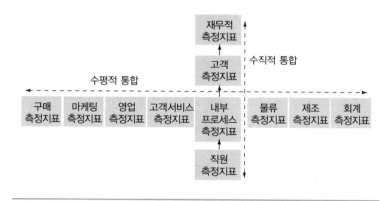

다. 더 나쁜 것은 이들 수많은 부서별 성과기록표는 더욱 커다란 조직의 측정 시스템과는 아무런 관련성이 없다. 개인과 부서는 '좋은 성적'을 달성할지도 모르나, 전체로서의 조직의 성공이라는 관점에서 그런 성적의 의미가 실제로 무엇인지 아무도 이해를 못하고 있다.

비통합 조직

대부분의 조직은 부서별 '사일로'로 구성되어 있다. 그들은 보통 작은 규모의 간단한 것에서 대형의 복잡한 것으로 진화한다. 개별적인 부서기능이 나타나면서 각 부서기능은 자기 몫의 자원을 원한다. 부서기능의 경계선은 강해지고 더욱 공고해진다. 기존의 분야별 사고방식은 개별적인 부서별 파벌을 만들고 강화하게 되어, 통칭 '사일로'가 된다. 사람들은 자신들의 기능, 역할과 측정지표를 통해서, 즉 그들의 직무기술서와 성공을 달성하기 위해서 해야 할 것들을 통해서, 세상을 '바라보게' 되기 쉽다. 댄 버크Dan Burke의 설명을 빌린다면, "우리는 극도로 지리멸렬하고 근시안적인 관점에서 세계를 바라보고 의사결정을 합니다."

오늘날 경영으로 통하는 많은 것들은 필요에 의해서 고립되어 있는 일을 처리하려는 시도와 결부될 수밖에 없고, 그리하여 조직의 비통합 상태를 상당한 통합의 모양새로 바꾸고 있다. 그러나 그것은 어려운 투쟁이다. 벤코와 맥팔랜드가 보고하고 있듯이, "오늘날 지구상의 거의 모든 대형 조직이 자신의 내부적 부조화의 영향을 절감하고 있다." 저자가 알고 있는 한 조직에서는 동시에 1,400가지의 발의가 진행 중이다.

개별적 부서기능은 자기 부서의 렌즈를 통해서 세계를 바라보며, 그렇게 하면 할수록 더욱더 자신의 입장에 사로잡히게 된다. 경영학 교수 레너드 세일즈Leonard Sayles에 의하면, "조직에는 거의 타고난 원심력적인 경향이 있어서 시간이 흐름에 따라서 부서들로 하여금 점점 더 상호간에 조정이(또는 일치가) 줄어들게 만들고 있다." 불완전하게 통합된 조직의 근본적인 특징은 낭비이다. 슬프게도 그런 특징은 어떤 조직에서든 가장 훌륭한 자원인 가치 있는 상승효과를 활용하는 데도 실패한다.

왜 그 사일로 현상은 일어나는가? 주된 범인은 사회적·문화적 요소이다. 서로 다른 분야 출신의 사람들은 서로 다른 교육적 배경, 훈련, 언어, 사고 모델, 경험, 진로, 포부 등을 지니고 있다. 이는 의사소통하는 것을 매우 어렵게 만들고, 공통의 관점을 갖는다는 것은 더욱 드물다.

　모든 사람은 사일로로 비롯된 행동에 대해서 공포물을 이야기할 것들이 있는 듯하다. 예를 들어 샤피로Shapiro, 랜건Rangan과 스비오클라Sviokla가 《하버드 비즈니스 리뷰》에 실린 〈한 주문의 철저한 추적 Staple Yourself to an Order〉이라는 논문에서 원가견적과 가격결정과 관련된 엔지니어, 회계담당자 및 현장 영업인력 간의 적대적인 싸움을 자세히 설명하고 있다. 그들은 결국은 부분최적화적 결론에 이를 뿐만이 아니라, 그 과정 중에서 각 그룹은 다른 그룹의 동기, 능력, 및 목표에 의문을 제기한다. 그 동안에 고객은 아무도 돌보지 않는 상태에서 지체를 초래하고 있는 혈투는 모른 채 가격견적을 기다리고 있다.

　대부분의 회사는 부족한 자원을 놓고 경쟁하고 있는 부분들로 이루어져 있는데, 그 부분들은 협력자보다는 경쟁자로 움직이고, 체계 속의 상호의존성에 대한 고려가 없이 개별적으로 행동하고 있다. 사람들이 그런 행동을 하는 것은 그들이 완고하거나 심술궂기 때문이 아니다. 그들이 그런 행동을 하는 것은 조직 시스템이 그들을 그렇게 하도록 길들였기 때문이다. 사람들은 단순히 전통적인(흠은 있지만) 논리를 따르고 있는 것이다. 그 논리는 이렇다. "만일 모든 기능부서가 목표를 맞춘다면… 만일 모든 부서가 예산을 맞춘다면… 만일 모든 프로젝트가 제시간에 예산 범위 내에서 완수된다면… 그러면 조직은 성공할 것이다." 그렇지만 그런 생각이 과거에는 통했는지 모르지만, 이제는 더 이상 효과가 없음을 분명히 해야겠다. 조직은 전체의 성과에 집중해야지, 부분의 개별적인 성과에 집중하면 안 된다.

　불행하게도 전체적인 조직을 통합적인 방식으로 관리하기란 대단히 어려운데, 특히 잘 통합된 측정 시스템 없이는 더 어렵다. 부문에게 각기 개별적인 결과에 대해서 책임을 지우는 것은 훨씬 더 쉬운 일이다. 여러분의 조직도 역시 통합이 잘 안 되어 있을 가능성이 높고, 그 일차적인 이유가 분열되어 있는 측정 시스템이기가 쉽다. 조직을 조정하고 조정상태로 유지하는 데는 비즈니스 모델과 전략에 맞도록 정렬되어 있는 프레임워크가 필요하고, 또한 그것은 체계적인 수정 작업이 계속적으로 진행될 수 있다. 좋은 측정 시스템은 가능한 최선의 조정 장치이다.

비통합 측정

다음의 비통합 측정 시나리오는 여러분에게는 너무나 친숙한 모습일 것이다. 영업부문은 영역별 및 제품계열별 매출에 집중하고 있고, 영업인력은 개별별 영업 쿼터를 달성하는 데 송곳처럼 초점을 맞추고 있다. 마케팅 부문은 시장 점유율, 브랜드 이미지, 그리고 고객만족에 집중하고 있다. 제조부문은 생산성, 예측 충족하기, 그리고 품질에 집중하고 있다. 물류부문은 납품에 집중하고, 프로젝트 관리자는 개별적 프로젝트 일정과 예산 일정표에 집중하고 있다. 인력 자원부문은 HR 프로그램 전개, 참가, 그리고 직원 만족에 집중하고 있다. 정보기술 부문은 IT 프로젝트 자금 조달과 테크놀로지 가용성에 집중하고 있다. 재무부문은 비용 통제에 집중하고 있다.

해케트 벤치마킹 리서치Hackett Benchmarking & Research의 보고서에

의하면, 전형적인 회사는 매출 10억 달러 금액당 29가지의 서로 다른 재무 시스템을 갖고 있다고 한다. 러믈러Rummler와 브래치Brache에 의하면, "결과는 거의 연관관계도 없고 관리 불가의 측정지표들의 집합으로, 많은 경우 '측정정체 상태'를 초래하여, 관리자들을 마비상태에 빠트렸다. 그 이유는 성과에 영향을 주는 측정지표 한 가지도 긍정적인 방향으로 움직일 수 없는데, 다른 두 가지의 측정지표를 부정적인 방향으로 움직이지 않고는 불가능했기 때문이다." 모든 사람이 서로 다른 방향으로 끌어가려고 하고 있으니, 큰 문제는 당연한 것이다.

일부 조직에서는 기능부서와 프로세스가 너무나 독립적으로 움직여서 실질적으로 상호 간에 아무런 관계가 없을 정도이다. 꽤 흔한 시나리오로, 한 금융서비스 회사의 관리자들은 142개의 서로 다른 부서 성과측정지표를 추적하고 있었는데, 그 지표들은 전혀 조정이 안 되고 있었다. 어떤 측정지표가 전략적으로 가장 중요한 것인가에 대해 의견의 일치를 보이는 관리자가 단 두 명도 없었다. 그래서 얼마 못 가서 모든 기능부서는 자기만의 독특한 측정지표를 지니게 되고, 또한 모든 직원은 자기 자신의 개인적 성과기록표 또는 계기판을 갖고 있는 듯했다. 엉성하게 통합된 측정지표는 관리자가 회사나 주주의 이익에 앞서서 자기 자신이나 부서 이익을 추구하도록 방치한다.

여러분은 이런 경우를 상상할 수 있겠는가? 여러분이 탄 점보 제트 비행기가 비행 중인데, 공동 비행계획서 상에 확립된 한 세트의 통합 측정지표 없이, 모든 승무원이 제각기 자신의 계기판을 사용하여 자기 자신의 기능적인 관점에서 비행기를 조종하려고 시도하고 있는 경우 말이다. 아니면 스포츠 팀의 경우, 모든 선수가 모두 자기 자신의 개인적인 기록 통계만을 최대화하려고 애를 쓰고 있다면 그 팀은 얼마나 성공적일까? 스포츠 팀의 개인 선수들은 아무리 그들의 성과가 찬란하더라고, 혼자만의 힘으로는 우승할 수가 없다. 그들은 팀에서 각기 역할을 담당해 주는 다른 사람이 필요하다. 스포츠 분야에서 진정한 팀워크를 이룬 팀만이 가장 성공을 잘하는 팀이듯이, 잘 통합된 조직만이 비즈니스 분야와 공공 분야에서 승자가 된다.

그러나 비즈니스 세계에서는, 고립된 팀을 그냥 정렬하는 것으로는 충분하지 못하다. 비즈니스에서는 모든 조직이 정렬되어야 하고, 한 조직을 통합하기 위해서는 진정한 리더십이 요구된다. 통합을 달성하기 위해서, 대부분의 사람들이 주장하기를 보수 협정과 부서 간 협력 인센티브 조정을 활용해서 이기주의가 조직 이익과 좀 더 쉽게 일치하도록 해야 한다고 한다. 그렇지만 외부적인 인센티브에만 의존하는 것은 위험하다. 그 이유는 보상은 개인적인 노력을 강화하는 경향이 있는 데다, 변화하는 환경에 대응하는 변화에 너무나 저항적이기 때문이다.

서로 다른 기능부서와 단위의 사람들에게는 끊임없이 자신들의 '사일로' 너머로 바라보는 것을 상기시켜 주어야만 한다. 부서 간의 벽을 넘는 의사소통은 도움이 될 것이다. 그렇지만 어떠한 조치를 취하든, 길게 보면 아무 것도 진정으로 효과적이지 못할 것이다. 조직 측정 시스템이 통합되지 않는 한 그렇다. 조직 통합은 측정 통합이 없으면 불가능하다. 이런 점에서 대부분의 조직은 갈 길이 멀다.

비통합 데이터

데이터 품질이 또한 주요 논점으로 통합적 성과측정에 지장을 주고 있다. 측정의 원재료가 데이터이다. 가트너 그룹Gartner Group의 추산에 의하면, 평균적인 회사는 고객 데이터만 120테라바이트(컴퓨터 기억 용량 단위로 1,024기가바이트 또는 1조 바이트와 같음)를 수집하고 있다. 오늘날의 조직은 대량의 데이터를 저장하고 있는데, IT 시스템이 그 것을 가능토록 하고 있기 때문이다. 그러나 데이터 저장능력은 그 모든 데이터를 효과적으로 활용하는 데 필요한 다른 역량을 훨씬 웃돌고 있다. 게다가 대부분의 조직이 저장 중에 있는 데이터는 품질이 확실치가 않다. 대부분의 사람들이 정보 시스템으로 데이터를 입력시키고 있는데, 입력시키는 데이터가 진실하다고 맹목적으로 받아들이고 있고, 또한 모든 데이터가 대등하고 품질이 높다고 믿고 있다.

사실은 그렇지 않다. 전사자원관리ERP; Enterprise Resource Planning와 다른 전사적 통합 테크놀로지의 커다란 진보에도 불구하고, 많은 조직이 이질적인 데이터 저장소들을 적절하게 연결시키는 데 실패하고 있다. 쓸 수 있는 데이터의 대부분이 단절되고, 일관성이 없고, 그리고 접근하기 어려운 상태로 남아 있다. 이런 너무나 흔한 문제는 다양하게 평가받고 있는데, 그 예가 데이터 분산scatter, 데이터 혼란disorder, 데이터 단편화, 데이터 매점hoarding, 동면dormant 데이터(접근이 한 번도 없었고, 앞으로도 없을 것 같은 데이터), 유물legacy 데이터(한때 경영층이 요구해서 수집됐으나 이제는 낡은 것), 또는 데이터베이스 독점fiefdom 등이다.

한 추산에 의하면, 데이터 품질 문제에 드는 비용이 전체 미국 비즈니스에 연 1조 5,000억 달러, 또는 전 매출액의 8~12%에 해당한다고한다. 이 데이터 품질 문제의 많은 부분은 역시 조정이 잘 안 된 기능부서 탓이다. 그 점이 바로 데이터 비통합dis-integration은 근원적으로사회적이고 조직적인 문제라고 하는 까닭이다.

전략적 측정

제6장에서 설명했지만, 전략은 어떤 조직에서건 통합을 이루는 주된힘이 되어야 한다. 그렇지만 우리가 모두 알고 있는 바와 같이, 조직전체적인 전략 계획을 세우는 것과 조직 전체적으로 잘 실행하는 것은 별개의 사항이다. 전략, 전략적 측정지표, 그리고 운영 사이에는거대한 '비연결성dis-connects' 이 존재하기 쉽다. 그 점이 오늘날 '전략실행strategy execution' 에 대해서 그렇게 많은 글이 쓰이고 있는 이유이고, 전략 실행은 경영의 최우선순위로 변했다. 그리고 전략적 측정지표는 효과적인 전략 실행을 가능하게 하는 중심적 수단이 되었다.

거대 회계법인 프라이스 워터하우스-쿠퍼스Price Waterhouse-Coopers의 CEO 새뮤얼 디피아자Samuel DiPiazza, 그리고 성과측정 권위자 로버트 에클즈Robert Eccles가 말했다. "측정은 이중 역할을 담당한다. 회사의전략에 의해 결정된 대로 중요한 사항에 주의를 집중하고, 또한 전략을실적으로 바꾸는 노력으로 그 중요성에 따라서 성과 수준을 관찰한다."

불행하게도 전략은 조직 구성원 대부분이 따라가기에는 너무나 추상적인 경향이 있고, 또한 쉽사리 측정할 수도 없다. 예를 들어 전략이 '고객중심customer-centricity', '높은 품질'과 '적시'를 요구한다면, 이들 전략적 주장은 실제 실무적으로 무슨 의미일까? 대부분의 고위 경영층의 전략적 발표는 막연하고 거의 측정할 수 없다. 그런 전략적 '진부한 용어'는 올바른 성과측정지표를 통해서 좀 더 구체화 될 필요가 있고, 그래야만 전략이 효과적으로 실행될 것이며, 그 실행은 검증이 가능해질 것이다.

균형성과기록표

성과측정의 사용을 통하여 전략을 좀 더 쉽게 실행 가능하게 만들기 위하여, 로버트 카플란Robert Kaplan과 데이비드 노튼David Norton은 '균형성과기록표'의 개념을 개발했는데, 그 균형성과기록표는 조직의 성과기록표로 기능부서별 측정지표의 통합을 쉽게 하고 조직 전반적인 전략 실행을 좀 더 좋게 하도록 한다. 성과기록표의 기본적 아이디어는 비즈니스 성공의 본질적 구성 성분을 기술하는 것이다.

균형성과기록표에는 마술적인 것은 없다. 실제로는 다차원적인 성과기록표의 아이디어는 이전에도 여러 번 제안되고 있었다. 그렇지만 카플란과 노튼의 중요한 1992년 《하버드 비즈니스 리뷰》 연구 논문인, 〈균형성과기록표 : 성과 추진 측정지표Balanced Scorecard: Measures That Drive Performance〉가 그 개념을 크게 알리고 널리 인정받는 계기를 만들었다. 균형성과기록표란 사실상 한 세트의 조직의 측정지표들에 지나지 않으며, 재무적 및 비재무적 측정지표, 두 가지를 다 포함해서 균형이 잡힌, 다중적 '관점' 또는 차원을 지닌 측정지표들이다. 그것은 재무적 관점을 고객, 내부적, 그리고 학습 및 성장의 관점들로 균형을 잡는다. 많은 독자는 가장 흔한 모습의 4분할되어 각각 네 가지의 관점을 표시하고 있는 '성과기록표 scorecard'에 익숙할 것이다.

균형성과기록표의 인기는 다음의 세 가지 혁신 원칙에 기인한다.

1 _ 그것은 하나의 경영 시스템이지 측정 시스템이 아니다. 그 의도는 성과기록표가 사용되어 전략의 전달과 전개를 관리하고, 단지 사후에 측정하자는 것이 아니다.

2 _ 성과기록표의 네 가지 관점은 인과관계로 전제되어 있다. 재무적 관점과 고객관점은 조직이 달성하기를 바라고 있는 결과를 기술하고 있다. 내부적 관점과 학습 및 성장 관점은 그런 결과를 어떻게 달성할 의도인지 설명하고 있다. 재무적 '결과'가 바람직한 '최종 성적final score'을 측정하는 반면, 중요한 열쇠는 다른 관점상의 '동인drivers'을 사용하여 재무사항을 올바른 방향으로 움직이는 것이다.

3 _ 성과기록표는 '현재의 역량'과 '미래가치' 창출에 주의를 집중하도록 전제되어 있는데, 현재의 역량은 고객가치의 제안과 우수한 내부 프로세스를 통해서, 미래가치는 학습과 성장 관점에서 무형자산을 개발함으로써 창출한다. 또한 비재무적 측정지표를 다루고 있으므로, 조직 구성원 중 재무제표의 손익계산 책임과 관계없는 구성원들에게는 재무 사항뿐인 성과기록표보다

좀 더 적합하다.

균형성과기록표는 전략 실행에 획기적인 발전이라고 널리 알려지고 있는데, 그 이유는 전략적 개념을 실무적으로 바꾸는 데 도움이 되기 때문이다. 그 취지는 '전략성과기록표'로부터의 적당한 측정지표가 조직을 통해서 밑으로 단계적으로 내려갈수록 전략적 의도가 좀 더 명확하게 되고, 그 측정지표에 의해 실행할 필요가 있는 당사자들에게 확실하게 인식이 될 것이라는 데에 있다.

오늘날 대다수의 회사는 틀림없이 일정한 형태의 균형성과기록표를 갖고 있을 것이고, 그것을 둘러싸고, 풍부한 테크놀로지 '솔루션'이 포함된 하나의 완전한 산업이 형성되어 있다. 의심할 바 없이 균형성과기록표는 비즈니스 전략의 투명성을 증가시키고, 전략적 방향을 다른 사람에게 단계적으로 전달하는 조직의 능력을 강화시키는 잠재력을 갖추고 있다. 그러나 성과기록표가 중요하더라도, 그것은 다만 훌륭한 측정 시스템의 많은 특색 중의 하나일 뿐이다. 궁극적으로 성과기록표의 성패는 그 측정지표들의 품질, 그 지표들이 어떻게 구현되느냐, 그리고 사람들이 얼마나 잘 사용하느냐에 달려 있다. 닐스-고란 올브Nils-Goran Olve의 설명을 빌린다면, "그냥 종이쪽지에 몇 가지 측정지표를 기입한다고 성과기록표가 생기는 것은 아니다. 성과기록표의 진수는 측정에 관계되어 있는, 사전, 도중, 그리고 사후에 걸친 프로세스와 논의이다."

오늘날의 균형성과기록표와 관련된 일차적인 문제는 그것이 '만병통치약'으로 생각되고 있고, 흔히 '즉석 해결책'으로 사용되고 있다는 점이다. 이것은 개념의 탓이 아니라 균형성과기록표를 채택하는 많은 회사가 근본적인 원리를 충분히 이해하지 못하고 그 개념을 정확하게 구현하지 못하고 있기 때문이다. 균형성과기록표는 단순히 4분할된 템플리트로 기존의 측정지표를 구분하기 위한 것이 아니다. 혹시 올바른 측정지표들이 이미 사용 중에 있었다면 쓸모는 있을 수도 있겠다. 그렇지만 균형성과기록표가 그릇된 측정지표들을 올바르게 만드는 재주는 못 부린다.

측정 프레임워크의 가치

한 가지 가장 중요한 전제로 균형성과기록표상에서 요약되고 있는 것은 전략은 인과관계의 가정의 한 세트로 이루어져 있다는 점이다. 처음에 균형성과기록표를 발표하고 난 후에, 카플란과 노튼은 성과기록표 관점상의 측정지표가 인과관계로 연결되어 있다고 암시하는 것만으로는 충분치 못하다고 깨닫기 시작했다. 또한 측정지표들을 관점과 관점 사이에서도 명시적으로 연결 지을 필요가 있었다. 그래서 '전략체계도strategy map' 개념이 생겨났다.

전략체계도는 조직의 전략을 시각적으로 표현한 것으로, 네 가지 관점의 목적들(균형성과기록표상의)을 연결시키는 규율을 제공하여, 전략이 좀 더 잘 이해되도록 촉진하고, 바라는 바는 전략을 실행하는 데 좀 더 헌신적인 자세를 조장하는 것이다. 일단 작성이 되면 전략체계도는, 적어도 개념상으로는, 강력한 의사소통과 전략 실행 도구가 된다. 그

[그림 7-2] 측정 프레임워크: 전략체계도 형식

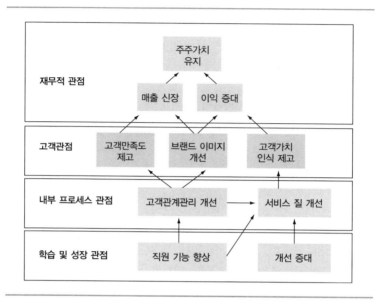

것은 또한 최소한 조직의 가치창출 프로세스의 일부를 구체화한다.

전략체계도는 이 책에서 '측정 프레임워크Measurement Frameworks' 라고 부르는 좀 더 넓은 분야의 구체적인 적용이다. 측정 프레임워크 는 비즈니스의 논리, 또는 비즈니스의 일부를 전달한다. 전략체계도, 측정 프레임워크, 인과 모델cause-and-effect model, 인과지도causal maps, 인과사슬causal chains 등, 친숙한 용어들은 모두 동일한 주제의 변형들 이다. 측정 프레임워크를 균형성과기록표/전략체계도 관점을 사용해 그린 것이 [그림 7-2]이다.

관계에 관한 것

성공적인 통합 측정의 열쇠는 사람들이 현재 실행하고 있는 것을 연결하는 것이 아니라, 사람들이 하고 있어야 할 일, 즉 전략을 실행하는 것을 연결하는 것이다. 이 접근 방법에 관해 고려할 때 중요한 것은 측정지표 간의 관계가 측정지표 자체만큼이나 중요하다는 점이다. 균형성과기록표와 전략체계도 구현의 대부분의 약점은 측정지표들이 체계화되어 포괄적인 모델로 집대성되는 경우가 드물다는 것이다. 측정 프레임워크는, 논리적인 구조에 따라 서로 들어맞도록 만든 측정지표들이 좀 더 포괄적이고 계층적으로 조직화된 것이다. 중요한 것은 우선 조직의 바람직한 '결과들'을 결정하고, 그 다음에 그 결과들의 '동인들'을 결정하고, 그리고 그들이 어떻게 연관되는지 보여주는 것이다.

이해와 가시성

조직의 성과측정에 있어서 보통은 올바른 대답들이 많이 존재한다. 중요한 것은 어떻게 조직의 전략이 결과와 성공의 동인으로 전환되는지, 계속적으로 좀 더 나은 그리고 더 깊은 이해를 달성하는 것이다. 그리고 전략의도를 전달하고, 전략을 실행하도록 조직을 통합하는 측정지표의 최선의 조합을 찾아내는 것이다. 이해가 우선이고 측정은 그 다음이다. 성과측정은 성과기록표 '템플리트'의 빈칸을 채우는 것이 아니고 더욱더 깊은 이해를 얻는 것이고, 그렇게 함으로써 점진적으로 더 나은 행동을 취하도록 해서 바람직한 결과를 추진한다. 또한 그러한 이해를 통합된 측정지표를 통해서 조직 전체에 걸쳐서 전달해서, 모든 사람이 모든 조직에 걸쳐서 통합된 방식으로 실행할 수 있게 하는 것이다.

가능한 가장 중요한 일 중의 하나는 고위 경영자들로 하여금 조직의 가치창출 프로세스에 대해 의견의 일치를 보게 하는 것이다. 조직의 성과 목적과 그 목표의 성과 동인은 무엇이며, 그들은 어떻게 연관이 되는가에 관해 의견의 일치가 필요하다. 조직이 어떻게 '일하는가' 를 간단한 모델로 만들어보라. 이것은 단발성의 토의가 아니고, 계속 진행형의 발견의 여정이다.

훌륭한 측정 프레임워크는 관리자와 직원들에게 어떻게 자신들의 '국지적' 측정지표가 조직의 '전반적' 측정지표와 들어맞는지를 볼 수 있게 해준다. 직원들은 그들의 공공연한 표현 여부를 불문하고 끊임없이 갖고 있는 의문이 있다. "왜 도대체 중요하지도 않은 측정지표를 이렇게 많이 측정하게 하는가?" 직원들은 그들에게 의미 있는 측정지표들이 필요하고, 또한 그들에게 '조준선' 을 제공해 주어서 그들이 하고 있는 것과 전체 조직에 중요한 것 사이의 관련성을 그들이 알아볼 수 있게 해주는 것이 필요하다. "만일 이것을 실행하면, 그 결과는?" "내 행위와 조직 성과 간의 관계는 무엇인가?"

그것이 바로 품질 운동이 그렇게 커다란 영향을 주었던 이유이다. 성과측정은 그 일을 실행하는 직원에게는 타당한 것이고, 또한 그들은 자신들의 국지적 품질측정이 조직의 성공에 가져올 영향을 예측할 수 있었다.

의사결정을 개선하기

우리는 마이클 해머가 설명한 다음 상황과 너무나 자주 마주친다. "측정 시스템은 숫자들을 상호 간에 의미 있게 관련을 짓지 않거나 또는 그들을 어떻게 개선해야 될지 중역들에게 아무런 안내를 제공하지 않고 있다." 그 결과로 관리자들은 측정지표들에게 어떻게 영향을 주어야 할지 가늠할 수가 없다. 그래서 측정 시스템은 의사결정 안내 시스템 대신에 그냥 보고 시스템으로 되돌아가고 말았다.

관리자의 가장 중요한 역할은 조직 전체에 걸리는 올바른 통합적인 의사결정을 하도록 확인하는 것이다. 예를 들어 어느 관리자가 X를 바꾸기를 원하면, 그는 X의 동인들을 측정하고 관리하는 것부터 시작해야 한다. 그런 의사결정들은 기본적 전제 조건의 공통적 이해에 바탕을 두어야 할 필요가 있다. 그리고 모든 전략은, 성과를 추진하고 가치를 창출하는 요소들에 관한 묵시적인 전제조건들을 포함하고 있다. 피터 센게는 이렇게 말한다. "우리는 전략에 관해 개와 고양이처럼 논쟁을 할 수 있다. 그러나 그 전략 이면의 전제조건을 다루지 않고서는 그 논쟁은 실질적으로 무의미하다. 왜냐하면 더 깊은 이해를 같이 달성할 방도가 없기 때문이다." 의심할 여지없이, 만일 잘 준비가 되었다면, 측정 프레임워크가 조직의 모든 부서와 모든 계층이, 수직적 및 수평적으로 함께 뭉치게 할 가능성을 높일 것이다. 조직이 얼마나 잘 통합이 되었는가는 그 조직의 측정 시스템을, 특히 측정 프레임워크(그것이 존재한다면)를 바라보는 것으로 신속하게 잴 수가 있다.

미래 관리하기

측정 프레임워크의 또 하나의 커다란 이점은 미래 성과의 예측에 도움을 주는 것으로, 그리하여 좀 더 나은 조직의 의사결정이 가능해진다. 과거를 측정하는 것만으로는 많은 것을 성취하는 것이 아니다. 우리가 가장 관심을 가져야 할 성과는 미래에 있다. 르바Lebas와 유스크 Euske는 성과의 정의를 다음과 같이 한다. "내일 측정되는 가치 있는 결과로 귀결될 것을 오늘 하는 것이다." 최종적인 점수가 중요한 것은 아니다. 가장 중요한 것은 무슨 일이 일어났기에 그 점수가 생겨났는가를 이해하는 것이고, 그러므로 다음 번에는 개선할 수 있는 것이다. 더구나 중요한 것은 직원들이 측정이 사용되고 있는 것이 단순히 그들의 과거와 현재의 성과만 관찰하는 것이라고 느끼지 않게 하는 일이다. 그들은 미래의 성과를 개선하기 위해서 측정이 사용되고 있을 경우 훨씬 더 긍정적으로 반응할 것이다.

측정 프레임워크는 인기를 얻고 있는 중이고, 그 가치가 널리 인정되고 있다. 디피아자와 에클즈의 발견에 의하면, 69%의 중역이 말하기를, 그들이 서로 다른 범주의 가치동인과 미래의 재무적 결과 사이의 경험적인 인과관계를 증명하려고 시도했다고 한다. "의문의 여지없이, 그들의 가치동인을 측정하고 관리하는 방법을 파악하고 있는 회사들은 좀 더 나은 운영을 해서 최고의 매출 성장률을 올린다." 이트너Ittner와 락커Larcker의 연구에 의하면, 측정모델을 사용해서 비재무 동인과 재무적 결과를 연결한 회사들은 그렇지 않은 회사에 비해서, 5개년 기간을 통해서 볼 때, 의미심장하게 더 높은 자산 및 자기 자본 수익률을 산출했다고 한다. 이런 비즈니스 가치의 대부분은 증가된 통합적 이해에서 기인된 것으로, 그 이해는 측정 프레임워크를 개발하고 사용하는 데서 생겨난 것이다.

측정 프레임워크와 절충

일단 측정지표와 측정지표 사이의 관계를 진지하게 생각하기 시작하면, 필연적으로 절충을 고려할 필요가 생긴다. 실질적으로 모든 의사결정에는 절충이 관계된다. 조직관리와 측정의 가장 중요한 측면 중의 하나는 최선의 절충 결정을 내리는 것이다. 제2장에서 우리는 부분 최적화에 의해 초래된 역기능 종류를 보았는데, 그것은 특정한 기능부서에 이득을 주기 위한 절충 결정을 하는 것이었다. 대조적으로 '최적화'는 전반적인 조직의 이득을 위해서 절충의 결정을 하는 것이었다. 측정 프레임워크는 좀 더 최적의 조직적 의사결정을 하는 능력을 증대시키는데, 그것은 우리가 시간을 들여서 측정 프레임워크를 개발하고 잘 사용하면 그렇다는 말이다.

측정 프레임워크는 측정지표 사이의 상호의존성을 시각적으로 그려낸다. 어떤 상호의존적인 시스템에서든지, 하나의 측정지표를 바꾸려면 다른 측정지표들에 영향을 줄 수밖에 없다. 측정지표 간의 관계를 보여주는 전반적인 프레임워크에서라면, 적절한 절충의 의사결정을 하는 것이 더욱 쉬워지므로, 좀 더 최적의 의사결정을 할 수 있다.

한 조직에서 중요한 절충은 궁극적으로 성과(품질과 적시성을 포함하여)와 비용 사이의 것이다. 노벨상 수상자 허버트 사이먼Herbert Simon은 성과와 비용 절충의 문제를 이렇게 표현했다. "무결점 제품을 만들 수는 있다. 문제는 이익을 내면서 할 수 있는가이다." 그의 웅변적인 질문에 대한 그의 암시적인 대답은 "물론, 할 수 없다."이다. 명심할 것은, 어느 때든지 특정 측정지표에 초점을 맞춘 의사결정을 할 때는, 절충이 반드시 고려되어야 한다는 점이다.

다음은 고려해 보아야 할 절충 질문들이다.

"일정 수준의 품질에 얼마나 지불할 용의가 있는가?"

"좀 더 빠른 배달에 얼마나 지불할 용의가 있는가?"

"재고 품절의 가능성을 줄이기 위해 어느 정도의 재고를 유지해야 하는가?"

"고객만족 대비 이익에 어느 정도 강조를 해야 할까?"

"융통성의 대가로 어느 정도 사이클 시간을 줄일 수 있는가?"

이들은 비교적 간단한 두 요소 절충 질문이다. 세 개 이상의 요소를 고려해서 절충의 의사결정을 할 경우에는 훨씬 더 어려워진다. 이들 질문은 어느 것도 대답하기가 쉽지 않은 것들이고, 비통합, 정치성향이 높은 시스템에서는 특히 더욱 그렇다.

측정 프레임워크 개발하기

어떤 조직에서건 무한한 수의 잠재적 측정지표, 관계, 그리고 연결사항이 존재한다. 측정 프레임워크의 개발은 가치창출 프로세스에 대해 더 깊은 이해력을 계발하는 것과 직접적인 관계가 있다. 대부분의 사람은 그들이 측정하려고 시도하고 있는 것이 무엇인지 실제로 이해를 못하다가, 측정 프레임워크를 보고서야 이해를 할 수 있다. 그러면 비로소 분별이 되기 시작한다.

측정 프레임워크는 모델이다. 완벽한 모델은 없지만, 가능한 한도까지는 측정 프레임워크는 조직의 전략과 총체적 시스템의 상호연결 상태를 반영해야 한다. 그렇지만 완전히 포괄적일 필요는 없다. 가장 중요한 측정지표에 집중하라. 모든 것을 측정하려고 하지 말라. 측정 프레임워크를 개발하면서 가장 어려운 측면의 하나는 어디에서 시작하고 어디에서 정지하느냐를 결정하는 일이다.

측정 프레임워크는 흔히 가정들과 함께 시작된다. 그 예는 다음에 있다.

"고객이 더 만족하면 충성도가 더 높다고 믿는다.… 그러나 확신은 없다."

"우리 배달 모델에 이런 개선을 하면 고객만족, 충성도, 그리고 수익성이 증가될 것이라고 믿는다."

가정을 시험하기에 주저하지 말라. 그러나 어떤 관계가 가정되었을 경우, 중요한 것은 정직하게 그것이 가정이지, 사실이 아님을 인식해야 한다. 측정 프레임워크의 목적 중의 한 가지는 가정하고 가정의 실험을 통해서 새로운 이해력을 촉진하는 것이고, 단순히 이미 증명된 것을 기술하는 것은 아니다.

측정 프레임워크는 모든 조직을 다뤄야 할 필요는 없다.(한 부분을 기술할 수는 있는데, 단, 완전한 부분이어야 하고, 그것을 분리하는 것이 이 장 앞에서 논의한 비통합의 종류를 초래하지 않아야 한다.) 문제는 단순함을 유지하면서 체계적인 개관을 만들어내는 것이고, 또한 그것은 이해할 수 있고 사용할 수 있어야 한다.

올바른 측정대상을 결정하는 것은 원래 측정 의사결정이 아니다. 그것은 비즈니스적인 의사결정이다. 그것은 비즈니스적인 총명과 전체론적인 사고방식이 필요한 일이므로, '측정요원'에게 위임하지 말아야 한다. 더군다나 반드시 처음에 똑바로 할 필요도 없다. 완벽한 측정 프레임워크를 만들려고 애쓰지 말라. 그렇지 않으면 분석 마비의 희생물이 될 것이다. 측정 프레임워크를 개발하는 것은 주요 성과 측정지표끼리의 관계를 이해하는 출발점일 뿐이다.

측정 프레임워크를 개발함에 있어서 앨버트 아인슈타인Albert Einstein의 충고에 귀를 기울여야 한다. "만사는 가능한 한 단순해야 한다.… 그러나 더 간단하게는 말고!" 간단한, 그러나 극단적으로 간소한 것은 아닌, 모델을 만드는 것과 핵심 동인을 알아보는 것은 좀처럼 쉬운 일이 아니다. 측정 프레임워크에 구체화된 인과의 유형을 이 책에서는 '분담형 인과관계contributory causality'라고 부르는데, 그 이유는 각각의 상위 수준의 동인이나 결과에는 보통 한 개 이상의 동인이 존재하기 때문이다. 일부 인과의 연결관계는 흔하게 식별하기가 어렵고, 증명되기까지는 항상 의문의 여지가 있다. 그렇지만 인과관계가 존재할지 모른다는 가정을 하는 데 사전에 엄격한 입증이 필요하다고 느낄 필요는 없다. T. S. 엘리엇T. S. Elliot의 말을 빌리자. "관념과 현실 사이에… 개념과 창조 사이에… 그림자가 드리운다." 원인과 결과 사이에는 거의 항상 불확실성의 그림자가 존재한다는 것을 받아들이라.

측정 프레임워크를 만드는 데 단일하게 올바른 방법이 있는 것은 아니다. '전략체계도' 방법을 사용할 수도 있고, 균형성과기록표의

[그림 7-3] 측정 프레임워크의 예

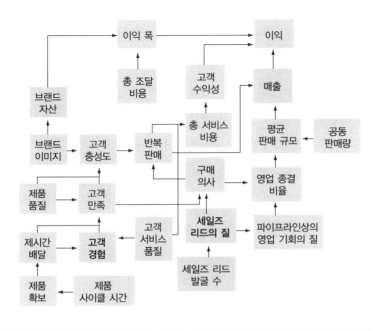

네 개 관점(재무적, 고객, 내부, 학습 및 성장)을 사용해도 된다. 이 책에서
주장하고 있는 방법은 전략체계도와 비슷하지만, 반드시 '관점'에 따
라서 나타낼 필요는 없다. 그러나 신뢰할 만한 인과 논리는 반영할 필
요가 있다. 이런 대체적인 방법이 [그림 7-3]에 나타나 있다.

확실히 일반적으로는 측정 프레임워크의 맨 위에서 바람직한 재무
적 결과로 시작하는 것이 적절하다. 그리고 그런 재무적 결과의 주된
동인이 확인되어야 한다. 고객이 매출과 이익의 주된 원천이므로, 주
된 고객 측정지표를 다음에 포함하는 것이 사리에 맞다. 이들 측정지
표는 재무적 결과와 연결될 수 있다. 그리고 같은 방법으로 주요 고객

결과 측정지표들이 확인되고 해당하는 프로세스(내부)와 무형의(학습 및 성장) 동인과 연결될 수 있다.

측정 프레임워크에서 많은 강조가 필요한 분야 중 하나는 무형자산으로, 혁신, 평판, 그리고 제휴사항 등이다. 카플란과 노튼은 그들의 학습 및 성장 관점과 성장 체계도상에서, 이들 측정지표에 거의 관심이 없었다. 우리의 조직과 우리 사회의 미래 경쟁력은 무형자산을 좀 더 효과적으로 측정하고 관리하는 능력에 달려 있게 될 것이다. 그 무형자산은 오랫동안 성과측정의 '더 소프트 한 쪽'으로 간주되고 왔고, 이제 경쟁우위의 진수가 되고 있는 중이다. 이 주제에 관해서는 제13장과 제14장에서 좀 더 다룰 것이다.

부서 간 협력 통합

이 장에서 주요 개념 중의 하나는 기존의 부서별 '사일로'의 붕괴의 바람직함이고, 그래서 좀 더 높은 긴밀한 부서 간 협력 통합, 그리고 결과적으로 좀 더 긴밀한 협동이다. [그림 7-3]의 측정 프레임워크에는, 서로 다른 기능 분야와 연결된 측정지표들이 있음이 보일 것이다. 측정지표들이 각기, 영업(매출, 평균 판매 규모, 공동 판매량, 영업 종결 비율, 반복 판매, 파이프라인상의 영업의 질), 마케팅(세일즈 리드 발굴 수, 세일즈 리드의 질, 구매의사, 브랜드 이미지, 고객만족, 고객충성도, 고객수익성), 생산(제품 품질, 제품 확보), 물류(제시간 배달), 그리고 조달(총 조달 비용) 분야에 나열되어 있다. 보통은 각 기능 분야는 자신의 측정지표에 집중하고, 다른 기능 분야의 측정지표와 그 측정지표 사이에 무슨 절충이 있는지는 염두에 없을 것이다.

[그림 7-4] 측정 프레임워크 : 대체 형식

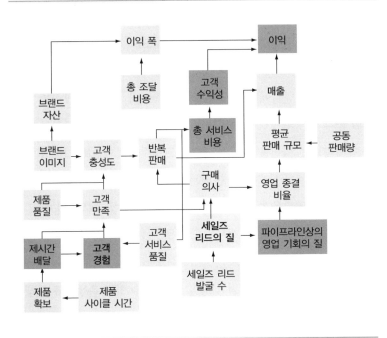

측정 프레임워크의 커다란 편의 중의 한 가지는, 일부 결정적인 통합 논점에 대하여, 기능 분야를 뛰어넘는 긍정적인 대화를 자극할 수 있다는 것이다. 그 결정적인 통합 논점은 신경제하에서 성패를 가르게 될 것이다. 사실로 중심의 조직은 점점 더 시대착오적으로 되고 있다. 측정 프레임워크의 함축된 의미와 절충 사항들을 논의함으로써, 장벽은 제거될 수 있고, 좀 더 기능부서를 뛰어넘는 상호 협동 체제에 착수할 수 있다. 이것이야말로 진실로 변혁적이다.

이것을 실천하기 위한 한 가지 열쇠는 부서 협력적 또는 통합적인 측정지표를 알아보는 일이다. 통합적인 측정지표의 후보가, [그림 7-

4]에 나온 것과 같이, 측정 프레임워크의 예의 수정판에 강조되어 있다. 강조된 측정지표들은, 이익, 파이프라인상의 영업 기회의 질, 고객수익성, 총 서비스 비용, 고객경험, 그리고 적시 배달이다.

오늘날 점점 더 중요해지고 있는 것은 모든 사람으로 하여금 매출뿐만이 아니고 이익에도 집중하게 하는 것이다. 제6장에서 살펴본 것처럼 고객수익성은 잠재적인 변혁적 측정지표로서 조직구성원의 고객을 바라보는 방법을 바꿀 수 있다. 고객수익성과 이를 최적화하는 방법에 관한 부서 상호 간의 논의는 서로 다른 부서가 함께 일하는 방법에 중대한 영향을 줄 수 있다. 서로 다른 부서들, 재무, 마케팅, 영업, 구매, 제조, 그리고 고객서비스 부문은 함께 합쳐져서 일할 수 있는 것이다.

예를 들어 한 가지 통합적 영향을 발휘할 수 있는 측정지표는 제시간 배달이다. 결국은 제품이 제시간에 배달되는 것을 확보하기 위해서는 많은 부서들이 함께 뭉쳐서 일할 필요가 있다. 다시 한 번 절충이 있게 된다. 만일 제시간 배달이 너무 중요하다면, 물류나 고객서비스가 개입하여 뒤늦은 주문을 고객에게 빨리 배달할 수도 있는데, 그렇게 되면 막대한 비용을 부담하게 되고, 그 결과는 고객수익성에 심각한 영향을 초래하게 될지도 모르고, 그런 일이 너무나 자주 반복된다면, 회사의 수익성까지도 영향을 줄지도 모른다.

거의 무한한 수의 잠재적인 변혁적 측정지표가 존재하여 극히 귀중한 통합적인 기회를 가져올 수 있다. 중요한 것은 그러한 측정지표나 주요 논점이 측정 프레임워크를 통하여 드러나게 하는 것이고, 그렇지 않을 경우에는 새로운 변혁적 측정지표는 결코 채택이 되지 않고 그것과 관련된 중대한 논점들은 결코 다루어지지 않게 된다.

측정 혁신은 권장되어야만 한다

측정 프레임워크가 어떻게 구상되었든지, 측정 프레임워크는 원래 주요 측정지표의 가정들(전제조건들)과 그들의 인과관계로 구성된 것이다. 이들 가정은 실제 데이터로 실험해서 승인되거나 거부되거나 또는 수정할 수 있다. [그림 7-3]과 [그림 7-4]가 바로 그 점을 보여주고 있다. 측정지표 사이에 있는 화살표는 관계의 가정들이다.

측정 프레임워크는 한 조직이 현재 자신을 측정하고 있는 모양을 나타내는 방법으로 생각해서는 안 되고, 조직이 좀 더 효과적이 되기 위하여 어떻게 자신을 측정할 수 있는가로 생각해야 한다. 그 점이 바로 변혁적 성과측정이 하는 일이고, 새롭고 혁신적인 측정지표를 사용하여 조직들 전체를 가로지르는 성과의 수준을 더 높이도록 추진하는 것이다. 그렇지만 이들 인과관계의 가정이 타당하더라도, 그들이 영원히 그 상태를 유지할지는 모르는 일이고, 그래서 그 프레임워크의 유효성을 끊임없이 지켜보아야만 한다.

무슨 일을 하든지 손쉽게 하겠다는 유혹에 빠지면 안 된다. 업계 표준 프레임워크나 성과기록표를 그냥 그대로 사용한다는 일 같은 것 말이다. 기존의 측정 프레임워크를 채택해서 해가 안 되는 경우는 그것에 대해 기꺼이 무자비하게 도전해서 유효성을 확인할 때뿐이다. 다음은 가트너의 지침이다. 프레임워크는 70~80%는 표준 측정지표들로 구성될 수 있다. 그러나 20~30%는 회사 특유의 측정지표들이 포함되어야 한다.

반복적 접근방법

다시 한 번 반복하는 바이지만, 하나의 측정 프레임워크를 구상하고 다듬는 작업은 반복적인 프로세스로 생각해야 한다. 슈하트Shewhart와 데밍의 계획-실행-확인-행동 사이클Plan-Do-Check-Act cycle처럼, 측정 프레임워크를 구상하고 다듬는 프로세스는 순환적이다. 첫째로, 조직을 하나의 시스템으로 이해하고, 주요 측정지표들(동인들 및 결과들과 그 관계)을 확인할 필요가 있다(계획). 일단 최초로 측정 프레임워크가 구상되었으면, 사용을 시작해서 의사결정을 할 수 있다(실행). 그리고 데이터를 수집하고 그 데이터를 활용하여 측정 프레임워크에 반영된 가정을 실험한다(확인). 그러고는 새로운 데이터에 근거해서 측정 프레임워크를 수정한다(행동). 이것이 제8장에서 강조하고 있는 접근 방법 종류로, 데이터 중심의 쌍방향 대화를 통하여 반복적으로 데이터를 지식과 지혜로 바꾸는 것이다.

측정 프레임워크를 구상함에 있어서, 추상적인 개념과 흔히는 새 측정지표 및 신생 측정지표들과 함께 작업하게 될 것이고, 그러한 측정지표들은 상당한 불확실성의 분야에서 나오는 것이고, 그 분야는 많은 사람들이 꽤나 불편하게 느끼고 있는 곳이다. 또한 조바심과 보수주의와 접할 수도 있다. 일부 '측정의 상황' 문제들과 직면할 가능성도 있다.

측정모델을 개발하는 데 얼마나 많은 지원을 예상하는가?

하나의 측정 프레임워크를 개발하는 노력이 조직 내의 이해당사자에게 어느 정도로 잘 받아들여질 것인가?

그것은 어느 정도의 신뢰성을 지니게 될 것인가?

이것들은 몇 가지의 사회적인 논점으로 성과측정을 통합적으로 접근하는 데 반드시 고려해야 할 사항들이다.

CMO의 필요성

한 가지 마지막 요소를 언급할 필요가 있는데(제8장에서 상세하게 다루겠지만), 그것은 새로운 경영직으로, CMO, 즉 측정 최고 책임자Chief Measurement Officer를 신설할 필요가 있다는 것이다.

이 책의 모든 논점들을, 특히 성과측정의 통합이 필요한 논점들을, 대부분의 조직의 현행 구조하에서 어떻게 다루고 조정할 것인가? 성과측정과 성과측정 테크놀로지의 막대한 잠재력은 어떻게 실현할 것인가? 사람들이 기업, 정부기관, 스포츠 팀 혹은 기타 어떤 조직에 소속되어 있건, 공통의 측정은 공통의 목적과 공통의 목표들을 둘러싸고 사람들을 정렬시키는 데 도움이 될 것이다. 그러나 모든 사람과 모든 기능부서가 그들 자신의 성과기록표상의 숫자를 최대화하려고 시도 중이라면, 그리고 기능부서의 최적화를 꾀하고 있는 중이라면, 그런 경우 누군가는 그 수많은 개별적 성과기록표와 부서별 아젠다를 오케스트라 지휘자처럼 조정 지휘하여서 조직의 성과기록표의 최적화를 또한 확보해야 할 것이다. 누가 변혁적, 신생의, 그리고 부서 협력적 측정지표의 개발을 격려할 것인가? 불행하게도 아무도 그 직무를 지니고 있는 사람은 없다.

어떤 사람은 CEO가 실제로 그 일을 해야 할 사람이라고 할 수도 있겠다. 그러나 누가 그런 일들에 관해 CEO에게 조언을 할 것인가? CIO(최고정보관리책임자)는 어떨까? 아마도 그렇지 않을 것 같은데, 그 이유는 너무나 많은 논점이 테크놀로지와는 거의 무관하기 때문이다. 현행 C 글자가 들어가는 중역 중에, 객관적이고 통합적인 측정 리더십 종류를 제공할 사람은 없는 것 같고, 그 리더십은 절박하게 필요한 실정이다. 그가 CMO(최고마케팅책임자)의 직위를 지니고 있든 아니든 간에, 누군가는 이러한 역할을 담당해야 한다. 그렇지 않으면 통합이 아닌 비통합이 계속해서 사방의 조직들에 음흉한 영향을 발휘할 것이다.

다음 단계

끊임없이 조직을 올바른 목표에 집중시키고 함께 올바른 방향으로 움직이는 것은 쉬운 일이 아니다. 기술자들은 여러분이 그들에게 전자 성과기록표나 대시보드 형식의 솔루션이 있다고 믿는다면 좋아하겠지만, 그 말은 믿지 말라. 어떠한 성과기록표나 대시보드도, 이 방정식의 사회적이고 조직적인 측면에 대한 많은 일을 행하지 않고는, 이 문제는 극복할 수 없다. 또한 의사소통과 상호작용성에 수많은 개선이 없이는 불가능하다.

측정의 상호작용성

이 책의 주요 논제는 강력한 사회적 성분을 포함하지 않고는 성과 측정은 결코 변혁적일 수 없다는 것이다. 기술적 측정 시스템 성분을 충분히 지원할 수 있는, 사회적이거나 조직적인 상황을 확립하고 있는 조직은 좀처럼 존재하지 않는다. 이런 실상을 극적으로 표현하기 위해서, 여러분 조직에서의 측정 시스템의 사회적 측면 대 기술적 측면의 투자 상황을 비교해보라. 가망성이 높은 것은 여러분은 사회적인 투자를 별로 발견하지 못할 것이다.

아무리 사방을 둘러봐도, 조직의 문제에 대한 진정한 해결책은 우선적으로 사회적이지, 기술적이 아니라는 사실을 놓치기는 어렵다. 기술적인 구성요소가 중요하다는 걸 부인하는 것은 아니지만, 어떤 시스템을 사용하더라도, 그의 궁극적인 효과성을 결정하는 것은 측정의 상황이기 때문이다. 측정의 기술적인 측면은 미미한 수준의 효과만 볼 수 있을 것이다. 진정한 변혁적 성과측정은 대대적인 사회적 상호작용이 필요하다.

측정에 긍정적인 상황을 확립하는 것이 그렇게 중요한 이유 중의 하나는 그 상황이 측정을 둘러싸고 상호작용을 촉진할 수도, 또는 훼방할 수도 있기 때문이다. 만일 조직의 구성원들이 측정을 단순히 일상적인 '숫자로 표시된 업무처리'로 간주한다면, 그들은 측정의 가장 중요한 부분을 놓치고 말 것이다. 그것은 '사회적인 상호작용'으로, 의사소통, 통찰력, 그리고 학습으로 측정 프로세스의 모든 과정을 통해서 체험해야 하는 것들이다.

성과측정은 고도의 상호작용적이고 지속적인 논의나 대화를 포함해야 하고, 그것은 측정의 가장 중요한 측면이다. 그러한 대화가 측정 상황, 집중, 그리고 통합의 토대 위에 이루어지는 경우, 성과측정은 변혁적일 수가 있다.

상호작용의 중요성

측정의 효과적인 통합과 상호작용성은 무엇보다도 측정의 변혁적 잠재력을 실현하는 데 장애로 작용하는 '사일로'를 허무는 일을 한다. 앞의 장에서 개인들(우선적으로 특정 부서 내에서 움직이는)이 한 가지 논점에 어떻게 그들 자신의 관점만을 가져오는지 보았다. 어떤 주제이든 통합적인 그림을 얻기 위해서는, 기본적으로 서로 다른 관점을 가지고 '진실'에 대해 서로 다른 설명을 하는 사람들과 함께 서로 뒤섞여야 한다. 그게 부서 내이든 다른 부서까지 넘어가든지 말이다.

상호작용성의 중요성은 경영권에서 점점 더 주목을 받고 있는 중이다. 성과측정에 관한 문헌에서조차 의사전달 측면의 중요성을 인정하기 시작했지만, 적절한 정도에 이르고 있지 못하다. 예를 들어 카플란과 노튼은 《전략 중심 조직 The Strategy-Focused Organization》에서 이렇게 단언한다. "광범위하고 혁신적인 프로세스를 통해서 전략을 이해하는 것은 전략적 자각을 형성하는 기초이다.… 성과 정보의 열린 의사소통이 새로운 종류의 하부구조를 위한 기회를 제공한다." 그렇게 더 커다란 강조를 한 이유는 그들의 발견 때문이었다. "경영진들의 85%가 전략 토의에 매달 1시간 미만을 쓰고 있다."

래리 보시디 Larry Bossidy와 램 차란 Ram Charan은 그들의 베스트셀러 책, 《실행에 집중하라 Execution: The Discipline of Getting Things Done》에서 역시 경영의 상호작용적 측면의 중요성을 강조한다. 그들은 '대화 dialogue'를 '문화의 핵심과 기본 작업단위'라고 말하고 있다. 그들은 계속 말하기를, "사람들이 서로 어떻게 말하는가가 조직이 얼마나 기능을 잘 발휘할 것인가를 절대적으로 결정한다."

전사적 품질관리 TQM; Total Quality Management가 실제로 성공적일 때, 주된 성공 요인은 사회적·조직적으로 구현된 방법 때문이다. 식스시그마가 강력한 결과를 가져왔을 때, 방법론의 기술적 측면보다는 그를 둘러싼 사회적·조직적 상황에 기인한 바가 더 크다. 범죄분석예측시스템 CompStat이 뉴욕시에서 범죄율 감소에 그렇게 강력했던 것은 왜일까? 반복하지만, 그것은 사회적·조직적 상황이었고, 거기에 루돌프 줄리아니Rudolf Giuliani 뉴욕시장의 측정 노력에 대한 리더십이 포함된 것이다. 데이터 수집과 분석이 중요했지만, 그 변혁화는 데이터가 '사회화되고' 활용된 방법에 기인한 바가 더 크다.

조직의 가장 가치 있는 자산 중의 하나는 다양한 자원과 역량이 제공하는 상승작용이다. 상승작용은 조직의 '부분들'이 상호작용하는 것이 얼마나 중요한지를 올바로 인식하는 데 꼭 필요한 것이다. 불행하게도 자신들 마음대로 쓸 수 있는 상승효과의 잠재력을 제대로 활용할 수 있는 조직이 별로 없다. 체계적이고 전체론적인 접근방법 없이는 상승효과의 커다란 기회는 흘러보내고 만다. 그 이유는 조직이 좀 더 통합되어야 하고, 조직의 구성원과 부서가 좀 더 상호작용적으로 되어야 하기 때문이다. 단순히 조직도를 바꾸거나 측정 프레임워크를 만들어내고 전달할 수는 없다. 그들을 둘러싼 상호작용이야말로 계획을 전환해서 변화된 현실로 만드는 것이기 때문이다.

이 책에서 강조했듯이, 측정의 가장 중요한 측면은 대화로서 측정 프로세스의 모든 단계에서 이루어져야 한다. 이것이 바로 지속적인 상호작용의 학습을 통해서, 다른 상황에서였다면 생명이 없었을 데이터와 정보에 의미가 불어 넣어지고, 지식, 통찰력 그리고 지혜로 변환되는 장소이다. 이들이 측정의 측면으로서 비즈니스 리더의 드높은 주의와 참여를 필요로 하고, 또한 집중적이고 포괄적인 의사전달이 조직 전체를 통해 필요한 것이다. 그것들은 전문가에게 위임되어서는 안 될 것들이다. 이러한 성과측정의 중대한 사회적 측면들이 무시되거나 피상적인 주의가 주어진다는 사실이 성과측정이 변혁적이기는 커녕, 거의 효과적이지 못한 주된 이유들 중의 하나이다.

거의 모든 조직이 성과측정 변혁화의 여정에 있어서 갈 길이 멀지만, 일부 회사는 대부분의 다른 회사들보다 성과측정의 사용에 있어서 좀 더 효과적이라는 것이 확인되고 있다. 그들은 '측정관리 조직'이라는 별명으로 불리고 있는데, 재무적 및 비재무적 성과 양 쪽에서 부러울 만한 기록을 지니고 있다. 그들 회사는 그들이 따로 떨어진 측정을 실천했기 때문에 성공한 것이 아니라, 측정 데이터를 훨씬 더 효과적으로 활용했기 때문이며, 그 측정 데이터를 지속적인 토대 위에서 직무의 관리와 실행의 중요한 일부로 활용한 때문이다.

데이터, 정보, 지식 그리고 지혜

데이터는 원래 맥락에서 떨어져 고립된 사실들이다. 대부분의 숫자는 데이터이다. 데이터는 조사 결과, 기록물 그리고 보고서 등에서 얻어진다. 데이터는 원재료로, 그로부터 정보, 지식 그리고 궁극적으로는 지혜가 창출될 수 있지만, 그 데이터에 여러분의 노력이 더해지지 않으면 더 발전할 수 없다.

정보는 데이터의 체계화된 선택으로 사용자에게 의미가 인지될 수 있는 방법으로 나타낸 것이다. 그것은 데이터가 지혜로 가는 첫걸음이다. 정보는 흔히 기술하거나 정의하거나 관점을 제공하거나, 또는 보통은 데이터로부터 창출되는데, 체계화하기(정렬하기, 결합하기), 비교하기, 분석하기, 그리고 구체화하기의 수단에 의해 창출된다. 정보는 일반적으로 우리가 이미 알고 있는 것을 지지하거나, 의사결정을 정당화하는 데 사용된다. 그것은 괜찮기는 하지만 새로운 통찰이나 지식, 또는 지혜를 창출하지는 못할 것이다.

데이터를 정보로 바꾸는 가장 손쉬운 방법 중의 하나는 어떤 역사적인 시각을 추가하는 것이다. 예를 들어 표나 그래프상의 숫자들에서 타당한 추세를 묘사하는 것은 정보가 된다. 비교용으로 어떤 근거(목표, 기준, 벤치마크 등)를 갖는 것도 또한 도움이 되며, 그것으로 데이터에 의미 있는 배경을 추가할 수 있게 된다. 경험상으로 정보를 설명할 때의 요령은 항상 의미에 초점을 맞추는 것이다. 비록 다른 사람들이 계산에 집중하더라도 말이다.

정보가 내부적으로 다른 정보와 개인적인 경험과 함께 쓸모 있는 형태로 결합되는 경우, 그것은 지식이 된다. 지식은 개인적으로 타당한 정보로 여러분이 그에 근거해서 행동을 취할 수 있는 것이다. 차트나 그래프의 깊은 분석에서 주워 모은 행동 중심의 통찰력은 지식이 될 수 있다. '노하우'는 지식이다. 측정 프레임워크에서 측정지표 간의 절충들의 내포된 의미를 개인적으로 식별하는 것은 지식이다. 신뢰할 수 있는 예측과 예상을 하는 능력에는 지식이 필요하다.

추가적인 지식과 경험이 쌓이면서, 쓸 수 있는 지식의 기반과 수준은 커지게 된다. 우리가 어떤 주제에 관해 진정한 지식을 얻었을 때의 반응은 이렇다. "아하, 이제 알았어!" 지식은 개인적일 수도 있고, 조직적일 수도 있고, 명시적일 수도(문서화), 묵시적일 수도(누구의 머릿속에, 또는 회사 기억에) 있다. 더욱더 효과적으로 지식이 관리되면, 더욱더 쉽게 지혜로 커갈 것이고, 단순히 추가적인 데이터나 정보로만 머물지 않을 것이다.

[그림 8-1] 데이터에서 지혜로의 발전

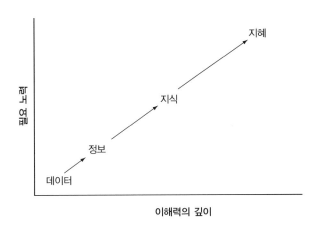

지혜는 심원하고 풍부한 이해력과 통찰력으로 그것은 보통 포괄적인 지식(알기)과 개인적 경험(행하기)의 오랜 시간에 걸친 결합을 통해서 성장한다. 지혜는 직접 보이지는 않지만, 일관성 있게 내려진 훌륭한 의사결정의 실적으로부터 추론할 수 있다. 지혜는 기존 지식, 공부 및 다른 박식한 사람들과의 의사소통을 통해서 획득한 새로운 지식(새로운 정보에서 추출된), 실무적인 경험, 성찰 등의 상호작용을 통해서 자라난다.

[그림 8-1]은 데이터가 정보로, 지식으로, 마침내 지혜로 전환되면서, 점진적으로 이해력이 점차 증대되고 있음을 보여준다. 그렇지만 또한 점진적으로 더욱더 큰 노력이 따르는 것도 나타나 있다.

데이터가 우리의 이해력에 기여하는 것은 거의 없지만, 그걸 생성하는 것은 매우 쉽다. 그와는 대조적으로 지혜는 우리의 이해력에 지

대하게 기여하지만, 지혜를 얻으려면 상당한 노력이 필요하다. 데이터는 아무데서나 자유롭게 입수할 수 있다. 그러나 '즉석 지혜' 같은 것은 존재하지 않으며, 컨설턴트에게서 살 수도 없다. 모든 조직, 그리고 모든 개인은 자기 자신의 지혜를 개발해야 한다. 성과측정이 올바른 상황 속에서 올바르게 실행되면, 조직적 지혜와 개인적인 지혜를 개발하는 훌륭한 수단이 될 수 있다. 그런데 지혜는 얻고 나면 보통 간단하게 보여서, "전에 왜 그걸 깨닫지 못했을까?"라고 하게 되는데, 확실히 그걸 얻은 과정은 그렇게 단순하지가 않다. 사실상 성과측정을 몰아서 데이터를 지혜로 바꾸려는 노력에 기꺼이 투자하려는 조직은 별로 없다.

클리포드 스톨Clifford Stol이 적절한 말을 했다. "우리의 네트워크는 데이터로 철철 넘치고 있다. 그 중 조금은 정보이다. 또 그 중 조금은 지식으로 나타난다. 아이디어와 결합되면, 실제로 일부는 쓸모가 있다. 경험, 문맥, 연민, 규율, 유머, 관용, 그리고 겸손을 뒤섞어라. 그러면 아마 지식은 지혜가 될 것이다."

우리의 환경을 최적화하기 위해서 (복잡한 업무를 관리해서 최적의 결과를 도출하려고), 개인적으로나 회사 차원에서 측정을 사용하는 경우, 측정의 진실한 가치가 실현된다. 성공을 위한 주요한 열쇠 중의 하나는 측정해야 할 가장 중요한 사항을 알아내고, 측정을 활용해서 가장 적절한 행동을 취하는 것이다. 예를 들어 주식 시장이 9.11 이후 하강했을 때, 바로 쓸 수 있는 측정지수들을 활용해서 자신들의 포트폴리오를 관리하는 사람들은 편하게 지냈고, 저자처럼 비즈니스 사이클이 지나갈 때까지 그대로 있어야 했던 사람들은 투자손실을 최소화하고,

이득을 최대화할 기회를 잃어버렸다. 저자가 범했던 가장 심각한 실수 중의 하나는 (나중에 회상해 보고 확실해졌지만) 즉시 쓸 수 있는 데이터를 두고도 그에 관해 지혜를 지닌 사람들과 논의를 하지 않았다는 것이었다.

사실상 개인적 측정의 가장 커다란 장애물은 우리의 개인적 감정과 순진한 직관이 진정으로 현명한 의사결정에 방해가 되기 쉽다는 것이다. 더 나아가서 대부분의 사람은 숫자들이 사실적이고 진실이라고, 그 숫자가 전체 이야기를 말해주고 있다고 간주하는 경향이 있다. 대부분의 사람은 숫자들을 보면, 어떻게 도출되었는지 의문을 품지 않는데, 그 숫자들은 몽땅 꾸며졌을 수도 있는 것이다. 아무도 그 숫자에 대해 의문을 표하는 이가 없다. 숫자에게 마음이 흔들리기는 너무나 쉽다. 중요한 점은 측정이 대단히 계몽적이거나, 아니면 매우 믿기 어려울 수 있다는 점이다. 대부분의 사람은 매우 빈약한 '측정 활용 능력measurement literacy'을 지니고 있다.

개인적 건강, 재산, 운동경기의 성과, 비즈니스, 또는 기타 어떤 것을 관리하든지, 측정을 가장 잘 사용하는 사람들이 가장 잘 사는 경향이 있다. 그렇지만 우리가 다른 사람들과 상호작용을 하지 않는 한, 우리의 지식을 모아서 지혜로 만들거나, 측정이 요구하는 규율을 유지할 가능성은 거의 없고, 우리가 상호작용을 한다면, 올바른 신호를 알아보고, 그것들을 활용할 수 있을 것이다. 지혜는 끊임없는 배움에서 오고, 끊임없는 배움은 대체로 상호작용에서 온다.

데이터에서 지혜로의 전환 프로세스

데이터-지식-지혜의 전환 프로세스는 변혁적 측정의 가장 훌륭한 긍정적 면을 반영하고 있다. 개인들이 홀로 할 수도 있지만, 측정에서 지식과 지혜를 창출하는 가장 효과적인 방법은 상호보완적인 사람들 사이의 빈번하고 뛰어난 상호작용을 통하는 것이다.

여러분 자신을 포함해서 아무에게나 물어보라. "데이터에서 더 많이 배우는가 아니면 같은 목적을 가진 다른 사람들과의 상호작용에서 더 많이 배우는가?" 저자는 이 질문을 경제계의 모든 부문과 정부의 수백 명의 리더에게 했는데, 한결같은 대답은 "다른 사람들과의 상호작용에서"였다. 궁극적으로 사회적인 일들이 측정을 정보에서 지식과 지혜로 전환하는 데 도움을 주고, 그 과정에서 긍정적으로 측정상황을 변혁시킨다.

[그림 8-2]는 데이터에서 지혜로의 변환 프로세스를 보여주고 있다. 피드백 순환고리가 그 프로세스에 대단히 중요함을 주목하기 바란다. [그림 8-2]는 그 프로세스가 얼마나 상호작용적이며 또한 반복적인가 보여주는데, 때로는 서너 번 이상의 피드백이 필요한 경우도 있다. 그런 일은 사회적인 상호작용 중에 일어나는데, 그 사회작용은 데이터가 설명되거나, 정보가 표시되거나 (때로는 여러 형태로), 지식이 점진적으로 증대되는 통찰력을 통해 창출되거나, 지식을 근거로 행동이 실천되거나, 또 지식이 더욱더 훌륭한 지혜로 변환되면서 이루어진다.

그림 가운데를 곧바로 치솟는 경우가 드물게 발생하기도 한다. 가

[그림 8-2] 데이터에서 지혜로의 변환 프로세스

능성이 큰 경우는 프로세스의 각 단계마다 아래위로 순환이 반복되고, 때로는 많은 회수로 반복된다. 이미 알겠지만, 그게 바로 '대화'라는 것이다.

《성공하는 기업들의 8가지 습관Build to Last》의 공동 저자, 짐 콜린스Jim Collins에 의하면, "데이터의 산더미를 쓸모 있는 개념으로 바꾸는 것은 반복적으로 앞뒤로 순환하는 프로세스이고, 아이디어를 발전시키며 데이터에 대해 실험하고, 아이디어를 수정하고, 틀을 세우고, 증거의 무게로 망가지는 것을 보고, 그리고 틀을 다시 세우는 것이다. 그러한 프로세스는 반복에 반복을 거듭하다가, 비로소 만사가 모순되지 않고 개념의 조화된 틀에 들어맞는다." 정말이지 딱 들어맞는 표현이 아닐 수 없다.

상호작용성의 지혜 생성 예

상호작용성이 데이터에서 지혜로의 전환 프로세스에서, 어떻게 성과 측정에게 도움이 될 수 있는가, 몇 가지 예를 살펴보기로 하자.

한 회사가 제조공장의 필수적인 프로세스에서 낭비를 줄이려고 하는 경우를 생각해 보자. 첫째로 프로세스의 '시작시간start time' 과 '종료시간end time' 에 대한 데이터가 수집되고, 총 프로세스 시간이 계산된다. 이 현행 프로세스 사이클 시간을 몇 개의 벤치마크 비교 대상과 비교해서 차이점이 있는가 여부를 결정한다(정보). 일단 문제가 확인되었으면, 구조화된 관찰이 프로세스의 모든 낭비적인 활동(고객이나 프로세스에 가치를 부가하지 않는 것들)에 관한 지식을 밝혀낸다. 그리고 일반화된 원칙들(지혜)이 성과측정 노력에서 도출되고, 공장의 다른 낭비 감소 노력에 적용된다. 이런 프로젝트는 실행이 잘 되면, 수많은 사람과 사람 사이의 상호작용을 개입시키고, 따라서 많은 배움과 관계된다. 그것은 단순히 측정을 하고, 계산하고, 데이터를 분석하는 일이 아닌 것이다. 그 노력의 가장 가치 있는 부분들은 해당 프로세스에 대해 더 깊은 이해로 통하는 상호작용성의 기회들이다.

제2의 예를 보자. 한 정부기관이 정보기술의 높은 비용에 대해 염려를 하고 있었다. 컴퓨터 워크스테이션의 구입과 사용(초기 구입, 소프트웨어, 업그레이드, 유지 등)의 모든 방면에 관한 비용 데이터가 수집되었다. 그 데이터는 표에 요약되었고(정보), 그 표는 컴퓨터의 수명주기 life cycle의 각 단계별 비용을 보여주었다. 이것은 흥미 있는 예인데, 그 이유는 표면상 명백한 비용 데이터의 '이면을 살펴보는 것' 이 얼마나 중요한지를 보여주기 때문이고, 그렇게 봄으로써, 수명주기의 각 단계별 비용을 확인하게 되었다. 이것은 만일 순전히 기술적 측정 사안으로 생각했다면 놓쳤을 수도 있는 것이다. 그러한 경우였다면, '장비의 수명주기'와 관련된 비용을 둘러싸고 대화는 없었을 것이고, 그래서 막대한 양의 정보를 놓쳤을 것이고 지식도 유실되었을 것이다. 반면에 이 경우에는 그 정보는 '총 소유비용'을 들여다보는 막대한 통찰력을 생성했고(지식), 이 기관으로 하여금 총 소유비용을 줄일 수 있는 정책 지침을 도출할 수 있게 했다(지혜). 이 기관은 사전 영업 서비스와 소프트웨어 계약과 일부 서비스의 아웃소싱을 통하여 초기 구입비용을 실제로 증가함으로써 총 소유비용을 수백만 달러나 절감했다.

세 번째 예는, 한 회사가 고객만족도 조사에서 고객들로부터 '행복하다'는 응답을 받았는데, 많은 고객을 잃고 있어서, 그 이유가 궁금한 회사이다. 그들은 고객만족도와 고객감소customer attrition 데이터를 비교하고는, 그 데이터를 이용해서 높게 보고된 만족과 감소의 좀 더 심한 경우에 대한 정보를 확인했다. 그러한 '만족한' 모든 고객과의 인터뷰로 지적된 것은 고객만족도 조사가 회사가 감소 가능성을 예측할 수 있는 질문 종류를 포함하지 않았다는 것이다(지식). 그 지식에 근거하여 새로운 고객만족도 조사가 개발되었는데, 성과측정 검토 중에 배운 모든 사항이 반영되었다(지혜).

세 가지의 경우 모두, 데이터를 둘러싸고 대대적인 내·외부적인 상호작용이 이루어졌고, 이는 데이터에서 지혜로의 전환을 손쉽게 했다. 그러한 인간의 상호작용 없이는, 지식과 지혜의 획득은 훨씬 적게 이루어졌을 것이다.

성과측정주기

성과측정의 힘이 완전하게 실현되기 위하여는, 프로세스의 각 단계에서 상당한 상호작용이 존재해야 하고, 그래야 무엇을 측정하고 어떻게 측정할 것인가에 대한 새로운 통찰력으로 통하게 된다. [그림 8-3]은 이 책에서 '성과측정주기'라고 부르는 것을 보여주고 있다. 이 주기는 전부는 아니지만 많은 활동을 보여주고 있는데, 그것은 성과측정의 확장된 관점의 일부이다.

[그림 8-3] **성과측정주기**

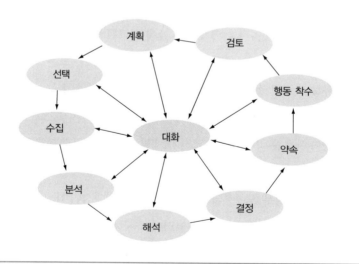

주기는 계획으로 시작한다. 계획의 가장 중요한 면은 올바른 성과측정질문을 구상하는 것이다. 어떤 질문을 할 것인가를 알려면, 조직의 비전, 사명, 그리고 가치에 대해 주의 깊게 고려해야 함을 의미한다. 흔하게 이해가 안 되는 요소들은 조직의 목적과 목표를 논하는 구체적인 질문사항으로 바뀌어야 한다. 그렇지 않으면 전반적인 성과측정 프로세스가 출발도 하기 전에 허물어질 가능성도 있다. 마크 트웨인 Mark Twain이 이렇게 말했다. "데이터는 쓰레기와 아주 비슷하다. 수집하기 이전에 그걸로 무슨 일을 할 것인지 알 필요가 있다." 그 때문에 이런 초기 논의에서 올바른 사람들을 개입시키는 것이 대단히 중요하고, 그 논의는 거의 전적으로 성질상 비즈니스(기술이 아니고)에 관계된 것이다. 정말로 슬픈 사실은 너무나 흔히 성과측정의 이 단계조차 측정 전문가에게 맡겨지고, 그래서 측정도구가 준비되고 사람들이 그냥 나가서 데이터에 더 많은 데이터를 수집하고 한다. 계획은 성과측정을 추진하는 사실상의 비즈니스 동력이다. 만일 올바른 질문을 묻지 않는다면, 대부분의 성과측정 프로세스는 낭비가 될 것이다. 미국의 풍자 만화가인 제임스 서버 James Thurber의 말을 빌린다. "질문의 일부라도 아는 것이 대답 전부를 아는 것보다 낫다." 다음은 두 가지 기본적 측정 질문인데, 항상 이 질문으로 시작하라고 조직에게 추천하고 있다.

1 _ "조직으로서의 성공은 어떻게 측정할 것인가?"

2 _ "어떻게 그 가능성을 최대화할 수 있을까? 즉 지속적인 토대 위

에서 조직의 모든 구성원이 최대로 상승효과적으로 함께 일해서, 성공의 가장 중요한 공동 측정지표를 실현할 수 있을까?"

다음은 일부 다른 '매력적인 질문들' 로서 이런 초기 단계에서 성과 측정의 힘을 해방시킬 것이다.

"성공의 모습은 어떤 것인가?"
"성공을 달성했다는 것을 어떻게 알 수 있을 것인가?"
"진척 상황은 어떻게 알아 볼 수 있는가?"

선택 Select

선택 단계는 측정할 것이 무엇인가를 알아보는 것과 관계가 있다. 이 책에서는 분명하게 우리의 가장 큰 관심사는 중대한 몇 가지 높은 파급력을 지닌 측정지표에 집중하는 것이며, 그리고 신생 측정지표와 아울러 입증된 측정지표도 함께 고려하는 가운데, 특히 조직에게 변혁적인 측정지표들에 집중하는 것이다. 이런 종류의 측정지표의 선택과 정의는 반복적인 대화를 필요로 하고, 또한 때로는 논쟁도 필요하다. 조직의 구성원에게는 기존의 측정지표에 대해 질문하고 신생 측정지표를 시험적으로 사용해 볼 수 있는 권한을 주어야 한다. 명심해야 할 것은, 변혁적 측정은 무엇보다도 발견의 프로세스라는 점이다. 측정지표는 또한 운영이 가능하게 정의되어야 하는데, 그 이유는 대부분의 비즈니스 개념이 매우 추상적이기 때문이다. '품질', '생산성', '이익' 까지도 모두가 서로 다르게 정의할 수 있기 때문이다. 그 무엇인가를 어떻게 측정할 것인지가 해당 개념의 진실한 정의인 것이다. 그것이 실행되어야만 비로소 측정지표는 진실로 이해할 수가 있다.

또한 이 단계에서 측정 프레임워크가 사용되어야 하고, 또 필요하다면 개발되어야 한다. 그래야 측정지표 사이의 상관관계성과 절충이 이해되고 관리될 수 있다. 선택단계는 뒤따르는 여타의 사항들에게 '열쇠'가 되고 토대의 큰 부분을 제공하고 있다.

수집 Collect

일단 타당한 측정지표들이 선택되면, 데이터 수집 단계를 시작할 수 있다. 이때가 바로 각각의 측정지표의 운영상의 정의에 입각해서, 데이터 수집도구들을 개발하는 때이다. 표본 추출계획을 포함해서 데이터 수집계획을 수립하고, 데이터를 수집할 수 있다.(이 단계와 성과측정의 좀 더 기술적인 면에 관해서는, 기존에 너무나 많은 문헌들이 나와 있기 때문에 더 깊이 들어가지 않겠다. 더구나 만일 선택단계가 훌륭하게 구현되었다면, 수집 단계는 비교적 간단할 것이고, 또한 보통 기술적으로 유능한 측정요원이 담당해서 처리하는 게 일반적이다.)

분석 Analyze

다음 단계는 분석이다. 데이터 분석은 흔히는 다소 기술적이고, 또 수집 단계처럼, 이 단계도 일반적으로 고도로 훈련된 측정 전문가의 영역이다. 일부 리더십이나 핵심직원을 참여시키는 것이 좋은 생각이긴 하지만, 이 부분의 프로세스는 안심하고 위임하거나, 외주나 내주로 위탁할 수 있다. 일부 분석은 너무나 정교해서 비전문인에게는 너무나 어렵다. 게다가 분석은 보통은 한 번 일어나고 마는 그런 일이 아니다. 성과측정의 수많은 다른 측면처럼, 이 단계도 반복적이고 대단히 상호작용적이어야 한다. 데이터가 흥미 있는 무언가를 시사하면, 되돌아가서 서로 다른 분석방법을 사용해서 추가적인 통찰을 드러내는 것이 중요해진다. 너무나 흔히 기존 측정모델에서 주기가 이 지점에서 끊어진다. 데이터가 수집되고 분석되고 그 데이터는 어딘가에 있는 데이터베이스로 들어가고는 함흥차사가 된다.

문제의 일부는 이 지점에서 측정 전문가와 비즈니스 후원자 사이에 임무 이관이 보통은 일어나지 않기 때문이다. 그러므로 성과측정의 어떤 측면이든지 전적으로 위임하는 것이 너무나 위험한 이유 중의 하나이다. 더군다나 산출된 정보가 흔히는 너무나 기술적이라 조직 내에서 이용할 수 있는 사람도 별로 없다. 적절하게 높은 정도의 참여와 사회화 프로세스가 제자리에 있지 않고서는, 주기가 끊어질 것이며, 또한 이런 일은 조직이 인정하고 싶은 것보다 훨씬 더 자주 발생한다.

해석 Interpret

일단 데이터가 분석이 되었으면, 해석이 되어야 한다. 해석은 성과측정의 불가결한 단계로서 흔히 무시되고 있는데, 사람들이 그것을 너무 자명하다고 생각하기 때문이다. 어떤 사람들은 분석으로 '자체 해석이 가능' 할 것이라고 간주하기도 한다. 그렇지만 이 단계는 일상적이고 자동적인 활동으로 간주되지 않도록 하는 것이 중요하다. 디피아자와 에클즈가 상기시켜 주는 말을 한다. "이해당사자들은 데이터 전문가가 아니다. 그들은 명백하고, 논리적으로 표현된 정보를 필요로 하고, 당연히 그럴 권한이 있다."

해석한다는 것은 성과측정이 전달하려고 하는 '이야기'를 실제로 이해하는 것에 관한 것이다. 데이터의 해석하기에 있어서 제기되는 질문들보다 더 중요한 것은 없는데, 그 질문들로 더욱더 깊은 이해가 생겨난다. 만일 마음을 이끄는 질문이 없어서 해석과정을 주도해 나가지 못하면, 이런 반응이 나올 수 있다. "이거 흥미는 있지만, 사무실로 돌아가서 진짜 일이나 해야겠군!" 특히 결과가 직관에 어긋나는 통찰로 나타날 때는 그러하며, 그럴 경우 관리자들은 그 결과를 어떻게 취급해야 할지 모른다. 분석단계로 되돌아가서 더욱더 깊은 통찰을 드러내야 하는 경우도 흔하다. 인텔사Intel Corporation의 전 CEO 앤디 그로브Andy Grove가 그런 경우를 다음과 같이 표현했다. "당신은 그 데이터와 논쟁을 해야 한다.…" 해석적 이해를 고무하기 위해서 다음과 같은 질문들이 제시될 수 있다. "이 고객은 우리 회사에 얼마나 돈을 쓸 수 있는가?" "우리의 관계는 얼마나 수익성이 있는가?" "이익은 어떻게 하면 증대할 수 있는가?"

데이터의 해석은 다른 사람들과 상호작용적으로 할 경우에 훨씬 제대로 된다. 측정 데이터에서 최대로 뽑아내려면, 고립된 개별적 부분을 그대로 바라다보기보다는 전반적인 '가치연쇄'의 관점을 취하라. 더 나아가서 오늘날 개인들과 조직들에게는 자신들의 아젠다에 근거해서 행동하려는 천성적 경향이 강하기 때문에, 조직에 최선이 되는 통합된(전체 시스템적인) 견해를 산출하는 데는, 부서간 상호교류

작용이 반드시 필요하다.

결정 Decide

다음에는 측정에 대하여, 필요하다면, 무엇을 할지 결정할 필요가 있다. 수집한 데이터에 근거하여 행동을 취할 준비가 되어 있지 않다면 측정에 신경 쓸 것도 없다. 영국에 본사가 있는 자문회사 커스토머 챔피언Customer Champions이 발견한 것으로, 조사한 회사의 95%가 고객 피드백을 수집했는데, 단지 30%만이 그 데이터를 사용해서 서비스 수준에 관한 의사결정을 했고, 또 겨우 10%만이 실제로 그 데이터를 일선 부서에 활용했다고 한다.

그렇지만 이 단계는 곳곳에 위험이 산재해 있다. 많은 사람은 그 숫자들이 실제로 무슨 의미인지 알지 못하고 있는데도, 혹시라도 숫자가 목표 밑이라면, 행동이 자동적으로 취해진다. 다른 상황에서는 측정지표가 행동을 표시하고 있지만, 적절한 행동이 취해지지 않으면, 측정의 일차적인 이득은 잃게 된다. 조직에서 커다란 낭비 형태의 하나는 쓸데없고 활용이 안 되는 측정 데이터이다. 하루 20번이라도 몸무게를 잴 수는 있지만, 행동을 취하지 않으면 단 1g도 줄이지 못한다. 그렇더라도 동전의 반대면은 부적절한 행동이 안 취해지도록 확인하는 일이다. 시기상조의 행동을 취하는 것은 품질 권위자 W. 에드워즈 데밍이 말한 '변조행위tampering'에 해당하는 것으로서 그가 경영진의 '죽을 병'이라고 부른 것이다.

약속 Commit

일단 취할 행동이 결정되었으면, 다음에 고려할 일은 약속 단계에 다른 사람들의 참여를 얻는 것이 중요한지 여부이다. 이는 주요 이해당사자와의 대화가 있게 될 가능성이 매우 높다. 매우 중요한 것으로, 이해당사자는 사실적인 지식에 근거해서 행동에 대한 약속을 해야지 단순히 데이터에 대한 반응으로 해서는 안 된다. 이것은 그들을 교육시킬 수 있는 좋은 기회가 된다.

행동착수 Take Action

다음에는 행동착수 단계로 행동(필요한 경우에)이 이행되는 단계이다. 물론 취해진 어떤 행동에 대한 준비상태와 효과성은 성과측정주기의 전 단계에서 이루어진 사항에 달려 있다. 여기서의 요점은 적절한 이해 없이는 데이터 기준으로 행동을 취하지 말라는 것이다. 불행하게도 너무나 많은 사람들이 대시보드상에 불쑥 켜진 빨간 불이나 노란 불에 행동을 취하라는 말을 듣고 있다. 그것도 그 신호가 무슨 까닭으로 켜졌는지 아무런 진실한 이해도 없는 상태인데도 말이다. 사람들이 어리둥절하고 행동하기를 꺼리는 것은 당연하다.

검토 Review

그리고 끝으로 검토 단계가 있다. 이곳에서 행동뿐 아니라 프로세스가 검토되어야 한다. 모든 중요한 것은 이런 종류의 계속적인 개선 피드백 순환고리를 거쳐야 한다. 이 단계는 알겠지만, 선택단계로 생각을 돌려보게 한다. 사람들에게 어떤 측정지표에 대해서도 질문을 할 권한을 주라고 했다. 너무나 흔히 역기능적인 측정지표들은 '제도화되어 있어서', 아무도 그들에 대해 질문할 만큼 권한이 있다고 느낄 수가 없다. 이게 바로 '지표metric'라는 용어를 그 측정지표가 조직 전체 사용이 승인되었을 때에만 사용하는 이유이다.

무슨 일을 하든지, 이 기회를 놓치지 말고 순환고리를 닫고, 성과측정의 다음 번 반복을 위해 함축된 의미를 깊이 생각하라. 측정에 대한 배움과 성찰은 온갖 종류의 측정 관련 능력에 극적인 개선을 가져올 수 있는데, 그 예는 추산과 예상의 정확도가 높아지고, 변동에 대한 이해력의 증대되는 것이다. 만일 사람들이 절충 사항과 다른 불가결한 측정 논점에 대해 강제적이라도 생각하게 만들면, 이러한 논의들은 상당히 새로운 통찰로 귀결될 수도 있다.

여러분이 올바른 정신적 모델을 사용하고 있는 중인지, 또한 올바른 측정 렌즈를 통해서 세계를 바라보고 있는지 어떻게 알아볼 수 있는가? 측정은 단지 현실의 대용품이라는 것을 기억하라. 우리는 이미 그릇된 측정지표가 선택되고 엉성하게 정의되었을 경우에 역기능이 초래될 수 있음을 보았다. 그렇지만 우리는 또한 좀 더 긍정적인 측정의 상황(적절한 상호작용성을 포함해서)이 측정 시스템에서 일시적인 기술적 결함을 개량하는 데 큰 도움이 될 수 있는 것도 보고 있다. 좋은 소식은 성과측정주기의 상호작용적이고 반복적인 특질이 성과측정 프로세스의 끝에서 끝까지 측정지표 선택과 정의를 끊임없이 재평가하게 한다는 점이다.

[그림 8-3]의 성과측정 프로세스의 한가운데에 대화Dialogue가 있음을 알아보았을 것이다. 대화야말로 끊임없이 재평가할 수 있게 하

는 것으로, 다음 절의 주제이다.

대화 : 측정 상호작용성의 열쇠

'대화Dialogue'라는 단어의 의미는 '집단적 의미를 공유하기Sharing collective meaning'이다. '대화'에 관해 가장 정통한 사람들은 이 말을 '토의discussion'와는 확연하게 구별하고 있다. 흥미 있는 점은 토의라는 의미의 영어단어인 'discussion'은 percussion(충격, 타진)과 concussion(격동, 뇌진탕)과 동일한 어근에서 유래되었는데, 한 물건으로 다른 물건을 때리기와 관계가 있다. 'communication(의사소통, 전달)'이란 단어는 좀 더 일반적인 용어로 그 의미가 '어떤 것을 공통적으로 만들기'이다. 그래서 의사소통은 논의나 대화로 이룰 수 있다. 정보가 토의를 통해서 공통적으로 되면, 두 개의 독백monologue인 경우가 흔한데, 바꾸어 말하면 한쪽의 의견을 상대방에게 나르려는 시도에 지나지 않는 경우이다.

그와는 대조적으로, 대화는 의미의 공유 또는 이해를 상호추구하는 것이다. 대화의 기회를 활용하기 위해서는, 우리는 모두 자신들을 대등하게 생각하고, 검토 중에 있는 주제에 관해 각자가 가치 있는 식견들을 공유한다고 생각할 필요가 있다. 일부는 다른 사람보다 좀 더 '전문가'이고, 또 일부는 다른 사람에게 '복종 관계'라는 믿음은 대화를 위태롭게 할 것이다. 이는 일부 사람이 우월적 지식이나 지위의 소유자인 다른 사람의 의견에 따르는 결과가 될 것이다. 여러분의 성과측정 대화에서 여기에 들어맞는 경우가 얼마나 될까? 불행하게도 대화를 잘하는 사람은 별로 없고, 또한 현재 대화에 대해 넉넉한 포용력을 지닌 조직도 별로 없다. 그리고 유의할 것은 토론debate은 좀 더 공식적이고 적대적인 과정으로서 대화와는 상반되는 것으로, 그 목적이 일방이 주장에서 이기는 것이기 때문이다. 그래서 바로 그 점이 긍정적인 '측정의 상황'이 그렇게 중요하다는 이유이다.

대화는 개방적이고, 솔직하고, 다양한 관점을 장려하는 분위기 속에서 성공한다. 대화에서는 관점의 잡다함은 거의 항상 좋은 것이다. 그것이 기능부서적이든, 부서 협력적이든, 국지적이든, 대국적이든, 체계적이든, 또는 무엇이라도 상관없다. 더 많은 관점이 개입될수록, 적어도 이론상으로는, 더 풍부한 대화가 될 수 있다. 서로 다른 관점에서 올 수 있는 식견의 종류로, 장님과 코끼리에 관한 유명한 이야기가 생각난다. 사람들은 각자가 만져본 코끼리의 부위에 따라서 매우 제한된 관점만 얻을 수가 있었다. 하지만 한데 합쳐서 그들은 그야말로 매우 풍부한 '그림'을 합성해 낼 수 있었다.

상호작용적인 대화는 다음의 사항을 구체화해야 하는데, 그것은 배움, 이해력, 정의하기, 청취하기, 모델링, 가정하기, 균형 취하기, 연결하기, 통합하기 등이다. 그것은 측정 꾸러미의 총체적 변혁화의 중요한 부분이다. 변혁적 측정지표와 신생 측정지표들은 측정을 둘러싼 상호작용성이 제공하는 상승효과와 지원이 특별히 필요하다.

담당 간사가 있으면 조직 내에서 대화에 알맞은 규율을 만들어내거나, 대화의 흐름을 유지하는 데 큰 도움이 될 수 있는데, 간사가 없는 경우에는 상호접촉이 토의, 논쟁, 또는 더 나쁜 것으로 변질되기가 십상이기 때문이다.

보시디와 차란은 그들의 저서, 《실행에 집중하라》에서 대화에 대해 다음과 같이 말했다. "문화의 핵심과 기본 작업단위, 사람들이 서로 어떻게 말하는가가 조직이 얼마나 잘 기능을 발휘할 것인가를 절대적으로 결정한다." 그들은 한탄하기를, 대부분의 회의에서 사람들은 대화에 참여하기보다는 앉아서 파워포인트로 작성된 설명을 소극적으로 구경하고 있다. 그들은 대화에 참여하지도 않고 질문도 하지 않는다. 그러고는 그들은 행동에 대한 약속도 없이 떠나는 경향이 있다. 보시디와 차란은 덧붙여서 말한다. "대부분의 회사가 현실을 똑바로 직면하지 못하는 이유는 대화가 비효과적이기 때문이다." 최근에 한 동료가 저자에게 말한 바와 같이, 지식 조직knowledge organizations은 실제로 그들의 대화을 모두 모은 것에 지나지 않는다.

진정한 성과측정 대화는 훨씬 높은 수준의 지식, 식견, 그리고 지혜를 생성하는 데 도움이 될 수 있다. 동일한 데이터, 동일한 컴퓨터 시스템, 그리고 동일한 사람들을 지닌 조건에서도 말이다. 기술적인 성과측정 역량을 업그레이드하는 것은 또한 도움이 될 것이지만, 사회적 역량의 업그레이드 없이는 실행하지 말라.

한 조직의 측정 역량 평가하기

《실행에 집중하라》에서 보시디와 차란은 말한다. "조직적 능력의 측정은 올바른 질문을 함으로써 할 수 있다." 성과측정 역량의 평가도 마찬가지다. 제법 흥미 있는 것은 성과측정주기를, 모든 단계의 수행에 대한 여러분 조직의 상대적인 역량의 관점에서 보는 것이다. 성과측정을 단일한 능력으로 파악하려는 경향이 있는데, 그것은 심각한 착오이다. 만일 여러분이 그렇게 하면, 여러분의 조직을 수많은 기술적 측정요원들과 수많은 분석 데이터로 채우는 데 전념할 것이다. 그러나 분석데이터는 그냥 동일한 데이터로 존재할 것이다.

이 사안을 좀 더 잘 이해하기 위해서, [그림 8-4]를 보자. 이번의 성과측정주기에서, 여러분은 각 단계마다 백분율을 볼 수 있는데, 그 백분율은 프로세스의 각 단계를 구현함에 있어서, 이 가상 조직의 능력 범위를 나타내는데, 0%(무능력)에서 100%(우수한 능력)까지다. 이 조직의 능력 프로필을 검토해 보니 상당히 적나라하다.

이 조직은 수집단계에서는 매우 강력한 데이터 수집 능력을 보여주고 있다. 그러나 아주 중요한 선택단계와 해석단계에는 매우 약하다.

잠깐 쉬면서 머릿속으로 이것을 사용해서 즉석으로 조직의 '자체 검사'를 해보라. 여러분의 조직은 각 단계에서 어떻게 비교 결과가 나오는가? 이 연습은 여러분에게 성과측정을 사용하면서 직면할 문제들을 일부 맛보기로 보여줄 수 있을 것이다.

흥미롭게도, [그림 8-4]에 그려진 프로필의 조직은 보통은 성과측정에서, 적어도 데이터 수집과 분석의 전통적인 분야에서는, 매우 강력한 것으로 간주될지도 모른다. 또한 이 조직은 훌륭한 IT 하부구조와 틀림없이 강력한 전통적 기술적 측정기능을 지니고 있을 가능성이 높다. 그러나 물론 그걸로 이야기가 끝난 게 아니다. 자세히 들여다보면, 이 조직은 전반적인 성과측정 역량에서 커다란 문제를 안고 있다

[그림 8-4] 예제 성과측정 역량 평가

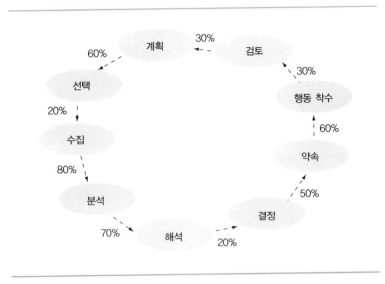

는 걸 알 것이다. 문제의 심각성을 더욱 완전히 알아보려면 다음 사항을 고려해 보라. 성과측정주기가 점진적으로 연속해서 진행되는 단계를 나타내는 것이고, 매 단계는 직전 단계에 의존하고 있기 때문에 이 주기는 끊어질 수도 있거나 적어도 아무 지점에서나 심각하게 약화될 수 있다. 이 연계는 아무 데서나 불완전할 수 있고 전반적인 측정 시스템에 기능 이상을 초래할 수 있다. 예를 들어 그릇된 측정지표들이 선택되었다면(선택단계의 능력이 20%이므로), 성과측정에 많은 노력의 투자를 계속 하는 것 자체가 낭비일 수도 있다. 사실은 전체 프로세스는 주기의 가장 약한 단계(이 경우 20%의 능력)보다 나을 수 없다고 주장할 수도 있고, 그 주장을 받아들인다면 20%의 전반적 효율성이라고 표현할 수도 있다.

또한 여러분의 조직을 대화의 질의 관점에서 평가하기를 바랄 수도 있는데, 그 이유는 대화야말로 성과측정주기의 모든 단계를 지원하고 가능하게 하는 것이기 때문이다. 이러한 유형의 간단한 자체 평가는, 만일 정직하게 이루어진다면, 성과측정을 둘러싸고 조직에서 대화를 촉진하는 귀중한 수단 역할을 할 수 있다. 사람들이 자신들을 선전할 필요가 없다고 느끼고, 또 분위기가 솔직함을 지지한다면, 그러한 주관적인 평가는 학습과 개선을 촉진하는 데 엄청난 가치를 발휘할 수 있다.

현재의 상호작용성의 난제

변혁적 측정의 커다란 난제 중의 한 가지는 하나의 환경을 조성하는 것이고, 그 환경에서는 성과측정 데이터가 효율적 및 효과적으로 유용한 정보로 전환될 수 있고, 이 정보는 지식으로 변환될 수 있으며, 또한 이 지식은 참된 지혜의 기반이 될 수 있다. 이러한 종류의 환경은 아주 드문데, 그 이유는 대부분의 시간 동안 측정은 상호작용적으로나 반복적으로 다루어지지 않기 때문이다. 데이터는 생성되고 데이터베이스로 들어가서 어디론가 가버린다. 그 데이터나 그 데이터에서 산출된 정보에 관해서 거의 또는 아무런 상호작용이 없다. 설사 데이터에서 지혜로의 전환이 일어나더라도, 상호작용 없이는 그것은 체계적이기보다 우연적이며 일관성 있게 일어나지 않을 것이다.

오늘날 대부분의 조직에서는, 사용되고 있는 성과측정지표의 의미를 이해하고 있는 직원들은 거의 없다. 성과측정지표에 관해서 의미 있는 토의나 교육은 좀처럼 찾아볼 수 없다. 대부분의 조직은 수많은 측정을 하고는 있지만, 그 측정에서 배우고 있지는 않다. 대부분의 사람들에게는, 측정은 '그냥 숫자들'로 남아 있고, 측정의 전체 모습을 이해하는 사람도 거의 없다. 그 결과로 측정하기 쉬운 측정사항들만 측정되고, 성과측정의 진정한 힘의 활용에는 관심이 거의 없다.

측정에 관한 대부분의 의사소통은 영업이나 제조부서 같은 특정한 기능부서 내에서만 일어난다. 조직을 가로지르는 측정의 적절한 사회화에 소홀히 하는 경우에는, 계속해서 '사일로' 사고방식을 강화하게 된다. 우리 자신의 역할과 기능을 벗어나서 상호작용성을 받아들인다는 것은, 그게 무엇에 관계되었든지, 특히 측정에 관해서는, 대부분의 조직에서는 '부자연스러운 짓'인 것이다. 설상가상으로 인간관계 컨설턴트 더그 핀튼Dough Finton의 경험에 의하면, "조직 내의 모든 문제의 95%는 성과 이야기에 기인하는데, 그 성과는 일어나지도 않은 것이다." 물론 이런 것은 바뀔 필요가 있다. 그리고 바뀔 것이다.

측정을 둘러싼 상호작용성의 열쇠는 성과 이야기를 대화로 이끄는 말로 시작하는 것이다.

"측정지표를 살펴보고 우리가 어떻게 하고 있는지 볼까요?"

"이 데이터의 의미는 우리에게 고객만족, 수익성, 품질에 관해서 무엇을 시사하는 거죠?"

"우리는 이 분야에서 어느 정도 개선의 효과를 보기 시작하는데, 왜 저쪽은 아닌지 토의해 봅시다."

측정에 관해서 동료처럼 대등하게 부서별 및 부서 협력적인 성과 이야기를 나누는 것은 조직에서 새로운 지식 작업의 중요한 부분이 될 것이다.

많은 조직에서는 가장 중요한 측정지표에 관해서 의견이 다른 리더들이 있는데, 이것은 나쁜 것이 아니지만 그 의견 불일치가 억압 중에 있다면 나쁜 것이고 이런 억압의 경우는 흔하다. 의견 불일치는 비즈니스 전략과 실행명제에 관한 대화를 통한 상승효과를 위해서 실제로 아주 귀중한 기회이다. 대화를 통한 사회적인 상호작용이 결정적으로 중요하게 되는 사항들은, 올바른 측정지표의 결정, 결정적인 절충, 지속적인 부서 협력적 의사결정, 그리고 가장 중요한 것으로, 조직을 가로지르는 리더와 부서의 정렬 등이다. 불행하게도 오늘날 대부분의 조직에서는 측정에 관한 진실된 '대화' 보다는 '조작된 이야기 spin' 가 더 많은 것이 사실이다.

테크놀로지를 만병통치약으로 보는 경향

오늘날 조직에 있어서 가장 큰 위험은 일의 '바보 만들기dumbing down' 인데, 특히 그 경영진의 일이 심각하다. 깜박거리는 신호 불빛에 따르는 것이 진실한 지식과 지혜에 근거한 의사결정을 하는 것보다 확실히 더 안전하다. 테크놀로지가 이를 참으로 쉽게 해주는 것 같다.

이러한 테크놀로지에 위임하는 행위는 흔히 생각하고 이해하는 책임을 회피하는 것으로, 성과측정과 관계되어서, 시간 소모적인 최초의 불편한 실무적인 개입과, 그 측정을 둘러싼 격렬한 사회적인 상호작용이 필요 없다는 그릇된 믿음을 갖게 하는 경향이 있다. 그뿐만이 아니라 기업성과관리BPM, 고객관계관리CRM, 성과기록표, 대시보드 같은 하나의 특정한 유형의 도구나 기법에 대한 초점이 맞춰지고 있는데, 이는 그 노력을 주도하는 사람들의 편견을 반영하고 있는 것이다. 그리고 불행하게도 조직 내에서 가장 어려운 일은 오랫동안 지속된 전제조건에 대해 도전하기이다. 이 일에 착수하는 데에 중요한 것은, 두 눈을 똑바로 뜨고, 여러분의 선의의 노력을 무의식적으로 너무 쉽게 빗나가게 만드는 경향들을 경계해야 한다는 점이다.

올바른 테크놀로지의 선택을 포함하여, 기업과 정부에는 사람과 사람 사이의 토의가 필요한 논점들이 산적해 있다. 놀랍게 보일지는 모르나, 테크놀로지의 발전은 실제로 더 '소프트한' 논점에 대한 지식의 수요를 증가시키고 있다. 더 나아가서 만일 사람들이 숫자들이 의미하는 바와 숫자들끼리의 관계가 어떻게 되는지 이해한다면, 측정은 더 이상 수수께끼가 아니다. 이런 경우에는 착각하거나 실수를 하더라도 그런 잘못은 알게 되고 문제는 해결된다. 투명성은 단지 외부적으로 보고하는 일에만 가치가 있는 것이 아니라, 내부적인 가시성에도 필수적인 것이다. 해도海圖에 없는 미지의 바다에서 선박에게 올바른 항로를 가리킬 수 있는 테크놀로지는 존재하지 않는다.

미래 조직의 성공을 위한 주된 열쇠 중 하나는 언제 테크놀로지에 의존해야 하는지, 또 언제 그 제약사항을 깨닫고, 피해서 일할 것인지를 알아보는 것이다. 그것은 테크놀로지와 사람 사이에서 선택을 하는 문제가 아니고, 양쪽 다 적절하게 사용하는 문제이다. 이것은 제11

장의 주제이다.

진전 이루기

여러분이 배운 바와 같이, 변혁적 측정은 하나의 여정이지, 종착점이 아니며, 또 그것은 하나의 연속체에서 움직인다. 여러분 조직의 구성원이 생각 없이 데이터를 수집하던 걸 멈추고 올바른 질문을 하기 시작하고, 또 독립적인 기술적 측정 프로젝트에 몰두하기보다는 대화에 참여하고 있으면 그 여정에서 여러분의 조직이 진전을 이룩하고 있음을 알게 될 것이다.

좀 더 질문을 많이 하는 조직, 좀 더 대화를 많이 하는 조직, 학습에 좀 더 집중하는 조직을 찾아보라. 측정을 둘러싸고 더 많은 부서 협력적인 상호작용을 찾아보라. 자신들이 하는 일의 효과성을 실제로 측정하고 있는 사람들을 찾아보라. 사람들이 최신의 최우수 아이디어의 시류에 덩달아 편승하기 전에 측정이 되고 있는 실험과 파일럿 프로젝트를 찾아보라. 자신들이 측정 중에 있고 측정 정보를 검토하면서 배우는 바에 대해 이야기하고 있는 사람들을 찾아보라. 정보를 추구하기 위해 데이터를 찾는 게 아니고, 지혜의 추구로 지식을 찾고 있는 사람들을 알아볼 수 있게 하는 상호작용의 종류를 찾아보라. 증대된 신뢰를 찾아보라. 신뢰 없이는 공유의 행위는 별로 존재하지 않을 것이다.

여러분 조직의 구성원이 "노란 불이나 빨간 불을 보면 무엇을 해야 되지요?" 또는 "어떻게 해야 숫자를 계속 높이나요?" 같은 질문을 그만 두고, 대신에 다음의 말을 하기 시작하면 일이 진실로 개선되는 중임을 알 수 있을 것이다. "이런, 방향이 바뀌어서 이 일에 좋지 않은 영향을 주고 있네. 진로 수정에 대해서 말할 때가 되었군!"

다음 장은 여러분의 조직에서 변혁적 성과측정을 구현하고 지속하는 데 없어서는 안 될 일부 주제에 대해서 안내할 것이다.

측정 리더십

이 책에 제시된 성과측정의 변혁화에 착수하는 것은 쉬운 작업이 아니다. 하물며 완료하는 것은 정말이지 어려운 작업이다. 그러므로 조직성과측정 변혁하기의 가장 중요한 측면이 리더십이라는 것은 조금도 놀랍지 않다. 하나의 프로젝트 부서이거나 전체 조직이거나, 또는 기업, 정부기관, 병원, 학교, 종교기구, 기타 어떤 종류이건 간에, 조직을 이끄는 리더의 역할이 중요하다는 것에 대해서는 아무리 강조해도 모자란다. 이 장에서는 '측정 리더십'의 어려운 문제점들에 대해 설명하고, 이 책에서 주장하고 있는 변혁적 성과측정을 구현하고 지속하기 위한 추천사항을 소개한다.

측정 리더십의 중요성

리더십은 조직에서 일어나는 모든 일에 대해서 그 조직 특유의 기풍을 확립하는데, 측정도 예외가 아니다. 그러나 불행하게도 오늘날 어느 누구도 성과측정에 대해 리더십이 필요한 사항이라고 생각하는 사람은 없다. 측정은 보통 특별히 리더십이 필요하지 않은 것으로 간주되고 있다. 만일 어떤 리더십이 필요하더라도, 부서 관리자가 기본적으로 '측정 리더'를 맡으면 된다는 생각이 지배적이다.

그렇지만 우리가 이미 현행의 리더십 부재로 인한 문제들을 보고 있는데, 그 문제들은 이질적인 측정 시스템들, 측정 사일로들, 비통합 데이터, 조직 전체적인 수직적·수평적 정렬의 부재 등이다. 그리고 특정한 측정 리더십이 없다면, 조직 내의 측정은 계속해서 더욱더 비통합화, 부분 최적화, 그리고 비변혁적으로 될 것이다. 문제의 근원에는 두 가지 착각이 존재한다. 첫째, 측정은 일차적으로 기술적인 활동이라는 것과 둘째, 한 개인이 전반적인 책임을 지는 것이 아니라는 것이다.

측정 리더십이 생기지 않는 이유

대부분의 관리자는 공개적으로는 측정의 가치를 찬양하지만 그것을 실제로 체계적으로 잘 사용하는 이는 거의 없다. 게다가 곳곳에 퍼져 있는 측정의 특성과 수많은 활동에서의 측정의 역할 때문에, 배경에 뒤섞여버리거나, '단지 또 다른 도구 세트'로 간주되고, 너무나 기본적이라 진지하게 리더십의 고려 대상으로 생각되지 않는다. '측정 직무'와 관계없는, 더 나아가서 대부분의 관리자들은 측정을 자신들의 책임의 일부로 보지 않는다. 혹시 그렇다면, 그것은 그들의 재무적 측정 업무의 일부로서 보는 것이지, 오늘날 가치창출의 진정한 요인인 비재무적 분야에서는 아니다. 게다가 중역으로서 측정에 관계된 일을 한 것에 대해서 의미 있는 인정을 받거나 조직 내에서 진급을 한 예는 거의 없다.

그 때문에 조직의 리더들은 측정 일을 재빠르게 회계담당자나 '측정 전문가'에게 위임한다. 그들은 측정이 얼마나 전략적인지 깨닫지 못하고 있고, 또 그 일을 올바르게 하기 위해서 얼마나 많은 경영진의 주의가 필요한지도 모르고 있다. 그것만으로도 측정은 가장 알아주지 않는 조직의 활동이고, 또한 측정 리더십은 가장 진가를 인정받지 못하고 있는 리더십 역할이다. 실상 현재는 '측정 리더'라고 확립된 역할도 존재하지 않는다.

직관과 측정 간의 긴장

또 다른 이유로 조직 리더십의 반드시 필요한 측면으로서 성과측정의 수용이 더딘 것은, 대부분의 리더가 자신의 의사결정에 있어서 측정보다는 직관에 의존하기 때문이다. 직관은, '직감' 또는 '육감'이라고도 하는데, 일반적으로 '패턴 인식pattern recognition'에 기반하고 있고, 새로운 경험에서 패턴을 인식하여, 비슷한 패턴을 지닌 과거 상황에 우리가 반응했던 대로 반응하도록 이끄는 현상이다.

　직관이 측정보다 선호되는 이유는 많은데, 그 이유가 좀 재미있다. 우선 직관은 쉽다. 그것은 실질적으로 시간이나 노력이 필요하지 않고, 정의 그대로 즉각적이다. 또한 쉽게 인정을 받는데, 사람들은 올바른 직관은 기억하고, 틀린 직관은 잊어버리는 경향이 있기 때문이다. 직관은 또 일반적으로 창의적이라고 생각되고 있다. 사실 대부분의 사람들은 측정이 자신들의 직관과 창의성을 억제할 것이라고 생각한다. 물론 이것은 착각이지만, 여전히 널리 사람들의 생각을 지배하고 있다.

　의심할 바 없이 적절하게 사용되면 직관은 매우 가치 있는 도구이다. 하지만 불행하게도 측정의 보완용이 아니라 대체물로써, 너무 자주 부적절하게 사용되고 있다. 이는 불행한 일로, 두 가지가 함께 사용되었을 때 실제로 좀 더 강력하기 때문이다. 측정은 직관을 강화할 수 있고, 직관은 측정을 강화할 수 있다. 바바라 도카 드라이스데일 Barbara Dockar-Drysdale이 그 상황을 잘 표현했다. "정보에 근거한 직관은 꼭 필요한 도구이다. 정보에 근거하지 않은 직관은 흉기가 될 수도 있다."

직관적 리더의 신화

'직관적 리더'의 신화는 강력하고 오래가는 신화이다. 많은 중역들이 그들의 직관으로 고용되거나 보강되었다. 전설적인 '직관적 리더'의 이름들은 우리에게 친숙하지만, 사실 전설의 유래는 그들의 실제 성과에 대한 착각에서 비롯된 경우가 많다. 밀물이 몰려들면 모든 배들도 올라간다는 것을 기억하라. 그리고 많은 전설이 특정한 상황의 어느 한 성공에 근거를 두고 있다. 사실 그들의 전반적인 성공률을 정직하게 검사해 본 이들은 그 비율이 너무나 낮은데 놀란다. 많은 직관적 리더가 실제로 20%의 직관 성공률을 갖고 있는데, 그들은 50% 이상으로 생각하고 있다. 로버트 미텔스테드Robert Mittelstaedt는 이렇게 설명했다. "비즈니스의 실수는, 초대형을 제외하고는 시야에서 숨겨져 있다." 그래서 제대로 된 측정이 없으면, 직관적 리더가 많은 잘못에 대해 비난을 모면하기가 쉽다.

직관적 리더에게 공통된 가장 위험한 함정은 자신과잉이다. 보시디와 차란이 말하고 있듯이, "너무나 많은 리더가 어리석게도 자신들의 회사가 잘 굴러간다고 생각한다." 더구나 자신이 특별히 현명하다고 여기는 리더들은 그들의 전문적 능력을 직관적 결정을 내릴 수 있는 특허권처럼 믿는 경향이 있다. 불행하게도 가장 현명한 사람들조차도 자주 그릇된 결정을 내리며, 때로는 크게 잘못된 결정을 내리기도 한다.

직관적 리더보다도 더 커다란 위협은 '직관적 조직'이다. 설사 한 리더가 특수한 직관을 지녔다고 하더라도, 그게 그런 재능이 없는 다른 사람을 격려해서 마찬가지로 직관에 의존하게 하는 근거는 되지 못한다. 그러나 불행하게도 직관적 리더의 예는 흔히 다른 사람들에게 강한 메시지를 보낸다. 다른 관리자들이 리더를 따르기로 결정하면서, 몇 개의 실수는 쉽게 몇 백 개로 늘어날 수 있다.

성과측정을 변혁하는 데 관련된 커다란 문제는 하나의 환경을 조성하는 것으로, 그 환경에서는 성과측정이 조직의 모든 계층의 사람들에게, 적어도 직관 정도 이상으로 높은 가치를 인정받게 하는 것이다.

측정 리더 부재의 경우 일어나는 일들은?

리더십의 대부분의 일은 최선의 기회를 알아보고 활용하는 것에 관한 것이므로 가치창출 기회를 최대로 이용하고 가치파괴 기회를 회피하는 것이다. 측정은, 특히 변혁적 성과의 측정은 의심할 바 없이 리더와 조직이 그들의 잠재력을 좀 더 많이 달성하도록 하는 데에 도움이 될 수 있다. 기회는 거의 도처에 널려 있다. 제럴드 크레인즈Gerald Kraines가 말하듯이, "어떤 조직의 잠재적 효과성이라도 60~70%까지는 실현되지 못하고 지나간다." 만일 가치를 창출할 기회가 그렇게나 많이 이용되지 않는다면, 왜 그렇게나 많은 조직이 그런 기회를 놓치고 있을까?

놓쳐버린 기회들

조직에서는 그렇게나 많이 있는 올바른 것과 그릇된 것이 눈에 띄지 않는다. 훌륭한 측정이 없다면, 대부분의 기회는 볼 수 없고, 적절하게 평가하거나, 파급효과를 이용할 수도 없다. 누가 최선의 고객인지 어떻게 알아볼 수 있을 것인가? 어떤 제품과 서비스가 가장 수익성이 높은지 어떻게 알아볼 것인가? 어떤 투자나 프로젝트가 이익이 나는지 알아볼 수 있을 것인가? 여러분의 조직 내와 여러분의 확장된 가치상관도extended value net에서 무엇이 최선의 상승효과가 될 것인가? 측정은 사실들을 제공할 것이지만, 반면에 여러분의 직관은 틀릴 가능성이 높다.

가치파괴

올바른 측정과 측정 프레임워크가 구상되면, 가치의 창출과 파괴는 아주 쉽게 볼 수 있다. 올바른 측정도구와 자세가 없다면 조직은 모두에게 손실이 되는 상당한 가치의 누수를 겪기가 쉽다.

자동차의 냉각수 호스에 바늘구멍이 생기면 냉각수가 다 새어 차가 멈출 수도 있다. 훌륭한 측정이 없으면, 호스가 새는 것도 발견할 수 없어서 결국 만시지탄이 되고 만다. 마찬가지로 조직은 자원을 추가함으로써 가치파괴를 보상하려고 시도하지만, 문제만 계속될 뿐이다. 그렇지만 올바른 측정지표를 상황에 적용해 보면, 다른 상황에서라면 숨어 있었을 진실이 다량으로 드러날 수 있다. 이는 지식, 지혜를 키우고, 또한 효과적으로 측정하는 것에 태만한 사람들에게는 보이지 않는 현상을 관리하는 능력을 키울 수 있다.

그 외에 대부분의 대형회사의 자본할당 프로세스는 가치창출과 가치파괴 단위를 분간하지 않고 있다. 많은 회사가 손해를 보는 단위에 투자한 결과가 되어, 결국 가치파괴를 촉진한다. 이것이 무서운 점은 아무도 이런 것이 일어나고 있는 것을 보지 못하고 있다는 것이고, 그래서 모든 종류의 낭비와 조정 불량으로 인해서 대부분의 조직에서 가치가 느끼지 못하는 사이에 새어나가는 경향이 있다.

가치파괴(누수, 증발, 소실)는 모든 조직에서 일어나고 있는데, 측정이 잘 되고 있는 조직에서는 가치누수의 근원을 알아내는 일을 훨씬 더 잘 할 수 있어서 그렇지 않아도 골치 아픈 근원의 불확실한 정도를 줄이는 행동을 취한다. 성과측정이 가치창출과 가치파괴를 드러내는 열쇠이므로, 측정 리더십은 어떠한 조직 리더의 직무에서도 근본적인 부분이 되어야 한다.

낭비의 만연

오늘날 조직이 실망스러운 가치를 창출하고 있는 주된 이유 중의 하나는 대부분의 조직 내에 존재하고 있는 막대한 낭비이다. 대부분의 조직에서는 많은 활동이 얼마나 낭비적인지를 깨닫지 못하고 있다. 파킨슨의 법칙Parkinson's Law을 추론해 낸, 시릴 노스코트 파킨슨Cyril Northcote Parkinson은 상관이 휴가를 간 영국 공군 병사의 이야기를 하였다. "작업은 내 상관들이 사라질 때마다 줄어들었는데, 그래서 나에게까지 올 무렵에는 조금도 할 일이 없었다. 전혀 할 일이 없었던 것이다. 우리는 서로에게 일거리를 만들어내고 있었다." 여기에 코웃음을 치고 싶고, 틀림없이 정부 관료제도의 기행으로 치부하고 넘어가겠지만, 아마도 이런 상황이 대부분의 기업에서 그렇게 낯선 것만도 아닐 것이다.

　대부분의 조직에 존재하고 있는 낭비 유형의 예로는 다음과 같은 것들이 있다.

　마감 날짜 놓치기, 이관 지연, 취급 과다, 긴 리드타임, 결함, 반품, 재작업, 보증 서비스 요구, 폐기 처리, 긴급 추가 처리가 필요한 미완료 출하, 기술인력 상실, 미활용 기술, 높은 재고 수준, 과다 생산, 과다 처리, 과도한 서비스 수준, 미활용 아이디어, 중복된 개발 노력, 과도한 특징과 기능, 활용 안 된 자산과 자원, 정보를 찾는 데 낭비된 시간, 무단 결근, 사고 등이다. 이런 리스트는 얼마든지 계속할 수 있다. 슬픈 사실은 이 모든 예들이 올바른 사항을 측정함으로써, 또한 측정이 말하는 것에 귀를 기울임으로써, 쉽게 발견할 수 있는 것들이라는 점이다.

존 휘트니John Whitney의 조사에 의하면 회사에서 벌어지는 활동의 50%는 낭비라고 한다. 어카운템프스Accountemps의 조사결과에 의하면, 중역들의 시간 가운데 20%가 회사 정책을 다루는 데 쓰인다고 한다. 일반적인 조직의 경우, 다우Dow와 쿡Cook의 주장에 따르면, 전형적인 조직의 시간 중 서류 처리와 회의가 70%를 차지한다고 한다. 로넥Hronec은 전형적인 프로세스 내의 활동 중 50% 이상이 가치가 없는 일이라고 단언한다.

측정은 우리가 낭비를 볼 수 있는 유일한 방법이다. 효과적인 측정 없이는, 아무도 무슨 일이 일어나는지 모르고, 그 낭비는 계속될 것이다.

유행과 일시적 해결책의 난무를 방임함

유행, 일시적 해결책, 그리고 소문난 만병통치약보다 더 낭비적인 것은 없다. 모든 사람이 조직의 성공용 처방의 '성배holy grail'를 찾고 있는 듯하다. 자율팀Autonomous Teams에서부터 제로 기준 예산 편성Zero Based Budgeting까지 분명히 효과적인 접근방법이 많이 있다. 너무나 많은 리더는 무언가 해야 한다는 강박감에 아무 것이나 하게 된다.

"마술 공식을 찾아내면 만사가 잘 될 거야." "뭐라도 하자."는 압박 때문에 기본적인 문제는 건드리지도 못하고 남겨둔 채로, 일시적 해결책이나 구멍 메우기식의 조치로 참는다.

가장 터무니없는 낭비의 원천은 그렇게나 많은 '프로그램' 과 '개선 제안' 으로 조직이 개입되었지만, 결코 측정이 되지 않은 것들이다. 한 중역은 지적하기를, '안팎의 과잉 제안' 으로 '중역 주의 부족 장애' 가 초래되고, 일단 시작되었는데 그 제안들은 측정도 안 되었다고 한다. 크리스토퍼 하트Christopher Hart는 연구 결과를 인용했는데, 최근 몇 년 사이에 착수된 품질 향상 프로그램의 반 이상이 포기되거나 축소되었다고 한다. 저자는 관리자와 직원들이 다음과 같은 말을 하는 것을 자주 듣는다. "그럼요, 우린 좋은 진전을 보이고 있어요.… 아마도." 대부분의 조직의 구성원 대부분은 올바른 것이기를 바라면서 행동에 옮긴다. 그러나 알 도리는 없고, 흔히 이미 너무 늦어서야 알게 된다.

무엇이 효과가 있는가? 측정해 보지 않으면 실제로 모른다. 피터 센게가 설명한다. "복잡한 인간체계에서는 항상 여러 가지 방도가 있어서 일들을 단기적으로는 더 낫게 보이게 한다." 그렇지만 결국에 사람들은 자신들이 속았음을 알게 되고, 사기가 곤두박질치게 되는 현상을 피할 수 없다.

그러한 문제를 회피하는 최선의 방도는 측정하는 것이고, 또 그 데이터에 관해서 대화하는 것이다. 여러분과 여러분의 조직이 '이 달의 유행', '오늘의 프로그램', 또는 '차세대 주력상품' 의 희생이 될까봐서, 여러분이 측정에서 주도하라고 권고한다. 일시적 해결이나 만병통치약이 조직의 자원을 고갈하도록 방임하게 된 주요 이유는 그것들을 측정하는 데 주저했기 때문이라고 생각한다. 많은 유행이 조직에서 파괴행위를 자행한 것은 경영진이 그들이 효과가 없음을 알 수 없었기 때문이고, 또 제때에 중단하지 못했기 때문이다.

현명한 리더는 항상 측정되는 예비 파일럿을 수행하고서야 어떤 프로그램이라도 구입한다. 그것이 아무리 그럴 듯하게 보여도 말이다. 만일 여러분이 예비 파일럿 중에 여러분의 경험을 측정한다면, 그 방법이 진정한 성공의 기회를 가질 것인지 알게 될 것이다. 스탠퍼드Stanford대학의 교수 제프리 페퍼Jeffrey Pfeffer가 설명한다. "당신이 아무리 현명하더라도, 모든 것을 세세하게 미리 계획해서 당신의 프로그램을 내놓을 수는 없다. 당신이 하고 싶은 일은 몇 가지 사항을 시도해 보고 무슨 일이 일어나는지 보는 것이다." 그래서 측정을 사용하는 것이 그렇게 현명하다. 그것은 여러분에게 낭비를 알아보게 해서, 위기상황에 이르지 않게 한다.

중요한 문제가 미해결

대부분의 조직은 심각한 문제로 오랫동안 헤매게 되는데, 그 문제들은 흔히 겉으로 드러나지 않고 숨어 있어서 많은 피해가 발생한 뒤에야 겨우 알게 된다. 훌륭한 측정이 없다면 문제가 있는지 알지 못하며, 그 문제를 해결할 가치가 있는지 여부를 판단할 수 없다. 우리가 보고 있는 것은 대부분이 증상이지 문제가 아니며, 또한 증상은 해결될 수가 없다. 증상이 나타나는 것은 시간 지체 때문에 흔히 오랜 시간이 걸린 뒤이다. 측정은 발단이 되려는 문제에 대해 사전 대책적인 정보를 제공한다.

일상적 측정 대 변혁적 측정

불행하게도 많은 고위 리더는 아침에 일어나보니 심각한 문제가 있거나, 어떤 커다란 기회를 놓쳤다는 것을 발견하게 되고, 그런 것들은 그들의 레이더 스크린에 뒤늦게 나타나게 되는데, 그 이유는 그들이 평소에 측정을 하고 있지 않기 때문이다. 설상가상으로 측정 시스템은 오래 전에 만들어진 탓으로 대부분 이미 비능률적이고 비효과적이며, 서로 다른 목적을 가진 사람들에 의해 부분 부분으로 진화해 왔다.

그러나 측정 시스템을 변혁적 분야로 받아들이는 데에 따르는 커다란 문제는, 그런 식으로 경험한 리더가 거의 전무하다는 데 있다. 이것은 악순환이다. 측정을 평범하게 경험하는 것은 측정을 계속해서 일상적으로 사용하게 만들고, 그것은 낮은 효과로 이어지고, 그것은 계속해서 평범한 측정으로 이어지고, 쳇바퀴 돌 듯 되풀이된다.

대부분의 조직에서 측정이 평범한 방식으로 취급받고 있는데도 불구하고, 프레데릭 라이히헬드는 역설한다. "측정은 비전과 전략, 두 가지 모두의 핵심에 위치한다. 비즈니스의 미래 진로를 결정함에 있어서 그의 중요성은 아무리 과도하게 평가하려 해도 어려운 일이다.… 관리자로 하여금 일상 비즈니스 실무의 평범한 현실에서 비전을 만들어내게 하는 것은 측정이다. 측정은 비전을 전략으로 변하게 하고, 전략은 사실로 변하게 한다." 그 말은 결코 평범하게 들리지 않는다.

변경 중의 측정의 난제들

조직에서 대부분의 변화는 사람들이 같은 사항을 다르게 바라보기 시작할 때 일어난다. 조직 내 변화를 조성하는 데 있어서 성과측정의 렌즈가 바뀌는 경우보다 더 신속한 것은 없다. 그런데 측정은 변화의 결정적인 수단일 뿐만 아니라, 변경 중의 측정 자체가 반드시 모든 변화 중 가장 중요한 변화를 나타낸다.

대부분의 조직은 무기력 증세를 겪고 있다. 조직이 휴식 중이거나 동작 중이거나, 변화에는 혼신의 노력이 필요하다. 이런 내용은 마키아벨리Machiavelli의 유명한 말에도 있다. "새로운 체제의 도입에 앞장서는 것보다 착수하는 것이 더 어렵거나 수행하는 데 더 위험하거나, 또는 성공이 더 불확실한 것은 없다." 그래서 변화에 대한 일반적인 저항은 내버려두더라도, 측정 시스템을 변경하는 것은 저항의 추가적인 원인을 안고 가는 것이다.

측정은 특히 변화에 저항적인데, 그 이유는 안전과 보상에 밀접하게 관계되어 있기 때문이다. 설사 보상 시스템이 어느 정도 역기능적이더라도, 여전히 많은 사람, 특히 리더십에 속한 사람들이 그로부터 이득을 보고 있기 때문이다. 그 외에도 사람들은 측정이 거의 모든 일을 유발시키는 것을 의식하고 있으므로, 측정 시스템의 어느 측면을 변경해도 하나 이상의 다른 측정 시스템에 의미심장한 영향을 가져올 수가 있다. 또한 사람들이 이미 측정 시스템을 거북해 하고 있는 까닭으로, 일정에 변화를 주면 어쩔 수 없이 불편이 커지게 된다.

변혁적 성과측정은 특정한 리더십을 필요로 하는데, 그 이유는 기존의 측정지표를 단순하게 운영하는 전통적인 예상차원을 훨씬 넘는 것이기 때문이다. 그것은 사람들로 하여금 그들의 기존 일과와는 매우 다른 일들을 실행하게 할 필요가 있다. 우리는 흔히 기존의 측정지표와 측정 관행이 얼마나 깊숙하게 자리를 잡고 있는지 깨닫지 못한다. 예를 들어 여러분의 조직에서 여러 부문의 측정 변화를 성공적으로 달성하는 데 수반되는 어려움을 고려해 보라. 그 부문의 측정 변화는 다음과 같다. 고객만족에서 고객충성도까지의 마케팅 부문, 전통적인 매출과 파이프라인 측정지표에서 고객수익성까지의 영업부문, 전통적인 원가계산에서 ABC까지의 회계부문, 직원만족에서 직원몰입employee engagement까지의 인적 자원 부문, 그리고 훈련생 숫자에서 훈련의 조직성과 기여도 조사의 훈련 부문이다. 그리고 통합 측정 프레임워크의 채택과 부서별 '사일로' 측정지표로부터 진정한 부서 협력적 측정지표로의 이동에 필요한 더욱 커다란 변화가 있다.

불행하게도 많은 리더들은 그들의 책임 중의 하나가 '측정 변화에 도움이 되는 환경 조성'이며, 단순히 '측정 작업이 되게 하는 것'이 아님을 깨닫지 못하고 있다. 대부분의 조직에는 매우 유능한 사람들이 있어서 숫자들을 처리하고 추적하고 있지만, 그것은 진짜 어려운 일이 아니다. 측정을 하고 데이터를 분석할 수 있는 사람을 발견할 수는 있지만, 오직 여러분, 즉 측정 리더로서의 여러분만이 올바른 환경을 조성해서 올바른 질문이 나오도록 확인할 수 있고, 올바른 정보가 만들어지도록 하며, 또 측정정보를 사용하여 점진적으로 더욱더 많은 지식과 지혜를 만들 수 있다.

변혁적 성과측정 주도하기

리더는 자기가 이끌고 있는 조직에 대해 커다란 개인적 영향력을 지니고 있다. 대체로 직원은 이끄는 사람에 의하여 주도권을 판단한다. 이런저런 말이 많았지만 결국은 리더의 행동에 의해 판가름이 난다. 보시디와 차란에 의하면, "한 회사의 문화는 회사 리더의 행동을 바꿈으로써 변화된다."

앞서 설명한 문제에 대한 진정한 해답, 즉 가치창출의 최대화, 가치파괴의 흐름 저지, 그리고 낭비 만연의 끝내기 등은 리더십을 행사해서 여러분 조직의 성과측정을 변혁하는 것이다. 노엘 티시Noel Tichy에 의하면, 리더는 두 가지 사항에 대해 다른 사람과 다르게 행동한다. 그들은 '현실을 직시하고', 즉 다른 사람이 못 볼 때 변화에 대한 필요성을 감지하고, '적절한 반응을 동원하여' 효과적으로 대응한다.

효과적인 리더가 변혁을 주도하지 않고는 성과측정의 어떠한 의미 심장한 측면도 변혁될 가능성이 없다. 단순히 현재의 상태를 구현하는 것은 진정한 리더십이 아니고 관리일 뿐이다. 그것이 바로 리더십에 용기가 필요한 이유이고, 측정 리더십도 예외가 아니다.

변화가 잘 통하는 환경 조성하기

측정 리더가 첫 번째로 깨달아야 할 것은 새로운 측정 행동을 위해 올바른 환경을 조성하는 것이 얼마나 중요한가이다. 이런 변화가 일어나기 위해서는 그런 행동이 잘 통하는 환경이 반드시 조성되어야 한다. 성과측정 '시스템'이 기술적 측면을 포함하고 있기는 하지만 가장 중요한 측면은 상황, 즉 기술적 측정 시스템이 묻혀 있는 사회적 · 조직적 환경이다.

다음에서는 측정 리더들이 자신들의 조직 내에서 성과측정을 구현하는 데 가장 잘 통하는 환경을 조성하는 방법의 일부를 나열하고 있다.

리더십 연합을 구성하라

측정 리더십의 변혁화를 이끄는 데에는 기꺼이 '참가하는' 리더들이 필요하며, 최고경영진에서 시작하는 것이 이상적이다. 가장 성공적인 변화는 균형성과기록표와 식스시그마를 포함하여, 조직의 최고경영진으로부터 적극적으로 주도되었다. 조직이 상의하달식으로 모든 조직을 통하여 긍정적인 변화를 창출할 수 있으면 훌륭하겠지만, 언제나 처음부터 가능하지는 않다. 설사 그렇지 않더라도 여전히 여러분의 특정한 책임 분야의 측정상황에는 의미 있는 영향을 줄 수 있다. 그래서 적어도 '비전을 공유하는' 한두 명의 상위 리더를 찾아내어 여러분과 팀을 이뤄서 적극적인 측정 리더십을 발휘할 것을 권한다.

어려움을 인정하라

성과측정을 변혁하는 데는 대부분의 조직에서 현행의 업무 처리방식으로부터 상당히 중대한 패러다임 전환이 필요하다. 측정을 전문으로 하는 사람이 아닌 일반 사람들에게는, 성과측정은 대부분의 사람이

하기를 원하거나 잘한다고 느끼는 일이 아니다. 성과측정은 하나의 습관으로 계발되어야 하는 것이다.

이 과정이 얼마나 어려울지 재어보기 위해서, 여러분의 조직에서 측정에 대한 기존의 태도를 평가하도록 생각해 보는 것도 좋겠다. 이는 또한 변혁화의 초기단계 동안 조직 내에서 좀 더 잘 받아들이는 분야를 결정하고, 또 '얼리 어댑터' 가능성이 있는 개인들을 알아보는 데도 도움이 될 것이다. 리더는 두 눈을 똑바로 뜨고 이 도전에 뛰어들어야 하고, 또 이것을 '그저 또 다른 프로그램'으로 인식하면 안 된다. 이것은 다음 항목에서 다루기로 하자.

'측정 프로그램' 사고방식을 피하라

균형성과기록표나 식스시그마 같은 특정한 측정 접근방식의 인기와 알려진 성공사례를 감안하면, 그 중의 하나를 붙잡고 측정을 '구현담당자들'에게 위임하고 싶은 유혹을 느끼게 된다. 그러나 그러한 경우에 측정 '프로젝트'는 너무나도 쉽게 완료 선언이 내려지고, 보고서는 종이묶음이 되어버린다.

변형적 성과측정은 '그저 또 다른 프로젝트' 또는 더 나쁘게, '그저 또 다른 IT 프로젝트'로 간주하면 안 된다. 사실은 균형성과기록표와 식스시그마 두 가지 다 성공했을 때, 체계적인 변화로 취급된 적이 있었다.

측정에 대한 헌신을 가시적으로 증명하라

성과측정을 변혁하는 것은 회사 방침에 대한 말뿐인 순응 이상의 것이 필요하다. 이를 주도하고 있는 당사자들이 귀중하게 여겨야만 한다. 그렇지 않으면 거기에 성실성이 없음을 다른 사람들이 눈치 챌 것이다. 리더에 의해서 진정으로 확실하게 존중되지 않으면 잘 사용되지 않을 것이다. 그렇기 때문에 리더들이 가시적으로 주도하는 것이 매우 중요하다.

변혁화를 추진하고 있는 리더들은 변혁적 성과측정의 규범들과 관행을 속속들이 알고 있어야 한다. 리더들이 데이터 중심의 리더십, 의사결정 및 개선의 활용에서 가시적 모델 역할을 한다면, 아주 강력한 메시지를 전달할 것이다. 한 가지 가장 중요하고 가시적인 사항으로 리더가 할 수 있는 것은 스태프 직무기술서상에 특정한 성과측정 태스크와 그 능력을 포함하고, 또 이에 관해서 스태프의 성과에 관한 피드백을 제공할 때에 토의하는 것이다.

측정에 대한 지원을 제공하라

데이비드 베인David Bain은 대부분의 조직에서 성과측정에 대해 얼마나 지원이 없는지, 흥미 있는 예를 제공한다. 그의 설명에 의하면 미식축구에는 특수한 구성원(체인 갱)이 있는데, 그들의 유일한 임무는 퍼스트다운(10야드)을 향해 공이 나아가는 것을 측정하는 것이다. 그런데 놀라운 것은 "기업과 서비스 조직에서는 조직의 목표에 도달하는 더욱더 중요한 게임에서 진도를 재려고 측정 지원을 추가하는 데 대해 자주 저항이 생긴다는 것이다."

측정은 그와 관련된 비용이 들지만, 제대로 되었을 때, 막대한 가치를 가져다준다. 변혁화가 뿌리를 내릴 기회를 가질 때까지는 지원에

굶주리게 해서는 안 된다. 교육과 인적 자원을 포함해서, 변혁적 성과개선을 이루는 데 필수적인 자원을 할당해야 한다.

'측정경험'에 민감해져라

우리가 어떻게 성과측정을 경험하는가는 우리의 리더가 조성하는 환경의 산물이다. 불행하게도 많은 중역이 측정 악용과 역기능의 심각한 문제에 대해 나몰라라 하고 있다. 조직에서는 대체로 나쁜 일이 고의로 일어난다기보다는 일어나도록 방임되는데, 그 이유는 보통은 그런 일들이 결코 확인되거나 다뤄지지 않기 때문이다. 측정의 역기능은 틀림없이 거의 모든 조직에 존재하고 있고, 또 효과적인 측정 리더십이 과거에 없었던 데에 기인한 것이다. 이러한 측정의 역기능(무심한 것이든 고의적인 '게임'이든)은 공개적으로 논의하고 드러내는 것이 특히 중요하다. 그렇게 되면 그 기회와 더 중요한 그 동기, 두 가지 모두에 대해 대처할 수 있다.

측정의 '개선목적'을 강조하라

무엇보다도 변혁적 성과측정에 대한 리더의 진실한 노력에 대해서 웅변적으로 말하는 것은 측정의 변혁에 대한 집중이다. 측정이 참된 이해와 도움이 되는 피드백을 제공하고, 학습과 개선을 촉진하는 데 사용되고 있는가? 아니면 정당화, 보고, 판정 그리고 통제에 사용되고 있는가? 물론 성과측정은 언제든지 관찰하고 통제하는 데 사용될 것이지만, 한결같이 개선의 목적으로 훨씬 더 많이 쓰이고 있는 것을 보게 되면, 모든 사람은 변화가 진정으로 자리 잡고 있음을 알게 될 것이다.

또 다른 강력한 메시지가 올 경우는 실패에 대해 좀 더 개방적이고, 그 실패로부터 배움이 있을 때이다. 성공에 대한 자랑스러움에 중점을 두는 조직은 많지만 실패로부터의 배움에 대해 크게 역점을 두는 조직은 매우 드물다. 다음 장에서 보겠지만, 측정에서 배우는 일은 가장 중요한 조직의 역량이며, 단지 성과측정 역량만이 아니다. 측정을 통해 얻는 것은 단지 성과측정 역량만이 아니라 조직의 가장 중요한 역량이다.

진실을 고집하라

측정은 당연히 믿을 수 있는 것인데, '측정의 신뢰'라는 말이 있다는 것은 모순처럼 들린다. 공교롭게도 진실은 자주 곤란을 겪게 되는데, 일차적인 '게임의 규칙'이 리더가 듣고 싶어 하는 말만 하는 것이라면, 그런 조직에서는 특히 위험하다. 이런 경우는 조직에게 커다란 해를 끼치게 되며, 조직의 발달을 지연시킬 뿐이다.

만일 여러분이 진실한 결과를 바란다면, 측정 담당자가 측정 결과에 대해 '이해득실'이 없음을 확인해야 한다. 대부분의 조직에서는 측정의 부정적인 정황 때문에, 편애하는 프로그램이나 다른 투자를 조장할 목적으로 선택적이고 편향된 측정을 하는 경우가 너무나도 많다. 훌륭한 측정이 없으면, 많은 '진실'이 숨겨진 채로 있게 된다. 진실을 감추는 조직은 좀처럼 배우지 못하고, 거의 언제나 가치를 파괴하며 그렇지 않은 조직보다 성과가 좋지 못하다. 여러분이 무슨 일을 하든지, 절대로, 결코, 어떤 일이 있어도 진실을 말하는 사람을 징벌

하지 말고, 또한 숫자를 얼버무리는 행위를 결단코 묵과하지 말라. 그 목적이 어떤 것일지라도.

측정을 판정과 보상에서 분리하라

측정, 평가 그리고 보상을 분리하는 것의 중요함을 자세히 살펴보았다. 측정이 강력하면 보상은 훨씬 더 강력할 수 있고, 또 사람들은 그 정보에 의해 안내를 받기보다도, 측정 시스템을 이용하여 보상을 획득하려는 경향이 있게 될 것이다. 측정지표와 보상 간의 정렬은 좋지만, "이 측정지표에 이 수준을 달성하면, 이런 보상을 받게 된다."는 식으로 너무 밀접하게 연계시키는 것은 거의 언제나 역효과를 보게된다. 더 나아가서 여러분이 만일 정직성, 측정의 정보제공적 가치에 대한 열린 마음, 그리고 진실한 개선에 대한 욕구를 원한다면, 성과측정을 규율상의 또는 징벌의 목적으로 사용하지 않도록 하라. 일단 측정을 규율과 밀접하게 연계하면, 측정의 상황은 거의 순간적으로 부정적으로 변할 것이다.

측정으로부터 배우는 일의 중요성을 강조하라

측정으로부터 배우는 일은 성과측정의 주된 결과 중의 하나로 간주되어야 하며, 이로부터 파생될 수 있는 엄청난 이점은 다음과 같다. 측정을 적절하게 사용하려는 욕구가 커지고, 성과측정 역량의 지속적인 개선, 그리고 모든 형태의 측정의 정확도(견적, 예상, 기타 형식의 '예보적 측정' 포함)가 높아진다. 이에 대해서는 제10장에서 좀 더 자세하게 살펴볼 것이다.

변혁화 발생시키기

위에서 살펴본 내용은 변혁적 성과측정에 올바른 환경을 조성하는 목적으로 추천한다. 다음은 측정 리더십에 헌신하는 사람들이 변혁을 지속적으로 구현하고 또 동기부여를 하기 위해서 할 수 있는 몇 가지 사항이다.

- **사람들을 적극적으로 참여하게 하라.** 만일 모든 사람이 처음부터 변혁적 성과측정의 '비전에 사로잡히면' 좋겠지만, 아마 그럴 가능성은 없을 것이다. 그러나 초기에 모든 사람이 참여하는 것은 중요하지 않다. 초기에는 참여하기를 원하는 사람들, '혁신가'와 '얼리 어댑터'라고 부르는 사람들을 참여시키는 것이 낫다. 어디에선가는 변화가 시작되어야 한다. 잘만 되면, 그 영향이 빨리 확산되고, 결국은 효과가 나타나기에 충분한 수의 사람들이 참여하게 될 것이다.

- **가장 중요한 것을 측정하라.** 효과적인 측정 리더는 어떤 성과가 가장 중요한지의 결정에는 단호하다. 또한 확고하게 사람들이 그 성과에 미치는 그들의 영향을 '보게' 한다. 만일 모든 계층의 직원이 올바른 측정지표에 대해 이해하고 접근할 수 있다면, 그들은 가치창출 프로세스를 매우 효과적이고 자주적으로 관리할 수 있다.

- **투명한 조준선을 확립하라.** '조준선'은 성과측정에 있어서 가장 중요한 개념의 하나이다. 그것은 직원의 능력을 가리키는 말로, 모든 계층의 직원이 그들의 직무와 성과측정지표가 다른 사람들의 직무와 측정지표와, 또 궁극적으로 조직 성공의 측정지표와 어떻게 관계가

되는지 '알아보는' 능력이다. 여러분의 조직에 존재하는 조준선이 미치는 범위를 확인하고 싶으면, 직원들에게 그들이 측정하고 있는 것들을 연결지어 보고, 조직의 실적과 연결지어 보라고 하라.

● **측정담화를 장려하라.** 다시 말해 성과측정의 가장 중요한 측면이 사회적이므로, 측정에 관하여 열린 대화, 즉 '측정담화measurement conversations'를 장려하는 것이 중요하다. 다음은 이러한 논의를 고무하기 위해서 물어볼 수 있는 몇 가지 주요 질문의 예이다. "당신이 보기에, 우리는 가장 중요한 것을 측정하고 있는가?" "당신의 일 중 어떤 것이 가장 직접적으로 조직의 실적에 영향을 주는가?" "당신의 일이 다른 직원의 일에 어떻게 영향을 주는가?" "당신의 일에 관해서 측정하는 것에서 가장 중요한 것은 무엇인가?"

관리자와 직원에게 측정에 관해 깊숙하게 캐는 질문을 해서 자극하고 그에 대한 대답을 찾으려는 노력이 시작되게 하라. 그러나 거기서 멈추어선 안 된다. 그 데이터에서 지식과 지혜를 얻도록 그들을 자극해야 한다.

측정에 관해 '올바른' 질문을 하는 리더는 아주 드물고, 또 심지어는 '올바른' 질문이 무엇인지 모르는 경우도 있다. 리더가 이해를 해야 하는데 남에게 의존한다든지, 표준 데이터와 해석에 의존하여 만족한다든지 하는 예를 수도 없이 보았다. 거의 모든 조직에서 측정담화는 크게 향상될 필요가 있다. 그리고 아마도 더 높은 지위에 있는 중역일수록, 그들에게 공급되고 있는 측정 데이터와 해석에 대해서, 더욱더 많이 질문할 필요가 있다.

● **"측정해 보시오."라고 요구하라.** 조직이란 의견들이 넘치는 곳이

다. 의견이야 있으면 좋지만, 의사소통, 협조, 그리고 진척에 걸림돌이 되어 리더십을 아주 난처하게 만들 수도 있다. 전 인텔 CEO 앤디 그로브가 한 말이다. "대체로 너무나 자주, 사람들은 사실을 의견으로, 분석을 감정으로 대용한다." 의심스러울 때는, 사람들에게 "측정해 보시오."라고 요구하라. 측정은 의견을 사실로 대치시킬 수 있다. 이는 많은 갈등을 해소하고, 관리자와 직원이 즉흥적인 느낌이나 직관에만 의존하는 걸 줄이도록 하는데, 느낌이나 직관은 툭하면 착오로 이끈다는 걸 앞에서 본 바 있다.

● **"측정할 수 있게 만드시오."라고 요구하라.** 단지 무언가를 '측정할 수 있게' 만드는 행위는, 설사 그것을 실제로 측정하지 않더라도, 강력한 의사소통의 도구 역할을 할 수 있다. 성과측정지표들은 기대 사항을 명확히 하고, 문제를 해결하며, 이해하고, 또 온갖 종류의 일에 관계된 논의의 도구를 제공한다. 데이터는 논의를 땅으로 끌어내려 현실을 직시하게 한다. 대부분의 경영전략 발표는 막연하고 좀처럼 측정할 수 없다. 어떤 것이 막연한 상태로 남아 있으면, 그것은 현실과 동떨어져 보이고, 하나의 추상적인 관념이지 현실감이 없다. 카플란과 노튼은 이렇게 말한다. "하나의 언어로서의 측정의 사용은 도움이 되어, 복잡하고 몽롱한 개념을 좀 더 정밀한 형태로 전환하여 고위 중역 사이에 의견의 일치를 얻을 수 있게 한다."

어떤 것을 어떻게 측정할 것인가에 합의하는 것처럼 투명성을 만들어내는 것은 없다. 회의에서 서로 반대되는 목적으로 이야기하는 사람을 발견하면, 간단하게 물어보라. "어떻게 측정하지요?" 측정 가능성을 강요함으로써 개념을 둘러싸는 애매함과 갈등을 줄일 수 있다.

- **통합을 장려하라.** 시스템에 대한 전반적인 견해가 없을 때에는, 각 기능부서가 부서를 최적화하는 투자를 두고 다투며, 그래서 전체를 부분 최적화한다. 대부분의 측정 작업이 너무나 자주, 그리고 크게 맥락을 벗어나서 하나의 프로세스, 한 사람, 한 제품을 평가하고 있는데, 그 때문에 그 측정에서 많은 사람이 별로 조직의 가치를 보지 못하며, 사일로적 사고방식을 지속시키고 있다. 전체론적인 측정이 필요하다. 공통의 측정 프레임워크와 부서협력적 측정지표가 그러한 장애를 허무는 데 도움이 될 수 있지만, 무엇보다 강력한 측정 리더십이 필수적이다.

- **측정혁신을 장려하라.** 경쟁우위의 가장 중요한 지렛대의 일부는 새로 발견된 것이거나 아직은 발견되지 않은 것이다. 우리는 얼마나 많은 잠재적 조직 가치가 현재 측정이 되지 않고 있는지, 그래서 효과적으로 관리가 되지 않고 있는지에 대하여, 매일 더 많이 배우고 있는 중이다. 여러분의 조직이 성과측정의 참된 변혁적 힘을 경험하기를 바란다면, 일상적인 사항만 측정하고 표준 '지표metric'를 사용하는 것을 바꾸도록 도와야 할 것이다. 작업요원들을 독려하여 측정에 대하여 혁신적이 되도록 하고, 조직의 주요 분야에 정통한 사람들에게 가치의 내·외부적 원천을 측정하는 새로운 방법을 생각해 내도록 도와야 한다.

설사 측정 시스템을 당장 바꾸지 않더라도, 이러한 새로운 측정제안들은, 바로 그 존재만으로도, 사람들로 하여금 다른 방법에 대해 생각하게 만들 것이다. 결국은 이들 미발달의 초기 혁신적 접근방법들은 변혁적 측정지표들의 발견으로 이끌게 되고, 이들 변혁적 측정지표는 여러분의 부서, 여러분의 비즈니스, 그리고 여러분의 산업까지도 변혁하게 될지 모른다.

● **변혁적 성과측정 업적을 측정하고 인정하라.** 만일 여러분이 변혁적 성과측정이 지속되기를 바란다면, 일어나고 있는 일을 측정하라. 개발 중이고 실험 중에 있는 신생 측정지표를 측정하라. 배움이 이루어지고 있는 것을 측정하라. 측정담화가 진행 중인 것을 측정하라. 데이터가 정보로, 지식으로, 지혜로 전환 중에 있는 것을 측정하라. 진척과 배움에 관한 모든 종류의 측정지표를 측정하라.

측정 리더들

'측정 리더'는 측정 전문가는 아니다. 그러나 기능부서 분야의 진정한 조직 리더이면서, 또한 중요한 측정 역할과 책임을 지니고 있는 상위 직위에 포진한 사람들이다. 대체로 측정 리더십은 성과측정이 '그냥 데이터'로 남아 있을 것인지, 아니면 조직의 다른 사람들을 위해서 정보, 지식, 지혜를 창출할 것인지 여부를 결정한다.

현재 변혁적 성과측정의 가치와 포부의 일부라도 예시하고 있는 많은 사람들이 있다. 다음에 몇몇의 '측정 리더들'을 소개할 것이고, 그들은 성과측정을 변혁한 데 대한 공헌으로 인정을 받고 있는 사람들이다. 주목할 것은 그들 중 한 명도 '측정 전문가'가 아니고, 모두 조직의 리더들이다. 한 가지 그들 모두의 공통점은 성과측정의 변혁적인 힘을 알아보았고, 측정행위 자체가 아니라 측정으로 무엇을 하는가가 중요하다는 것을 깨닫고 있다는 것이다. 여기에 다 소개하지 못한 많은 분들에게 죄송하다는 말씀을 드린다. 이것은 '리스트의 시작'으로 때때로 추가할 예정이다.

마이클 J. 크리텔리Michael J. Critelli, 피트니 보우스Pitney Bowes의 회장 겸 CEO

크리텔리는 성과측정을 피트니 보우스의 새로운 성장 수단에 집중하는 데 활용하고 있다. 그는 올바른 질문을 하고 있으며, 측정을 반복적이고 상호작용적인 프로세스로 생각한다. 그의 말이다. "만일 서로 다른 틀, 새로운 렌즈, 그리고 신선한 단어를 도입할 수 있어서 사람들이 뿌리 깊은 관념적 모델에서 벗어나는 데 도움이 된다면, 전략적으로 창의적인 방법으로 혁신하는 데 도움이 될 것이다." 피트니 보우스는 새로운 성과 지표로 성장에 대한 새로운 관점을 강화했다. 조직은 과거에 "미터기 몇 대를 설치하고, 고객이 몇 명이 있지?" 같은 질문을 했지만, 현재의 질문은 이렇다. "우리가 관여하고 있는 메일은 몇 개이고, 메일당 얼마를 버는 거야?" 피트니 보우스는 변혁적 측정을 발견한 것 같다.

밥 갤빈Bob Galvin, 모토롤라Motorola의 전 CEO

밥 갤빈은 식스시그마를 발명하지는 않았어도, 그 잠재력을 이해하고 모토롤라에서 추진하는 데 앞장섰다. (식스시그마는 마이클 해리Mikel Harry 박사와 빌 스미스Bill Smith가 모토롤라에서 그 개념을 창안했고, 현재의 변화관리와 측정의 독창적인 혼합 기법으로 발전시켰다.) 갤빈의 리더십을 통해서, 모토롤라에서는 품질관리의 패러다임이 근본적으로 바뀌었다. 명백하게 갤빈은 오래 전부터 측정의 긍정적인 힘과 그 '개선 목적'을 이해하고 있었다. 저자가 자주 인용하는 갤빈의 말이다. "어떤 것이라도 개선하기를 바란다면, 측정해야 하고, 측정할 수 있다."

잭 웰치, 제너럴 일렉트릭GE의 전 CEO

잭 웰치는 모토롤라의 식스시그마 방법론을 GE 전체에서 추진한 업적으로 유명하다. 그에게는, 그것은 GE에 골고루 스며 있는 주된 비즈니스 결단으로, 지속적으로 운영적 우월성을 개선하고 GE 문화에 그 정신을 확실하게 심으려는 그의 노력의 중심점이었다. 식스시그마는 GE의 회사 전반에 널리 퍼져 있는 경영전략으로, 잭 웰치는 계속해서 시장지배력을 강화하고 GE 문화에 식스시그마 정신을 확실하게 심으려고 노력하였다. 그는 그것을 또한 리더십 개발의 주요 부분으로 적용하고 대중화하는 데에 성공했다. GE에서는 측정을 주도하는 것이 리더의 몫으로 되어 있다. 상세한 것은 위임할 수 있지만, 리더십은 절대로 위임할 수 없다. 자주 인용되는 잭 웰치의 말이다. "오로지 성실성만이 측정 시스템이 문서를 주고받는 행사로 전락하는 것을 막을 수 있다." 참으로 맞는 말이다.

래리 보시디, 허니웰 인터내셔널Honeywell International의 CEO

래리 보시디는 GE에서 잭 웰치의 직속 부하였을 때 식스시그마를 배웠다. 보시디는 GE를 떠난 뒤 얼라이드시그널에서 식스시그마를 이용해서 개선을 추진했고, 그 뒤에는 허니웰 인터내셔널에서 추진했는데, 그 회사는 얼라이드시그널과 허니웰의 합병으로 생긴 회사였다. 식스시그마를 추진하는 리더십 외에, 보시디는 여러 번 이 책에서 인용되고 있고, 특히 그의 '사회적 엔진' 개념(전략 실행을 둘러싼 담화식 프로세스)으로 널리 인정받고 있는데, 그것은 그의 개인적 리더십 철학의 특징이 되었다. 보시디는 효과적인 측정이 효과적인 전략 실행의 근본적인 열쇠라는 사실을 적극 주장한다.

잭 스택Jack Stack, SRCSpringfield Remanufacturing Company의 CEO

잭 스택은 '오픈 북 경영'의 창시자이다. 그에게 그 아이디어가 떠오른 것은 쓰러져가는 인터내셔널 하베스터의 사업부를 SRC로 변혁하는 일을 직면했을 때로, 이 회사는 미국에서 가장 성공적인 소규모 회사가 되었다. '재무이해력financial literacy'에 대한 새로운 강조는 대개가 스택의 선구적인 노력에 따른 결과였다. 오픈 북 경영을 완전히 채택하고 있는 회사에서는 직원이 그들의 직무가 회사의 재무계획에 어떻게 들어맞는지 잘 파악하게 된다.

조시 웨스톤Josh Weston, 오토매틱 데이터 프로세싱ADP; Automatic Data Processing의 전 회장 겸 CEO

조시 웨스톤이 ADP의 최고경영자의 책임을 맡았을 때, 그는 또한 '최고 측정 책임자'의 역할도 자청해서 떠맡았다. 그의 설명에 의하면, "내가 COO가 되었을 때, 보고 및 측정 시스템의 디자인을 이끄는 데 개입해야겠다고 결심했다.… 나는 관리자용 지표를 구체화하고 싶었다. 그 지표 숫자들은 우리가 사업전략을 구상하고, 굳히고 평가하는 데 도움을 주고, 직원들에게 동기를 부여해서 효과적으로 구현할 수 있게 한다." 그의 설명에 의하면, 1년도 안 되어, ADP는 10여 개의 파급력이 높은 측정지표를 개발했다. 그는 자랑한다. "이제는 50개나 됩니다."

카를로스 곤Carlos Ghosn, 닛산Nissan의 CEO

카를로스 곤은 일본의 보잘것없던 닛산 자동차 회사를 회생시켜서 전세계에서 가장 성공적이고 혁신적인 회사 중 하나로 바꾸는 데 중요한 역할을 했다. 2005년 그는 르노 자동차Renault S.A.의 사장 겸 CEO로 임명되었고, 거기서도 비슷한 전환 작업을 이루었다. 그는 또한 어려운 시기에서의 측정과 경영의 중요성을 이해하고 있다. 그의 설명이다. "내 목표는 문화에서 기존의 자산을 발견해서 변화의 지렛대로 쓸 수 있게 만드는 것이었다." 곤은 문제해결에 관한 일본인의 철저함을 인정했지만, 그들의 느린 작업수행 속도는 그리 좋아하지 않았다. 그가 제시한 변혁적 측정지표의 한 예는 '문제해결 사이클 시간'으로 문제가 발견된 시간과 해결된 시간 사이의 경과 시간이다.

스티브 베넷Steve Bennett, 인튜이트Intuit의 CEO

스티브 베넷은 또 다른 소위 GE의 '잭 웰치 경영 대학원' 출신이다. 그는 2000년 인튜이트의 CEO가 된 이후에, 테크놀로지 경기 침체의 와중에도 매출과 영업 이익은 치솟았다. 베넷은 인튜이트 내부에서 그가 조성한 측정 중심의, 성과가 이끄는 문화로 유명하다. 그는 또한 중역들에게 끊임없이 다음과 같은 질문을 하는 걸로 유명하다. "무엇이 몇 개의 불가결한 매출의 동인이고, 그 측정 방법은?" 그는 주요 동인에 집중하여 소수의 불가결한 것을 측정하고 올바른 질문을 함으로써 성과측정에 있어서 대단히 사회적이고 파급력을 중시하는 접근 방법을 취하고 있다.

레오 푸할스Leo Pujals, 텔리피자Telepizza의 창시자

레오 푸할스는 존슨 앤 존슨John & Johnson의 편한 직업을 떠나서 피자 레스토랑을 시작했는데, 10년이 안 가서 1개에서 1,000개로 늘어난 레스토랑 체인이 되었다. 그는 이웃의 우편함을 광고 전단지로 채우는 것으로 시작했다. 배달한 광고 전단지의 숫자와 주문 숫자를 정확하게 유지함으로써, 몇 달 후에 그는 원하는 숫자의 전화 주문을 받기 위해서는 매일 몇 장의 전단지를 배달해야 하는지 정확하게 알게 되었다. 이익이 쌓이기 시작하자, 그는 복제할 수 있는 '성공의 청사진'을 확보한 것이다. 푸할스가 또 깨달은 것은 수주한 주문을 측정함으로써, 그의 광고에 대한 응답률을 항상 알 수 있고, 또한 레스토랑이 활기 있고 전화주문이 계속 오게 하려면 어느 정도 투자할 필요가 있는지 파악할 수 있다는 것이었다.

루돌프 줄리아니Rudolph Giuliani, 뉴욕시New York City의 전 시장

9·11 이후에 줄리아니의 리더십에 대해서 모르는 사람은 없지만, 뉴욕시의 시장으로서의 그의 성공이 주로 컴프스태트CompStat(범죄분석 예측시스템) 프로그램의 리더십에서 온 것이라는 것을 아는 이는 별로 없다. 그 프로그램은 뉴욕의 범죄발생률을 극적으로 감소시키는 데

큰 역할을 했다. 컴프스태트는 컴퓨터 소프트웨어 프로그램으로, 완전히 확인된 사고를 기다리기보다는 초기의 보고를 기준으로 시 전체에 걸쳐서 범죄 장소를 전자적으로 '위치 표시pin maps'를 함으로써 범죄를 예보적으로 측정하는 프로그램이다. 취지는 컴프스태트의 지도에서 가장 커다란 점을 선택해서 "사라지게 조치를 취하는 것이다." 컴프스태트의 프로세스에서 가장 중요한 것은 그 데이터를 둘러싼 사회적인 상호작용이다. 범죄 추세가 논의되고 경찰서장들이 문제 해결에 대한 책임을 확인하는 것은 정기적인 회합에서였다. 줄리아니는 그 프로세스의 성공을 측정 소프트웨어보다는 컴프스태트 회합의 덕택으로 돌리고 있다. 그의 말이다. '8년 후에도, 난 여전히 그 컴프스태트 회합의 엄청난 효과에 감동하고 있다."

글렌 렌위크Glen Renwick, 프로그레시브 보험회사Progressive Insurance Company의 CEO

글렌 렌위크는 진짜로 '알고 있는' 리더의 훌륭한 모범이다. 그는 좀처럼 보기 드물 정도의 공개적이고 정직한 측정의 신봉자이다. 렌위크의 말이다. "당신이 정보를 갖고 있을 때는, 좋든 나쁘든, 정확하게 있는 그대로 밝혀야 한다." 렌위크는 그의 일차적인 직무를 '전략가'로 보고 있다. 그는 주장한다. "나의 활동과 실적 전체에 대한 평가는 분기별 평가보다는 장기적으로 보아야 한다." 그렇게나 많은 리더들이 월가의 분석가에게 쩔쩔매고 있는 오늘의 현실에서, 그는 그야말로 정반대이다. 렌위크는 강경하게 주장한다. '그 숫자들'은 있는 그대로라서 조작할 필요를 못 느끼며, 또한 그와 그의 조직은 개방적인 것이 수지가 맞는 일인 것을 잘 알고 있고, 그 이유는 그것이 신뢰와 더 높은 성과를 쌓아올리기 때문이다.

브라이언 피트먼Brian Pitman, 로이드 은행Lloyd Bank의 CEO

브라이언 피트먼이 1983년 로이드 은행의 은행장이 되었을 때, 그 회사는 혼란 중에 흔들리고 있었다. 그가 제일 처음 취한 행동은 이사회와 경영진을 설득해서, 전반적인 성과를 측정하는 데 단일한 측정지표를 적용하자는 것이었다. 약간의 논의가 있은 후에 자기자본수익률 ROE: Return On Equity이 주요 측정지표로 선정되었다. 그런데 여기서 중요한 점은 어떤 측정지표가 선정되었다는 것이 아니라, 피트먼이 어떻게 새로운 측정을 은행 내에 정착시켰느냐는 것이다. 피트먼이 깨달은 것은 이질적인 요소로 이루어진 조직을 집중시키는 데 효과적인 것은 단일한 변혁적 측정지표의 힘이었다. 피트먼의 말이다. "주주 가치 창조의 전략에 진짜로 헌신적이 되려면, 사람들은 그걸 믿어야 한다.… 말로만 하는 게 아니고 신념을 품어야 한다. 그러면 그들의 운영 방법에 변화가 온다."

게리 러브먼Gary Loveman, 하라스 엔터테인먼트Harrah's Entertainment의 CEO

게리 러브먼은 1998년 카지노 회사인 하라의 최고운영책임자Coo; Chief Operating Officer로 시작해서 2003년 CEO가 되었다. 러브먼은 CEO로서 측정의 힘을 이용함으로써 하라를 성공으로 이끌고 있다. 러브먼은 그가 측정 방법을 알기 전에는, "우리의 성과를 관리하는 내 능력은 그걸 측정 못하는 내 무능력으로 훼손되고 있었다."라고 실토하였다. 러브먼은 고객수익성과 비즈니스 인텔리전스의 두 가지 분야에서 선구적인 사람이다. 그의 주무기는 비즈니스 인텔리전스 이니셔티브와 하라스의 총체적 보상Harrah's Total Rewards 충성 프로그램이다. 높은 충성도를 달성하기 위하여, 한 건물의 서비스 배달의 각 측면이 측정된다. '최고의 고객best customers'의 서비스와 매출을 최적화하기 위한 조치들이 취해진다. 이 방법의 성공으로 하라스는 고객이 카지노나 브랜드가 아닌 장소 (라스베이거스나 애틀랜틱시티 같은)에 충성한다는 업계의 통념을 깰 수 있었다.

빌리 빈Billy Beane, 오클랜드 애슬레틱스 야구단Oakland Athletics Baseball Club의 단장

마이클 M. 루이스Michael M. Lewis는 그의 베스트셀러, 《머니볼 – 불공정한 게임에서 승리하는 기술 Moneyball: The Art of Winning an Unfair Game》에서 메이저리그 야구단 오클랜드 애슬레틱스의 빌리 빈 단장을 유명인으로 만들었다. 야구장에서 승리를 이루는 전략을 바꿈으로써, 애슬레틱스는 뉴욕 양키즈와 기타 매년 선수에게 수백만 달러를 쓰는 팀과 경쟁할 수 있었다. 빌리의 반직관적인 사고와 가치를 발견해 내기 위한 그의 데이터 기반 시스템의 조합은 극히 효과적임이 입증되었고, 빌리 빈에게 성과측정의 명예의 전당에 한 자리(야구의 경우는 아닐지라도)를 확보하게 했다. 이제는 보스턴 레드삭스Boston Red Sox 같은 다른 팀도 이 측정 기반의 방법을 써서 선수를 선발하고, 또 그 방법은 다른 프로 스포츠에도 퍼지기 시작하고 있다.

프레드릭 W. 스미스 Frederick W. Smith, **페덱스**FedEx**의 회장 겸 CEO**

세계 최대의 특송회사, 페덱스의 창업자이며 CEO인 프레드 스미스는 테크놀로지를 활용한 측정의 힘을 지렛대로 이용하는 방법을 잘 이해하고 있다. 그는 '측정 불가, 관리 불가'의 철저한 신봉자이다. 페덱스는 품질 성과의 단일한 측정지표(정시 배달 백분율)를 12 요소지수, 서비스 품질지표Service Quality Indicator; SQI로 대체했는데, 이는 매일 페덱스의 서비스 수준의 수학적인 측정을 제공하고 있다. 그 회사는 또한 개발이 잘 된 경영평가 시스템으로, 소위 SFASurvey/Feedback/Action라고 부르는 것을 갖고 있는데, 조직 전체에 구석구석 배치가 되어 있어, 이것이 관리자들의 개선과 능률향상을 위한 행동계획을 쉽게 작성하도록 한다. 적어도 부분적으로는 이 데이터의 긍정적인 사용으로 인해, 최근 5년간의 조사에서, 91%의 직원이 이렇게 응답했다. "페덱스에서 일하는 것이 자랑스럽다".

필요 : 최고측정책임자의 역할

위의 리더들이 모두 강력하기는 했지만, 이 책에서는 서너 번 'C 수준의' 누군가의 필요성을 언급하고 있고, 이 사람의 책임은 한 조직의 총체적 측정의 전반적인 변혁화와 리더십이라고 했다. 여러분의 조직에서 누가 측정에 대한 책임을 맡고 있는가 생각해 보라. 아마도 몇 사람은 있을 것이다. 이제 누가 성과측정의 변혁화에 대해 책임을 맡고 있는가 생각해 보라. 아마도 없을 것이다. 그리고 그 필요성에 대해서 인정하는 사람도 아마 없을 것이다.

일반적으로 성과측정을 누가 소유하고 있는가? 아마도 각 부서일 것이다. 실상은 여러분의 조직에는 통일된 성과측정 시스템이 없으니, 누구의 소유랄 것도 없을 것이다. 누가 예상을 소유하는가? 틀림없이 어떤 예상인가에 달려 있을 것이다. 측정에 대한 학습은 누구 책임인가? 아마 누구의 책임도 아닐 것이다. 그리고 이러한 질문과 불만족스러운 대답의 리스트는 계속 될 수 있을 것이다.

우리가 성과측정을 재무적 또는 기술적 측정으로서가 아니고, 조직 전반적인 경영시스템으로 볼 때, 명백해지는 것은 기존의 리더십 구조의 범위를 넘어서 바라보아야 한다는 것이다. 그런 맥락에서, 위에서 말한 측정 리더들이 제공하는 사례들에서 우리는 모두 단서를 찾아볼 수 있을 것이다. 그들 모두는 새로 생겨나는 분야에서 역사적인 업적을 인정받았다. 이 책의 개념과 원리가 널리 퍼지게 되면 틀림없이 미래의 리스트는 더욱더 커질 것이며, 결국은 측정 리더들도 포함될 것이고, 그게 여러분일 수도 있다.

측정에서 배우기와
측정에 대해서 배우기

성과측정을 변혁하기에 있어서 배움보다 더 중요한 것은 없다. 성과측정에서 배우는 것과 성과측정에 대해서 배우는 것은 사람들이 그것에 관해 그리고 서로 간에 대해 어떻게 반응하고 연관이 되는지에 따라 큰 차이가 있을 수 있다. 이번 장에서는 측정을 변혁적으로 사용하기에 관해서 배우기와 측정에서의 배우기의 중요성을 논의할 것이다.

변혁적 학습

대부분의 학습은 정보제공적이지 변혁적은 아니다. 변혁의 뜻을 가진 영어단어 Transformation은 trans-form-ation, 즉 'change in form (형태/형질의 변화)' 에 관한 것이다. 지식의 축적이나 기존 기술의 레퍼토리의 증대에 목적을 둔 학습이 가치가 있기는 하지만, 그것은 형태의 변화를 촉진하지는 않는다. 조직학습의 전문가 잭 메지로Jack Mezirow는 변혁적 학습은 우리가 '무엇what' 을 배우는가 뿐만 아니고, '어떻게how' 배우는가도 바꿔야 한다고 주장한다. 그것은 단순히 지식의 양이나 질에만 관련된 것이 아니라, '알게 되는 방법' 에도 관련된 것이다. 그러한 만큼 변혁적 학습은 '학습에 관한 학습' 을 포함하게 된다. 그래서 조직에서 학습이 일어나고 있는 방법의 변혁을 통해서 학습의 프로세스는 변혁적 학습이 되는 것이다.

측정되는 것, 측정되는 방법, 그리고 측정 자체가 처리되는 것을 우리가 변혁하는 것은 매우 중요하다. 변혁적 성과측정은 자신에 관해서 지속적으로 학습하고, 자신을 개선하는 성과측정이다.

학습의 프로세스

학습은 우리가 지식에 관한 우리의 'know what', 'know why' 와 'know how' 를 얻는 것이다. 우리의 'know what' 은 존재하는 것에 대한 기본적 정보를 우리에게 주고, 우리의 'know why' 는 일이 일어나는 이유를 우리에게 알려주며, 그리고 우리의 'know how' 는 우리에게 일을 '어떻게 하는가(기술)' 를 말해준다. 우리는 모두 우리의 학습의 산물, 또는 학습 부족의 산물이다. 진실로 성공적인 사람들은 더 많은 지식을 소유하고 있을 뿐만 아니라, 또한 학습의 프로세스에 가장 능숙한 사람들이다.

학교에서는 시험이 성공의 일차적인 측정지표로서, 그 시험이 무엇을 배워야 하고 무엇을 가르쳐야 하는지에 대한 기대사항을 창출한다. 가장 전통적인 학습의 모습은 교사로부터 학생에게로 '내용'의 전수가 있는데, 학생은 수동적으로 내용을 흡수하고 시험에서 그 내용을 반복함으로써 보상을 받는다. 그 시험은 진정한 지식과 이해보다는 대부분 정보의 획득을 측정하는 경향이 있다. '시험에 나오는' 것이 학습을 지배하고, 또한 대부분의 교사들은 '시험에 맞춰서' 가르친다.

이런 종류의 시험은 또한 측정의 기본 원칙에 내재된 위험('측정하는 게 얻는 것이다.')에 관해서 많이 드러내는데, 그 이유는 학습은 보통 학생이 시험을 통과하면, 유용한 것이 학습되었는지 여부와는 상관없이, '성공적'이라고 간주되기 때문이다.

이런 모습은 직장에서도 거의 같다. 직장의 '학생들' 역시 측정되는 것을 학습하는 경향이 있고, 시험에 의하든, 강습의 완료로, 또는 교실에서 배운 것을 실무에서 증명함으로써 측정이 된다. 때로는 전혀 측정이 안 되는 경우도 있는데, 그게 바로 조직이 '그들의 측정에서 학습'을 얻거나, 아니면 더 적절하게는 측정을 하지 않아서 학습하지 않는 경향이 생기게 되는 이유이다.

학교에서와 마찬가지로, 이는 확립된 지식체계를 따르는 현상으로 이어진다. 사람들은 기대사항에 따라서 그들의 일을 수행하도록 학습되고, 그들의 성과측정지표 기준으로 획득한 '점수'로 테스트된다.

그런데 그 측정지표는 의미 있는 학습과는 거의 아무런 관련이 없다. 일상적인 사항은 마찬가지로 조직의 다른 분야에서 측정되고 있는데, 예를 들어 프로젝트 관리자가 쓸모도 없는 프로젝트가 완료되었다고 공적을 인정받기도 한다.

직장에서 우리는 '커리큘럼'을 생각할 경우, 표준 운영 절차, 규칙, 실시, 관찰, 그리고 순응 등과 같은 '주제'를 생각하는 경향이 있다. 직원들은 그들이 '우리가 이곳에서 일을 하는 방식'을 배우고 따르는 것이, '강력하게 장려된다'고 배운다.

실제로는 전통적인 학습과 성과측정은 조직을 바꾸기가 왜 그렇게 어려운가의 핵심적인 이유가 된다. 사람들은 자신이 측정되는 것을 실행하기 때문에, 우리는 올바른 사항을 측정하는 것이 매우 중요하다. 그렇지만 그렇게 되는 경우는 매우 드물다.

사람들이 창의적으로 될 경우가 있는데, 그것은 보통 공식적인 교육이나 직장의 성과측정지표가 있음에도 불구하고 있을 수 있는 일이다. 창의적인 대답은 전통적인 커리큘럼의 범위 밖에 놓여 있다. 흡수된 내용의 양을 측정하는 것이 혁신이나 혁신에 대한 수용력을 측정하지는 않는다.

성공적인 사람들에게는, 그들의 성공의 열쇠는 그들이 받아들인 내용에 있다기보다는 표준 커리큘럼을 넘어서 창의적이 될 수 있는 그들의 능력에 있다.

학습 순환고리

모든 학습은 일종의 반복적 순환고리를 통해서 일어난다. 밑의 그림에 있는 학습 프로세스가 보여주는 것처럼, 사람들은 첫째 단계로 강의를 듣는다든지, 책을 읽든지, 또는 단순히 어떤 일을 하든지와 같이, 어떤 학습 '경험' 에 관계한다. 둘째 단계는 '관찰' 인데, 그 경험으로부터 어떤 것을 관찰하거나 찾아낸다. 셋째 단계는 '내부적 변화' 로서, 만일 학습이 발생했다면, 두뇌 속에서 어떤 일이 생긴다. 그러면 또 다른 경험이 존재하는데, 이는 내부적 변화를 적용할 기회인지도 모른다. 그것이 진실한 '학습' 이다. 그리하여 그 순환고리는 다음과 같다.

경험 ➡ 관찰 ➡ 내부적 변화 ➡ 경험, 등등

그 내부적 변화는 여러 가지 서로 다른 형태를 취할 수 있다. 지식이 획득되면 단순히 기억에 추가될 수 있다. 그것은 '노하우' 가 되어, 결국은 기술로 변하거나, 또는 점진적으로 내부적 지식이 저장된 것을 변경해서 우리의 지식 베이스를 더욱더 풍부하게 만들기도 한다.

내부적으로 학습은 흡수와 적응을 통해서 일어난다. 흡수란 우리가 들은 것을 빨아들이는 것이고, 적응은 우리가 들은 것이나 경험을 통하여 배운 것을 우리에게 기억되어 있는 기존의 지식에 맞추려는 '투쟁' 이다. 좋은 학습이란 반드시 쉬운 것은 아니다. 실제로는 학습에서 우리가 더욱더 크게 투쟁을 경험할수록, 우리의 학습은 더욱더 깊어진다.

그것은 데이터를 정보, 지식, 지혜로 전환하는 프로세스와 비슷하다. 대체로 가르치거나 배운 것은 데이터나 정보이다. 공식적인 학습에서 그것은 대부분이 정보로서, 강사가 이미 가공 전의 데이터를 정보적인 내용으로 전환했기 때문이다. 그렇지만 비공식적인 학습에서 우리는 자주 새로운 데이터와 대면하게 되고, 그래서 처음부터 시작해야 한다. 그것은 이점이 될 수 있는데, 그 이유는 남에게 의지하기보다는 우리 자신이 데이터를 정보로 전환할 기회를 얻기 때문이다. 그리고 우리가 데이터를 정보로 전환하는 경우에, '우리 자신이 했기' 때문에 우리가 얻는 지식의 질을 실제로 높일 수 있다. 그것은 또한 우리에게 더 깊은 의미가 있을 수 있다.

우리가 정보를 진실로 이해하면 그것은 지식이 된다. 그 지식은 다른 지식이나 경험과 어우러져 사용되어, 결국은 지혜를 산출할 수 있다. 바로 그것이 일정한 수준의 경험을 지닌 사람들이 많은 교육을 받았지만, 경험이 부족한 사람들보다 지혜로울 수 있는 이유이다. 우리의 내부적 지식이 잘 체계화될수록, 또 우리의 학습용 도구가 더 좋을수록, 우리는 훨씬 더 효과적이고 효율적으로 정보를 지혜로 전환할 수 있을 것이다.

우리의 생각과는 달리, 대부분의 학습은 틀에 박힌 환경에서는 일어나지 않는다. 우리가 학습하는 대부분의 것은 일상생활 속에서의 경험과 실험을 통해서 학습한다. 일부 추산에 의하면 평생의 학습 중 90%가 비공식적으로 일어난다고 한다. 이런 종류의 비공식적 학습은 조직에서 어디에나 존재하고, 지속적이며, 대단히 사회적이다. 그 일은 사람들이 일하는 곳이면 어디든, 곧 작업장이든, 회의석상에서든, 고객의 현장에서든, 실험실이든, 어느 곳에서든 일어난다. 대부분의 사람은 끊임없이 학습 중에 있는 것이다.

단일 순환고리 학습과 이중 순환고리 학습

두 가지 유형의 학습, 즉 단일 순환고리 학습과 이중 순환고리 학습이 있다. 단일 순환고리 학습은 기대된 결과와 획득한 결과의 차이에 따라서 개인이 자신의 행동을 수정하면서, 단일 피드백 순환고리가 있을 경우에 일어난다. 이것은 진행 중인 에러 수정 프로세스로 수용할 만한 수준의 지식 또는 행동이 성취될 때까지 계속된다. 단일 순환고리 학습의 가장 흔한 예는 일정한 온도를 유지하도록 맞춰진 자동온도조절기thermostat이다. 난방 시스템은 맞춰진 온도를 발견하려고 시도한다. 그 온도를 발견하면, 그 시스템은 '학습'을 중단한다. 단일 순환고리 학습의 또 다른 좋은 예는, 이미 습득한 기술의 능력을 계속 늘려가다가, 만족할 만한 능력 수준이 습득되자 비로소 멈추는 것이다. 단일 순환고리 학습과 함께, 연습, 피드백, 에러 수정, 그리고 반복은 여러분이 무엇을 하고 있든지 그 능력을 향상시킬 것이다. 동일한 측정지표의 사용에 능숙해지는 것은 단일 순환고리 학습에 의한 좋은 측정의 예이다.

이중 순환고리 학습에서는, 개인들이 학습 내용 자체에 의문을 품고, 당연시하던 확신을 시험하고, 또한 애초에 지식으로 채택하고, 행동에 참여하도록 이끌었던 기대사항, 가치, 전제조건들에 도전한다. 만일 그들이 기대사항을 수정할 수 있으면, 학습의 2차적인 배열, 또는 이중 순환고리가 일어난 것이다. 만일 자동온도조절기가 현재 자신이 하고 있는 것에 관해서 왜 하고 있느냐고 질문할 수 있다면, 그게 바로 이중 순환고리 학습의 사례이다.

그런 만큼 이중 순환고리 학습은 '단일 순환고리 학습에 관한 학습'이라고 생각할 수 있다. 이중 순환고리 학습이 중요하게 되는 것은, 사람들이 동일한 일을 하는데 효율 증대보다 더한 것을 달성하고 싶을 때의 경우이다. 사람들이 새롭고 서로 다른 접근방법을 실험하는 순간, 이중 순환고리 학습이 일어나고 있는 것이다. 혁신과 변혁은 이중 순환고리 프로세스이다.

월마트Wal-Mart와 아마존닷컴Amazon.com은 실험을 통해서 학습하는 회사들의 훌륭한 본보기이다. 두 회사는 새로운 것을 시도하는 데 주저하지 않지만, 그러나 먼저 시험해 보고 나서야 혁신을 실행한다. 그들은 측정으로부터 학습하는 데 전념하고 있다.

성과측정에서, 기존의 측정지표에 대해 의문을 제기하는 것과 새로운 측정지표를 채택하는 것(변혁적 및 신생 측정지표)은 이중 순환고리 학습의 예이다. 이중 순환고리 학습이 일어난 후에는, 단일 순환고리 학습이 이어받을 수 있고, 그러면 우리는 새로운 방법이나 측정지표의 사용을 개선할 수 있다. 최상의 상태에서는, 성과측정은 이중 순환고리 학습과 단일 순환고리 학습의 상호교차가 되풀이되어야 한다. 이중 순환고리는 기존의 측정지표에 의문을 제기하며 새로운 측정지표를 실험하고, 뒤따르는 단일 순환고리는 새로운 측정지표를 미세조정한다.

단일 및 이중 순환고리 학습의 본질과 관계가 [그림 10-1]에 나타

[그림 10-1] 단일 순환고리 학습 대 이중 순환고리 학습

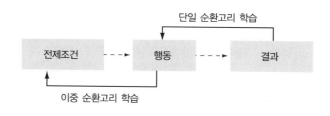

나 있다.

대부분의 학습은 단일 순환고리 종류로, 그 목적이 특정 분야에 있어서 좀 더 지식이나 기술을 늘리는 것이기 때문이다. 예를 들어 회계담당자가 이익을 계산하는 표준 방법을 학습하는 것과 관리주임이 자신의 성과판단 기술을 향상시키는 것은 단일 순환고리 학습의 예이다. 그와 대조적으로 회계담당자가 이익을 계산하는 표준 방법의 타당성에 의문을 제기한다든지, 관리주임이 새로운 성과판단 방법을 채택하기로 결정하는 것은 이중 순환고리 학습의 예로 생각할 수 있다. 각 경우에, 같은 접근방법에 그대로 더 나아지는 것보다는 이전에 배운 접근방법 자체의 타당성에 도전한 것이다.

기존의 접근방법이 더 깊이 뿌리를 내렸을수록, 이중 순환고리 학습은 더 어려워진다. 그게 바로 어떤 일을 하는 데에 특별히 잘하는 사람들이 흔히 새로운 것을 배우는 데 가장 심하게 저항을 하는 이유이다. 그 점은 전통적인 분야와 기능부서에서 특히 맞는 말이다. 예를 들어 성과측정이 기능부서적 정신 구조에 깊숙하게 뿌리를 내리고 있

어서, 이중 순환고리 학습에 극히 저항적이다. 그 점이 조직의 구성원이 동일한 '지표'를 거듭 반복해서 사용하는 경향이 있는 이유이다.

변혁적 측정과 이중 순환고리 학습

단일 순환고리 학습과 이중 순환고리 학습의 구별은 성과측정을 변혁하는 데에 특히 중요하다. 기존 성과측정 방법에 대한 숙련도를 높이는 것은 단일 순환고리 학습이다. 기존의 방법에 의문을 표시하고 바꾸는 것은 이중 순환고리 학습이다. 단일 순환고리 사고방식은 대량생산을 창안했고, 새로운 수준의 높은 능률을 기할 수 있다. 그것은 또한 기존의 기술을 익히는 데 좋다. 예를 들어 기존 원칙에 입각하여 견적을 익히는 것은 단일 순환고리 학습이다. 그렇지만 단일 순환고리 학습은 현행의 것에 대해서 도전하지 않는다. 그래서 만일 정확도를 높이기 위해서 견적용의 파라미터에 이의를 제기할 필요가 있다면, 단일 순환고리에만 전적으로 의존하지 말라.

이에 대비해서 이중 순환고리 학습은 새로운 렌즈를 통해서 사물을 바라보는 것으로, 같은 사물을 새로운 방법으로 보게 도와주고, 또한 새로운 사물을 보게도 한다. 전통적인 대량생산 제조업의 세계에서는, 새로운 사물을 보는 것이 한정적이었다. 그런데 서비스와 무형자산의 신세계에서는, 막대한 양의 가치가 보이지 않거나, 보이더라도 별로 뚜렷하지 않아서 효과적인 관리가 되지 않고 있다. 그것이 바로 사방의 조직들이 가치창출의 가장 중요한 근원을 낭비하고 있는 경우가 생기는 이유이다. 가치창출의 근원의 예는, 고객 관계, 공급망 파트너, 직원, 그리고 포착이나 강화 또는 이용되지 않는 지식과 지적 자본이다. 전 세계의 식스시그마를 총 동원하더라도, 조직에게 새로운 렌즈로 사물을 보도록 도와줄 수는 없는데, 왜냐하면 효율을 기하는 데에는 가치가 있지만, 그들은 모두 표준의 단일 순환고리의 '지표'를 사용하기 때문이다.

마이클 해머가 설명한다. "식스시그마는 하나의 프로세스가 설계된 대로 이행하도록 확인해 준다.… 그러나 대체적인 프레임워크를 창안하는 데는 무력하다." 이 지점이 바로 식스시그마와 변혁적 측정이 손잡고 일을 할 수 있는 곳으로, 이중 순환고리 학습이 단일 순환고리 학습을 강화하고, 그 다음에는 단일 순환고리 학습이 이중 순환고리 학습을 공고히 할 수 있는 것이다.

여러분 조직의 성과측정 시스템은 주로 단일 순환고리일 가능성이 높고, 같은 일을 더 잘하려는 관심 위주일 것이다. 그런데 성과측정이 이중 순환고리가 아닐 경우, 여러분이 사용 중에 있는 수많은 측정지표는 아주 진부할지도 모른다. 이중 순환고리 학습은 당연하다고 생각하는 것에 계속적으로 의문을 제기하는 것에 관한 것이며, 또한 좀 더 나은 방법이 있는지 찾는 것이다. 단일 순환고리들은 항상 도전을 받고 있는데, 그것을 파괴하려는 목적이 아니라, 계속적으로 전체 시스템의 효과성을 개선하려는 목적 때문이다.

모든 개인과 조직이 변함없이 학습 중에 있지만, 학습의 대부분은 단일 순환고리 학습으로, 사람들이 같은 일을 더 능숙하게 하기 때문이다. 이는 반드시 나쁜 것은 아니지만, 아무 것도 변혁하지는 못할 것이다. 어느 조직이고 동일한 핵심성 성과지표KPI; Key Performance Indicator를 반복해서 사용하는 조직은, 그 지표가 아무리 잘 측정되더라도, 동일한 결과를 얻도록 되어 있다. 현재의 경쟁적 압박은 좀 더 능숙한 선수만 필요한 것이 아니라, 게임을 이기기 위해 더 나은 전략도 필요하다. 단일 순환고리 학습만으로는 더 이상 충분하지 못하다. 실제로는 그것은 장애로 작용할 수도 있다. 단일 순환고리 학습에 너무나 훌륭한 조직은 실제로는 불리한 입장에 설 수도 있다.

조직학습

개인적 학습이 개인적 능력을 향상시키는 것과 관계가 있는 반면에, 조직학습은 조직 시스템과 조직의 성과를 위한 역량 강화에 집중되어 있다. 변혁적 성과측정은 바로, 성과측정을 새로운 방법으로 사용하여, 조직 시스템과 조직의 성과를 위한 역량을 강화하는 것이다. 한 조직이 조직학습을 '체계화'하여 학습을 일상화하면, '학습조직'이라 부른다. 피터 센게의 기술에 의하면, 학습조직에서는 사람들이 끊임없이 자신들의 현실을 창출하는 방법을, 그리고 그 현실을 변경할 수 있는 방법을 발견하고 있다고 한다.

　조직학습은 하나의 전체적 조직 또는 조직적 실체를 개입시키는 배움이다. 그것은 교실에서는 일어날 수 없고, 또한 표준 커리큘럼을 사용하지도 않는다. 그것은 특정 내용이나 방법론 세트에 관한 것이 아니다. 조직학습은 행동학습action learning으로 작업 환경 내에서 이루어지고 보통은 일과 통합되어 있다.

변혁적 측정은 조직학습을 촉진하는 훌륭한 방법이며, 또한 조직학습은 차례로 변혁적 측정을 조장하는 훌륭한 방법이다. 제4장과 제5장의 측정 시나리오와 스냅 사진을 기억하는가? 그 안에 설명된 사람들은 측정에 대해서, 그리고 그 측정이 어떻게 그들을 도와서 배우고 개선하게 할 것인가 들떠 있었다. 그들에게는 성과측정은 지루하거나 위협적이 아니었으며, 그것은 긍정적이며 동기부여적이었다. 그것은 활동 중에 있는 조직학습이다. 그 이유는 이런 종류의 측정은 직장의 실천적 학습에 필요한 종류의 가시성, 투명성, 상호작용성을 제공할 수 있기 때문이다. 여러분이 강의실에 앉아 있을 경우에 여러분은 틀림없이 수동적으로 강의를 듣고 있을 것이다. 여러분이 측정에 대하여 대화를 하거나 측정을 하고 있을 경우에는, 여러분은 행동으로써 배우고 있는 것이다.

아주 중요한 것은 조직이, 사람들에게 같은 일을 더 잘하도록 배우게만 해서는 안 되고, 권한을 주어서 그들이 하는 일을 변혁할 수 있도록 허가해 주어야 한다는 것이다. 이런 종류의 학습은 전통적인 학습활동을 통해서 일어날 수 있는 것보다 훨씬 더 깊은 이해력으로 이끌게 된다. 변혁적 성과측정에서 상호작용의 패턴과 질문은 확실히 건전한 이중 순환고리 학습 시스템의 패턴과 질문이다. 그러나 이는 대부분의 사람이 감당하기 싫어하는 리스크를 포함한다. "왜 우리는 사물을 다르게 바라보아야 하는가?" "우린 새로운 측정지표는 필요 없다. 우리 지표는 아주 훌륭하다. 단지 우리가 원하는 만큼 하지 못해서 그렇다." "만일 측정지표가 100% 타당하고 확실하지 않다면, 우린 아예 고려하지도 않는다." 혹시 이런 식의 평들이 귀에 낯설다면, 여러분의 조직은 이미 어떤 조직보다도 앞서고 있는 것이다.

가끔 조직학습의 예 같은 것이 눈에 띄는데, 이는 몹시 드물다. 질문을 한다든지, 대화에 참여하기, 부서 간 협력적 상호작용, 사전 예방적으로 가치와 효과성 측정하기, 측정된 실험과 파일럿 프로젝트 구현하기, 측정을 통하여 배우고 있는 것에 대해 이야기하기 등등이다. 가장 두드러진 조직학습 활동 중의 한 가지로 미래에 일어나기를 우리가 바라는 것은, 부서 간 협력팀이 측정하기 어려운 구성 개념을 측정하려는 노력이다. 이것이 진실한 조직학습이다. 측정에 관해서 이중 순환고리 학습으로 21세기에 성공하기를 바라는 조직들에게는 이것이 일상처럼 흔해질 필요가 있다.

영리한 사람들이 멍청한 짓을 하는 이유

그런데 왜 이런 종류의 적극적인 학습이 오늘날 대부분의 조직에서 기준이 되지 못하는가? 조직 심리학자 크리스 아지리스Chris Argyris는 개인과 조직이 겪는 학습의 기본적인 문제를 발표한다. 아지리스에 따르면, 설사 우리가 학습에 몰두할 경우라도, 개인적·조직적 '학습 장애'가 있어서, 최적의 학습을 방해할 뿐만 아니라 효과적인 수행도 방해한다. 또한 대부분의 사람들은 매우 영리하지만, 성공하려면 소위 '맞는' 답(설사 그게 틀린 답임에도)을 발견하라고 배웠고, 또 그들은 '틀린' 답(설사 그 답이 실제로 올바른 데도)은 무시하거나 은폐하기 쉽다.

이런 현상이 일어나는 것은 사람들이 보는 데에는 '맹점'이 있기 때문이다. 이런 경향은 조직에서는 악화되고, 자주 기존의 측정 시스템으로 강화된다.

학습장애가 있는 영리한 사람들을 그룹으로 묶으면, '역逆시너지' 현상이 일어나게 되고, 그 전체가 실제로 크게 개인들보다도 못하게 된다. 그게 바로 조직학습 권위자 피터 센게가 묻는 이유이다. "개인적으로 IQ가 120이 넘는 헌신적인 관리자들의 팀을 이루면 왜 그 팀의 IQ가 63밖에 될 수 없는가?" 밑에는 몇 가지 학습장애의 예가 있는데, 이 질문에 대한 답이 될지도 모르겠다.

- **라벨 붙이기** 온갖 종류의 생각, 인식 및 감정의 습관들이 있어서 우리의 마음에 영향을 주어 현실을 왜곡하게 한다. 우리의 사고는 주관적이고 이기적이기 쉬운데다가, 또 사물을 있는 그대로가 아니고 흔히 우리가 보고 싶은 대로 '라벨을 붙이는' 경향이 있다.

- **고정 마인드셋** 대부분의 우리의 독특한 사물관은 우리의 '마인드셋' 또는 '사고 모델'에 기인한다. 피터 슈워츠Peter Schwartz에 의하면 고정 마인드셋은 우리 삶의 모든 상황과 우리가 만난 모든 사람에 대한 마음가짐이다. "많은 경우에, 우리의 마인드셋은 어릴 때부터 서서히 형성되어온 것이며, 실제의 현실과는 큰 관계가 없을 수도 있다."

- **여과하기** 모든 사람은 정보를 무의식적으로 거르는데, 좋은 소식 또는 우리의 선입관과 자아상을 뒷받침하는 정보를 선호한다.

- **터널 시야** 이것은 한 번에 한 가지 일에 집중하거나, 사항을 문맥에서 따로 떼어내거나('단편화'), 최신의 것, 가장 친숙한 것, 가장

전통적인 것, 또는 가장 단기적인 것에만 주의를 기울이거나 하는 등의 경향이다.

● **정당화** 우리는 스스로가 정말로 올바른 결정을 했다고 뒷받침해 주는 정보를 찾아내는 경향이 있다. 그러나 혹시라도 우리가 올바른 결정을 못했다면, 우리의 마음은 아주 능숙하게 대처하는데, 그 결과가 부인, 방어적 태세 또는 합리화를 통한 '인지적 부조화cognitive dissonance' 이다.

● **습관** 모든 인간은 과거 및 습관의 노예이다. 중역들의 리더십 조사에서, '비즈니스 전략을 효과적으로 실행하는 데 장애가 되는 사물'을 지적하라는 설문에, 가장 높은 점수를 받은 것은 '과거 및 습관' 이었다.

● **목표 고정** 슬라이워츠키와 모리슨Morrison은 중역들에게 구체적으로 터널 시야의 극히 위험한 '친척'을 피하라고 경고하고 있다. 그들의 설명에 의하면, "급강하 폭격을 하는 조종사에게 가장 큰 리스크는 이른바 '목표 고정' 이다. 조종사가 정확한 낙하를 확보하기 위하여, 목표에 시선을 유지하는 데 너무나 집중하는 바람에 고도를 잊어버리고 비행기를 지상으로 바로 돌진하는 것이다. 목표 고정은 현행 측정의 아주 훌륭한 미세 사항 관리('우린 목표대로 가고 있나?')이지만, 그러나 좀 더 넓은 현실과는 관계가 없다."

저자는 그러한 조직 리더십의 판단 착오에 대한 이런 편견의 원인을 다음과 같은 경우에서 찾고 있다. 한물간 제품의 시장점유율 높이기와 소비재화한 제품의 매출 성장에 대한 집착, 가치창출이 가치연쇄상 다른 곳에서 이루어지고 있는 경우인데, 제조단위 원가절감에 과도하게 집중하기, 그릇된 제품으로 시장에 최초 출시하기, 그리고 고객관점의 품질을 반영하지 않는 내부통계로 품질 정의하기 등이다.

● **동조**同調　또 다른 편견의 원천은 집단 돌격과 관련이 있는데, 특히 집단의지에 동조하라는 압력과 관계가 있다. 이에는 우리 모두가 알고 있듯이 수없이 많은 예가 있다.

유감스럽게도 영리한 사람들이 조직 내에서는 허다하게 멍청이 짓을 한다. 유명한 심리학자 윌리엄 제임스William James가 요약해서 말한다. "수많은 사람들이, 단지 그들의 선입관을 재배열하면서, 자신들이 생각하고 있는 중이라고 생각한다." 그게 바로 많은 개인들, 부서들, 분야, 그리고 조직들이 기존 측정지표에 끈질기게 매달리는 이유이다. 심지어는 그 측정지표가 부적합하며, 부분 최적화와 다른 역기능적인 부정적 결과를 초래한다고 알려진 경우에도 그러하다.

어떻게 성과측정이 도울 수 있는가

편견적 사고와 잘못된 습관을 줄이는 가장 좋은 방법은 성과측정의 효과적인 사용을 통하는 것이다. 좋은 측정이 없이는, 편견이 거의 언제나 이길 것이고, 성과는 질 것이다. 제1장에서 한 말을 약간 바꿔 표현한다면, "데이터가 없을 때에는, 어느 누구의 편견적 의견이라도 다른 사람의 것과 마찬가지다." 우리가 비록 개인적인 편견을 없애버릴 수는 없겠지만, 좀 더 그것에 대해 의식함으로써 그 부정적인 영향만은 줄일 수 있다.

그러나 사람들이 자신들의 편견에 대해 의식하더라도, 습관은 여전히 남아 있다. 습관을 바꾸는 것은 훈련된 접근방법이 필요한데, 대부분의 사람, 특히 자신들의 직관에 자부심을 느끼는 이들은 그에 대해 저항을 한다. 그것이 훈련된 측정이 그렇게 효과적일 수 있는 한 가지 이유이다. 측정은 새롭고 더 객관적인 렌즈를 제공해서, 있는 그대로의 실제적인 현실에 직면하게 한다. 그것은 또한 우리의 편견을 점검하고 잘못된 판단을 방지해서 높은 비용이 드는 걸 모면하게 하는데, 그것은 자칫하면 전투가 한창인 와중에 '보지도' 못할 뻔한 것이다. 측정은 의사결정이 좀 더 객관적이고, 통제가 되고, 또 덜 정치적이게 만들 수 있다. 이것이 식스시그마가 그렇게 성공할 수 있었던 여러 가지 요인 중 하나이다.

그렇지만 지혜롭게 잘 실행되어야 제기능을 발휘한다. 그렇게 하기 위해 여러분은 측정 활용능력과 논리적 사고에 관한 책 몇 권을 반드시 읽어보기 바란다.

이를 위해 변혁적 측정 행동 계획Transformational Measurement Plan Actions 중 두 가지, 제14장의 32항 정보적응Information Orientation 및 33항 정보숙달도Information Proficiency에 관해 깊이 생각해 보기 바란다. 정보적응은 조직이 정보를 얼마나 잘 사용하는가에 관한 측정지표이고, 정보숙달도는 개인들이 정보를 얼마나 잘 사용하는가에 관한 것이다. 정보기술이 엄청난 진보를 보이고 있는 이 시대에, 데이터와 정보가 더욱더 풍부해질수록, 우리는 좋은 의사결정을 내리는 것이 점점 더 힘들어지는 것 같다.

성과측정에 관해 새로운 사고방식 배우기

잘못된 결정을 내리는 것이 아주 파괴적이지만, 더욱더 해로운 것은 잘못에서 아무것도 배운 것이 없는 경우이다. 오늘날의 조직에서 사람들은 경험으로부터 배울 수가 없다. 가장 변혁적인 개인들과 조직들은 잘못의 현실에 직면하고, 시간을 들여서 잘못들로부터 배우는 사람들이다.

불행하게도 대부분의 개인과 조직은 자신들의 성공에는 어울리지 않는 양의 시간을 들여서 상세하게 이야기하지만, 실패는 얼버무리고 지나간다. 이것은 틀림없이 평범해지는 방법이다. 성공이 좋기는 하지만, 그것으로부터는 배울 기회가 별로 생기지 않는다. 대부분의 사람은 '터득한 교훈(실패와 잘못에서 유래된 것)'을 이야기하는 것보다는 그들의 '모범사례(성공에 대한 의견에서 온 것)'를 이야기하는 데에서 훨씬 편안함을 느낀다. 저자는 수많은 '터득한 교훈' 회의를 보고 있는데, 회의 참석자들은 무슨 일이 있어났고 무엇을 배워야 하는지 적나라하게 솔직하기보다는, 자신들의 실패를 애써 드러내지 않으려는 잘못을 저지르고 있다. 그것은 마치 취직 인터뷰 때 나온 "당신의 가장 큰 약점이 무엇인가?"라는 질문에 대해, "전 너무나 열심히 일해요."라고 대답하는 것과 마찬가지이다.

실패에 대한 정직한 인정이 배움의 지름길이다. 실패를 인정하지 않거나 축소하는 것은 학습조직에는 상반되는 것이다. 적절하게 사용되면, 측정은 현존하는 가장 강력한 학습도구의 하나이다. 부적절하게 사용되면, 편견을 강화하고 무지를 영속화하는 데 한몫을 할 수도 있다. 한 상호작용적인 회의에서 모든 사람이 지난 해 동안 범한 대여 섯 개의 큰 잘못을 설명하는 광경을 상상해 보라. 또한 그 회의에서 그들이 얼마나 배울 것인가를 깊이 생각해 보라. 여러분은 바로 그런 논의가 미래 조직의 의사결정에 가져올 긍정적이고 변혁 작용적인 영 향을 상상할 수 있을 것이다.

변혁적 학습의 열쇠

위에서 설명한 학습의 종류는 그것을 뒷받침하기에 충분하게 열려 있 는 상황이 필요하다. 알고 있겠지만, 변혁적 측정의 열쇠는 상황, 집 중, 통합, 그리고 상호작용성이다. 변혁적 학습에도 마찬가지이다. 여 러분의 조직 내에서 진실을 측정하기에 좋은 환경이 있는가? 여러분 의 조직은 가치창출에 가장 중요한 측정지표에 집중하고 있는가? 여 러분의 측정 접근방법은 조직적 통합과 정렬을 촉진하는가? 측정은 상호작용적으로 그리고 반복적으로 수행되고 있는가? 이 모든 사항 들이 학습을 반영하는데, 그냥 아무런 종류의 학습이 아니고, 수많은 이중 순환고리 및 실천적인 조직학습인 것이다.

　만일 상황이 긍정적인 방향으로 향하고 있으면, 조직학습이 증가 하는 걸로 그 증거를 볼 수 있어야 한다. 만일 올바른 변혁적 측정지 표를 찾아내려고 끊임없이 노력하고 있다면, 이중 순환고리 학습이 일어나고 있을 것이다. 만일 일어나고 있는 상호작용의 정도가 높다 면, 그것은 조직학습이 일어나고 있는 것이 실질적으로 보장된 것이나 마찬가지이다.

다음 항목은 일부 주제, 즉 새로운 종류의 측정 활용 능력을 위한 '행동학습 커리큘럼'을 포함하고 있다.

질의 VS 주장

대부분의 조직에서 사람들은 자신의 의견, 아이디어 그리고 일정계획을 주장함으로써 정상으로 올라간다. 주장의 상대적인 중요성은 대체로 불가피하다. 그러나 변혁적 학습과 변혁적 측정, 두 가지의 열쇠는 질의이다. 질의는 이전에 물어보지 않았던 질문을 할 수 있는 능력으로, 지시하거나 주장하는 것이 아니고, 문의하는 능력이다. 피터 센게는 말한다. "진짜 질의는, 사람들이 대답이 없는 물음을 던질 때 시작된다. 그렇지만 그것은 조직에서는 참으로 드물다."

의문의 허용

이중 순환고리 학습 환경에서 사람들은 자신들의 인식, 의도, 그리고 이론을 현실에 맞춰서 실험하고 타인과의 공유를 자진해서 할 수 있어야 하고, 그 차이에서 배워야 한다. "이들 측정은 실제로 무슨 의미가 있는가?" "이들 숫자는 어디에서 온 것인가?" "그들에게 어떤 숨은 동기라도 있는가?" 이중 순환고리 학습 환경에서 사람들은 숫자나, 그 숫자를 생성한 이론에 대하여 의문 품기를 꺼리지 않는다.

실험의 허용

관리자들은 설사 자신들이 데이터를 실제로 수집하지는 않더라도, 어떤 사항을 '측정할 수 있게' 만들려고 시도하는 것이 얼마나 강력할 수 있는지 거의 깨닫지 못한다. 단지 새로운 측정지표의 정의를 논의하는 것만으로도 변혁적 학습의 기회일 수 있다. 사실은 그런 식으로 대부분의 변혁적 측정이 시작되는데, 누군가가 일반 통념에 이의를 제기하는 아이디어를 제시함으로써 시작되는 것이다.

그리고 그게 바로 그렇게 일부 무형의 자산이 현재는 측정을 거부하지만(그래서 관리가 엉성하게 되지만) 머지않은 어느 날 일상처럼 측정될 것이다. 누군가 소박하게 앞으로 나서서 다음의 질문을 함으로써 논의를 시작할 필요가 있다. "이걸 어떻게 측정하지요?" 그 측정 방법이 질적이거나 설사 주관적일지라도 제의하는 데 거리낄 것 없다. 그런데 이런 것은 부정적인 측정의 상황에서나 사람들이 그렇게 할 권한이 없다고 느끼는 조직에서는 일어나지 않는다.

이 책의 핵심개념 중 하나가 신생의 측정지표는 완전히 객관적이고, 정량적인 전통 방법으로는 결코 측정이 될 수 없다는 것이고, 또 그런 시도를 할 경우에는, 흔히 그 측정지표의 가치를 없애거나 평범하게 만들어 버린다는 것이다. 사람들은 변혁적 측정의 새로운 규칙을 교육 받을 필요가 있다. 어떤 새로운 측정지표는 사람들이 '경험상의 추측'을 해야 할 필요가 있다. 만일 그렇다면 조직은 그 추측을 하는 사람의 교육부터 시작하는 것이 좋을 것이다.

더군다나 주관적인 평가와 자체 평가의 사용을 통해서 막대한 배움이 생겨난다. 그런데 대부분의 사람은 그 도전을 이용할 준비가 되어 있지 않은데, 그 이유는 그들이 수동적인 태도에 길들여져 있기 때문이다. 그것은 지극히 당연하지만, 성과측정이 변혁이 되기 위해서는, 측정으로부터 배움을 위한 풍토가 변혁됨이 매우 중요하다.

측정담화를 뒷받침하기

조직구성원의 대부분은 무엇을 하라고 지시를 받는 데 익숙해져 있다. 그런 관계로 측정은 하나의 책임accountability 구조에 지나지 않는다. 사람들이 현행 측정지표에서 별 주인의식을 느끼지 않는 것이 놀라운 일이 못 됨은 당연하다. 그들은 그것과 관련해서 아무런 실질적인 관련이 없기 때문이다. "이걸 측정하시오."라는 말을 들었을 때, 별로 흥이 날 사람이 거의 없다.

그 외에 측정에 관한 거의 모든 이런 전통적인 학습은 단일 순환고리 학습이고, 확실히 이 학습의 많은 부분은 생방송이든 녹화든, 설명회로 제공할 수 있다. 그러나 이중 순환고리 학습은 일방통행식의 소개회나 또는 심지어 질의 응답 세션을 통해서는 일어날 수가 없다. 이런 종류의 학습은 오직 상호작용적으로만 생길 수 있다.

이런 측정 논의는 진실한 학습 상황이 될 수 있고, 그 상황 속에서 참석자들이 그들의 기존 측정지표들을 조사하고 수정할 수 있는데, 관리자와 직원이 현행 접근방식에 관하여 의문을 제기하거나 이야기를 주고받는 기회가 있는 한은 그러하다.

측정 프레임워크를 둘러싼 담화를 촉진하기

제8장에서 자세하게 설명했듯이, 측정 프레임워크는 매우 귀중한 것으로, 사람들로 하여금 조직의 '대국적인' 시각을 보고 이해하는 데 도움을 주고, 또한 일상적인 일에서는 명백하지 않은 요소들 사이의

연관을 짓는다. 이는 직원이 하고 있는 것과 측정하는 것, 그리고 조직의 실적과의 사이의 '조준선' 연관을 논의할 훌륭한 기회이다. 측정 프레임워크를 둘러싼 담화보다 학습에 더 강력한 자극제는 없다. 마이클 해머가 말했듯이, 회사를 위해 여러분이 할 수 있는 가장 중요한 일은 모든 사람이 CEO와 같은 용어로 비즈니스를 이해하도록 돕는 것이다.

측정지표가 무슨 의미이고 어떻게 연관이 되는지 논의하기, 비즈니스의 이론을 운영상의 현실과 비교하기, 즉 직원이 고객과 어떻게 연관이 되고, 또 그들이 어떻게 사업 계획과 예산 프로세스와 연관이 되는지에 관하여 확실하게 관찰하는 것은 모두 중요하다. 지금까지는 좋았지만 이제는 측정 프레임워크가 하드웨어처럼 융통성 없는 것인 양 취급되는 경우가 너무 잦다. 측정 프레임워크는 반박할 여지가 없는 사실이 아니다. 대체로 사람들은 실제로 시험하거나 개선하기보다는, 단지 기존 프레임워크의 확증을 찾는 경향이 있다.

측정 프레임워크 담화의 어떤 것은 다음과 같은 질문을 맴돌 수도 있다. 즉 "증거(데이터)는 뭐라고 하는 것인가?", "이 논리가 맞는가?" "왜 그 측정지표가 선택되었는가?", "고객에게는 뭐가 가장 중요한가?", "이 우선사항들이 측정 프레임워크에 반영되었는가?" 또는 "그 밖에 측정되어야 할 것이 있는가?" 등이다.

운영상의 성과측정과 고객중심의 측정지표(외부적 및 내부적 고객 모두를 위한) 사이의 갈등과 절충을 숙고함으로써 얼마나 많이 직원이 배울 수 있는가 생각해 보라. 많은 경우에 운영상의 측정지표는 긍정적 고객경험 및 사용자경험에 대하여 정반대의 위치에 있다. 물론 이것은 학습조직에게는 문제가 아니고 오히려 최적화의 절충을 찾아내는 멋진 경험이다.

가치창출과 파괴에 대해 더 커다란 이해 빚어내기

만일 여러분의 조직이 비즈니스의 목적과 방향에 대하여 강력한 '이론'을 지니고 있다면, 성공에 중요하다고 여겨지는 요소들을 눈에 보이도록 해주는 측정을 특히 원할 것이다. 눈에 보이게 하는 가시성 자체는 노력에 영향을 주는 강력한 도구가 된다. 어떤 것을 측정하려고 신경을 쓴다는 사실이 사람들의 주목을 받게 한다. 유감스럽게도 가치창출(및 파괴)은 좀처럼 공공연하게 눈에 보이지는 않는다. 대부분의 관리자와 직원은 그들의 행동으로 그들이 가치를 창출하고 있는지 또는 파괴하고 있는지 잘 모르고 있다.

사람들은, 가치가 더 많이 창출되고 덜 파괴하는 방법에, 또 그 파괴가 터무니없는 낭비, 대수롭지 않은 누출, 또는 증발에 의한 것인지에 관한 논의에 적극적으로 관여해야 한다. 전 지구상에서 거의 모든 조직의 모든 분야에서 무심코 가치를 파괴하고 있는 사람들이 얼마나 많을지 생각해 보라. 얼마나 많은 조직이 여전히 케케묵은 전제들에 집착하고 있는지 생각해 보라. 그 낡은 전제들은 고객에 관한 것("모든 고객이 수익성이 있다." "모든 고객이탈은 나쁘다."), 직원에 관한 것("모든 직원이직률은 나쁘다."), 시장점유율에 관한 것("모든 시장점유율은 좋다."), 그리고 매출에 관한 것("모든 매출은 좋다.") 등이다. 오직 이중 순환고리 학습을 늘리는 것만이 그 출혈을 멈추게 할 것이다.

숫자와 통계를 해석하기

조직의 전 구성원이, 통계가 개인별 기능과 책임에 적용되는 상태에서, 그 정교한 통계를 해석할 수 있다는 것은 중요하지 않다. 그러나 성과측정을 변혁하기 위해서 사람들은 '그 숫자들'에 대해서 자발적으로 논의하고 이의를 제기할 수 있어야 한다.

조직들은 매우 신속하게 새로운 정량적인 측정지표들을 채택하고, 그러한 숫자들을 현실로서 맹목적으로 받아들인다. 숫자들이 신뢰성의 외관을 지니고 있기 때문에, 대부분의 사람들이 거기에 대하여 의문을 품거나 이의를 제기하기는 어렵다. 대부분의 사람은 그 숫자들을 받아들이지만, 실질적으로 이해하거나 그 숫자에서 배우는 것은 아니다. 그렇게 때문에 여러분 조직의 구성원들이 정량적인 측정에 움츠러들거나 속아서는 안 되는 것이다.

많은 관리자가 숫자에 대해 반응하는 모양이 마치 아무 엘리베이터 문이나 열리는 데 반응하는 것과 같다. 그들은 행동을 취하는데, 그렇게 하는 것이 올바른 것인지 생각도 해보지 않는다. W. 에드워즈 데밍이 따로 떨어져 있는 숫자에 반응하는 것의 위험에 대하여 경고한 적이 있다. 그는 언제나 그의 의뢰인에게 충고하기를 따로 떨어져 있는 숫자를 보지 말고, 그 패턴을 살펴보라고 했다. 한 프로세스의 변동차를 통계적 프로세스 통제 차트를 사용해서 추적하는 것보다 더 드러내게 하는 것은 없다. 변화율만큼 이해에 중요한 것은 없다. 사실 데밍은 변화율의 성질과 해석에 대한 이해부족을 경영의 주된 문제라고 불렀다. 무엇보다 중요한 것은 H.G. 웰스H. G. Wells가 '통계적 사고'(통계를 계산과 혼동치 말 것)라고 부른 것이다. 그는 통계적 사고가 언젠가는 읽고 쓰는 것과 마찬가지로 필수적인 것이 되리라고 예언했다.

직원이 숫자들(재무적과 비재무적 양쪽 다)에 대하여 의문을 제기할 수 있도록 허락을 받았다고 느끼는 것이 중요하다. 예를 들어 누군가가 "우린 평균 90%의 고객만족도를 보이고 있다."라고 말하면 좋게 들리기는 하지만, 즉각 응답의 '범위'에 대한 질문을 던질 수 있어야 한다. 모든 사람이 90% 정도 만족하고 있다고 판명될 수도 있지만, 그러나 여전히 우리는 샘플의 크기는 어느 정도인지, 어떤 질문이 주어졌는지, 그리고 이 평균 평가가 경쟁자와는 어떻게 비교되는지를 알 필요가 있다. 그런데 그 동일한 평균치가 또한 99% 만족한 다른 고객이 있는 반면에, 80% 미만으로 만족한 고객이 어느 정도 있음을 뜻할 수도 있다. 경쟁적 상황에 따라서는, 이것은 조사할 가치가 있는 문제일 수도 있다. 이런 것과 같은 통계에는 실질적으로 무수한 질문이 퍼부어질 수 있는 것이다.

이번에는 그 같은 상황에서, '스태프 친절'과 '만족도'가 관계가 있음이 밝혀졌다고 가정해 보자. 그것은 실제로 무슨 의미인가? 어느 정도로 밀접하게 관계가 있는 것인가? 인과관계가 존재하는가?

통계의 최대 문제점 중의 하나는 '상관관계correlation'와 '인과관계causation' 사이의 차이에 대한 이해 결핍이다. 상관관계는 두 개의 변수가 관련이 있다는 의미이다. 인과관계는 한 가지가 다른 것의 원인이 된다는 의미로, 더 높은 수준임을 의미한다. 상관관계는 도처에 있지만 인과관계는 드물다. 많은 상관관계는 실제로는 단지 우연하게 동시발생하는 것이다. 또한 관련성(인과적이나 기타의)은 극히 약하거나, 수많은 '관계가 없는' 요소들에 의해 변한 것이다. 얼마나 자주 중역들이 그들의 서투른 의사결정에도 불구하고 운이 좋은 상황과 맞아떨어져서 좋게 귀결된 결과에 대해 인정을 받는가에 저자는 항상 놀라고 있다. 한 컨설턴트가 말한 바 있다. "서투른 의사결정은 성공적인 결과로 이어졌어도, 서투른 의사결정이다."

만일 여러분 조직의 관리자와 직원이 최소한의 통계적 소양만 지녀도, 어떤 풍부한 종류의 '측정담화'가 일어날 수 있을까 상상할 수 있는가? 이는 그들의 비즈니스 통찰력과 동기뿐만 아니라 변혁적 측정 논의에 참가하는 능력도 증대시킬 수 있다. 고객서비스에 대하여 염려하는 사람들이 지식이 풍부해지고 상황을 개선할 수 있는 방법에 대하여 제의할 수 있도록 그들에게 권한이 주어지는 것이 매우 바람직스럽다고 생각한다. 이런 수준의 지식은 습득하기에 어렵지 않고, 또한 꽤 단기간에 달성할 수 있으며, 단 한 번의 계산도 할 필요도 없다.

예측하기를 배우기

예측은 효과적인 관리자에게는 필수적이다. 사실 데밍이 말했듯이, "경영은 예측이다." 측정의 가장 중요한 기능 중의 하나가 예측할 수 있게 하는 것이다.

우리가 의식적으로 알고 있건 말건, 우리가 하는 모든 행동은 거의가 어떤 행동의 '이론'에 따라서 어떤 형태의 예측을 포함하고 있다. 이론이란 계획된 행동이 어떻게 예상되는 결과로 이어지는가에 관한 인과관계의 예측에 지나지 않는다. 즉 우리가 X를 실행하면, Y라는 결과가 나온다. 왜 특정한 실천은 성과 개선으로 연결되는가? 그 논리는 무엇인가? 학습조직에서는 이론에 근거한 예측은 체계적으로 테스트되고 있고, 그 이론은 단일 순환고리 학습과 이중 순환고리 학습을 사용함으로써 수정되고 있다. 이론이 없이는, 우리는 수정할 것도 없고 배울 것도 없다. 우리는 이론에서의 예측과 실제 데이터를 비교함으로써 배운다.

이론 세우기, 측정 프레임워크, 그리고 조직학습은 '시스템 사고 system thinking'를 포함한다. 하나의 시스템의 행위는 따로 떨어진 각 부분이 실행하는 것이 아니고, 부분들이 상호작용하는 것이다. 시스템을 이해하기 위해서는, 그것이 어떻게 더 큰 시스템에 맞아 들어가는지 이해할 필요가 있다. 이해가 커질수록, 예측하는 개인(또한 전체로서의 조직)의 능력도 커진다.

불행하게도 대부분의 관리자는 가장 기초적인 이론도 개발하는 데에 소홀하다. 그 이론은 그들로 하여금 합동해서 상호작용적으로 인과관계를 예측하고, 그들의 예측을 개선하게 하는 데도 말이다. 이 예측 관련 학습의 사이클은 예측하기, 테스트하기, 그리고 배우기이다.

조직 리더가 계속 실수를 반복하는 경우에, 그 이유는 그들이 거의 결코 '측정된 개선 실험'을 수행하지 않고, 그 결과로 그들이 관리하고 있는 시스템에 대하여 배우는 데 실패하기 때문이다. 만일 여러분이 어떤 것의 성과를 개선해야 하는데 그 이유의 바탕이 되는 논리를 설명할 수 없다면, 여러분은 '미신적인 학습 superstitious learning'에 매달리고 있을 가능성이 있고, 타당하지 않거나 심지어는 해로운 일을 하고 있을지도 모른다.

대부분의 조직에서의 '실행'에 대한 강조는 실제로 학습을 억제하는데, 그 이유는 관리자와 직원이 적절하게 예측하고(이론개발) 배우는 데(그 이론을 체계적으로 테스트) 시간을 들일 필요가 없기 때문이다. 그 결과로 모든 행동이나 주장은 독립적인 활동으로 간주되고, 그것의 성패 여부는 우연에 의존하는 경우가 더 많을 것이다. 훌륭한 이론에 근거한 예측적 측정 및 학습 없이는, 무엇이 작용하고 또는 작용하지 않는지, 그리고 그 이유가 무엇인지 알 수 없을 것이다. 그러한 상황에서는 경험과 자원이 낭비되는 경우가 흔하다.

측정의 이해력 증대하기

몇 가지 간단하고 일반적인 모델이 있는데, 행동학습과 측정담화를 구성하는 데 매우 쓸모가 있다. 인풋 → 프로세스 → 아웃풋 → 결과 Input → Process → Output → Outcome 모델은 측정 인과 이론을 구성하고 테스트하는 데 큰 도움이 되며, 또 새로운 측정지표를 생성하는 데에도 유용하다.

이 모델에 따르면, 모든 조직(그 속의 주요 부서들도)은 '인풋(자원-사람의 시간, 자본 및 원자재 등)'의 변환을 필요로 하는데, 그 변환은 조직이 '프로세스(수행되는 내부적 활동)'를 통하여 인풋을 소비하여, '아웃풋(프로세스 내에서 취해진 행동의 결과물 또는 프로세스에 의해 산출한 것)'을 산출해서, '결과(아웃풋이 고객 및 이해당사자에게 제공하는 이점 혹은 가치)'를 창출한다.

이 모델은 핵심 측정지표를 알아보게 하고 시스템의 효율과 효과성에 대해 예측하는 데 도움이 된다. 그것은 또한 성과측정의 초점을 제자리, 즉 고객과 다른 이해당사자에게 맞추게 한다. 조직은 그 외의 모든 일을 행하여 그 결과를 지원해야 한다. 확실히 중요한 것은, 올바른 인풋 측정지표, 올바른 프로세스 측정지표, 그리고 올바른 아웃풋 측정지표를 갖는 일이다. 그런데 여러분 조직의 성공을 궁극적으로 결정짓는 것은, 또한 고객을 계속적으로 되돌아오게 하는 것은 결과 측정지표이다.

게다가 그 모델은 사람들에게 조직이 통합된 프로세스(개별적인 기능들이 아니고)로 돌아가는 것이 얼마나 중요한지를 깨닫게 하는 데 도움이 된다. 가장 강력한 내부적 측정지표는 부서 상호 간 협력 프로세스 측정지표이다. 어떻게 서로 다른 기능이, 가장 쉽게 고객가치로 변환할 수 있는 '아웃풋'을 산출할 수 있는가를 논의하는 것도 또한 훌륭한 일이다. 너무나 자주 아웃풋이 고객과는 아무런 관계가 없는 물건이거나, 또는 전혀 아무 가치도 없는 결과일 때도 있다.

아일랜드 식료품 체인점인 슈퍼퀸Superquinn의 창업자 겸 사장인 피어갈 퀸Feargal Quinn은 측정 데이터에 반응을 했다. 그 측정지표에 의하면 슈퍼퀸 손님의 25%가 그 상점의 제과점에서 구입하지 않음을 보여주고 있었다. 그가 그 데이터에 관해 제과점 관리자 및 직원들과 이야기를 하자, 그들은 자신들의 내부적으로 집중된 활동이 올바른 결과를 산출하지 못하고 있음을 깨달았다. 그래서 "그들은 손님의 왕래를 증가시키는 창의적인 아이디어를 내놓았다." 그 슈퍼퀸 경험은 고객측정이 직원에게 고객결과에 관계되는 그들의 성과의 '실상'을 제공하고 있음을 예시하고 있다. 이에 비하여 전통적인 성과평가는 내부적인 표준(보통 주관적인 것)에 관계되는 개인적 성과에 집중하고, 또 그것은 팀이나 고객중심의 성과에 대해 고무하는 것이 아무 것도 없다.

성과측정의 분야가 무엇이든지, 인풋 → 프로세스 → 아웃풋 → 결과모델은 피드백에 더 많은 기회를 제공할 것이며, 성과를 논의하는 강력한 언어를 제공하고 있다.

측정의 단계

성과측정의 이해를 증진시키는 데 쓸모있는 또 다른 모델은 측정의 네 단계를 설명하고 있다.

- 예보적 측정은 한 상황의 측정 이론을 찾아내고, 개발하고, 다듬을 경우이다.("우리의 측정 프레임워크에 기준해서 이 일을 좀 더 하면, 이 일이 일어날 것이다.")
- 기본적인 측정은 특정 측정지표의 현재의(또는 시작하는) 가치를 확립한다.(행동이 취해지기 전)
- 과정 중In-process 측정은 변경이 구현되고 있는 중에 일어난다.(변경의 결과로 일어나고 있는 것)
- 소급측정은 미리 결정된 기간 말에 있는 사후측정으로, '무엇이 일어났는가'를 결정할 수 있다.

여러분이 이 모델을 사용하고, 더욱더 많은 측정 사이클을 완료하면서, 여러분의 예측들(예보적 대 과정 중 측정들)은 정확도가 점점 더 높아질 것이다. 제때의 측정 데이터만큼 성과를 개선하는 것은 없을 것이다. 그 측정 데이터는 시간이 흐름에 따라서 여러분이 얼마나 잘 수행 중인가를 정확하게 보여주고, 분야에 따라서는 피드백에 의해서 실제로 여러분의 행동을 바꿀 수도 있고, 그 영향을 볼 수도 있다. 측정 기반 학습은 대단히 강력하다.

자체 평가는 잠재적으로 강력한 학습 및 성과개선 도구로서 이 모델과 맞는다. 사람들은 자신들에 관해서나 자신들이 측정하기를 원하는 것이 무엇이든 '이론'을 갖게 마련이다. 대개 그 이론은, 적어도 초기에는 부적당하다. 기본적인 측정이 사람들의 이론이 얼마나 틀렸는지 알려준다. 그래서 사람들은 동기가 부여될 것이고, 무슨 일인가를 해서 자신들의 행동이 자신들의 예보와 좀 더 조화되도록 만들 것이다. 시간이 흐르면, 사람들은 개선을 볼 수 있을 것이고, 이는 다시 개선의 열망에 박차를 가할 것이다. 마침내 사람들은 성취감의 영광 속에 잠길 수 있을 것이다. 그것은 단일 순환고리 학습 상황에서의 모델의 사용이었다.

그러면 가정을 해보자. 기준 사항이 측정이 되자, 한 사람 또는 팀이 자신들의 예보적 모델을 바꿀 필요가 있다고 결정을 하는데, 그 예로서 그들의 협동 점수가 그들이 예상한 것보다 훨씬 못미치는 것을 발견했다. 그런데 그들은 그대로 그 정보를 이용해서 자신들의 협동 능력을 점진적으로 개선하는 대신에, 협동하는 일에 다른 접근방법을 채택할 필요가 있다고 결정했고, 그래서 전적으로 다른 측정도구(그리고 운영상의 정의)가 필요하게 되었다.

어떤 사람은 이 예를 점수 기록 시스템을 바꿈으로써 이기려고 한다고 비난할 수도 있을 것이다. '부정적인 측정의 상황'에서라면 그런 유혹이 있을 수 있겠지만, 긍정적인 상황에서 그 팀은 새로운 측정지표를 개발하기로 결정했는데, 그 이유는 기존의 측정지표가 협동 행위의 구식 사고의 모델을 강화하는 것이라서 바꿀 필요가 있다는 것을 그들은 알고 있었기 때문이다. 그래서 그들은 자신들의 내부적 고객과 함께 작업을 해서 '협동'을 다시 정의해서, 그들이 채택하기를 바라는 사고의 모델과 좀 더 일치하도록 만들었다. 측정 프로세스는 이 팀에게 현실을 부정하지 않고, 직면할 수 있게 했다.

이것은 명백하게 이중 순환고리 학습과 변혁적 측정의 한 예이다. 예보적 측정(이론, 기존의 측정 프레임워크)이 없었다면, 그리고 기본적인 측정(그들이 잘못했던 테스트)이 없었다면, 그러한 학습과 성과의 개선은 일어나지 못했을 것이다. 만일 여러분이 그것을 조직적인 차원에서 장착할 수 있다면, 무슨 일이 일어날지 상상할 수 있겠는가? 그게 바로 '학습조직'이 무엇인가를 말하는 것이다.

질적인 측정을 구체화하기

측정이 숫자와 동의어라고, 그리고 '질적인 측정'은 모순된 말이라고 고집하는 이도 있다. 정량화에 대한 강조는 때로는 '좀 더 소프트한' 측정지표들 전체에 대해 고려하려는 생각에 찬물을 끼얹는 것이다. 너무나 자주 딱딱한 숫자가 유연한 숫자들을 몰아내며, 그래서 성과의 중요한 면을 놓치게 한다. 어떤 사항들은 어느 것보다 숫자로 바꾸는 데 더 어려운 것들도 있다. 사실 '소프트 데이터'가 때로는 '하드 데이터'보다 다 많은 통찰력과 지혜를 생성할 수도 있다. 측정지표는 다만 그들이 의도된 목적에 맞을 정도로만 정확하면 된다.

숫자가 언제나 측정하기에 최선의 도구는 아니다. 예를 들어 앞에서 소개한 고객만족도 사례에서, 그 조사 항목에 선택적으로 자유 해답식의 응답을 포함해서 검토할 수 있었다면 유용했을 것이다. 숫자식의 고객만족 인덱스Customer Satisfaction Index가 가치가 있다고 해도, 고객을 질적으로 이해하는 것을 대체할 수는 없다. 그렇기 때문에 바로 메리어트Marriott의 CEO가 고객의 편지들 중 스무 번째마다 읽어서, 숫자 너머로 그 회사에 대한 고객의 '실제 생각'은 무엇인가에 대해 더 나은 '감'을 잡으려는 것이다.

소매업계에서는, 관찰 연구가 귀중한 통찰력을 드러내는데, 그것은 더 많은 가치를 추구하는 데 반드시 필요한 것이다. 예를 들어 무엇이 고객들에게 실망감을 느끼게 하는가를 알아내려고, 고객이 매장을 어떻게 걸어다니는가를 관찰 연구하였는데, 그 연구결과에 기준하여 소매상이 매장을 다시 설계하였다. 고객의 쇼핑 행동에 대한 질적인 연구는 획기적인 매장 설계 아이디어로 이어져서, 핵심 정량적인 측정지표, '쇼핑 시간'의 증가를 가져오고, 이는 또 다른 중대한 정량적 측정지표인 '방문당 구매 금액'을 증가시킨다는 것이 증명되었다. 또 다른 중요한 질적인 측정 방법론은 인터뷰이다. 한 CEO가 설명했다. "일단 고객에게 이야기를 시작하자, 고객들이 무엇에 관심이 있는지 이해하게 되었고, 우리 조직의 구성원 모두가 정확하게 무엇에 집중해야 할 것인지 배웠다. 우리의 측정지표는 면모를 일신했다." 회사가 회사에게만 중요한 것보다 고객에게 실제로 중요한 것을 진지하게 측정하기 시작하면 하나의 변혁작업이 일어나며, 적어도 초기에는 대부분의 데이터는 질적이다.

주관적인 측정을 연습하기

많은 무형자산은 전통적인 방법으로 쉽게 측정할 수 없고, 또 그렇게 할 경우 그것들을 평범하게 만들어버린다. 좋은 주관적인 측정지표는 좀 더 객관적인 측정지표의 제법 만족스러운 대용품 역할을 한다. 특히 변혁적 성과측정의 탐구적인 단계 동안에는 그렇다. 여러분의 조직이 측정혁신을 더욱 장려할수록, 많은 신생 측정지표가 어느 정도 주관적이고 질적인 개념에서 시작되는 것을 발견할 것이고, 그것들은 점차로 시간이 흐르면서 객관적이며 정량적으로 될 것이다. 이것은 이중 순환고리 학습과 변혁적 측정의 자연스러운 부분이고, 적극적인 학습 커리큘럼을 촉진하는 풍토가 그렇게 중요한 이유 중의 하나이다.

제13장과 제14장에서는 질적인 신생 및 변혁적 측정지표에 관해 폭넓게 살펴볼 것이다. 그런 측정지표들은 측정 기반의 피드백을 증가시켜서 좀 더 전통적인 정량적 측정지표의 일부를 보완하거나 대체할 수 있다.

측정에 관해서, 또 측정에서 여러분의 조직은 얼마나 잘 배웠는가?

이 장이 끝나가면서, 여러분의 조직에서 무슨 종류의 성과측정 관련 학습이 일어나고 있는지 깊이 생각해 보라. 배우는 데 어느 정도의 시간을 쓰고 있는가? 시간 중에서 어느 정도를 단일 순환고리 학습이 차지하고 있으며, 얼마나 많이 이중 순환고리 학습이 차지하는가? 얼마나 많이 조직의 행동학습이 일어나고 있는가? 측정에 관한 학습은 얼마나 많이 존재하는가? 질적인 측정은 어떠한가? 얼마나 많은 학습이 직원들이 좀 더 나은 사고를 하고 좀 더 나은 의사결정을 하도록 도움을 주고 있는가?

변혁적 학습은 우리가 배우는 대상과 배우는 방법을 바꾸는 것과 관계가 있다. 변혁적 측정은 우리가 측정하는 대상과 측정하는 방법을 바꾸는 것과 관계가 있다. 그 목적은 학습이나 측정의 특정한 경우를 바꾸는 것이 아니라, 학습과 측정 모두의 변혁을 위한 지속적인 수용력을 조성하는 것이다. 이런 수용력을 얻기 위해서는, 개인이나 조직은 끊임없는 변혁을 위한 능력을 '내면화' 해야 한다. 성과측정은 점진적으로 개선될 수 있지만, 전통적인 측정기술을 통해서는 변혁이 되지 않을 것이다.

긍정적이고 강력한 성과측정은 단 한 번에 만들어낼 수 있는 것이 아니다. 그것은 우리가 강의로 이수할 수 있는 것이 아니다. 그것은 끊임없는 개선 프로세스이다. 바로 이점에 학습의 역할이 있다.

그렇지만 참된 배움은 쉬운 것이 아니다. 사실상 이중 순환고리 학습은 사람들을 그들의 '안전선' 밖으로 잘 끌어내는 경향이 있다. 그렇지만 사람들에게 필요한 자극을 주는 데 주저하지 말라. 엘리 골드렛이 설득력 있게 말했다. "당신이 어느 사람에게 해답을 주는 바로 그 순간, 바로 그 행동으로, 그 사람이 스스로 똑같은 해답을 찾아낼 기회를 영원히 차단해 버리게 된다." 다른 말로 하면, 당신은 그들에게서 참으로 배울 수 있는 기회를 박탈하는 것이다. 또한 아무리 어렵더라도, 측정을 활용하여 배움을 촉진하는 것은 느낌상으로도 많이 다르고, 또 위협으로 사용되는 측정보다 더 나은 일이다.

이 장에서 우리는 변혁적 성과측정의 다른 면들처럼, 학습이 하나의 여정이며 발견의 과정이라는 걸 깨닫기 위해 먼 길을 왔다. 단단히 명심할 것은 여러분의 조직이 얼마나 잘 측정하는가는, 얼마나 잘 배우는가에 좌우된다는 것이다.

측정 테크놀로지의 이용과 남용

제10장에서 보았듯이, 학습은 어떤 조직이든 장기적으로 성공하고 싶은 조직에게는 기본적인 프로세스이다. 학습과 이에 수반되는 지속적인 의사소통이 없이는, 성과측정을 효과적으로 사용하는 가장 훌륭한 기회를 놓치고 만다. 테크놀로지는 개인과 조직의 학습과 대화를 촉진하고 지탱하는 데, 중요한 역할을 담당할 수 있다. 이 장에서 우리는 변혁적 측정의 사회적인 면과 기술적인 면 사이에서, 성공적인 상승효과를 조성하는 방법에 대해 논의할 것이다.

측정 관련 테크놀로지에 대한 관심과 투자는 기하급수적으로 늘어나고 있는 반면, 테크놀로지는 성과측정 분야 중에서 가장 오해가 심하고 잘못 관리되고 있는 분야이다. 테크놀로지는 측정을 더 낫게 만들고 있는가 또는 단지 좀 더 자동화하는가? 이 장에서는 변혁적 성과측정을 지원하는 테크놀로지의 사용과 관련되어, 가장 중요하다고 생각되는 점을 다룬다.

이 장은 또한 테크놀로지의 사용과 성과측정의 사회적인 측면 사이의 불필요한 갈등에 대해서도 검토한다.

변혁적 성과측정은 전체론적인 측정 시스템을 확립하는 것에 관한 것이고, 또 그것은 긍정적인 상황 속에서 존재해야 한다. 그것은 명백하게 원래 테크놀로지에 관한 것이 아니다. 테크놀로지는 성과측정 시스템을 지원해야 하는 것이지, 시스템 자체가 아닌 것이다.

빠른 해결책과 테크놀로지 타개책을 찾아서

조직은 너무나 적은 데이터 상태에서 너무나 많은 데이터 상태로 대단히 빠르게 이전되었다. 이제 데이터베이스는 거의 무한대 양의 데이터를 유지할 수 있게 되었다. 더 나아가서 데이터 처리 용량과 속도와 분석 소프트웨어의 진보는 데이터 웨어하우스와 데이터 분석 산업의 눈부신 성장을 가져왔다.

대량의 데이터에서 비즈니스적인 '감'을 잡아내는 것은 어려운 문제로서 이를 이해하거나 해결할 방법을 아는 조직은 거의 없다. 우리의 생활을 더 쉽게 만들기는커녕, 정보기술은 더욱더 많은 선택사항과 의사결정을 제공함으로써 실제로 더 복잡하게 만들고 있다.

성과측정의 중요성을 인정하지 않는 경영자는 없지만, 적극적으로 개입하기를 원하는 사람은 거의 없다. 그들은 시키는 대로 해야 함이 필수적임을 알고 있지만, 또한 필요 없는 일거리와 고역을 줄이고 싶어 한다. 그게 바로 자동화 시스템이 좋은 아이디어처럼 들리는 이유이다. 너무나도 자주 경영자들은 말한다. "해결책을 내놔." 그들은 시간을 들여서 데이터를 지식으로, 지식을 지혜로 전환하는 씨름을 하고 싶지 않은 것이다.

오늘의 가장 커다란 위협은 일의 '바보 만들기' 이다. 진실한 지식에 근거해서 개인적인 의사결정을 하는 것보다는 대시보드 위의 반짝이는 신호를 따라가는 것이 확실히 덜 위험한 것처럼 느껴진다. 테크놀로지가 이 일을 대단히 쉽게 만드는 것처럼 보인다. 즉 "소프트웨어에게 생각을 하도록 맡기십시다."

성과측정을 책임지고 있는 많은 사람들의 지배적인 태도는 그 책임을 모면하려고 애를 쓰는 것이다. 왜냐하면 대부분의 조직에서 측정에 대한 헌신 수준이 아주 낮기 때문에, 그 일을 위임하고 싶어지는 마음을 크게 부추기는 것이다. 그렇게 될 경우, 너무나 흔하게, 그릇된 측정지표를 기준으로 측정이 수행된다.

이런 태도는 또한 또 다른 빠른 해결책(아무 해결책이나) 채택의 온상이다. 그리고 테크놀로지업자는 언제나 딱 맞는 '솔루션' 을 갖고 있는 것 같은데, 그것은 어느 정도 인상적인 테크놀로지로 결함 있는 측정 시스템을 감싸고, 관리자들의 인상을 적어도 표면적으로는 좋게 만든다. 그러한 테크놀로지의 겉모습 때문에, 흔히 '인공지능' 으로 인간의 지능을 대체하려는 시도가 있게 된다. 이론상으로는 테크놀로지의 한계를 확장하려는 시도가 해로울 것이 없지만, 실천적인 면에서는 이들 첨단 테크놀로지가 순진한 소비자에게 부적당하게 팔렸을 때는 해롭게 된다. 특히 그들의 잠재적인 위험이 도사리고 있는 데 대한 아무런 객관적인 소비자 안내도 없는 상황에서는 더욱 그렇다.

이것은 많은 테크놀로지 '솔루션'들이 무리한 해석을 하려고 시도하는 바람에 일어나는 일들이다. 테크놀로지가 데이터 수집, 데이터 저장, 그리고 분석에 강하다는 것은 의심의 여지가 없지만, 해석에 관해서는 아직도 능숙하지 못할 뿐만이 아니라, 아마 장래에도 결코 능숙하게 될 수가 없을 것이다. 그래서 만일 기술적인 데이터 처리에 의해서 잘못된 해석에 근거하여 의사결정이 이루어지고 있다면, 후속되는 의사결정과 행동은 잘못될 가능성이 높다. 그리고 경우에 따라서는 테크놀로지 때문에 실제로 인간이 가장 능한 일(해석)을 하는 기회와, 그들의 역량을 더욱 향상시키는 기회가 감소되기도 한다.

테크놀로지 열중

빠른 해결책을 찾고 있는 사람들에게는 안됐지만, 테크놀로지가 나쁜 측정 시스템을 좋게 만들지 못하고, 또 나쁜 것을 위장할 수도 없다. 마셜 인더스트리Marshall Industries의 전 CEO 로버트 로딘Robert Rodin이 말한다. "시스템의 결함을 테크놀로지가 고쳐주리라고 기대할 수는 없다. 망가진 프로세스를 자동화하면, 자동화된 망가진 프로세스를 갖게 된다."

최근 몇 년간에 생긴 경향인데, 조직들이 인상적인 자동화된 성과 기록표와 대시보드에 열중하게 되었는데, 그것들은 보통 눈에 보이는 성과측정 테크놀로지의 겉모습이다. 기술적인 '솔루션'은 외관상 매우 인상적일 수 있지만, 그러나 '내막'을 알고 나면, 뜻밖에도 갈피를 못 잡을 수 있다. 《오즈의 마법사》에서 무슨 일이 일어났는지 생각해 보자면, 일단 마법사가 '들키자', 그는 이제 진실을 밝힐 수밖에 없었고, 그가 사실은 좋은 사람이기는 하지만, 아주 유능한 마법사는 아니라고 말할 수밖에 없었다. 이 이야기는 딱 맞는 비유인데, 그 이유는 실체의 부재를 극적으로 표현하고 있기 때문이다. 많은 테크놀로지는 구현을 해본 후에야 그 실체의 '내막'을 알 수 있고, 특히 성과측정의 경우에 그렇다.

많은 조직이 인상적인 성과기록표, 대시보드, 그리고 믿기 어려운 분석도구를 가지고 있는데, 그것들은 거의 아무런 통찰을 제공해 주지 못하고 있다. USAAUnited Services Automobile Association(인터넷 자동차 보험 회사)의 팀 티머맨Tim Timmerman은 이렇게 지적한다. "테크놀로지가 산더미 같은 데이터를 제공하겠지만, 별로 유용한 정보가 없다. 하지만 그게 있어야 고객이 원하는 제품과 서비스에 관한 좋은 의사결정을 하는 데 도움이 된다." 그래서인지, 복잡한 조직 시스템의 깊은 이해에 기반하기보다는 보기 좋은 그래픽 표시기로 강조된 대시보드와 게이지에 현혹되어 피상적인 신호에 근거해서 반응한다.

테크놀로지 솔루션은 또한 많은 인상적인 비즈니스 이점들을 약속하는데, 과연 그게 근거가 확실한 약속일까? 그 답은 기술적인 요소에 달렸지만, 그보다는 인간적인 요소에 더 많이 달려 있다. 더빌러Davilla 엡스타인Epstein, 그리고 셸턴Shelton이 적절한 말을 했다. "완벽한 측정 시스템이 존재하고, 설계할 수 있으며, 의사결정을 그들 분석

도구에 맡기는 게 가능해진다고 말들 하지만, 여기에는 파괴적인 잠재력이 있다. 모든 측정 시스템은 한계가 있고, 어느 것도 인간의 건전한 판단을 대체할 수는 없다." '인간적 요소'가 중요한 것이다.

인간적 요소

성과측정 시스템, 비즈니스 지능 시스템, 기업 성과관리, 성과기록표, 또는 대시보드가 효과적인 경우는 오로지 측정 데이터가 사용되고 있고, 그 데이터가 통찰, 지식, 지혜로 전환되고 있는 경우뿐이다. 어떠한 도구도 그 도구를 자진해서 똑바로 일관성 있게 사용하는 사람들의 마음보다 나은 것은 없다. 오늘날의 직장은 하나의 '잡동사니'처럼, 측정과 테크놀로지의 두 가지에 대해서도 서로 다른, 아주 다양한 경험과 태도를 지닌, 젊은 근로자와 나이 많은 근로자들이 함께 섞여 있다. 일반적으로 젊은 근로자(특히 지식 근로자)는 나이 많은 동료들보다는 테크놀로지에 대해 좀 더 편안한 느낌을 지니고 있지만, 그들은 좀 더 자기본위로 요구하는 것이 많다. 지식 근로자는 좀 더 많은 지식을 고집하며, 그들은 '바보등idiot light(경고등)'이나, "이게 당신의 측정지표야."라는 말도 별로 달갑게 여기지 않는다. 그들은 이해하기를 원한다. 즉 그들은 시스템의 내부를 좀 더 들여다볼 수 있기를 바라고, 또 더 높은 투명성을 원한다. 나이든 근로자들에게는 테크놀로지는 보통 겁부터 나기 때문에, 이른바 '바보 만들기'에 대해 별로 심하게 신경을 쓰지는 않는다.

측정 테크놀로지를 검토하는 사람들은 또한 그 테크놀로지를 사용할 사람들의 역할에 대해서도 민감해야만 한다. 만일 측정 테크놀로지를 소극적으로 종합하기보다는 효과적으로 또 긍정적으로 사용하게 하려면, 역할과 문화적 적합성은 가장 중요한 문제이다. 유감스럽게도 많은 사람들에게 테크놀로지 플러스 측정은 흔히 공포의 의미로 다가온다. 테크놀로지가 감시용으로 사용되는 것에 대한 염려(빅브라더 증후군)도 존재한다. 이 염려는 쉽게 냉소주의로 바뀔 수도 있고, 또한 기술력이 높은 지식 근로자들은 '측정 시스템 게이밍'을 '컴퓨터 게임'화 할지도 모른다. 요컨대 조직은 테크놀로지에 대하여 직원들이 어떻게 반응할 것인가에 대해 매우 민감해질 필요가 있다. 어떤 도구도 위험할 수 있는데, 특히 두드러지게 유혹적인 특징을 가지고 있는 도구가 그러하다. 또한 새로운 성과측정 테크놀로지의 채택이 어설픈 경우에는 실제로 성과측정의 효과에 방해가 될 수도 있다. 그렇기 때문에 일단 최초의 테크놀로지 구현의 흥분이 가라앉은 다음에는, 흔히 많은 조직에 남겨진 것은 값비싼 기술적 하부구조, 높은 금액의 가격표, 그리고 높은 성과를 가능하게 할 실질적인 수단에 대해 뭔가를 해보겠다고 허둥대고 달려드는 것인데, 그런 실질적인 수단 같은 것은 애초부터 들어있지도 않은 것이다. 반드시 명심해야 할 것은 기술적인 하부구조를 살 수는 있어도, 사회적인 하부구조는 살 수 없다는 것이다.

성과측정에서 테크놀로지의 적정한 역할

테크놀로지는 사람들이 조직의 복잡성과 데이터의 확산을 더 잘 다루게 하는 데 도움이 되고, 데이터 마이닝을 보조해서 통찰을 찾게 한다. 테크놀로지는 사람들이 혼자서는 효과적으로 하지 못하거나 비능률적으로 하는 일부 업무의 수행을 보조할 수 있다. 예를 들어 테크놀로지는 측정을 더 많이 더 빠르게 할 수 있다. 데이터 수집을 자동화하고, 데이터 취급 착오를 줄인다. 난해한 분석('what-if' 시나리오의 모델링 등)을 수행하고, 시뮬레이션과 예보적 모델링을 구체화한다. 탁월한 비주얼 능력으로 데이터를 거의 아무 형태로나 표현할 수 있고, 이익당사자 그룹별 커스터마이징customizing도 할 수 있다. 상세를 보기 위해서 줌인 기능, 큰 그림을 보기 위해서 줌아웃 기능도 있다.

테크놀로지는 분명히 수작업 데이터 처리를 줄일 수 있고, 고유한 가치의 추가가 없는 곳에 인간이 개입할 일을 줄여주고, 정보를 준비해서 인간이 제일 잘할 수 있는 해석적 활동에 대는 것 등이다. 연구에 의하면, 측정에 보내는 시간의 80%는 행정적인 면에 쓰이는데, 그 중의 많은 부분은 확실히 자동화 대상이다.

기업 성과관리BPM: Business Performance Management를 살펴보기로 하자. 여기서 성과측정은 기본 성분이다. 보고에 의하면, BPM 시스템을 가진 회사 중 44%가 그들의 측정 프레임워크에서 인과관계를 테스트했고, 24%는 그렇게 하지 않았다고 한다. 추가적으로 73%의 회사는 보고하기를, 조직 전체적으로 일관성 있게 데이터 수집기능을 사용했고, 24%는 사용하지 않는 그룹이다. 그런데 바로 그 데이터를 발표한 포괄적인 연구서 《기업 성과관리Corporate Performance Management》에서 저자 버나드 마Bernard Marr는 이렇게 말한다. "대부분의 조직은 대부분의 시간을 데이터의 수집과 보고에 사용하며, 데이터로부터 가치 있고 행동화할 수 있는 통찰력의 추출에는 충분한 시간을 못 쓰고 있다." 그는 덧붙여 말한다. "측정지표의 숫자와 성과 데이터량은 계속적으로 증가하는 것 같은데, 반면에 통찰력은 줄어드는 것 같다."

대부분의 분석가는 동의하기를, BPM이나 다른 성과측정 관련 테크놀로지에서 가장 성공적인 조직들은 데이터를 최종 결과로 보지 않고, 그걸 사용해서 대화를 성립시킨다. 이는 바로 성과측정에서 테크놀로지의 적정한 역할을 이해하는 것이 그렇게 중요한 이유이다. 최대의 착오 중 하나는 '테크놀로지'를 '시스템'으로 혼동하는 것이다. 확실히 해둘 것은 테크놀로지가 결코 여러분 조직의 측정 시스템이 아니라는 점을 이해하는 것이다.

비즈니스 및 사회적 구조

만일 여러분의 조직이 일관된 비즈니스 전략을 지니고 있지 못하거나, 아니면 그 전략을 일련의 서로 관련되는 목적과 측정지표로 옮겨 놓지 않았다면, 성과 대시보드가 도와서 여러분의 조직을 더 빠르게 움직일 수도 있겠지만, 아마 좌절되고 사기가 떨어진 직원들의 흔적을 남긴 채, 그릇된 방향으로 향하고 있을 것이다. 그런 이유 때문에

[그림 11-1] 성과측정주기에서 테크놀로지의 역할

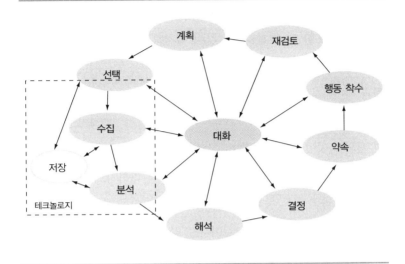

중역들은 기꺼이 비즈니스를 파고들어서 무엇이 내부적으로 회사의
행동과 외부적으로 고객의 행동을 추진하고 있는지 이해해야만 하는
것이다. 충격적인 것은 그동안 수많은 고위 중역진이 비즈니스를 변
화시키는 근본 원인에 대해 틀린 전제를 갖고 있으면서도 그 전제를
결코 테스트나 검증해 보지 않았다는 것이다. 그 결과로 그들은 어설
픈 의사결정을 하고, 예상치 못했던 시장의 힘에 기업을 취약한 상태
로 내버려둔다.

  조직들은 또한 필요한 '사회적 구조'를 구성하지도 않고, 맹목적으
로 테크놀로지 활용 성과기록표, 대시보드, 그리고 전체 측정 시스템
을 채택하고 있다. [그림 11-1]은 제8장에서 설명된 '성과측정주기'를
약간 변경해서 테크놀로지의 일차적인 영향력이 '수집'과 '분석' 단

계에 있음을 보여주고 있다. '저장Store' 단계가 추가되어 측정의 가장 강력한 역량이 데이터 저장의 막대한 용량임을 확인시켜 주고 있다. 이 그림은 또한 그 주기의 대부분이 여전히 주로 사회적인 주기임을 보여주고 있다. 데이터가 실제로 무슨 '이야기를 하는지'를 이해하는 것과 데이터를 지혜로 전환하는 것에 대한 대용품은 존재하지 않는다.

테크놀로지에 너무 심하게 의존한 결과로, 많은 조직이 꼭 필요한 몇 개의 측정지표를 확인할 수가 없었고, 따라서 수많은 사소한 측정지표와 차별화하지 못했고, 또 효과적으로 관리하지도 못했다. 예를 들어 고객과의 모든 종류의 거래에 관한 데이터를 갖고 있다는 것은 그 자체로는 관계가 개선될 것이라는 의미는 아니다. 대부분의 성과측정 문제들은 테크놀로지에 관한 것이 아니라 문화에 관한 것이다. 막대한 금액을 컴퓨터 시스템에 쓴다고 고객관리 개선이 잘 통하는 문화를 만드는 데 조금이라도 쓸모가 있는 것이 아니다. 너무나 자주 영업이나 마케팅 담당 중역이 어떤 잠재적으로 가치 있는 분석 데이터를 오랫동안 응시하면서, 어떻게 효과적으로 반응할 것인가 궁리한다. 문제는 그들이 데이터나 심지어는 정보를 기반으로 해서 반응할 수 없다는 것이다. 라슨Larson과 레스니Resney가 말했다. "고가의 영업자동화 시스템이 좀 더 높은 영업실적과 스태프 절감의 달성을 약속했는데, 훨씬 못 미치는 결과를 가져왔다. 더 높은 비용에 영업실적은 별 변화가 없고, 거기에 추가되는 것은 수많은 정보로, 아무도 그걸 어찌 다뤄야 할지 모르고 있다."

구현문제를 별로 중요하지 않게 취급하는 한, 테크놀로지의 약속은 실현되지 않을 것이다. 조직성과측정의 비약적 발전은 결국 테크놀로지를 필요로 하게 되지만, 사회적·조직적 활용 수단이 제자리에 있지 않으면, 테크놀로지 '솔루션'은 진실한 해결이 아니다. 그 교훈이 이제서야 겨우 인식이 되기 시작한다는 것이 놀라울 따름이다.

사회적 쟁점 대처에 소홀

페덱스의 창시자이며 CEO인 프레드릭 스미스의 말에 따르면, 실패한 IT 프로젝트는 한편으로는 인간 본성에 대해 비현실적인 기대를 지닌 사람에 의해 운영이 되고, 다른 편에는 테크놀로지의 실제 능력에 대해 별 지식이 없는 회사 중역에 의해 자금이 지원된다고 한다. 그는 이렇게 덧붙였다. "장래에 그 모델을 답습하는 사람들은 경쟁에 의해 전멸할 것이다." 거의 모든 실패한 테크놀로지 프로젝트의 실패 원인은 거부당하고, 방해공작을 받고, 잘못 사용되거나, 기타 사람들에 의해 약화되었기 때문이다. 다음의 사례들이 보여주듯이, 테크놀로지 채택 프로세스는 테크놀로지 시스템 자체의 설계보다 더는 아닐지 몰라도, 그와 마찬가지로 중요하다.

조직에 새롭게 구현된 CRM 프로그램과 관련하여 참가했던 한 관찰자의 이야기에 귀 기울여 보자. "교육을 받는 동안, 새 CRM 프로그램은 성공작이 아니라는 것이 명백해졌다. 영업대표들은 불만투성이고, 정확한 사용법을 아는 이도 없고, 추진 간사들은 끊임없이 IT 그룹에 도움을 요청하고, IT 요원들은 가끔 와서 도와주지만, 떠나는 길에는 짜증을 내곤 했다. IT 전문가와 관리층 사이에는 잇달아 회의가 열려서, 오해, 소프트웨어 기능상의 추가적인 필요성, 그리고 증가되는 지원의 필요에 대한 논의 등으로 시간을 보냈다. 한마디로 그것은 엉망이었다. 아무도 기분 좋은 사람은 없었다. 모든 사람이 다른 사람에게 짜증을 내었다. 기술자는 관리자와 사용자에게, 사용자는 관리자와 기술자에게, 그리고 관리자는 사용자와 기술자에게 짜증을 부렸다. 모든 사람이 자기 본분을 다하고 있고, 처리해야 할 문제가 산적해 있는 상황에서 제법 일을 해내고 있다고 느끼고 있었지만, CRM 솔루션은 비난과 짜증, 저항과 원망이 뒤엉킨 와중에서 길을 잃고 말았다."

측정 테크놀로지 채택에 꼭 필요한 사항들

테크놀로지의 신속한 개발, 가용성, 그리고 채택률의 전반적인 증가에도 불구하고, 성공적인 채택과 사용에는 어려운 문제들이 쌓여 있다. 다음 항목에서는 가장 어려운 사항들을 살펴볼 것이다.

신생 및 변혁적 측정지표 자동화의 문제

테크놀로지는 일상적 측정지표를 자동화하기에는 대단히 효과적이다. 사실상 장래에는 일상적 측정만의 자동화가 아니라, 그 측정지표에 대한 일상적 반응도 그렇게 되리라고 본다. 이는 조직의 관심을 풀어주어서 진짜로 경쟁우위의 차별화에 가장 공헌도가 높은 사항들에 집중하게 할 수 있을 것이다. 그런데 저자의 가장 큰 걱정은 자동화된 성과측정이 부적절하게 사용되는 경우, 변혁적 측정과 신생 측정지표의 개발이 심각한 현실적 위협에 직면하게 되는 상황이다.

자동화된 시스템에서 강조하려고 두드러지게 만드는 측정지표에 사람들의 관심이 자연스레 집중되는 경향이 있기 때문에, 수작업으로 처리되어야 하고 훨씬 더 복잡한 방법으로 나타내야 하는 측정지표의 사용이 방해 받을 수 있다. 변혁적 측정지표는 성과기록표상의 '그저 또 다른 지표'로서 처리되어서는 안 되고, 기존의 자동화 시스템이 제공할 수 있는 것보다는 훨씬 더 광범위한 상황에서 고려되어야만 할 필요가 있다.

신생 측정지표의 자동화는 불가능하지는 않겠지만 매우 어려운 일이다. 그것은 보통 매우 실험적이며, 탐구적이고, 또 양을 헤아리기보다 질을 앞세운다. 더 나아가서 새롭게 알아낸 측정지표, 특히 변혁적 잠재력을 지닌 것들은, 상당한 시간이 걸려서야 적절하게 운영되고 표준화가 되어서 결국에는 그들이 확립된 '지표'가 될 수 있다.

통합의 문제

우리가 보았듯이, 한 조직의 대부분의 측면들은 어떤 식으로든 연결이 되어 있고, 효과적인 성과측정은 성과의 전체론적이고 통합된 시각이 필요하다. 그런데 조직통합은 조직성과의 측정지표들이 따로 떨어진 요소들로 간주되는 경우, 측정통합이 없이는 불가능하다. 전체적 그림, 전체적 공급망, 전체적 고객을 볼 수가 없다. 더 나아가서 참된 변혁적 혁신은 부분적 시각에서는 생겨날 가능성이 없다.

측정의 통합은 통합 데이터를 반드시 포함해야 하고, 그 통합 데이터는 이미 확인했지만 문제가 매우 많은 분야이다. 액센추어Accenture 의 맥민McMinn과 풋Puts에 의하면, "모든 조직이 당면하고 있는 가장 의미심장한 도전은 정보통합이다." 이런 말도 했다. "함께 맞지 않도 록 설계된 것은 우연에 의해 그렇게 된다."

우리는 데이터가 기하급수적으로 늘어나고 있음을 알고 있다. 어설프게 관리되는 데이터는 자산이 아니고 부채가 된다. 조사기관 가트너가 지적하기를, 포춘 1000대 회사는 평균 8개 이상의 데이터 저장고와 15개의 정보 플랫폼, 10개의 중대한 시스템, 그리고 수백에서 수천 개의 비즈니스 애플리케이션을 갖고 있다고 한다.

이러한 정황 하에서, 어떻게 회사들이 전체적 고객을 볼 수 있겠는가? 또 근본적인 문제를 안고 있는데 어떻게 변혁적 CRM을 실질적으로 검토할 수 있겠는가? CRM과 다른 많은 성과측정 관련 변혁화에는, 부서 상호 간 협력이 그 다음 단계이지만, 부서 상호 간 협력 데이터용 플랫폼 없이는, 이런 종류의 협조는 달성하기가 매우 어려울 것이다.

사실상 비즈니스 테크놀로지 전문가들은 말하기를 고객정보 관리의 가장 큰 문제점은, 데이터를 뽑아내야만 하는 다양한 데이터의 원천들이다. 그렇기 때문에 데이터를 신뢰하기 전에 물려받은 시스템과 측정지표에 대한 심각한 '대청소'가 절박하게 필요하다.

데이터 통합에 대한 문화적 제약

데이터 비통합의 위협은 심각하다. 추산에 의하면, 데이터 품질문제가 미국 전체 기업에 연간 1조 5,000억 달러의 비용이 들게 하고 있는

데, 그 숫자는 직접적인 경제 비용만 계산한 것이다. 협동적 혁신의 기회 상실 같은 기회비용은 포함도 안 된 것이다. 어설픈 데이터의 사용이나 좋은 데이터의 어설픈 사용은 파괴적일 수 있다. 기술적인 문제점들에 대해서만이 아니고, 데이터 품질에 대해서도 명백하게 좀 더 커다란 강조가 필요하다. 그 데이터 품질에 포함되는 사항들은, 데이터 완전성, 데이터 정확성, 데이터 소유권, 그리고 데이터 접근가능성 등이다.

보통은 데이터를 '문화적' 문제로 생각하지 않는데, 핵심적으로는 문화적인 문제이다. 대부분의 데이터는 기능부서의 '사일로'에 저장되어 있다. 조직의 기능과 부서는 다른 분야, 문화, 그리고 견해를 의미하고, 일반적으로 자신의 '측정 프레임워크'와 '추론 모델'을 지니고 있는데, 그것들은 다양한 분야에서 진화된 것이다. 그들 프레임워크와 모델이 매우 효과적이지만, 그들은 기능부서의 관점을 반영하고 그 설계와 사용에 있어서 상당한 다양성을 나타내고 있다. 그러나 가장 큰 문제는 이들 일관성이 없고 모순되는 측정 시스템이 또한 우선순위와 가치창출의 직접적 원인에 관한 합의의 부재의 반영이라는 점이다. 여기에 고의적인 '게이밍'의 위협까지 추가하면, 심각한 문제의 가능성이 현실적으로 다가온다. 더군다나 정보 과학자 아노 펜지아스Arno Penzias가 경고하기를, 테크놀로지가 덮치는 바람에 측정문제를 인지하는 것은 이미 더욱더 어려워진 상태라고 했다. 펜지아스는 말한다. "오늘날 숫자 남용의 대부분은 훨씬 더 집어내기가 어려운데, 문제 속에 더 깊숙이 도사리고 있기 때문이다."

일부 계통적인 제약에 포함되는 것은 데이터 소유권 문제, 지적 재산권 문제, 그리고 내부적 경쟁상황이다. 이런 '정보 정치적 상황'을 극복하는 것은 기를 죽일 수도 있다. 너무나 흔히 새로운 테크놀로지는 새로운 태도를 가져올 것이라고 가정하지만, 경험은 그 믿음을 반박한다. 주보프Zuboff와 맥스민Maxmin은 저서, 《개인 지원 경제The Support Economy》에서 이렇게 주장한다. "공통 모델, 방법론, 그리고 데이터를 둘러싼 부서 상호 간 협력은 기업의 '심층 구조'의 변화가 필요할 것이다."

성과기록표와 대시보드

성과기록표와 대시보드는 독립된 '솔루션'이 아니다. 그런데 측정 프레임워크와 협력하여 개발되는 경우에는, 그들은 측정을 둘러싼 사회적 상호작용을 자주 제공할 수 있다.

성과기록표

잘 설계되고 역동적인 성과기록표의 개념은, 많은 좋은 아이디어처럼 상업화되어서, 원래 개념의 의도를 더럽히는 형태로 되었다. 성공하려면 균형성과기록표는 네 개의 관점으로 분산된, 측정지표의 단순한 수집물 이상이어야 한다. 균형성과기록표가 사업 전략의 투명성을 높이고 조직의 전략적 방향을 다른 사람에게 전달(단계적 전파)하는 능력을 강화하는 잠재력이 있음에는 의심의 여지가 없다. 그렇지만 이 도구의 성공, 그리고 관련 테크놀로지의 성공은 그것이 어떻게 구현되고 사용되는가에 달려 있다. 카플란과 노튼이 주의를 주기를, 성과기록표가 경영 시스템과 연계되어 있지 않으면, 그로부터 아무 것도 생겨나지 않을 것이라고 했다. 성과기록표 전문가 닐스 괴렌 올베Nils Goren-Olve는 이렇게 말했다. "성과기록표에 관한 논의는 그것이 효과가 있을 것인지 여부를 결정할 것이다."

성과기록표를 둘러싼 상호작용성이 없이는, 커다란 가치를 잃을 것이다. 더 나아가서 성과집계는 '실적 점수'를 내포하고 있기 때문에, '비즈니스의 게임'이 아니고 '측정 게임을 이기기' 위해서 사용하고 싶은 측정지표를 포함하기가 쉽다. 균형성과기록표의 네 가지 관점 중 세 가지가 내부적으로 초점이 맞춰져 있으므로, 회사는 성과기록표의 모든 사항에 '우수'를 기록하고도 여전히 고객에게는 아무 가치도 전해주지 못할 수도 있다.

성과기록표의 잠재적 문제는 그 개념의 잘못이 아니다. 주된 문제는, 그 개념을 '빠른 해결책'으로서 채택하고, 또 적정한 구현의 어려움을 줄이기 위한 집착에서, 조직이 인력을 절감하는 템플리트를 채택하였는데, 그 템플리트는 균형성과기록표의 무늬만 유지하고, 정작 그 실체는 놓치고 만 것이다. 불행하게도 성과기록표가 자동화되는 경우, 문제들이 악화되고 굳어지는 경향이 있다. 극히 중요한 상호작용적이고 사람과 사람 사이의 성분의 중요성을 깎아내림으로써, 테크놀로지는 그 문제에 기여한다. 테크놀로지가 데이터를 그렇게 뚜렷하게 제시하니까, 데이터가 바로 해답이라고 생각하기가 아주 쉬운 것이다.

거의 모든 자동 측정 시스템이 균형성과기록표나 기타의 성과기록표를 가지고 있는 듯이 보이는데, 그렇다고 반드시 좋은 것은 아니다. 즉석에서 사용하는 기성품 성과기록표가 오늘날의 유행인데, 최초의 흥분이 가라앉고, 회사에서 컨설턴트들이 돌아가버리고 난 후에는, 모든 참된 가치를 없애버리는 결과가 될 것이다. 다양한 조사를 통해서 집계된 것인데, 70%의 모든 성과기록표와 대시보드 프로젝트가 아무런 긍정적인 비즈니스 실적을, 그것을 채택한 회사에 제공해 주지 못했다고 한다.

대시보드

성과 대시보드는 자동차나 제어판 비유(성과측정 데이터가 그래픽 심벌과 컬러 코드로 표시된)를 써서 사람들에게 성과 데이터를 더 잘 보이게 하고, 아마도 좀 더 행동적으로 하는 데 도움이 된다. 대부분의 경우에 대시보드는 사용자의 '프런트 엔드'로 기업 '비즈니스 지능' 또는 'BPM' 응용 프로그램 위에 설치되어 있다. 현실에서 대시보드는 눈에 보이는 '예외 보고서'에 지나지 않는다. 그런데 예외 기반의 측정은 잘만 되면 참된 가치가 있을 수 있다. 케네스 맥기Kenneth McGee는 이렇게 말한다. "나는 비즈니스의 놀라운 일들, 즉 매출 급락, 파산, 그리고 시장점유율 쇠퇴 등의 조사에 수년을 보냈다. 모든 경우에, 조짐, 즉 사전 정보가 있어서 관리자들이 닥쳐오는 사태를 알 수도 있었다."

리차드 브래스Richard Brath와 마이클 피터스Michael Peters는 이렇게 설명한다. "대시보드와 시각화는 인식도구로서 수많은 비즈니스 데이터에 대한 '관리의 범위'를 향상시켜 준다. 이들 도구는 사람들이 추세, 패턴, 이례적 사항을 눈으로 확인하고, 그들이 보고 있는 것에 관하여 생각하는 데 도움이 되며, 효과적인 의사결정으로 안내해서 도움이 된다." 만일 잘 설계되었다면, 대시보드는 중대한 위험 신호나 문제의 명백한 원인까지도 확인하는 데 도움이 될 것이지만, 전적으로 계기판에 의해서 비행하면서 편안함을 느낄 '조종사'는 거의 없다. 성과 대시보드는 운항을 도와줄 수는 있지만, 올바른 방향으로 가리켜야 하며, 그렇지 않을 경우 그릇된 방향으로 좀 더 빨리 달리고 있는 결과가 될 것이다.

가장 큰 위험은 대시보드가 성과측정을 '바보로 만들고', '저변에 도사리고 있는 것'을 보는 시력을 감퇴시킬 것이라는 점이다. 대시보드에 나타난 경보에 행동을 취할 만큼 충분한 데이터가 제공되지 않을 수도 있다. 대시보드는 전형적으로 뒤따르는 지표들을 보여주지, 지표의 직접적 원인을 보여주는 것은 아니다. 그것은 또한 데이터 품질문제를 얼버무리는데, 그 문제는 보통 다수의 시스템으로부터 데이터의 통합을 시도할 때 일어난다. 핵심은 대시보드는 건실한 비즈니스 논리에 바탕을 두고, 튼튼한 데이터 관리 하부구조 위에 설립될 필요가 있다는 것이다.

그렇기 때문에, 효과적이기 위해서, 이들 도구는 사용자와 그룹을 전략적 목표와 정렬시키는 비즈니스 구조를 구체화해야 하고, 선행지표와 뒤따르는 지표를 사용함으로써, 목적을 각 개별적 기능에 맞춘 시각적 지수로 바꾼다. 조직은 대시보드 측정지표를 모든 계층에 배치하고, 각 계층은 자기 자신의 측정지표 세트를 사용하고, 그 측정지표 세트는 최상위 계층과 정렬된 것일 것이다. 이런 식으로 적어도 이론상으로는, 측정지표는 위로부터 '흘러내리고', 데이터는 조직의 바

닥으로부터 '굴려서 올라간다.'

재미도 있고 겁도 나는 것은 대시보드가 흔히 '바보등(계기판 경고등의 경멸적인 표현)'을 포함하고 있는 것이다. 그것이 바보등이라고 불리는 이유는, 게이지gauge를 이해하거나 읽을 줄 모르는 '바보들'을 위한 것이기 때문이다. 실제로는 그것이 그렇게 나쁜 것은 아니다. 그렇지만 바보등은 일이 발생해야 비로소 일이 진행되고 있다는 어떤 표시를 한다. 그렇기 때문에 게이지도 포함하는 것이 중요하다.

초기에 대시보드는 수작업으로 구현되었고, 엑셀이나 파워포인트 같은 소개용 프로그램을 사용했다. 그런데 테크놀로지가 발달되면서, 일부 대시보드는 747 여객기의 조종실처럼 보이기 시작했다. 내용보다 요란한 치장을 지닌 것도 있다. 다른 것들은 솔직히 겁이 나는 것도 있는데, 너무 단순하거나 너무 복잡하기 때문이다. 간단하지 않은 프로젝트를 다루는 것이 진짜 문제인데, 간단하다는 것은 다음의 경우로, 현재 갖고 있는 데이터가 '초록색'이면 좋은 것, '빨간색'이면 나쁜 것, '노란색'이면 주의를 의미한다. 불행하게도 대시보드는 측정 문맹자와 대시보드 게이지를 비난함으로써 '부정적 책임'을 모면하려는 사람들에게 매력적이다.

성과기록표와 대시보드의 미래

한 해설자가 성과기록표와 대시보드의 문제와 위협을 다음과 같이 말했다. "고위경영자는 너무나 자주 성과기록표(별명, 대시보드)가 책임과 주요 의사결정에 필요한 대답을 제공할 것이라고 결정하는 것 같다. 일단 결재가 나면, 노력은 전문가팀(흔히는 외부 컨설턴트가 주도하는)에게 위임되어 그 결단을 구현하게 된다. 끝에는 '시각' 의 명명과 포지셔닝의 겉치레 변화가 있었지만, 슬프게도 결국 얻게 된 것은 일반적인 측정지표 세트로, 조직이 상명하달식으로 억지로 떠맡게 된 것이다. 전략, 역할, 관계의 주요 요소들과 측정지표 기저에 있는 '성과 이야기' 의 논리에 거의 아무런 주의도 기울이지 않은 것이다."

좋은 소식은 성과기록표와 대시보드와 다른 성과측정 테크놀로지와 관계되는 모든 잠재적 문제들이 극복될 수 있다는 것이다. 그렇지만 그렇게 하기 위해서는 기술요원들만 가지고는 안 된다.

기술적인 면을 살펴볼 경우, 확실히 발전된 것들이 있어서 설계에 포함될 수 있고 또 포함되어야 한다. 윌리엄 폰빌William Fonvielle은 '역동적 비즈니스 성과기록표' 를 제안해서 균형성과기록표를 대체하거나 보완하자고 한다. 이들 역동적인 형은 모호한 인과논리를 좀 더 명백하게 표시하고 시각에 대해서도 덜 엄격할 것이다. 예를 들어 '비즈니스 실적' 에 대한 좀 더 넓은 시각은 단순한 '재무적 실적' 보다는 좀 더 타당하고 균형 잡힌, 조직 건강 상태의 전모를 제공할 가능성이 높을 것이다.

더군다나 성과기록표나 대시보드에, 좀 더 혁신적이고 변혁적인 측정지표(설사 실험적일지라도)의 포함을 막는 것은 본래 아무 것도 없지만, 미래의 설계는 좀 더 유연해져야 할 것이다. 미래의 성과기록표나 대시보드의 하나의 열쇠는 여러분이 측정하는 것을 신속하게 바꿀 수 있는 능력이다. 오늘날의 변화무쌍한 비즈니스 환경에서, 조직에게 긴요한 것은, 오늘 유효한 것이 내일이면 못쓰게 될지도 모른다는 것을 잘 인식하는 것이다.

측정 테크놀로지 채택하고 구현하기

변혁적 성과측정을 뒷받침하는 테크놀로지를 성공적으로 채택하는 데 꼭 필요한 세 가지 열쇠가 있다.

1 _ 프로젝트 우선순위 설정하기
2 _ 조직의 준비 상태 헤아리기
3 _ 상황 준비하기

프로젝트 우선순위 설정하기

충격적인 사실이지만 새로운 테크놀로지 구현의 실패율이 40~60% 대이고, 20%만이 '완전 만족'을 달성한다. 테크놀로지의 엄청난 능력을 감안할 때, 테크놀로지가 그것을 적절하게 소화할 수 있는 우리의 능력을 앞질러 간 것은 아닐까 하는 생각이 들기도 한다. 연구결과에 따르면, 테크놀로지 프로젝트의 주요 실패 요인은, 명확하지 않은 요구사항, 엉성한 범위의 정의, 비현실적인 기대사항, 엉성한 프로젝트 계획, 무능한 스태프, 소극적 리더십, 착수 곤란, 관료주의와 이해관계, 사용자 참여 및 팀워크의 부재, 그리고 불충분한 자원이다.

외부 공급자가 공급한 IT 솔루션의 경우, 고객-공급자 관계는 아주 중요하고, 서투른 의사소통이 관계 실패의 주된 이유이며, 전문 기술과 정직이 근소한 차이로 두 번째와 세 번째 이유이다. 대부분의 프로젝트 실패의 기저에는 IT와 더 큰 조직 간의 시너지 부재가 있다. 그렇지만 그 이유들은 그냥 방향만 바꿔주면 그야말로 여러분은 성공

요소를 지니게 된다. 놀랍게도 이 문제들 중 어느 것 하나도 테크놀로지 자체와는 상관이 없다.

성과측정이 그러하듯이, 테크놀로지 채택도 본래 사람과 상황에 연관된다.

때로는 더 비싼 시스템이 더 좋다는 생각도 있어서, "내 테크놀로지가 네 테크놀로지보다 값이 더 나가!"라는 말도 나온다. 그렇지만 연구에 의하면 그 생각은 입증되지 않는다. 새로운 측정 시스템 채택의 성공은 본래 구매 가격에 관한 것이 아니다. 확실히 여러분은 테크놀로지가 여러분의 조직이 원하고 필요로 하는 기본 기능을 지니고 있기를 바란다. 그렇게나 많은 조직이 모든 사람을 기분 좋게 만들려고, 요구사항 문서를 마치 희망사항 목록인 것처럼 추가하다가, 결국은 대체로 그들의 시스템은 과도한 엔지니어링over-engineering을 하게 되었다. 사실은 스탠디시 그룹Standish Group 보고에 의하면, 대부분 시스템의 기능 중 45%는 드물게 사용되고, 19%는 전혀 사용되지 않는다. 더군다나 더 복잡할수록, 실패의 가능성도 더 커진다. 여러분은 언젠가는 진화할 수도 있는 수수한 시스템을 애초에 구입한다면 최선의 길이 될 것이다. 유연성이 핵심이어서, 그래야 미래에 꽤나 쉽게 기능성을 추가할 수 있게 된다. 무슨 일을 하든지, 융통성 없는 시스템에 얽매이지 말라. 그리고 모든 의사결정을 가능한 한 취소할 수 있도록 하라.

특정한 테크놀로지에 타당하지 못한 언질을 피하는 길은 기술요원에게 주도권을 주지 않는 것이다. '기술 요원'과의 문제의 일부는 그들이… 바로, 기술적이라는 것이다. 매튜 트레거스Matthew Treagus는 자신이 과거 최고정보관리책임자CIO; Chief Information Officer였으면서도 다음의 말을 한다. IT 요원은, "운영요원이고, 그들은 테크놀로지를 이해한다. 그들은 고객의 경험이 없으므로 고객을 이해하지 못한다."

비용면에서는, 초기 구입비용보다는 총 소유비용total cost of ownership을 고려하라. 총 비용은 테크놀로지 자체보다는 좀 더 계획, 리더십, 의사소통, 훈련, 지원, 그리고 진행 중인 약속과 관계가 확실히 깊다. 또한 의미심장한 분량의 작업이 진행된 것에 완벽히 대비해야 하고, 그 일은 데이터베이스를 통합하는 데 필요할 수도 있다.

조직의 준비상태 헤아리기

둘째로, 테크놀로지 탐색에 착수하기 전에, 모든 흠이 '고착되기' 전에, 건실한 측정 시스템을 지니고 있는지 확인하라. 흠이야 항상 있게 마련이지만, 자동화하기 전에 여러분의 측정 시스템을 반드시 개선하기 바란다. 또한 측정 시스템과 예산 프로세스 같은 다른 관련 시스템과의 상호작용을 검토하라. 많은 조직에서 예산 작업이 너무나 강력해서 성과측정 시스템의 기타 측면이 모두 거기에 종속되고 있다. 그래서 여러분 조직의 측정 시스템이 자동화에 대해 얼마나 준비가 되어 있는지 반드시 평가하라.

그 다음 평가할 요소는 리더십이다. 제9장에서 살펴보았듯이, 측정 리더십이야말로 성과측정을 변혁하는 데 있어서 단일의 가장 중요한 요소이다. 확실히 테크놀로지 활용의 성과측정을 성공적으로 구현하는 데는 많은 문제가 있는데, 가장 어려운 것은 데이터 혼란을 깨끗이 청소하는 능력과 부서 상호 간 협력적으로 측정하는 능력이다.

정말 놀라운 것은 훌륭한 리더는 어려움과 자원 부족에 직면해서도 무슨 일이라도 할 수 있다는 점이다. 새로운 테크놀로지에 착수하는 데 중역의 후원은 반드시 필요하다. 그런데 더욱 중요한 것은, 여러분의 조직은 적어도 그 여정을 시작하기에 충분한 측정 리더십을 제자리에 갖추고 있는가이다.

그 다음은, 여러분의 직원들이 그 도전에 응할 수 있는지 여부를 평가하는 것이 아주 중요하다. 잠재적인 저항을 고려하라. 많은 직원, 그리고 관리자들에게까지 존재하는 소극적 저항에도 민감해야 한다. 그들의 지원 및 상호작용의 부재는 측정지표를 없애버릴 수도 있다. 인식이 잘못되어 있는 동안에는, 매우 조심조심 발을 내디뎌야 하고, 또 사람들과 테크놀로지 사이의 상호작용이 테크놀로지를 효과적으로 활용하는 데 반드시 필요하다는 것을 이해하면서, 테크놀로지 채택에 대한 저항을 진지하게 받아들여야 한다.

끝으로, 수용 능력의 문제이다. 여러분의 직원들은 테크놀로지에 사로잡히거나 속지 않고, 테크놀로지를 최대한도로 활용할 수 있는 성과측정 역량을 지니고 있는가? 이들 역량은 대단히 깊을 필요는 없지만, 충분한 수준의 '측정 활용 능력'이 있어야 성과측정 시스템과 관련 테크놀로지를 효과적으로 활용할 수 있다. 그렇지 않다면 측정 시스템의 결함이 전혀 발견되지 않을 수도 있고, 또한 여러분 조직의 일부가 '계기판 없이 비행하는 것을' 발견할 수도 있다.

상황 준비하기

테크놀로지가 '반사회적'이라고 생각하는 사람도 있지만, 그렇지 않다. 우리 모두가 알다시피, 테크놀로지가 사람들을 수동적으로 만들고, 사람끼리의 상호작용을 줄이게 할 수 있지만, 또한 그 정반대로 할 수도 있다. 문제는 측정 비전의 사회화를 뒷받침하는 이런 엄청난 잠재력을 그냥 내버려두다시피 하고 있다는 점이다.

사회화와 테크놀로지 사이에 시너지가 존재하기 위해서는, 테크놀로지가 단지 나중에 추가 장착이 되는 것이 아니라, 반드시 설계에 포함되어야만 하는 것이다. 그 이유는 사회적 상호작용은 전반적인 구조의 일부이어야 하고, 사후에는 결코 이루어질 수가 없기 때문이다. 그러면 어떻게 하면 처음부터 포함시킬 수 있는가?

가트너의 공급망 분석가, 제프 우즈Jeff Woods에 의하면, 그것은 권한 부여에 관한 것이며, 또한 조직학습에 관한 것이다. 다음은 그의 말이다. "매번 당신이 예상치 못했던 상황과 직면할 때마다 동료와 의논할 방법이 있는가? 당신은 조직을 가로질러서 살펴보고, 무슨 일이 일어나고 있는지 이해하고, 당면 문제와 관련해서 비슷한 경험을 지닌 사람들로 팀을 꾸릴 수 있는가? 여기에는 기술적 장애도 존재한다. 문제에 대응하고 있는 사람들은 수많은 시간을 데이터를 모으는 데 허비하고 있다. 만일 정보를 바로 입수할 수 있는 기술적 능력을 구비해 두고, 무슨 일이 일어나고 있는지 알려줄 수 있는 감지형 네트워크를 갖추고 있다면, 무슨 일이 일어나고 있는지 알아내려고 애쓰는 시간을 줄이게 될 것이다."

불행하게도 대부분의 조직은 구성원에게 '성과논리'를 이해하는 데 시간을 쓰도록 장려하고 있지 않다. 그들의 비즈니스 모델, 전략, 그리고 가치창출의 '성과논리'는 그들의 측정 및 경영 시스템의 기초

가 되는데도 말이다. 그런 것이 여러분 조직의 경우라면, 성과측정의
참된 힘은 잃어버리고 있는 것이다.

성공적인 테크놀로지 투자의 단계

제때에 올바른 종류와 품질의 데이터에 적절한 접근 기능을 제공함으
로써, 테크놀로지는 실제로 '측정의 사회화'를 촉진할 수 있다. 다음
은 일람표로서, 여러분 조직이 성과측정을 지원하고 강화할 테크놀로
지에 대해 투자하려 할 때 명심해야 할 주요 권고사항들(그리고 수반되
는 논점들과 의문들)을 요약한 것이다.

　1 _ '주의 의무'를 이행하라.　새로운 테크놀로지 도구를 채택하기
전에, '모범 사례'로 소개된 성공 이야기들이 아닌 '실태'를 파악하
라. 열심히 찾아보면 어떤 것에 대한 것이든지 증거 사례들을 찾을 수
있다. '솔루션'으로 소개되는 도구들을 경계하라.

　2 _ 소규모로 시작하라.　너무 빠르게, 또 너무 많이 하려고 들지 말
라. 측정 테크놀로지의 최선의 채택은 100미터 달리기보다는 마라톤
의 경우처럼 사려 깊고 속도 조절을 잘 하는 것이다.

　3 _ 어떤 도구이든 너무 많은 기대는 하지 말라.　개선 작업을 도구
추진식으로 해서는 안 된다. 성공은 선택된 도구보다는 그 도구가 어
디에 어떻게 적용되는가에 달려 있다. 결과적으로 그 차이를 만드는
것은 마라톤화가 아니라 마라톤화를 신고 달리고 있는 사람의 기술

이다.

4 _ 즉각적인 투자수익률ROI; Return Of Investment은 기대하지 말라. 테크놀로지의 이점을 수확하는 것은 진행 중인 프로세스임을 깨달아라.

5 _ 명확한 기대사항을 설정하라. 성과측정 테크놀로지의 채택으로 여러분의 조직이 얻으려고 기대하는 것은 무엇인가? 많은 조직이 측정 시스템을 제공하지만, 그것으로 무엇을 할 것이지 안내를 하지는 않는다.

6 _ 주요 이해당사자를 알아내고 그들의 참여 정도를 확인하라. 핵심 성과측정 역할, 책임을 결정하라. 초기적 이해당사자와 지속적인 이해당사자의 헌신, 찬동, 그리고 적절하게 관여하기 위하여 무엇을 준비하고 있는가?

7 _ 누가 측정 리더십을 제공할 것인지 결정하라. 누가 측정 시스템과(또는) 여러 가지 성분을 소유하는가? 측정 테크놀로지는 누가 소유하는가? 누가 '측정의 사회화' 프로세스를 소유해야 하는가? 잠재적인 갈등을 의식하고 있으라.

8 _ 대화를 촉진하기 위해 무슨 일을 해야 할지 결정하라. '성과 논리'를 둘러싼 대화를 자극하기 위하여 무엇을 할 것인가? 측정지표 사이에 절충을 탐색하기 위하여 무엇을 할 것인가?

9 _ 지원 수준을 결정하라. 어느 정도로 초기 및 진행 중의 의사소통, 교육, 훈련, 비공식적 학습, 그리고 테크놀로지와 성과측정에 대한 지원이 제공되어야 하는가?

10 _ 다른 자원을 결정하라. 성과측정 테크놀로지 구현의 성공과 지속성을 확보하기 위하여 무슨 다른 자원이 필요한가?

11 _ 더 큰 조직적·문화적 논점을 평가하라. 예를 들어 어떤 종류의 기능부서적·분야적 제약이 존재할 수 있는가? 개방성과 투명성에 대해 어떤 장애가 존재할 수 있는가? 성과측정 시스템의 영향을 훼손할 수 있는 강력한 인센티브가 있는가?

12 _ 테크놀로지 활용 측정 시스템의 범위를 정의하라. 측정의 중대한 논점은 어떻게 '확장 기업(Extended Enterprise, 공급망 파트너와 제휴회원)'을 측정 시스템에 포함시킬 것인가 하는 것이다.

13 _ 측정 시스템의 설계를 누가 할 것인가 생각하라. 혹시 설계자가 뚜렷한 편견이라도 지니고 있는가? 앤드루 코힐(Andrew Cohill)이 충고한다. "'솔루션'을 추천하기 전에 조직의 필요성을 이해하려 노력하지 않는 업자를 경계하라."

14 _ 측정지표의 선택 및 재검토 방법을 결정하라. 측정지표, 특히 신규 및 신생 측정지표의 선택 프로세스가 잘 정의되었는지 확인하라. 누가 관계되어 있는가, 측정지표는 중요성 측면에서 가중치를 주어야 하는가, 지속적인 개선 프로세스가 존재하는가, 강력한 단일 순환고리 및 이중 순환고리 피드백 프로세스가 존재하는가 등을 확실히 하라. 무엇보다도, '지표의 고착화'를 피하라.

15 _ 측정주기를 자세히 살펴보라. 어떤 간격으로 측정이 수행되고 보고되어야 하는가? 일정한 측정지표의 시간상 지체는 문제가 될 것인가? 비즈니스는 계속 돌아가는 것이고, 분기가 기준은 아니다. 그런데 실시간 측정하는 것은 매우 높은 비용이 듦으로, 어떤 것이 절대적으로 실시간 보고가 필요한지 평가작업을 수행하라.

16 _ 시스템이 역동적이며 변경이 쉬운지 확인하라. 신규 및 신생 측

정지표는 실험을 할 수 있는 것이 중요하다. 더구나 회사 전략상의 변화는 성과측정을 근본적으로 바꿀 수가 있다. 한 가지 측정지표의 변경으로 파급효과가 생길 수 있다.

17 _ 성과측정을 다른 정보와 함께 어떻게 사용할 것인지 결정하라. 테크놀로지 활용 성과측정 시스템을 전반적인 의사결정 프로세스 내에서 바라보라. 예를 들어 예외 기반의 측정은 극히 가치가 있을 수 있지만, 정상 및 비정상 성과 패턴의 기준은 반드시 명확해야 한다.

그리고 제11장 처음에서 말한 '오즈의 마법사'에 숨겨져 있는 이미지를 명심하기 바란다. 강력하게 권고하는데, 다음의 질문을 계속하라. "이면에 무엇이 있는가?"

성과측정 완성

완성 또는 성숙maturity의 개념은 현재 널리 보급되고, 새로운 모델들이 출현하면서, 여러 가지 측면을 다음과 같이 설명하고 있다. 개인적인 성숙, 전문가의 성숙, 팀의 완성, 프로세스 · 프로그램 · 프로젝트의 완성, 그리고 조직의 완성 등이다. 이 모든 모델들은 시간의 경과에 따른 발전을 정의하고 육성하려고 시도한다. 어떤 조직에서든 성과측정의 중추적인 중요성 때문에, 그것의 완성도 제고에 따르는 잠재적 이점은 엄청나게 크다. 데브러 호프만Debra Hoffman은 다음과 같이 설명한다. "성과측정 완성이 한 회사가 지속적으로 개선할 수 있는 능력을 결정한다. 또한 그것은 그 회사의 미래 성과의 핵심 결정 요소이다." 어떤 성숙화는 자연적으로 보통의 학습과 경험을 통하여 일어나지만, 일반적으로 인정되고 있는 사항으로, 체계적으로 발달에

337

관여하면 더 높은 수준의 성숙화를 좀 더 빨리 달성할 수 있을 것이다. 이 책을 쓴 주된 이유 중의 하나가 조직이 성과측정 시스템의 변혁화를 더 높은 수준으로 더 빨리 완성하는 데 도움을 주는 것이다.

성과측정 완성은 이미 논의된 개념, 원칙, 그리고 실천 사례의 토대 위에 세워진다. 이 장에서는 이미 소개된 내용들을 쓸모있게 조합하는 방법을 소개할 것이다. 그 외에 이 장의 끝부분에 있는 '변혁적 측정 완성도 평가TMMA: Transformational Measurement Maturity Assessment'는 성과측정 완성의 개념을 전달하고, 변혁적 측정의 여정 행로에서 여러분 조직의 진척상태를 재는 데 쓸모있는 도구이다.

완성의 개념

어떤 사람에게 '완성(성숙)'의 의미는 늙고, 피곤하고, 판에 박힌 단조로움일 수 있고, 다른 사람에게는 그 말이 경험, 지혜, 효과성을 함축할 수도 있다. 저자는 다음의 표현을 좋아한다. "당신은 늙는 것이 아니라, 더 좋아지는 것이다." 성과측정 시스템이 완성(성숙)되고 있다는 것은 더 나아지는 것, 훨씬 더 좋아지는 것이다. 인간 성장에 관한 문헌을 뒤지면, 어떤 개념은 아주 명백하게 성숙과 연관이 있다. 그 개념은 지혜의 발달, 현실에 맞서려는 열망, 과거에서 배우기, 독립적으로 행동하려는 마음, 순응할 때를 알기, 진행 중인 변화에 적응하기, 새로운 생각에 개방적이기, 자신의 신념에 대한 의문 품기, 다른 사람으로부터의 질문에 위협감을 못 느낌, 문제 상황에서 임시변통적인

[그림 12-1] 인간발달과 성과측정의 대비

인간발달	성과측정
심리적 웰빙	긍정적 상황
개인적 효능	집중
성실성/균형감각	통합화
사회화	상호작용성
리더십	리더십
학습	학습

쉬운 길을 취하지 않음, 리스크를 감당함, 기타 여러 가지가 있다. 이 장을 읽으면서, 그러한 많은 특질이 성과측정 완성의 본질과 비슷함을 보게 될 것이다.

[그림 12-1]은 인간발달 성숙과 성과측정 완성의 발달 과정에서 주요 요소의 범주를 대비하고 있다. [그림 12-1]에서 인간발달 측면의 '심리적 웰빙'이 우리가 논의하고 있던 측정의 '긍정적 상황'과 비슷함을 알 수 있을 것이다. '개인적 효능personal efficacy'은 인생에서 차이를 기할 수 있는 능력에 관계되며 성과측정의 '집중'에 유사하고, 이것은 특정 측정지표가 지니고 있는 힘이나 파급력과 관계 있다. '성실성/균형감각integrity/balance'은 사람들이 자기 개성의 다양한 요소의 균형을 취하는 능력으로, 그것으로 자신의 성실성을 유지한다. 이는 성과측정의 '통합화'와 유사하다.

인간발달 측면에서, '사회화' 또는 인간관계의 효과성은 성과측정의 '상호작용성'과 관계된다. '리더십'과 '학습'은 양쪽, 즉 [그림 12-1]의 인간발달과 성과측정 모두에 있음을 알 수 있다. 그 이유는 이끄는 능력과 리더십을 받아들이는 능력은 성숙한 인격과 완성된 성과측정, 두 가지 모두에 필수적이기 때문이다. 마찬가지로 '학습(단일 순환고리와 이중 순환고리)'은 인간발달과 성과측정 발전, 모두에게 반드시 필요하다.

아리 드 호이스Arie De Geus는 조직의 완성 과정을 다음과 같이 설명한다. "모든 생물처럼, 살아있는 회사는 자신의 생존과 개선을 위해서 존재한다. 자신의 잠재성을 실현하고 될 수 있는 한 위대하게 되려고 한다." 성과측정의 경우에는, 완성은 자신의 모든 잠재성의 점진적인 현실화이다.

완성 과정은 종점이 없다. 행로의 끝이 없는 것이다. 더 정확하게는, 그것은 '되기'의 상태, 즉 좀 더 타당하게 되기, 좀 더 기능적이 되기, 좀 더 강력하게 되기의 상태이다. 성과측정의 완성 과정은, 현재까지 알려진 것을 넘어서 계속하여 발전하는 가능성을 제공한다. 최고 수준의 완성도를 이루는 것은 시간이 걸린다. 하룻밤 사이에 일어나는 것이 아니다. '즉석 변혁' 또는 '즉석 완성' 같은 것은 존재하지 않는다.

완성화는 변혁화가 필요하다

발전의 최고 수준을 이룩하는 것은 특정의 집중적인 행동 프로그램, 즉 변혁화 프로세스가 필요하다. 성과측정의 변혁화와 그의 완성은 밀접하게 연관되어 있다. [그림 12-2]는 성과측정 변혁화를 연속된 개선 프로세스 순환고리로서 나타내고 있는데, 상황 개선하기에서 집중 개선하기로, 통합화 개선하기로, 상호작용성 개선하기로, 즉 네 개의 변혁화 열쇠key의 개선 프로세스 순환고리이다. 이 변혁화가 반드

[그림 12-2] 성과측정 변혁

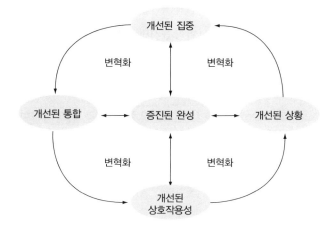

시 이런 특정 순서대로 일어나지는 않지만, 네 개의 모든 키가 계속해서 개선되는 것이 중요하다. 변혁화 순환고리가 일어나고 있는 동안에 완성(그림 중앙의)도 또한 증진되고 있다.

변혁화가 '형질이 크게 바뀜'에 관한 것인 데 반하여, 완성은 더 높은 수준의 발전으로의 이동에 관한 것이다. 더욱 중요한 것은 성과측정 완성을 고려할 때, 그것이 성과측정의 어떤 한 가지 방면에서의 힘에 관한 것이 아니고, '전 시스템'의 건전에 관한 것이란 점을 명심하는 일이다.

연구에 의하면 조직의 변화 노력 중 겨우 20%(단지 다섯 중에 하나)만이 장기간의 개선을 달성한다고 한다. 저자가 알기로는 이것은 진실한 변혁화 또는 진실한 완성화를 위한 필요조건에 대한 이해가 거의 없었기 때문이다. 조각조각 단편적으로, 도구 중심의, 그리고 다른 단기적 변화는 쉽지만, 그런 식의 변화는 궁극적으로 비효과적이다. 그 이유는 그런 식의 변화는 기계에 부품을 추가한 것에 지나지 않기 때문이다. 기계는 한동안 잘 돌아가겠지만, 그것은 다음 부품을 바꿔줄 필요가 생길 때까지 뿐이다. 피터 센게의 말을 들어보자. "한 회사를 하나의 기계로 보는 것은 그것이 고정되고 변화가 없다는 뜻을 담고 있다." 그렇기 때문에 기술적 변화만으로는 보통 피상적이며, 영속적·변혁적 변화에는 그렇게 비효과적이었음이 증명되고 있다.

사회적 요소의 중요성

성과측정에 관한 한 방법이나 테크놀로지의 변화는 조직을 바꿀 가망이 없는데, 조직은 본래 하나의 사회적 존재이기 때문이다. 기술적이고 테크놀로지적인 국면이 일시적으로 사태를 개선하겠지만, 중대하고 지속 가능한 개선의 핵심은 사회적 국면이다. 이것이 없이는 기술적이고 테크놀로지적인 국면은 한 번의 도약은 할 수도 있겠지만, 그 변화는 역동적이거나 자기 재생적이지 못할 것이다. 변혁화는 계속적이어야만 하며, 그렇지 못할 경우 그 방법이나 테크놀로지가 '구현되었다'고 간주되면 멈추게 될 것이다.

변혁적 측정 완성 평가하기

이 장의 마지막에 있는 '변혁적 측정 완성도 평가'는 상황, 집중, 통합, 상호작용성의 네 부분으로 나뉘어 있는데, 이 책에서 살펴본 각 핵심 분야에 해당된다.

다음 절에서는 성과측정 변혁을 위한 네 개의 열쇠를 간단하게 재검토하고, 개선 프로세스의 아웃풋과 그 개선 추진에 도구가 되는 요소를 살펴보기로 한다. 각 절의 끝에는, 변혁적 성과측정 완성도의 지표들이 소개되고 있는데, 분석으로부터 유추된 것이다. 이들 지표는 '변혁적 측정 완성도 평가'에 나타나는 항목들을 구성한다.

측정의 상황 개선하기

측정의 상황을 개선하는 것은, 상황이 전체 조직을 가로질러서 측정시스템의 다른 모든 측면에 영향을 주고 있으므로, 여러분의 조직이 할 수 있는 최선의 투자이다. 만일 상황이 변혁되지 않으면, 대부분의 사람들은 성과측정을 사용하더라도, 그저 '시늉을 하는 것'일 뿐이고, 자기 자신의 이기적인 목적으로 측정 시스템의 사용을 계속할 가능성이 높다.

[그림 12-3]은 측정의 상황의 개선에서 중요 부분을 나타내고 있다. 그림에서 주목할 것은 측정의 상황을 개선하기의 주된 아웃풋은 '긍정적인 태도'라는 점이다. 성과에 대한 태도가 긍정적인 방향으로 변하고 긍정적인 경험이 생기자, 성과측정은 가치를 더 높게 인정받게 되고, 그래서 개선을 강화한다. 성과측정에 대한 적대적인 접근이 줄어들기 때문에, 측정 역기능도 역시 감소할 것이다. 측정의 상황에 의미 있는 변화가 자리 잡기 시작하면, 과거의 부정적인 연상은 현재의 긍정적인 경험으로 대체될 것이다. 역기능은 실질적으로 사라질 것이고, 또 문화는 시스템을 '게임' 취급하려는 사람들의 부정적인

[그림 12-3] 측정의 상황 바꾸기

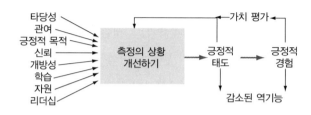

행동을 묵인할 가능성이 줄 것이다.

측정의 상황을 개선하는 데 공헌하는 주요 요소는 그림의 왼쪽에 있는데 다음과 같다.

● **타당성** 숫자들은 본질적으로 직원들에게는 가치가 없다. 대부분의 직원들은 측정을 '시간 낭비'로 간주한다. 그렇기 때문에 아주 중요한 것은 측정이 직원들이 신경을 쓰는 대상, 즉 그들의 일에 어떻게 관련이 있는지를 명백하게 하는 것이다. 측정이 일의 일부가 되면, 그것의 타당성은 당연하게 된다. 더군다나 직원들이 자신들의 측정지표와 조직의 실적 사이의 '조준선'을 훤하게 볼 수 있다면, 그들은 자신들의 행동이 두 가지 모두에 영향을 미치는 것을 이해할 것이고, 그래서 성과측정은 더욱더 타당성 있게 될 것이다.

● **관여** 상황 변혁화가 진전되고 완성 수준이 올라가면서, 조직의 최저 계층에서 최고위 계층까지 더욱더 많은 직원들이 성과측정에 관련될 것이고, 긍정적인 측면을 경험하기 시작할 것이다. 흔히 관여는 '얼리 어댑터'로 시작되지만, 추가적인 측정 기회가 확인되면서 관여

자가 늘게 되고, 직원들은 자기 자신의 성과를 안내하는 자기 자신의 측정지표를 개인적으로 경험하게 되고, 또한 그들의 내부 고객, 공급자, 그리고 팀의 측정지표에 인풋을 제공한다. 변혁화 프로세스가 계속되면서, 직원들은 측정에 있어서 좀 더 소유의식을 발전시킬 것이다.

● **긍정적 목적** 조직들은 성과측정 시스템을 변혁하면서 측정을 통제용보다는 개선과 학습용으로 사용하는 데 큰 중점을 둔다. 확실히 통제는 중요하지만, 직원의 통제보다는 프로세스 품질에 대한 통제라야 한다. 반복하자면 측정과 판정 간의 긴밀한 연결성을 줄이지 않으면, 방어자세가 측정으로부터의 학습과 정직성을 막을 것이다. 어떤 말을 하더라도, 직원들은 충분히 영리해서 측정의 진정한 목적을 알아차린다.

● **신뢰** 성과측정이 사용되어서 감시, 통제, 조종하는 한은, 정보의 원천으로 신뢰받지 못할 것이다. 그렇지만 직원과 관리자가 그것을 높은 성과와 개선을 가능하게 하는 것으로 보게 되면, 소중하게 취급하기 쉽고, 또 신뢰가 형성된다. 직원들이 측정을 신뢰하면, 그리고 자신들에게 적대적으로 사용되지 않을 것이라고 자신감을 느끼면, 그들은 훨씬 더 열렬하게 측정을 받아들일 것이다. 그렇게 되면 조직을 통틀어서 측정지표와 측정 시스템의 계속적인 개선에 대한 노력이 증대될 것이다.

● **개방성** 측정의 상황이 좀 더 긍정적으로 되고, 측정이 성공에 중추적이라고 더 널리 인식되면서, 측정에 대해서 비밀로 할 이유가 더 이상 없게 된다. 모든 측정 데이터는 누구나 원하고 필요하면 사용

할 수 있다. 측정에 관한 논의는 공개적이며 솔직하다. 사실상 측정에 관한 공개성과 정직성의 정도는 성과측정의 완성도를 재는 좋은 방법이다.

● **학습** 그 어느 것도, 측정에 대해서 그리고 측정으로부터의 학습 기회를 제공하는 것같이 측정상황의 변혁화에 공헌하는 것은 없다. 직원이 성과측정을 이해하면, 그들은 그것을 사용하는 데 적극적일 수가 있다. 변혁 중인 조직은 측정이 효과적인 학습에 필수적이며, 학습은 효과적인 측정에 필수적임을 발견하고 있다.

● **자원** 조직 전반적인 성과측정을 지원하기 위해 자원을 계속적으로 공급하는 것은 그것을 조직이 중요하고 가치 있게 생각하고 있다는 강력한 메시지를 전한다. 다양한 내부적 측정자원(자금 지원, 적절한 테크놀로지, 측정 전문가 등 포함)을 적시 적소에 제공하여 성과측정 활동을 지원하는 것이 핵심이다. 예를 들어 측정 전문가를 사용할 경우, 비즈니스 계통 사람들과 함께 일하도록 하여, 통계, 데이터 마이닝, 모델링, 또 기타 그런 방법을 최대로 활용토록 하고, 데이터 해석이나 비즈니스 의사결정을 대신하게 해서는 안 된다. 올바르게 시행되면, 이로써 중역, 관리자, 직원으로 하여금 계산이 아니라 측정의 의미에 집중하게 한다.

● **리더십** 측정 리더십은 측정상황의 변혁과 성과측정 완성도의 증대에 대단히 중요하다. 가장 완성도가 높은 성과측정 시스템을 지닌 조직은 조직 전반적인 성과측정에 책임을 지고 있는 누군가가 있을 것이다.

측정의 집중 개선하기

[그림 12-4]에서 볼 수 있듯이, 측정의 집중 개선하기에 주된 아웃풋은 '파급력이 높은 측정지표의 사용 증가'이다. 올바른 성과측정지표는 어마어마한 파급력을 제공해서 경쟁우위를 달성할 수 있다. 파급력이 높은 측정지표의 사용이 증가되면서 또한 '일상적 측정의 감소'를 추진할 수 있다. 파급력이 높은 측정을 늘리고 일상적 측정을 줄임으로써, 변혁 중인 조직은 점진적으로 집중력의 증가를 달성할 수 있다. 그림 왼쪽에 측정의 집중을 변혁화하는 주요 요소들이 있다. 그들은 다음과 같다.

● **가장 중요한 것을 측정** 측정의 집중을 변혁 중인 조직은 자신의 성공에 가장 결정적인 요소들을 반영하는 성과측정지표를 끊임없이 찾고 있다. 제6장에서 우리는 델 컴퓨터가 어떻게 '현금 전환 사이클 타임'을 측정했으며, 사우스웨스트 항공이 어떻게 항공기 '왕복 준비 시간'을 측정했는지 살펴보았다. 이 측정지표들이 개발되었을 때, 그

[그림 12-4] **측정의 집중 개선하기**

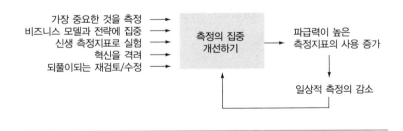

것들은 그 회사들에게 가장 중요한 요소였다.

- **비즈니스 모델과 전략에 집중**   변혁 중인 조직은 끊임없이 측정 지표를 자신의 비즈니스 모델 및 전략과 대비하여 재평가하고 재조정한다. 그러고 나서 그들의 전략적 우선순위를 관리하는 데 반드시 필요한 측정지표에 집중한다.

- **신생 측정지표로 실험**   변혁 중인 조직은 혁신을 추진하고, 또 낡은 측정지표를 대체하거나 보완하기 위하여, 언제나 신생 측정지표를 개발하고 있다. 많은 신생 측정지표는 측정하기 곤란한 무형의 것들일 것이다. 어려움에도 단념하지 않고, 이들 조직은 만일 자기들이 그 무형의 것들을 측정하지 않으면, 그것들을 효과적으로 관리할 수 없다는 것을 깨닫고 있다.

- **혁신을 격려**   변혁 중인 조직은 측정 시스템에서 혁신을 격려한다. 다른 렌즈를 통하여 성과 살펴보기의 중요성을 알고, 그들은 오래된 동일한 측정지표에 계속해서 의존하기보다는 새로운 측정지표를 발견하도록 직원들을 격려한다.

- **되풀이되는 재검토/수정**   변혁 중인 조직에서는 되풀이해서 성과측정지표를 재검토하고 수정한다. 얼마나 파급력이 높은 정보를 제공하는가, 그 정보를 그 조직이 얼마나 잘 수행하고 있는가에 관한 것이 기준이 된다. 그들은 형편없이 작동하는 측정지표를 주저하지 않고 변경하거나 내버린다.

측정의 통합화 개선하기

조직이 측정의 통합화를 개선하고 있을 경우에, 그들은 성과측정이

[그림 12-5] 측정의 통합화 개선하기

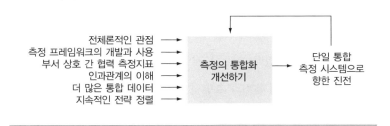

원래, 고립돼 있는 측정지표나 심지어 기능부서의 측정지표에 관한 것이 아니어야 함을 깨닫는다. [그림 12-5]는 측정의 통합화가 변혁하는 모습이 어떻게 보이는가에 대해 간단한 개요를 제시하고 있다.

'측정의 통합화 개선하기'의 주된 아웃풋은 '단일 통합 측정 시스템으로 향한 진전'으로, 기능부서의 '사일로' 측정 시스템과 데이터 저장소를 대체하는 것을 포함하고 있다. 그런데 기능부서의 편협성과 데이터의 정치적 이해관계의 세력을 극복하는 것은 무엇보다도 어려운 일이다. 측정의 통합화와 함께 앞으로 전진하는 것은 다음의 요소로 가능해진다.

● **전체론적인 관점** 변혁 중인 조직은 성과측정의 전체론적인, '대국적' 관점을 취하려고 열심히 일하고 있다. 모든 필수적인 가치창출 활동의 폭 넓은 이해를 반영하는 성과 구성개념을 측정하는 경우는 더욱더 증가하며, 그것들의 절충관계에 대해 훨씬 더 주의하고 있다. 측정 완성도의 좋은 지표는, 단일 측정지표보다는 다중적인 측정지표에 기반한 의사결정이 행해지는 정도와 그러한 주요 의사결정을 할

때 얼마나 많은 측정지표가 고려되는가이다.

● **측정 프레임워크의 개발과 사용** 변혁 중인 조직은 고립된 측정지표들은 변혁적인 것조차도, 더 커다란 '측정 프레임워크'에 통합되어야 함을 깨닫고 있다. 이들 프레임워크는 수직적 통합(조직의 상하로 가로지르는 측정지표의 연결)과 수평적 통합(조직의 기능부서를 가로지르는 측정지표의 연결), 두 가지 모두를 포함하고 있다. 변혁 중인 조직은 자주 추상적인 개념을 다루고 있음을 발견하고 있고, 많은 사람이 불편함을 느끼는 분야를 탐험하고 있으며, 또한 상당히 불확실한 분야에서 새로운 신생의 측정지표를 채택하고 있는 중이다. 측정 프레임워크는 조직이 그러한 문제점들을 다룰 수 있게 한다.

● **부서 상호 간 협력 측정지표** 변혁 중인 조직에서는, 부서 상호 간 협력 측정지표가 이미 정착되어 있는 부서별 '사일로'를 해체하는 쪽으로 크게 공헌하고 있다. 새로운 부서 상호 간 협력 측정지표는 조직을 가로지르는 협동의 열쇠로 간주되며, 정기적으로 채택되고 있다.

● **인과관계의 이해** 측정할 수 있는 요소들 간의 관계와 절충상황의 이해를 통해서야, 조직은 그들의 측정 시스템에서 가치 있는 예보적인 통찰력을 얻을 수 있다. 그들은 변혁적 성과측정의 열쇠는 '이해가 우선이고, 측정은 그 다음'임을 실감하고 있다. 측정 완성의 한 가지 증표는 인과관계가 빈번하게 가정이 되고 또 시험되고 있다는 점이다. 너무나 많은 조직이 가설을 세우지만 시험은 하지 않는다. 중요한 인과관계에 대한 통찰력과 그들 관계에 대한 건전한 회의는 성과측정 완성의 특징이다.

● **더 많은 통합 데이터** 변혁 중인 조직에서는 증가된 부서 상호

간의 협동이 높은 데이터 완전성을 지닌 중앙 데이터 저장소의 개발에 활력을 더해주고 있다. 그 결과로 더욱 많은 데이터를 신뢰할 수 있고, 또한 조직과 조직의 고객에 대해 좀 더 전체적인 그림이 생겨나고 있다. 이러한 더욱 풍부하고 일관성 있는 데이터는 이제, 더 유용한 정보, 지식, 지혜, 그리고 적절한 행동으로 전환될 수 있다. 이런 완성의 특질이 실현될 때까지는, 측정에서 파생된 대부분의 지식은 불완전하거나 심각한 흠이 있을 가능성이 짙다.

● **지속적인 전략 정렬** 변혁 중인 조직에서는, 조직 성공의 핵심전략적 동인에 대해 더 깊게 이해하려는 지속적이고 헌신적인 노력이 존재한다. 이것은 1회로 끝나는 정렬 행사가 아니라, 지속되는 프로세스이다. 카플란과 노튼의 연구가 공헌한 것 중 중요한 하나는, 측정 시스템의 '전략적 정렬'의 강화가 중요하다는 것에 대한 인식을 크게 넓혔다는 데 있다. 그런데 이것은 단지 측정 시스템 완성의 한 가지 요소에 불과하다.

측정 상호작용성을 개선하기

측정의 상호작용성을 개선하고 있는 조직은 변혁적 측정의 길로 잘 가고 있는 중이다. 대부분은 측정의 상황, 집중, 그리고 통합의 변혁화를 통해서 이미 어느 정도 개선하고 있다. 이제 그들은 측정의 '사회화'를 기하는 새롭고 더 나은 방법을 모색 중이다. 이들 조직은 상호작용을 사용해서 새로운 측정지표를 개발하고 끊임없이 재검토하며, 테크놀로지를 적절하게 사용하여 보완하고 있다.

변혁 중인 조직은 보통 '사회적 구조'를 확립하고 있어서 측정 데

[그림 12-6] 측정의 상호작용성 개선하기

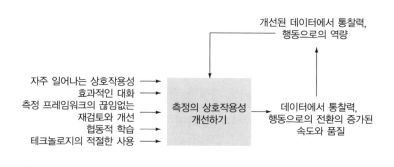

개선된 데이터에서 통찰력,
행동으로의 역량

자주 일어나는 상호작용성
효과적인 대화
측정 프레임워크의 끊임없는
재검토와 개선
협동적 학습
테크놀로지의 적절한 사용

측정의 상호작용성
개선하기

데이터에서 통찰력,
행동으로의 전환의 증가된
속도와 품질

이터와 정보에 대한 논의를 촉진하고 있다. 이러한 공식적 또는 비공식적 구조는 중역과 다른 핵심 이해당사자들로 하여금 성과측정 논점에 대하여 정기적인 대화를 계속할 수 있게 한다. 측정은 조직의 사회적 구조에 짜 맞추어 넣어져서, 더 이상은 하나의 프로그램이나 부가 장착물이 아니다.

변혁적 측정지표들 그리고 신생 측정지표(변혁적 측정지표의 전신)는 상호작용성이 제공하는 시너지와 뒷받침이 필요하다. 변혁적 측정지표에 대한 시도에 있어서, 사실상 대부분의 실패와 부족은 상호작용성이 없는 것에 기인한다.

[그림 12-6]은 측정의 상호작용성 개선하기 프로세스를 보여주고 있다. 그림에서 볼 수 있듯이, 측정의 상호작용성 개선하기의 주된 아웃풋은 '데이터에서 통찰력, 행동으로의 전환의 증가된 속도와 품질' 이다.

변혁 중인 조직은 데이터를 둘러싼 다양한 내·외부적 상호작용을 사용하며, 이는 데이터에서 지혜로의 전환 프로세스를 쉽게 한다. 상호작용성을 위한 토론장이 임시적이 아니고 좀 더 공식적으로 있게 됨으로써 전환 프로세스의 속도도 빨라지게 된다. 크리스토퍼 마이어 Christopher Meyer는 이렇게 말했다. "모든 강력한 측정 시스템의 특징은… 그것이 최소의 데이터로 최대의 통찰력을 만들어낸다는 것이다." 실습은 역량을 키우고, 상호작용성을 사용하는 것은 끊임없이 '데이터에서 통찰력, 행동으로의 역량'으로 이끈다. 만일 측정 프로그램이 실패한다면, 정보가 그 문제일 경우는 아주 드물고, 보통은 조직의 능력 부족으로 그 정보를 효과적인 행동으로 전환하지 못한 것이다.

측정의 상호작용성을 개선하는 데 기여하는 요소들은 다음과 같다.

● **자주 일어나는 상호작용성** 조직의 이해당사자들이 깨달은 것은 성과측정이 원래 숫자에 관한 것이 아니고 더 명백한 인식, 더 깊은 이해, 그리고 증대된 통찰력의 공유, 지식 및 지혜에 관한 것이라는 점이다. 해석은 보통 갑작스런 통찰의 번득임을 통해서 생겨나는 것이 아니다. 흔히 그것은 연구, 요약하기, 경청하기, 논의하기, 비교하기, 숙고하기, 상상하기, 질문하기 등이 필요하며, 수많은 상호작용을 수반한다. 대부분의 조직에서는, 각 부서가 자신의 측정을 수행하며, 드물게 다른 부서의 사람들과 상호작용한다. 이것은 오늘날의 조직에서는 부가가치의 대부분이 부서 상호 간 협력에서 비롯한다는 사실과는 맞지 않는 것이다.

● **효과적인 대화** 래리 보시디와 램 차란이 말했듯이, "사람들이 서로 어떻게 이야기하는가가, 얼마나 조직이 기능을 잘 발휘할 것인

가를 절대적으로 결정한다." 이 수많은 상호작용은 대화를 통해서 일어난다. 팀 내와 부서 간의 정기적인 대화 모임은 부서 간의 기능을 통합하고 좀 더 높은 수준의 협력과 성과로 이끌 것이다. 한 가지 특징이 효과적인 대화를 다른 모임과 구별하는데, '올바른' 대답을 제시하는 것보다는 '올바른' 질문을 하는 것에 더 비중이 있다는 것이다.

● **측정 프레임워크의 끊임없는 재검토와 개선**　변혁 중인 조직이 실감하고 있는 것은 특정한 때에 최적인 것이 한 달이나 1년 후에는 최적이지 않을 수도 있으며, 그래서 측정 프레임워크는 계속적으로 다듬어져야 한다는 것이다. 측정지표는 계속해서 전략에 맞추어 조정되고 정렬되어야 하며, 그런 후에 모든 조직을 가로질러서 통합되어야 한다.

● **협동적 학습**　측정으로부터의 대부분의 학습은 '협동적 행동학습'이다. 측정의 사용을 통해서, 변혁 중인 조직의 구성원은 단일 순환고리 학습과 이중 순환고리 학습, 두 가지 모두에 참가하고 있는 것이며, 또한 그들은 두려워하지 않고 성과에 관한 전통적 전제조건과 기존 측정 프레임워크에 대한 의문을 제기한다. 부서 간에는 정기적인 '대화' 모임이 있어서, 기존 측정을 논의하고, 행동계획을 개발하며, 측정 프레임워크를 재검토하고, 또 변혁적 측정 논점을 연구한다. 조직이 발견하고 있는 것은 측정 프레임워크에 관한 대화가 부서 상호 간 협력 측정지표를 알아내는 데 도움이 되며, 이들 측정지표가 조직에게 변혁적인 영향을 줄 것이라는 점이다.

● **테크놀로지의 적절한 사용**　변혁 중인 조직에서는, 테크놀로지는 튼튼한 성과측정 시스템을 가능케 하는 수단이지, 시스템 자체는 아

니라고 생각하고 있다. 주안점은 일상적 측정과 행정적 기능, 또 고급 분석과 보고의 자동화에 있으며, 고유한 인간의 역량을 대체하거나, 변혁적 성과측정의 사회적 측면으로부터 주의를 돌리자는 것이 아니다. 테크놀로지가 상호작용성을 촉진하도록 하고, 축소하지 않도록 주의하고 있다. 테크놀로지가 데이터를 분석하고 정보를 산출할 수는 있지만, 지식과 지혜를 생성하는 경우에는 인간의 상호작용을 대신할 것은 없다.

성과측정 완성의 수준

[그림 12-7]의 '성과측정 완성 모델PMMM: Performance Measurement Maturity Model'은 조직이 자신의 성과측정 완성의 수준을 좀 더 잘 잴 수 있도록 제공된다.

여러분은 여러분 조직의 성과측정 완성도를 '성과측정 완성 평가' 상의 성적에 기준해서 평가할 수 있다. 그 모델에는 세 개의 주요 수준으로, 애드호크Ad Hoc(임시 변통적), 시스터매틱Systematic(체계적), 그리고 트랜스포밍Transforming(변혁적) 수준이 있다. 제1수준, 성과측정의 가장 낮은 수준은 '애드호크'이다. 이 수준에서는 법적으로 요구되는 것 이상으로는 성과측정이 상대적으로 거의 없다. 어떤 성과측정이 있더라도, 기껏해야 산발적이고 무계획적이다.

제2수준, 두 번째 수준은 '시스터매틱'이다. 이 수준에서는, 꽤 계획적이고 체계적인 측정 노력이 존재한다. 제2수준에서는 제4장에서

[그림 12-7] 성과측정 완성 모델

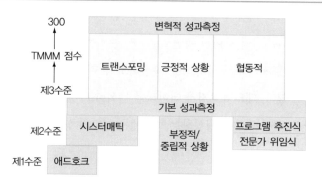

언급한 '기본 성과측정' 종류의 기초적인 성과측정이 제공된다. 이 기본적 수준은 성과측정이 제공해야 하는 기능성 일부를 최소한이지만 조직이 활용할 수 있게 한다. 그런데 조직이 성과측정의 진실한 능력을 끌어쓰기 위해서는, 이런 기본적 수준을 훨씬 넘어서 전진하는 것이 중요하다.

제1수준과 제2수준은 둘 다 측정의 '부정적 또는 중립적 상황'(부정적이거나 적어도 긍정적과 부정적 사이의 중간 정도)을 지니고 있고, 제3수준만이 '긍정적 상황'을 지니고 있다.

또한 제2수준은 첫째로 '전문가 위임식', 그 다음은 '프로그램 추진식' 측정을 포함하고 있다. '전문가 위임식' 성과측정은 측정 전문가(비즈니스와 재무 분석가 포함)에게 위임하고 있는 측정을 나타낸다. '프로그램 추진식'인 성과측정은 균형성과기록표BSC; Balanced Scorecard와 식스시그마 같은 프로그램의 존재를 가리킨다. 이들 프로그램은 자체로서 쓸모있지만, 그것이 성과측정이 모든 조직을 통해서 체계적으로 변혁되고 있다는 것을 의미하지는 않으며, 또한 반드시 완성도가 제2수준 이상임을 나타내는 것도 아니다.

그래서 중요한 것은 조직이 성과측정을 제3수준, 즉 '트랜스포밍' 이라 부르는 수준으로 이동하는 것이다. 한 조직이 자신의 성과측정 변혁화에서 의미 있는 전진을 이루었을 때, 그 조직의 성과측정 시스템은 이 수준의 완성을 획득한 것이다. 여러분 조직의 성과측정 시스템이 제3수준 자격을 획득하면, 변혁적 측정의 네 개의 모든 열쇠는 적어도 상승효과적으로 함께 작용하기 시작한다. 이로써 강력한 성과측정은 진정한 도움, 즉 변혁적 도움을 조직에 주게 된다.

'성과측정 완성 평가' 점수는, 여러분의 조직이 변혁화의 각 중요 분야와 전반적으로, 어느 정도까지 멀리 진전을 보이고 있는지, 대략의 아이디어를 줄 것이다. 여러분 조직의 총 점수를 최대 점수인 300점에 비교하는 것은 성과측정 완성도에 관해 어떤 개념을 줄 수는 있겠지만, 이 평가의 본래 취지가 개선을 좀 더 가시적으로 만드는 데 있는 것이지 측정 완성의 현재 수준의 측정을 제공하는 데 있는 것은 아니다. 성과측정이 변혁됨에 따라서 시간을 두고 이 평가를 시행함으로써, 여러분은 개선을 알아볼 수 있을 것이다. 더욱 중요한 것은 이 평가서는 진단적으로 사용되어야 할 것이고, 중요한 성과측정 논점에 관한 대화를 조장하는 데 사용되어야 한다는 것이다.

채점 요령은 이 평가서 끝에 마련되어 있다. 물론 누구도 응답자가 아무런 지식도 없는 항목에 관해 아무렇게나 점수를 주기를 바라지 않을 것이다. 그렇게 때문에 평가표에 조정란이 있어서, 감점이 없이 '잘 모른다' 라는 응답을 허용하고 있다. 그런데 알아두어야 할 것은

'잘 모른다'의 응답 숫자가 높을 경우에는, 무슨 변혁화가 일어나고 있든지, 조직의 이해당사자에게는 눈에 잘 띄지 않는다는 것을 나타내므로, 이는 명백하게 문제가 된다.

여느 신생 측정지표에서의 경우처럼, 이 평가의 가장 큰 가치는 상호작용성을 자극하는 것과 긍정적인 변화를 추진하는 능력에 있다. 물론 그 가치는 명백히 '주관적인 측정'을 수행하는 사람들이 자진해서 정직하게 평가하겠다는 마음에 전적으로 달려 있을 것이다. 이 평가의 참가 대상자에 대해서는, 모든 기능부서 분야로부터 성과측정 시스템에 관해서 다양한 관점을 가진 관리자와 직원을 포함시키자고 제안한다.

변혁적 측정 완성도 평가

작성 요령 왼쪽 난에 성과측정 관련 상황에 관해서, 50개의 항목이 나열되어 있습니다. 이 항목에 대해서 당신의 조직에 등급을 매기세요. 다음의 기준에 따라서 해당 난에 체크 표시(✓)를 하면 됩니다.

특급 : 이 항목에서 우리 조직은 명백하게 우수하다.

상급 : 이 항목은 조직 전체를 볼 때, 상당한 정도로 분명하다.

중급 : 이 항목은 조직 전체로 볼 때, 어느 정도로 분명하다.

하급 : 이 항목은 조직 내에서 의미심장하게 눈에 띄지 않는다.

잘 모른다 : 조직 내에서 이 항목의 상황에 대해서 응답자는 인식하고 있는 것이 없다.

다음의 관점에서 당신의 조직에 점수를 매기시오.

	특급	상급	중급	하급	잘 모른다
상황 완성도					
조직 전체로 볼 때 널리 모든 계층의 직원들이 성과측정을 사용하고 있다.					
성과측정의 중요성과 가치가 널리 인정되고 있다.					
직원들은 성과측정에 대해서 자신의 일과 관련해서 타당하고, 시의적절하며, 행동에 도움이 된다고 생각하고 있다.					
직원들이 자신의 일에서 성과측정을 적극적으로 이용하고 있다.					
모든 직원이 성과측정 데이터를 이해하고 그에 의해 행동하는 것을 중요한 책임으로 생각하고 있다.					
성과측정은 일반적으로 긍정적인 힘으로 보이고 있다.					
성과측정이 사용되어서 권한을 부여하고 자체 관리를 가능하게 한다.					

	특급	상급	중급	하급	잘 모른다
성과측정은 좀처럼 비난하거나 처벌하는 데 사용되지 않는다.					
측정에 대한 두려움이 낮다.					
성과측정이 신뢰받고 있다.					
이기적인 목적으로 측정을 조작하는 경우는 대단히 적거나 거의 없다.					
성과측정 데이터는 공개적으로, 정직하게 논의된다.					
직원들은 측정에 관해서 교육을 받는다.					
직원들은 성과측정을 잘 사용하도록 필요한 시간과 기타 자원을 지원받는다.					
상황 계					
집중 완성도					
이 조직은 가장 중요한 사항을 측정하고 중요치 않은 것은 측정하지 않는다.					
성과측정지표는, 조직의 비즈니스 모델과 전략의 가장 결정적인 면을 정확하게 반영하고 있다.					
성과측정지표는 정기적으로 재검토되고 수정되거나 필요하면 제거된다.					
이 조직은 적당한 측정지표의 개수(너무 많지도 적지도 않은)를 갖고 있다.					
파급력이 큰 측정지표가 새로이 추가되면, 일상적인 측정지표는 줄어든다.					
일상적인 측정은 점진적으로 자동화되고 있다.					
무형자산과 성과의 기타 측정 곤란한 면을 측정하는 데 진척이 이루어지고 있다.					
신생 측정지표를 실험하는 것이 장려되고 있다.					
변혁적 측정지표가 널리 채택·사용되고 있다.					

	특급	상급	중급	하급	잘 모른다
집중 계					
통합 완성도					
조직 전체를 통해 성과측정에 대한 전체론적인 접근방법이 존재한다.					
측정 데이터는 더욱더 통합이 되고 있다.					
직원들은 자신들의 측정지표가 부서 간 협력의 의미를 담고 있음을 이해하고 있다.					
부서 상호 간 협력 측정지표가 개발되고 사용된다.					
성과측정 사이의 관계와 절충 상황에 대한 이해가 증대되고 있다.					
성과측정 사이의 인과관계를 이해하려는 헌신적 노력이 널리 퍼져 있다.					
통합적 측정 프레임워크가 개발되고 사용된다.					
측정 프레임워크와 전략을 정렬하는 데 지속적으로 노력하고 있고, 정렬상태를 유지한다.					
조직 전반적인 하나의 측정 시스템의 조성을 향한 진척이 이루어지고 있다.					
성과측정통합 노력은 조직 전반적인 리더십을 가지고 있다.					
통합 계					
상호작용성 완성도					
측정에 관해서 조직 전체를 통해서 광범위하고 빈번한 상호작용이 있다.					
성과측정지표의 선택과 관련해서 빈번한 상호작용이 일어난다.					
측정 프레임워크의 개발작업과 수정작업은 대단히 상호작용적이다.					
성과측정 정보로부터의 통찰력에 대해서 많은 공개 장소에서 논의되고 있다.					

	특급	상급	중급	하급	잘 모른다
조직은 측정으로부터의 학습에 높은 우선순위를 부여하고 있다.					
측정으로부터의 학습에 시간을 쓸 수 있다.					
성과측정에 관하여 빈번하고 의미 있는 대화가 있다.					
측정 관련 대화에 중역이 깊숙이 관여되고 있다.					
측정 프레임워크는 끊임없이 상호작용적으로 재검토되며 필요하면 수정되고 있다.					
데이터의 해석이 조직에서 데이터 수집과 분석이나 마찬가지로 귀중하게 생각된다.					
조직 전체를 통해서 측정으로부터의 협동적인 부서 간 협력학습이 일어난다.					
측정에 관해서 밝혀내는 질문이 변함없이 계속되고 있다.					
측정이 되는 실험과 파일럿 프로젝트가 조직 전체에서 일어나고 있다.					
조직은 성과측정 데이터를 적절한 행동으로 전환하기 위한 효과적인 사회적 체제를 갖추고 있다.					
데이터를 행동 가능한 통찰력으로 전환하기 위한 조직의 역량이 크다.					
성과측정으로부터의 통찰력을 공유하는 데 조직은 효과적이다.					
측정을 둘러싼 상호작용을 뒷받침하기 위해서 테크놀로지가 적절하게 사용되고 있다.					
상호작용성 계					
평가 총계					

평가 성적을 계산하는 요령 : 각 난의 체크 표시의 합계를 내세요. 그 난의 총계를 다음과 같이 곱하세요.

	항목 수		점수
특급 응답	_____ × 3 =	_____
상급 응답	_____ × 2 =	_____
중급 응답	_____ × 1 =	_____
하급 응답	_____ × 0 =	_____
총계	_____
"잘 모르겠다" 의 응답 수	_____

총계를 평가 항목의 수(총 50개 항목 수에서 "잘 모르겠다" 항목 응답 수를 뺀 것)로 나누세요. 그 결과치를 100으로 곱하세요. 가능한 최대 점수는 300입니다.

변혁적 측정지표

새롭고 신성불가침한 변혁적 측정지표들이 사람들과 조직이 측정을 바라보는 방법을 근본적으로 바꾸기 시작하고 있다. 우리가 한때는 무시했거나 우리 눈에 띄지 않았던 일부 요소들이, 이제는 조직 성공에 필수적임을 알고 있다. 그 일부 요소들을 이해하고 추진하는 방법을 변혁하기 위한 새로운 측정 렌즈로서, 성과측정을 사용하는 데 얼마나 많이 왔는지 확실히 파악하는 것은 대단히 중요하다. 유감스럽게도 조직들은 여전히 자신들의 성과측정 시스템(거의 신성불가침으로 여기니까)을 바꾸기를 꽤나 주저하고 있고, 그래서 우리가 온 것만큼이나 아직도 갈 길은 멀다.

변혁적 측정 정의하기

변혁적 측정은 조직을 바꿔서 측정의 새로운 방법이 조직 DNA의 일부가 될 수 있게 하는 것이다. 이른바 '변경관리' 조차도 측정 시스템이 바뀌지 않으면, 궁극적으로 실패할 것이다. 왜냐하면 측정 시스템이 궁극적으로 기타 모든 경영 시스템에게 무엇이 중요하며, 무엇을 할 것인지 '말해주기' 때문이다.

변혁적 측정은 무엇보다도 먼저 변혁화, 즉 '형질의 변화'이고, 그것은 근원적 변화에 관한 것이다. 대부분의 획기적 발전은 사물을 다르게 바라보는 것에서 시작되었다. 변혁화의 열쇠는 관점을 바꾸는 것이다. 많은 조직 분야에서 비전의 극적인 이동이 일어났는데, 그 이유는 관점의 비교적 작은 변화, 예를 들어 '제품계열 이익'에서 '고객 이익'으로, 또는 '정시 배달'에서 '완전 주문'으로의 변화 때문이었다. 변혁적 측정은 수많은 동일한 사물을 측정하지만, 다른 관점에서 측정한다.

찰스 오라일리Charles O'Reilly는 《하버드 비즈니스 리뷰》에 실린 논문, 〈양손잡이 조직The Ambidextrous Organization〉에서 성공적인 조직은 두 가지 필요의 균형을 잡아야 한다고 했다. 그 두 가지는 첫째, 기존 조직과 현재의 고객을 유지하기 위하여 뒤를 돌아볼 필요와, 둘째, 성과의 대약진을 탐구하고 달성하며 새로운 고객을 끌어당기고 새로운 가치의 원천을 알아내기 위하여 앞을 내다볼 필요이다. 이 두 번째 필요에는 우리가 '변혁적 측정'이라고 부르는 대부분이 포함된다.

탐색에서 변혁화로

네이피어와 맥다니엘에 의하면, 새로운 측정지표를 개발하는 첫걸음은 "측정하기를 바라는 대상에 대한 명백한 이해와 탐구 중에 있는 문제점의 취약점을 드러낼 수도 있는 곤란한 질문을 서슴지 않으려는 마음자세"이다. 깊이 파고드는 것이 어려울 것 같지만, 그렇게 파고들지 않으면 궁극적으로 여러분 조직의 성장과 번영에 해롭다는 것이 냉엄한 현실이다. 신생 변혁적 측정지표를 개발하는 열쇠는 탐색과 실험이고, 이에는 리스크를 감당하려는 마음자세와 탐구 정신을 북돋우는 환경이 필수적이다.

변혁적 측정지표는 어렵지는 않지만, 새로운 사고방식과 사물을 바라보는 새로운 렌즈를 기꺼이 제안하려는 누군가가 필요하다. 변혁적 측정지표는 잠재적으로 변혁적인 개념과 더불어 시작된다. 우리는 모두 사물을 다르게 바라보기 시작하고, 또 개선에 대해 제안할 능력을 가지고 있다. 그 제안이 작거나 시험적이거나 또는 대담하거나 전반적임을 불문하고 말이다.

제임스 브라이언 퀸James Brian Quinn의 평에 의하면, 바로 그런 한 변혁적 개념이 마케팅의 중점에 엄청난 변화를 초래했다. "개별 제품 수익성에서 고객관계의 잠재적 총수익으로 초점의 이동이 일어난 것이다." 이 개념의 이동은 엄청난 측정이동, 즉 '단기 거래 측정지표로부터 장기 고객 결과 측정지표로의 새로운 방향 설정'을 발생시켰다.

전통적 및 변혁적 사고방식

여러분과 여러분의 조직이 마주칠 가장 큰 문제는 그것은 될 수 없다든가, 또는 '논쟁할 수 없는' 측정의 법칙을 침범하고 있다고 말하는 이들에게서 생겨날 것이다. 그런데 아무 규칙도 깨트리지 않으면, 혁신이란 존재하지 않을 것이다. 그래서 만일 여러분과 여러분 조직이 변혁적 측정지표를 받아들이기를 원한다면, 여러분이 '그르다'고 배워온 측정개념이나 관례와 아울러서 "그럴 수는 없다!"라고 말하는 이들의 저항도 받아들일 준비를 하라.

사실은 비즈니스 대부분이 극히 진보한 반면에, 측정 분야는 전통적 사고의 마지막 보루로 남아 있다. 대부분의 조직에서 성과측정은 '구식 규칙'과 그 규칙을 낳은 사고 모델을 강화하는 경향이 있다. 설상가상으로 우리의 신념체계와 통념은 너무나 뿌리가 깊어서 실제 진상이 눈앞에 있어도 믿기가 어렵게 만들 정도이다.

성과측정의 가장 커다란 문제는 세상이 변했지만, 성과의 측정분야는 거의 그대로 머물러 있다는 점이다. 만일 오늘날의 직장과 50년 전의 직장을 비교해 본다면, 그 차이는 엄청날 것이다. 그러나 대부분의 성과가 어떻게 측정되는가를 비교한다면, 과거로 되돌아간 것처럼 보인다. 성과평가에 있어서 거의 아무런 진전이 없는 것을 생각해 보라. '문을 지키는' 사람들은 측정지표를 바꾸길 원하는 사람들을 별로 격려하지 않을 뿐만 아니라, 특히 '지표 시스템'은 더 할 나위가 없는 것이, 그 이유는 결국 이들 문지기들은 레거시 시스템legacy system에서 막대한 혜택을 누려왔고 계속 누리고 있기 때문이다.

기존의 많은 측정지표는 성과를 심각하게 속박하며, 비약적인 성과개선을 막고(특히 서비스와 지식 분야의 일에서), 대부분의 직장환경은 여전히 새로운 것은 무엇이나 시도하는 걸 방해한다. 다음에 전형적인 시나리오의 예가 있다. 어떤 회사가 특정한 프로젝트를 "개선하라."는 지시와 함께 팀을 파견한다. 대개의 경우 그 팀은 점진적 개선 건의서 한 벌과 함께 귀환한다. 이것은 다만 더욱더 현상을 고착화하는 결과가 될 뿐인데, 그 반면에 그 프로젝트가 제때에 예산보다 적은 비용으로 끝나서 성공이라고 선언된다. 비전통적인 접근을 탐색하고 리스크를 무릅쓸 수 있는 자유(그리고 위임) 없이 혁신을 시도하는 것은 궁극적으로 여전히 낡은 측정지표를 늘리고, 여전히 낡은 관리로 이어진다.

그런데 그런 장애에도 불구하고 변화는 일어난다. 저자가 전에 인용한 한 예는 '고객수익성'이다. 대부분의 조직과 전통적인 회계학계에서는 그것에 관해 '착상'을 할 수도 없었는데, 그 이유는 그것을 계산할 방법이 없었기 때문이다. 활동기준원가(ABC; Activity-Based Costing)가 그 상황을 바꿨고, 이제는 모든 '서비스 비용'을 특정 고객들에게 할당함으로써, 고객수익성을 결정하는 것이 가능하다. 고객수익성은 마침내 그저 이론적인 개념이 아니라, 측정할 수 있는 개념이다. 그것은 오랫동안 회사들이 대부분의 고객에게 이익이 없이 판매하여 그들의 수익을 약화시키고 있었음을 사람들이 깨닫게 함으로써 마케팅을 혁신시키고 있다.

사실 다만 몇 군데만의 잘 선별한 고객에 대한 수익성 분석은 거의 언제나 회사 중역들을 경악시키며 회사의 비즈니스 수행방법에서 변화의 동기를 유발할 것이다. 그것은 먼저 개념적 도구로서, 실제로 여러분이 측정을 시작하기 전이라도 사용할 수 있다. 어떤 서비스 비용의 질적인 지표를 대강 보는 것만으로도, 어떤 고객이 가장 비용이 많이 드는지 명백해진다. 만일 여러분이 자신의 '투자 포트폴리오'를 생각하듯이 고객에 대해서 생각한다면, 그 상황에 대하여 아무런 조치도 취하지 않고, '사양산업' 같은 고객을 계속 잡고 있지는 않을 것이다.

회계 혁신이 마케팅에 혁신을 일으키다니, 이것은 놀랍고도 또 변혁적인 일이다. 그렇지만 그런 일이 실제로 일어난 것이다. ABC 경우는 누군가가 세상을 다르게 바라보고, 또 용기를 갖고 새로운 구성개념을 형성하고 전달했을 때, 무슨 일이 일어나는지 생생하게 증명하고 있다. 세상을 바꾸는 것이 정말로 가능한 것이다.

관리의 기저에 있는 측정지표를 바꾸지 않고는 근원적인 변화는 불가능하다. 측정지표는 우리의 '정신적 모델'을 반영하기 때문에, 사람들이 다르게 측정하지 않고는 사람들이 생각하고 행동하는 방식을 바꿀 수가 없는 것이다.

성과측정을 변혁하는 것은 선택사항이 아니다. 이것은 여러분 조직이 측정하는 방법을 바꾸고 싶어 하는가 여부의 문제가 아니다. 그것은 시기의 문제로, 언제 그 변화가 일어날 것이며, 얼마나 많은 변화가 있을 것인가의 문제이다. 그렇지만 '레거시' 측정지표의 뿌리 깊은 하부구조를 바꾸는 것이 쉬울 리 없다. 성과측정에서 변화는 쉬운 적이 없었고, 계속해서 저항이 있을 것이다. 걸린 문제는 회사를 낡은 사고방식의 결과로부터 구해내기 위해서, 충분한 측정혁신가들, 얼리 어댑터들, 측정 리더들이 얼마나 빨리 출현할 것인가 하는 점이다.

변혁적 측정에서 선두에 서기

성과측정은 흔히 조직에 내장된 걸로 여겨지고 있다. 어떤 조직에서건 글자 그대로 수천 가지의 사항들이 측정될 수 있고 관리가 더 잘될 수 있다. 그런데 불행하게도 대부분의 조직은 측정하기 쉬운 일에 전념하기 쉽고, 또 데이터도 쉽게 입수할 수 있다. 습관적으로 대부분의 사람은 왜 그렇게 하고 있는지 생각해 보지 않고 이미 이전에 하던대로 데이터를 계속해서 수집하고 있다. 그 데이터가 어떤 실질가치를 제공하는지 여부는 고려도 해보지 않고 말이다. 그렇기 때문에 너무나 자주 운영상 소소한 것들이 측정되고, 반면에 비즈니스 가치의 핵심동인은 측정되지 않고 있는 것이다.

다행히도 더욱더 많은 사람들이 실감하고 있는 것은, 발생하고 있는 일에 측정 시스템이 얼마나 많은 영향을 주고 있으며, 또한 성과측정이 어느 조직에서나 수행할 수 있는 활동 중 잠재적으로 가장 파급력이 높은 활동이라는 점이다. 조직이 측정을 대단히 많이 하고 있기는 하나, 수많은 가치가 효과적으로 측정이나 관리되고 있지 않는데, 이는 바뀔 필요가 있다. 중요한 것은 신생 측정지표의 가장 큰 목적이 조직 성공에 중요한 요소를 측정하여 이해당사자의 인식을 높이는 데 있다는 것을 조직이 깨닫는 것이다

다음은 조직 리더가 사용해서 신생 측정지표와 변혁적 측정지표를

구체화하고 활용하는 데 대한 창의적 사고를 자극할 수 있는 일부 안案들이다.

● **지표의 고착화를 경계하라.** 여러분의 조직이 부족한 자원을 어디에 투자할 것인가는 중대한 경영 의사결정이다. 수행된 대부분의 성과측정은, 실은 단지 비용 분석에 불과하다. 토니 디로말도Tony DiRomualdo가 설명한다. "오늘날에는 세상 모든 일에, 하다못해 생활비에서 죽음의 비용까지, 그리고 그 사이의 모든 것에 대하여 성과기록표나 측정지수가 있는 것 같다. 이들 수많은 측정지표들의 문제는 측정되고 있는 것이 무엇이든, 그것에 관해 순전히 경제적인 관점을 취하고 있다는 점이다. 그렇지만 양을 숫자로 나타내기 쉬운 지표들에서만 도출된 경우, 경제나 비즈니스에 관한 결론은 잘못 되기가 쉽다."

그렇기 때문에 그 유용성이 끝난 뒤에도 '영구히 남아있을 지표'의 제도화를 피하는 것이 반드시 필요하다. 이런 사태를 피하기 위하여, 성과측정은 하나의 조직이 수행하는 것으로 다시 개념을 잡아야 하고, 그것을 지니고 있는 것(지표 한 세트처럼)으로 생각해서는 안 된다.

● **새로운 진리를 탐구하라.** 중요한 것은 측정을 '진리'가 아니고 '진리에 대한 탐구'로 보아야 한다는 것이다. 더군다나 변혁적 측정은 진리에 대한 탐구일 뿐만 아니라 새로운 진리에 대한 계속적인 탐구이다. 모든 조직의 사고 모델과 신념, 그리고 무엇이 진짜로 중요한 것인가에 대한 전제는 항상 옳은 것이 아니거나 또는 폐물이 됐을 수도 있다. 무엇이 진짜로 중요한가를 알기 위하여 여러분 조직의 비즈

니스 모델과 전략을 재검토하라. 여러분 조직은 중요하지도 않은 것을 너무나 많이 측정하고 있거나, 또는 정작 중요한 것은 측정하고 있지 않을 가능성이 높다. 진리는 자주 통념을 무시한다.

● **유용성이 핵심이다.** 성과측정에서 높은 수준의 유효성, 신뢰도, 정확도, 그리고 정밀도를 요구하는 경향이, 특히 측정 전문가들에게 강하다. 유감스럽게도 이것은 대부분의 신생 및 변혁적 측정지표에게는 너무 높은 기준이다. 칼-에릭 스베이비Karl-Erik Sveiby가 한 말이 있다. "사회적 현상을 과학적 정확성에 근접하는 수준으로 측정하는 것은 불가능하다." 그런데 그렇게 높은 수준이 아니어도 무방하다. 적어도 초기에는, 변혁적 측정은 신뢰도나 정밀도에 관한 것이라기보다는 타당성과 실용성에 주안점이 있기 때문이다. 완벽하게 정확하지만 그릇된 측정지표보다는 형성단계에 올바른 측정지표를 갖는 것이 훨씬 낫다.

● **회의적 태도를 극복하라.** 가장 극복하기 어려운 장애가 성과측정에 있어서의 주관성의 가치에 대한 회의적 태도이다. 확실히 주관적인 인식은 많은 약점이 있지만, 측정의 초기단계에는 특히 많은 능력을 발휘한다. 어떤 신생 측정지표이거나, 처음부터 완벽하리라는 기대는 하지 말라. 측정 전문가의 도움을 받아서 그 구성개념을 운영할 수 있게 만드는 것은 괜찮지만, 무엇이 측정되어야 하는지는 그들에게 결정하게 해서는 안 된다. 성과측정혁신은 착오와 애매성에 대한 용인이 필수적이고, 특히 초기단계 중에 그러하다.

● **'리고르' 모르티스('rigor' mortis: 사후 '경직')를 피하라.** 변혁적 측정은 적어도 초기, 어느 정도 기간에는 전통적인 기준으로 판단해

서는 안 된다. 과도한 경직은 혁신을 저해한다. 불행하게도 대부분의 측정 전문가는 타당성과 유용성보다는 유효성과 신뢰성을 중시하도록 훈련받았다. 이런 우선순위는 측정 창의성에는 상반되는 것이다. 너무나 경직된 태도를 취하지 말라. 과도한 경직이 혁신을 말살한다. 창의성으로 출발하고, 유효성과 신뢰성은 시간이 흐른 뒤에 추가하라.

변혁적 렌즈

변혁적 측정지표는 사람들로 하여금 사물을 다르게 볼 수 있게 하여서 그들 조직의 경쟁우위를 제고할 수 있게 한다. 이런 변혁적 측정지표를 정의하는 것은 보기보다 어렵지 않다. 스탠퍼드 대학교의 조직 시스템 전문가 존 스터먼John Sterman이 이렇게 말했다. "일단 한 개념의 중요성을 인정하면, 우리는 언제나 그걸 측정할 방법을 찾아낼 수 있다." 분명히 어떤 구성개념은 측정이 더 어려울 수도 있지만, 그것들은 모두 측정할 수 있다.

'신생 측정지표'의 생애주기를 생각해 보자. 이것은 처음에는, 특정의 성과를 어떻게 보아야 할 것인가에 대한 관점을 바꾸는 의사결정에서 비롯된다. 그리고 나서는 신생 측정지표를 작은 규모 기준으로 시험하고, 만일 바라는 대로 작동이 되지 않으면, 수정하거나 폐기한다. 신생 측정지표가 시험을 통과하면, 비로소 조직에 좀 더 광범위하게 '변혁적 측정지표'로서 채택될 수 있다.

실험적 태도는 필수적이다

신생 측정지표를 변혁적 측정지표와 구별하는 것은 신생 측정지표는 아직 '프라임 타임에 대한 준비'가 덜 되어 있다는 점 때문이다. 그 측정지표들은 널리 사용하기 전에 작은 규모로 시도를 해보아서, 그것들이 올바른 행동을 촉발하고 그릇된 행동을 단념시키는지, 또한 예상치 못했던 부작용은 없는지 결정한다. 어떤 구성개념을 다르게 측정하려는 시도만으로도 새로운 지식이 추가되는 것을 발견하게 되며, 설사 그 측정지표가 수정되거나 폐기될 경우에도 그렇다.

어떤 신생 측정지표는 너무 단순해서 효과가 없을 듯이 보일지도 모른다. 예를 들어 에이셀러러 그룹The Acelera Group은 간단하지만 창의적인 지표를 내놓았는데, 그들은 조직 건강의 최선의 측정지표임을 확신하고 있다. "그것은 분기마다 CEO가 고객들과 만나는 회수이다." 여러분의 조직에도 통하는지 확인해 보기 바란다.

변혁적 측정지표의 한 열쇠는 신생 또는 실험적인 측정지표의 시험적 사용이다. 그런데 오랜 세월을 통해서, 사람들이 성배를 찾고 있던 것과 마찬가지로, 조직의 많은 사람들이 '마술적 지표'를 찾고 있고, 많은 사람들은 그보다 못한 것은 좀처럼 받아들이려 하지 않을 것이다. 그런 걸 여전히 찾고 있는 사람들을 실망시키고 싶지는 않지만, 그런 것은 현재 존재하지도 않고 미래에도 결코 존재할 리가 없다. 최선의 상태에서, 측정은 끊임없는 시험과 발견의 프로세스이다.

무형자산 측정의 문제

유형자산은 소비재화 현상이 심화되고 있어서, 더 이상 경쟁우위의 원천이 아니고, 오늘날의 조직에 있어서 가장 중요한 가치의 동인은 대개가 무형적이다. 사우스웨스트 항공의 전 CEO 허브 켈러허의 말이다. "무형의 것이 바로 경쟁자가 모방하기 가장 어려운 것이다. 항공기는 누구나 가질 수 있다. 매표소나 수화물 컨베이어도 누구나 설치할 수 있다. 그렇지만 우리의 팀 정신(문화, 사기)이야말로 우리의 가장 귀중한 경쟁 자원이다."

만일 여러분의 조직이 뛰어나기를 바란다면, 무형가치의 원천을 측정하기 시작해야 할 것이다.

그 점이 문제이다. 즉 가치 있는 것은 대부분 무형적이고, 측정되고 있는 것은 대부분 유형적이라는 것이다. 그렇지만 '측정 불가능성'의 도전에서 움츠러들기보다는 측정 가능성의 길을 찾는 데 도움을 줄 기회를 잡으라고 권한다.

데이비드 스카임David Skyrme이 지적하듯이, 전통적인 대차대조표가 한 회사의 가치와 성장 전망을 크게 결정하는 무형적 요소를 고려하고 있지 못하다는 비평이 늘어나고 있다. 가장 전통적인 주요 회사를 제외한 모든 회사들의 보고되지 않은 자산은 평균적으로 유형자산의 경우의 5~10배에 달한다고 한다. 극소수의 사람들이 연결을 지을 수 있겠지만, 무형자산이 대부분의 미래의 재무적 결과를 받쳐준다는 것이 일반적으로 인정되고 있다.

무형자산 측정의 어려움

조직은 무형가치의 모든 주된 원천을 좀 더 효과적으로 측정하고 관리해야 한다. 예를 들어 조직의 각종 관계에는 막대한 가치가 묶여져 있다. 즉 고객, 공급자, 직원, 파트너, 그리고 조직의 성공에 기여하는 다른 이해당사자와의 관계이다. 그런 관계의 가치를 효과적으로 측정하고 관리하는 방법에 대한 이해는 현재 거의 없지만, 무형적 측정의 품질적인 것은 몰라도, 적어도 측정의 양적인 것에 관해서는 어느 정도의 진전이 이루어지고 있다. 예를 들어 10년 전에는 유명회사 중 거의 아무도 하지 않았던 환경 관계 성과에 대한 보고를 현재는 35% 이상이 하고 있다는 사실이다.

여러분의 조직이 몇 % 정도까지 자산 포트폴리오 전체를 측정하고 관리하는가 생각해 보라. 여러분의 응답이 30%보다 높게 나왔다면, 여러분이 평가를 과장하고 있다고 대부분의 전문가가 말할 것이 틀림없다. 확실한 것은 여러분 조직의 자산 중 측정되지 않고 있거나, 형편없이 측정되고 있는 것은, 역시 형편없이 관리되고 있다는 점이다. 그 측정이 안 되고 관리가 안 되고 있는 자산들이 여러분 조직의 다음의 경쟁우위의 핵심일지도 모른다는 것을 생각해 본적이 있는가?

무형자산에 대한 측정시도가 있는 경우에도, 그 초점은 일반적으로 현재 유행 중에 있는 몇 가지 무형자산에 대해 재무적 가치를 부여하는 노력에 있고, 또한 그것도 비용이 얼마나 드는가를 계산함으로써 각각의 가치가 어떻게 되는가를 추산하는 데 있다.

자산과 투자에 대한 이론적인 ROI를 계산하는 것은 큰 비즈니스가 되어 있다. 확실히 신뢰할 만한 예측적 ROI는 투자 대안들의 우선순위 결정에는 도움이 될 수 있다. 그렇지만 얼마나 자주 이들 재무적 추산이 신뢰할 만한 전제에 기준을 두고 있는가? 왜 측정을 하고 있는지 자문해 보라. 정치적 이유(즉 여러분의 부서가 얼마나 예산을 잘 썼는지) 때문인가? 아니면 자원을 더 잘 관리할 수 있는 방법을 알기 위해서 배우고 개선하기 위해서인가? 아주 약간의 조롱조로 이 책에서는 앞의 ROI를, '불확실성 수익률Return on Insecurity' 이라고 부른다.

불행하게도 '생산 개수'나 '달러와 센트' 같은, 시험을 거쳐서 믿을 만한 측정지표들의 예비용으로서의 필요성에 대한 인식이 널리 확산되어 있기 때문에, 사람들은 덜 정확하지만, 훨씬 더 유용한 측정지표를 멀리했다. 무형자산 분야의 선구자, 칼-에릭 스베이비는 이렇게 말한다. "전통적 측정 패러다임이 너무나 뿌리가 깊어서 중역과 연구자들은 무형자산을 측정하는 가장 흥미 있는 이유, 즉 학습동기에 대한 탐색은 착수조차 하지 않고 있다. 측정은 그렇지 않은 상황에서는 전통적인 회계 속에서는 보이지 않던 비용을 드러내거나 가치창출 기회를 탐색하는 데 사용할 수 있다."

'가치창출 인덱스Value Creation Index' 는 무형자산 가치의 종합지수를 산출하려는 초기의 시도이다. 그 무형자산에 포함되는 것은 혁신, 우수 직원 유인 능력, 제휴, 프로세스 품질, 환경적 성과, 브랜드, 테크놀로지, 그리고 고객만족도 등이다. 가치창출 인덱스는, 적어도 이론적으로는 한 회사의 미래 가치창출 잠재력을 벤치마크 샘플과 비교하는 데 사용될 수 있었다. 그렇지만 이 노력은 별 매력을 발휘하지 못했는데, 그 정보를 효과적으로 평가하고 사용하는 방법을 생각해 낸 조직이 별로 없었기 때문이다.

또 다른 노력은 '스캔디아 무형자산 내비게이터Skandia Intangible Assets Navigator'이다. 그런데 이들과 무형가치를 헤아리고 금액화하는 많은 다른 시도의 이면을 들여다보면, 평가 방법론이 많은 사람들이 부여하고 있는 신뢰를 정당화하지 못함을 발견할 것이다. 그 숫자들은 그들이 측정하려고 시도하는 개념들의 진정한 힘을 밝히기는커녕 진부하게 만든다. 그들이 흥미 있는 연습이 될지는 몰라도, 현 시점에서는 무형자산을 어떤 의미 있는 방법으로 측정하는 데는 별로 뛰어난 점이 없다.

지적 자본에 대해 다르게 생각할 필요성

무형자산의 가장 가치 있는 형태의 하나는 지적 자본이다. 지적 자본은 보통 세 개의 범주로 나뉘는데, 조직 자본(특허권, 저작권, 상표권, 브랜드, 하부구조, 문화)과 관계형 자본(고객 지식 및 관계, 공급자, 파트너, 경쟁자, 정부, 공동사회), 그리고 인적 자본(기술, 지식 그리고 직원의 태도, 인재)이다. 여러분의 조직에서 인적 자본의 세 범주로 어느 정도로 잠재적 가치가 표현된다고 생각하는가? 그 가치가 얼마나 효과적으로 사용되고 있는가? 얼마나 낭비되고 있는가?

마이클 멀론Michael Malone은 오래 전부터 지적 자본 같은 무형자산을 좀 더 창의적으로 측정할 것을 주장하고 있다. 그의 말에 의하면, "전통적인 회계는 기업의 가치에 관한 지성적 판단을 하는 데 필요한 정보를 반 이하 정도 주고 있다. 지적 자본이야말로 우리가 21세기로 계속 번영해가는 최선의 희망이다. 그리고 지적 자본의 측정방법을 배우는 것은 거기에 도달하는 유일한 길이다."

어려움에도 불구하고 지적 자본은 변혁적 측정을 몹시 필요로 하는 최상의 분야이다. 새로운 측정지표를 찾아내는 실험적인 프로세스 없이 조직은, 가치중심의 측정지표보다는 훈련 비용이나 저장소에 맡겨진 '단편 지식'의 숫자 같은 부적당한 대체물의 측정을 계속할 것이다.

조직이 그 자산의 가치에 대하여, 또 그것들을 전략과 연결하는 방법, 그리고 그들을 경쟁우위와 연계하는 방법을 훨씬 더 창의적으로 생각하기 시작할 때, 비로소 진정한 변혁적 변화는 일어날 것이다. 그들을 측정하는 방법이 그들을 취급하는 방법을 결정할 것이다. 예를 들어 여러분의 조직은 이미 사람을 다르게 관리하기 시작했고, 그 이유는 그들을 경비가 들어가는 비용으로보다는 투가 가치가 있는 자산으로 보기 시작하고 있기 때문이다. 만일 그렇다면 이것은 변혁화가 일어나기 시작한다는 확실한 징표이다.

무형자산의 변혁적 측정

전진하는 경쟁우위의 열쇠는 일차적으로 가치의 무형적 원천을 더 낫게 측정하고 관리하는 문제이다. 공급망 관리의 핵심 성공 요소의 하나가 시스템 전체를 통하여 신뢰를 측정하는 능력이고, 또 핵심 측정지표가 '공급망 신뢰'임을 깨닫고 있는 사람은 별로 없다. 얼마 전까지만 해도 이런 종류를 생각한다고 하면 "딱 맛이 갔어." 하는 소리를 들었을 것이다. 오늘날에는 전통주의자들은 여전히 '측정 불가'라고

[그림 13-1] 무형자산 측정하기 : 선택된 예들

무형자산	측정지표1	측정지표2
파트너십	파트너 태도 조사	파트너십 검사
신뢰	행동 검사	설문
협동	협동 활동 검사	협동 풍토 조사
지식	지식 자산(재고)	지식체계도(흐름)
지적 자본(IC)	IC 재고 조사	IC 사용 패턴
직원 자산	전문성 자체 평가	직원 재능 재고 조사
혁신	혁신 풍토 조사	혁신 생산성 지수
전략적 기술	전략 정렬 평가	숙달 시간
고객 자산	고객 조사	고객 자산 재고 조사
리더십	승계 계획 검사	풍토 조사

생각하겠지만, 그러나 맛이 갔다는 소리는 더 이상 안 한다. 이것은 변혁적이니까.

[그림 13-1]은 높은 가치의 무형자산과 각각 두 가지의 가능한 신생 지표를 나열하고 있다. [그림 13-1]의 목적은 모든 것은, 아무리 무형적일지라도 측정할 수 있다는 것을 보여주는 데 있다. 제시된 측정지표는 구현하는 데 아무 어려움이 없으며 어렵거나 겁나는 것도 없다. 일부 측정지표는 조사나 설문지이고, 다른 것들은 검사와 자체 평가, 그리고 재고 조사이다. 이들 측정지표의 어느 것이라도 극히 풍부한 데이터를 가져올 수 있으며, 그것은 또 꽤나 쉽게 지식과 심지어는 지혜로도 전환될 수 있다. 이들 방법 중 몇 가지는 제14장 변혁적 측정 행동 계획TMAPs; Transformational Measurement Action Plans에서 더 살펴보기로 한다.

그렇지만 숫자들(정량적인 측정지표들)은 찾지 말라. 그것들은 쉽게 재무제표에 들어가거나 또는 월간 보고서 숫자란에 추가 설명도 없이 보고될 수가 있다. 명심할 것은 변혁적 측정지표는 사물을 다르게 바라보고 있다는 것과, 여러분이 생각했던 것과는 달리 어렵지도 애매하지도 않다는 점이다.

질적 측정

많은 신생 및 변혁적 측정지표는 본질적으로 질적이다. 측정이 사물에 숫자를 지정하는 것이라는 그릇된 전제는 너무나 흔하다. 광범위한 연구에 근거해서, D. 린 켈리D. Lynn Kelly는 다음과 같은 측정의 정의에 도달했다. "측정은 하나의 변수가 존재하는 정도를 평가하는 것이다. 정의상에서 그 변수에 대하여 계산하거나 정량화하는 언급이 없음을 주목하라." 더 나아가서 여러분이 측정하고 있는 변수에 대하여 명쾌하게 이해되지 않을 경우에는, 어느 정도 질적인 연구를 수행하는 것이 중요하다. 질적인 측정의 진정한 목적은 탐구적이며, 가설을 만들어내는 것이다. 반면에 정량화된 측정은 일차적으로 기존의 가설을 확인하는 목적이 있다.

페퍼Pfeffer와 서튼Sutton에 의하면, "우리의 조사에서 확신하게 되었는데, 회사가 의사결정을 증거에 근거할 경우에는, 경쟁우위를 누릴 수 있다. 그리고 데이터가 거의 없을 경우라도, 중역들이 어림짐작, 두려움, 믿음이나 희망에 덜 의지하고, 증거와 논리에 좀 더 의지하게 할 수 있는 일들이 있다. 예를 들어 기존의 가정을 시험할 목적으로 소매 거래 현장을 방문해서 수집한 것 같은 질적인 데이터는 빠른 분석에는 극히 강력하고 유용한 증거이다." 그렇지만 질적 측정의 탐구적 성질상, 그것에 대해 현실을 감안한 기대를 하는 것이 중요하다.

질적인 측정에서 가장 긍정적인 것 중의 하나는 무한하게 융통성이 있다는 것이다. 그러나 그것의 불편한 점은 기존의 정보 시스템이 처리하기에는 번거롭다는 것이다. 실질적으로 모든 것은 데이터 조작의 편의를 위하여 숫자로 '부득이하게 변형'할 수가 있다. 그러나 그렇다고 모든 것을 그렇게 해야만 한다는 뜻은 아니다. 많은 질적인 특성은 정량화하기에 극도로 어렵다. D. Q. 매키너니D.Q. McInerny가 그의 저서, 《똑똑한 논리학Being Logical》에서 설명한다. "우리는 보통 품질을 정량화된 용어로 표현한다. 이는 상당히 실용적이고 편리한 관행이기는 하지만, 그 한계는 인식하고 있어야 한다."

가장 커다란 한계의 하나는 성과의 질적인 면이 정량화되면, 그것이 부적절하게 사용되거나 과도한 신뢰성이 부여되는 경우이다. 매키너니가 말한다. "그 품질이 정량화되었으니 우리가 그 품질을 하나의 품질로서 더 잘 안다고 추정하면, 우리는 그릇된 정확성의 감각에 빠지는 것이다." 그 점이 바로, 신규 및 신생의 측정지표를 실험하는 것과 새로운 '지표'를 조급하게 제도화하는 것을 피해야 한다고, 이 책에서 강력하게 주장하는 이유이다. 핵심은 받아들인 정보를 사용하여 중요한 의문에 답하는 것이고, 경직된 방법론적 기준에 따라가지 않는 것이다.

생활양식에 관계된 분야의 시장 조사자들은 측정을 창의적으로 사용하는 것으로 유명하다. 그들은 설문지를 누군가의 얼굴 앞으로 들이밀기보다는, 풍부한 데이터를 겸손하게 수집하려고 애를 쓰고 있다. 로저 다우Roger Dow와 수전 쿡Susan Cook은 시장 조사 선구자 루이스 체스킨Louis Cheskin의 이야기를 하고 있다. 루이스 체스킨은 여자들의 옷감 색깔 선호도를 좀 더 알고 싶어했다. 그는 여자들에게 돈을 주고 테이블 위에 쌓아놓은 스카프를 고르게 했다. 그 여자들에게 기록표에 색깔에 따라 등급을 매기게 했다. 그것이 끝나면 여자들은 스카프 한 장을 골라서 집에 갈 수 있었다. 언제 그 기록표들을 집계할 거냐고 질문을 받은 체스킨은 답했다. "우린 기록표를 보려는 것이 아니다. 각 테이블 위에는 동일한 수의 스카프가 있으니까, 우린 테이블에 남아 있는 스카프만 세면 된다. 기록표에 색깔이 어떻게 등급이 매겨지든 상관없다. 우리의 관심은 여자들이 실제로 선택한 색깔에 있다."

조직들은 파격적인 측정지표들을 사용하는 '급진적인' 아이디어에 저항이 그렇게 많다는 것을 발견하고 놀라곤 한다. 대부분의 저항은 조급한 중역에서 나오는데, 그들은 "지금 당장 '지표'를 원한다."고 목청을 높인다.

그 외에 많은 사람들이 걱정하는 것은 주관적이고 좀 더 소프트한 측정지표가 이기적인 목적에 쓰일까 봐서인데, 측정의 부정적인 상황에서는 그럴 수 있지만, 재무적 숫자도 마찬가지일 것이다. 만일 여러분이 목표를 맞추는 데 커다란 보상을 제공한다면, 여러분은 역기능을 불러들이고 있고(그러니 그 목표를 달성한다고 놀라지 말라), 이는 측정이 질적이든 정량적이든 상관이 없다.

추산
아노 펜지아스Arno Penzias는 추산 작업이 전통주의자들이 받아들이기에 특히 어려운 업무라고 지적한다. "하나의 높은 장벽이 우리와 대충의 추산 작업 사이에 서있다. '틀린' 대답을 갖게 될지 모른다는 두려움 말이다. 불확실성이 인지되고 관리되는 한은 경험에 의한 추측은 나쁠 게 없다. 우리가 학교에서 배워온 바와는 반대로… 부정확한 대답이 거의 언제나 무방하다."

많은 측정 노력의 경우, 근사치는 받아들일 수 있는데, 그 이유는 중요한 것은 기저에 있는 논리이지 방대한 데이터 수집과 분석 연습이 아니기 때문이다. 추산의 핵심은 받아들일 수 있는 추산 값에 이르는 방법을 그저 궁리해 내는 것이 아니라, 추산하기 위한 올바른 구성개념을 결정하는 방법이다. 결국 여러분이 무슨 옷을 입을 것인가 결정하는 데 온도계가 몇 도 정도 틀리는 것은 중요하지 않지만, 다른 사람의 체온을 잴 때에는 중요하다. 그래서 핵심은 정확성이 아니라 적절한 정확성이다. 그리고 때로는 새로 생겨나는 것을 측정하고 있고, 그 목적이 학습일 경우에는, 틀림없이 정확성은 조금도 중요하지 않을 것이다.

주관적인 측정지표

측정 전통주의자들에게는 주관적인 측정지표의 타당성을 받아들이는 것보다 더 어려운 일은 없다. 그렇지만 객관적인 측정이 가능하지 않을 경우에는, 주관적인 측정이 합리적인 대안이다. 실상은 무형적이고 첨단적이고 예보적인 구성개념을 측정하는 데는, 우리가 의존할 수 있는 것은 주관적인 평가뿐일 때도 있다.

많은 사람이 주관적인 측정이 고의적이든 아니든, 특히 편견에 치우치기 쉽다는 것을 걱정하는 것은 당연하다. 그런데 주관적인 측정은 사실은 가장 큰 문제가 아니다. 데이터를 사용함에 있어서 주관적인 판단이 큰 문제인 것이다. 비고의적인 편견은 창의적인 측정방법과 도구의 설계를 통해 감소할 수 있는 반면에, 더욱 어렵고 위험한 편견인 고의적 편견은, 이런 종류의 역기능에 대한 동기를 제거하기 위해서는, 측정의 상황의 변경을 통해서만 감소할 수 있다.

안전하지만 부적절한 정량적 측정을 사용하는 것은 그 근본 원인 문제를 해결하지 못할 것이고, 다만 좀 더 의미 없는 숫자들만 생성할 것이며, 이는 진정한 가치창출을 관리하는 데는 쓸모가 없다. 칼-에릭 스베이비에 의하면, "모든 사회적 측정 시스템은 아주 취약하고 조작에 노출되어 있으며, 이에 관해서 우리가 할 수 있는 일은 거의 없다."

우리가 할 수 있는 일은 우리가 사용하는 측정방법이 무엇이든, 그것의 한계를 의식하는 것이고, 그것들의 사용을 위해 긍정적인 상황을 조성하는 것이다. 적어도 단기적으로는 신생 '렌즈'에 의해 초래된 불가피한 왜곡에 대한 최선의 구제책은 그 왜곡에 대해 인정하고 감안하는 것이고, 새 렌즈를 내버리는 것은 아니다.

좋은 성과측정의 모든 핵심요건을 주관적인 측정지표로 만족시키는 것은 매우 확실하게 가능하다. 주관적인 경험이 그 경험자에게는 아주 현실적이지만, 많은 심리학적 현상이 그 보고가 객관적인 현실에서 벗어나도록 할 수 있다. 그러므로 그 현실을 이끌어내는 데 충분한 배려가 있어야 한다. 우리는 이미 대부분의 결과에 기여하는 다양한 원인적 요소가 있음을 알고 있다. 주관적 측정의 가장 큰 문제 중의 하나는 발생에 기여한 요소를 다른 요소와 구별하는 반응능력이 없다는 것이다.

예를 들어 고객서비스 조사를 가정하자. 고객이 '매매처리 속도'의 한 항목에 응답하고 있을 수 있는데, 그 응답평가는 등급이 높을 수도 있다. 그러나 실은 고객이 원하던 것은 정보이지, 신속하게 제공되었던, 계산대에서의 서비스는 아니었다. 그래서 그릇된 질문을 물은 것이다. 그렇기 때문에 고객측정에서는 상황의 이해가 중요한 것이고, 이 경우에는 고객의 기대사항이었다. 만일 주관적인 측정도구가 기대사항에 대한 성과를 포착하지 못하면, 데이터는 쓸모가 없을 수도 있다. 그렇지만 만일 올바른 데이터를 포착했다면, 그 데이터는, 수많은 객관적 데이터가 수집할 수 있는 것보다 훨씬 더 효과적으로 행동 가능한 지식으로 전환할 수 있다.

많은 전통주의자들에게서 자체 평가보다 더 많은 지혜를 생성하면서 존중을 덜 받는 것은 없다. 그러나 장담할 수 있는 것은 우리는 대부분이 우리 시간을 추적하고, 예산을 지키며, 개성 평가와 기타 매우 주관적인 측정지표를 완료함으로써 엄청난 양의 귀중한 개인적 정보를 배웠다는 점이다. 사실상 관리자나 팀이 피드백을 접수하고, 그것을 논의하고, 행동을 바꾸겠다고 약속하는 것보다 더 나은 학습과 성과 개선 경험은 없을 것이다. 이는 달성한 진전에 대해 생산적이고 지속적인 피드백을 반복적인 측정으로 제공하는 작업으로 이어질 수 있다.

등급분류 기준

구성개념의 조심스러운 정의와 측정도구의 적절한 설계로 주관적 측정의 약점을 대부분 극복할 수 있다. 등급분류 기준과 해설지침은 조사와 설문 설계자들에게 골치를 썩게 한다. 이 책에서 추천하는 것은 응답 등급 선택사항을 재검토하라는 것이다. 그 응답 등급 선택사항은 여러 가지가 있는데, 그렇다-아니다, '강하게 동의한다'에서 '강하게 부인한다', '대단히 많은 정도'에서 '전혀 아님', '매우 자신 있음'에서 '전혀 자신 없음', 5점 기준, 10점 기준 등이 있고, 해당 항목에 맞는 것으로 하나를 선택하면 된다. 핵심은 어떤 응답 선택사항이 그 상황에 가장 잘 맞는 것인가와 그 응답에 어느 정도의 변화가 필요한가를 결정하는 것이다.

주관적 측정의 위험을 피하는 방법이 여러 가지가 있는데, 예를 들어 좀 더 확실하고 설명적인 평가요소를 포함한 등급부여 기준을 사용하거나, 등급부여 기준의 변화를 더하든가, 확신도 평가를 추가하든가, 망설일 때의 중간 점수 문제를 피하기 위해서 짝수의 평점을 사용하기, 그리고 그 평가를 명확하게 하기 위해 의견을 글로 쓰게 하기 등이 있다.(몇 가지 등급부여 기준 추천사항이 제14장의 변혁적 측정 행동 계획에 있다.)

명심할 것은 점수가 그렇게 중요한 것이 아니고, 그것으로 무엇을 할 것인가에 있다. 그렇기 때문에 특히 주관적 측정에서는 측정의 상황이 그만큼 중요한 것이다.

부서 간 상호 협력 측정지표

신생 및 변혁적 측정지표의 확산을 가로막는 가장 큰 문제 중 하나는 측정지표 자체와는 상관이 없고, 오히려 부서 상호 간에 협동이 이루어지지 않는다는 것에 관계가 있다. 그 이유는 오늘날 거의 모든 성과 측정이 기능부서 측정이고, 그것이 '사일로 사고방식' 을 계속 강화하고 있는 까닭이다. 그러나 많은 최상의 신생 측정지표는 부서 상호 간에 협력적일 필요가 있고, 그렇지 않으면 별 효과가 없을 것이다. 하나의 측정혁신이 사일로 내에 머물러 있으면, 별 변화가 없을 것이다. 가장 성공적인 조직들은 점점 더 끝에서 끝까지의 측정과 관리가 잘되는 프로세스에 바탕을 두게 될 것이다. 그 프로세스의 예는 공급망과 고객경험 같은 것으로, 두 가지 다 부서들을 가로지르고, 전 기업에 걸쳐서 관계가 있다.

오늘날 조직이 당면하고 있는 최대의 기회이며 도전의 하나는, 적어도 새롭고, 신생의, 그리고 부서 상호 간 협력적 측정지표를 실험하고 시험적으로 사용을 해보는데, 어떻게 하면 다양한 이해당사자들로부터 지지를 얻을 것인가이다. 현재 공급망 효과성의 최선의 측정지표는 '완료 주문 퍼센트(고객에 제 시간에 도달되어 완료된 주문의 객관적 측정지표)' 와 공급망 파트너 간의 신뢰(태도의 주관적 측정지표)이고, 두 가지 다 철저한 부서 상호 간의 협동을 필요로 한다. 또 다른 좋은 예는 '신제품 출시 시간' 인데, 이것도 또한 조직을 통틀어서 서로 다른 기능부서들의 수많은 이해당사자들의 협동을 필요로 한다.

아마도 부서 상호 간 변혁적 측정의 최대의 '기회' 는 영업과 마케팅에 있는 것 같다. 마케팅 요원들은 새로운 측정지표들을 수없이 내놓고 있는 듯하고, 또 영업담당자들도 '파이프라인의 기회' 에 빠져 있는 듯이 보인다. 물론 문제는 영업 업무가 너무나 그 커미션 구조에 고착되어 있고, 이는 영업의 측정 시스템을 지배하고 있어서, 영업담당자들이 방도를 찾아내서 '수익성 있는 장기 고객 관계' 기반의 커미션 체계를 생각해 내야만 비로소 변화가 일어날 것이다.

예보 측정지표

오늘날 대부분의 측정은 여전히 과거와 현재에 집중하고 있고, 미래에 대한 안내로서는 별 역할을 못하고 있다. 이것은 전통적 측정이 이미 일어난 일에 대해서 데이터를 수집하는 것 외에는 아무 것도 할 수 없기 때문이다. 비즈니스에 있어서 승자는 뻔한 것 너머를 볼 수 있어야만 하고, 또한 미래를 경영할 수 있어야 한다.

디피아자와 에클즈에 의하면, "측정은 본질적으로 이미 일어난 사건에 관한 정보에 기반하고 있지만, 특정 측정지표는, 가치동인 사이에서 그들의 관계가 잘 이해되어 있을 경우에는, 성질상 예보적일 수 있다." 그 점이 바로 측정 프레임워크가 그렇게 중요한 주된 이유이다. 오늘날의 격렬한 경쟁 상태에서 조직은 변함없이 개선하고 자신과 자신의 측정 시스템을 변혁해야 한다. 불행하게도 많은 조직은 그들의 성공적인 비즈니스 모델과 전략으로 자만에 빠져 있다가, 그들이 예상치 못했던 것으로 '허점을 찔리기도' 한다. 이 일이 최근에 델 컴퓨터에 일어났다. 그 회사는 과도하게 내부적으로 집중해서 자신들의 중대한 측정지표를 수정하는 데 태만했고, 그들이 포착하고 행동화했어야 하는 결정적인 고객통찰을 놓쳤고, 이제 그 결과를 감당하고 있다.

뻔한 것에 맹목적인 현상을 늘 보고 있는데, 리더들이 그들의 시선을 백미러를 통해서 그들의 재무제표와 낡은 전제에 고정한 채, 험난

한 바다를 가로질러 그들의 조직을 이끌고 있는 경우이다. 우리의 사고 모델과 기존의 측정지표가 우리를 과거에 묶어두는 것이다.

미래의 90% 정도는 예보할 수 있다. 거의 예측할 수 없는 미래도 일부 있지만, 새로운 측정지표와 새로운 사고 모델이 그러한 미래에 더 잘 대비하게 도움을 줄 수 있다.

예보적 측정지표를 더 잘 씀으로써 진보적인 회사들은 투자를 더 잘하고 관리하고, 결정적인 절충을 이해하며, 그들의 자산 포트폴리오를 최적화한다. 이런 종류의 변혁적 측정은 현재 존재하는 것보다 더 커다란 집중, 통합화, 상호작용이 필요하다. 단순히 고립된 측정지표로부터 미래로 향한 데이터를 추출하는 것만으로는 충분하지 못할 것이다. 건전한 측정 프레임워크에 기반한 세련된 예보적 사고방식과 모델링이 필요할 것이고, 무엇보다도 실험하는 용기가 필요하다. 이것은 생각하는 것처럼 어렵지 않다. 예를 들어 개략적인 모델을 개발하고 '크기의 단위' 추산을 작성해 보는 것은 재미도 있고, 쓸모가 있을 것이다.

다중 측정지표

일상적 측정지표의 숫자 줄이기의 중요성을 역설했지만, 대부분의 전략적 신생 및 변혁적 측정지표의 경우는 반드시 그러한 것은 아니다. 여러분이 무언가를 이해하지 못하고 있을 경우에는, 전체가 아니고 일면만 측정하는 것은 위험하다. 전략적·변혁적으로 생각 중이라면, 어느 정도 추상적인 것에 대해 하나의 측정지표를 찾기보다는, 보통은 여러 개의 측정지표를 수용하는 것이 더 낫다. 그 점이 바로 대시보드가 원칙적으로는 좋은 아이디어이지만, 주의해서 사용하지 않을 경우 실무적으로는 위험할 수 있는 이유이다.

우리는 모두 고립된 숫자에 의존하는 것이 위험하다는 걸 알고 있고, 또한 데이터가 대단히 인상적일 수 있더라도, 지식으로 전환될 때까지는 극히 그릇된 길로 이끌 수 있다. 그리고 직관이 훌륭한 능력이기는 하지만, 그것은 여전히 개인의 주관적인 인식과 습관에 의존하고 있기 때문에 근본적으로 흠이 있는 것이다. 어떤 한 사람의 주관에, 설사 CEO의 주관일지라도, 의존해서 의사결정을 하는 것은 마치 한 사람을 조사하고 그 결과를 조직 전체에 일반화하는 것과 마찬가지이다.

인간 신체의 전반적인 건강 상태를 평가하는 데 알맞은 단일 검사가 없듯이, 조직에게도 복합적인 조직 특성에 대해 단일한 측정지표는 없으며, 특히 하나의 구성개념을 측정할 경우나, 또는 불안정한 상황에서는 그러하다.

여러 개의 측정지표를 함께 사용하는 것은, 한편으로는 그들 사이의 관계와 절충요소를 감안하면서 사용할 때, 훨씬 더 효과적인 조직 '진단'이 될 수 있다. 또한 여러 개의 측정지표는 단일한 측정지표의 개발이나 또는 하나의 지수(그것은 필요하면 구성요소로 다시 분해될 수도 있는)에 이르게 될 수도 있다. 그것은 한 부분의 개선은 또 다른 부분 최적화일 수 있기 때문에 어떤 곳에서 사항을 '그저 개선하는' 문제가 아니다. 핵심은 올바른 사항을 개선하는 것이고, 또 그 개선이 전체로서의 조직에 필요한 것과 확실히 정렬되게 하는 일이다.

변혁적 측정 행동 계획 소개

제14장에는 34개의 변혁적 측정 행동 계획TMAP이 있는데, 중요한 측정 분야를 가리키고 있다. TMAP은 신생 측정지표와 변혁적인 측정지표에 관해 소개하고 있는데, 그 측정지표들은 현재 개발 및 시험 중이거나, 또는 미래에 고려되어야 할 것들이다. 이들 측정지표는 여러분 자신의 변혁적 측정 행동 계획을 작성하기 위해, 여러분 조직 내의 대화를 촉진하기 위한 도약대로 사용될 수 있다.

소개된 측정지표 중 일부는 오늘날 널리 사용 중에 있는 것도 있지만, 저자는 여전히 그것들을 변혁적으로 생각하고 있는데, 그 측정지표들이 조직이 특정 분야의 현상들을 보는 데 사용하는 측정 렌즈 또는 사고 모델을 의미심장하게 변화시켰기 때문이다. 다른 측정지표들은 더 새로운 변혁적 측정지표들로서, 이제 막 시작이 된 것으로, 아직 널리 사용되지는 않고 있다. 또 다른 것들은 신생 측정지표들로서 이제 막 실험 중이다. 그렇지만 포함된 모든 측정지표나 측정 방법론들은 해당되는 어떠한 조직 상황에서도 적어도 시험을 할 만하다고 생각된다. 흥미로운 것은 TMAP에서 강조된 측정지표 중 단 한 개도 20년 전에 어떠한 조직의 레이더 화면에 나타난 적이 있다고 생각할 수 없다는 점이다.

어떤 사람에게는 새로운 측정지표로 바꾸는 것이 두렵게 생각될 수도 있겠으나, 가장 신생의 성과측정지표 조차도 실험적으로 사용하는 것은 위험도가 낮고, 특히 학습과 개선을 위해 사용되는 경우 그러하다. 유일한 위험은 그 실험적인 측정지표로 사람을 평가하거나 인

사적인 의사결정에 사용하는 경우인데, 특히 유효성이 확립되기 전일 때 그렇다.

TMAP은 일부 자연스레 그룹이 되는 측정지표를 포함하고 있는데, 고객관련 측정지표들이 그러한 예로서, 고객감동Customer Delight, 고객충성도, 고객경험, 고객밀착Customer Engagement, 고객의견, 고객수익성, 그리고 고객 평생가치Customer Lifetime Value이다. 모두 전체적으로 어려운 문제의 귀중한 일부분들을 제공한다. 일부는 고객의 태도와 감정에 초점을 두고 다른 것은 고객으로부터 회사가 받은 가치에 집중하고 있다. 일부는 다른 것보다 훨씬 질적이고 주관적이다. 그러나 그것들이 공통적으로 지니고 있는 것은 모두가, 어느 정도까지는 조직이 고객을 바라보는 렌즈를 바꿨다는 점이다. 이 점 때문에 그들은 모두 변혁적으로 될 잠재성이 있다. 이들 측정지표는 우리가 전통적인 거래관계의 고객만족 접근방법으로부터 변혁화 측면에서 얼마나 멀리 와 있는가를 보여주고, 또한 얼마나 먼 길을 더 가야 할지 강조하고 있다. 이 책에서는 측정 프레임워크를 가지고 실험하라고 권하는데, [그림 13-2]에 보인 것처럼 측정 프레임워크는 측정지표 사이에 가설적 또는 실제적인 관계를 보여주고 있다.

또한 신생 및 변혁적 측정지표를 포함하고 있는 여러 가지 종류의 구성개념이 들어 있다. 그 예는 재무적 구성개념(경제적 부가가치, 총 소유비용, ABC), 직원 건강 및 안전 구성개념(직원 안전, 직원 프리젠티즘), 인적 자원 구성개념(감성지능, 직원몰입, 학습효과성), 정보기술(정보적응, 정보숙달도), R&D(혁신 풍토), 확장 기업(파트너 관계, 조직 신뢰), 지식관리(지식의 흐름), 그 외에 포함되는 것이 조직의 민첩성, 무형자산 전략적

[그림 13-2] 고객측정 프레임워크

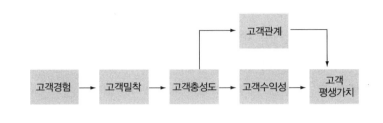

준비 태세, 프로젝트 일정 계획, 협동, 평판, 그리고 서비스 품질이다.

추가적으로 신생 및 변혁적 측정지표를 많이 포함할 수도 있었지만 하지 않을 것들이 있다. 예를 들어 사회적 업적social performance, 기업 사회적 책임, 그리고 지속 가능성 분야에서는 일부 흥미진진한 연구가 진행 중이다. 조직 건강, 직원 활력employee vitality, 가장 취업하고 싶은 기업employer of choice 만들기 등을 위한 재미있는 측정지표가 개발되고 있다. 또한 중역 지능executive intelligence, 사람 자본people equity, 비전 리더visionary leadership, 기타 다수의 새로운 측정지표가 개발되고 있다.

새로운 재무 측정지표마저 있는데, 상당히 변혁적인 걸로 예상된다. 짐 콜린스Jim Collins에 의하면, 일부 회사들이 한 재무 측정지표에서 다른 측정지표로 옮김으로써 그들의 마케팅을 변혁시켰다고 한다. 그 측정지표들은, '점포별 이익'에서 '지역별 이익'으로, 또는 '부문별 이익'에서 '고객별 이익'으로, 또는 '영업지역별 이익'에서 '글로벌 브랜드 기준 이익'으로, 그리고 (믿을 수 있겠는가?) '우편요금 별납증 인쇄기별 이익'에서 '고객별 이익'으로 옮겼다.

성과측정이 창의적이 아니라고 누가 말했는가? 그런데 희한하게도 가장 혁신적이지 못한 측정지표가 혁신 관련 비즈니스에서 나오고 있는 듯이 보인다. 즉 R & D 분야로 여전히 제품중심의 접근방법에 빠져 있는 것 같다. 예를 들어 혁신적 아이디어의 '파이프라인'은 어떻게 측정하는가?

낙심하지 말라

여러분은 무슨 일을 하든지 낙담하지 말라. 예를 들어 제14장에 포함된 측정지표의 하나에 '서브퀄SERVQUAL', 즉 변혁적 측정지표인 서비스 품질Service Quality이 있다. '서브퀄'은 개발된 이래, 이를 폄하하는 사람들이, 특히 측정 순수주의자들 간에 꽤 있어서, 너무 복잡하다고 (여러 가지 평가기준들), 주관적이라고, 그리고 통계적으로 신뢰도가 없다고 비난을 받았다. 그렇지만 이것은 고객의 서비스 경험을 탐구하고 평가하는 데 매우 쓸모 있는 모델을 제공하고 있어서, 이제는 서비스 기관에서 널리 쓰이고 있고, 또 더 나은 대체 도구가 그 자리를 차지할 때까지는 계속해서 그 가치를 발휘할 것이다. 이것은 완벽한 측정지표는 아니겠지만, 한 조직이 고객서비스에 집중하기에, 그 효과에 대한 가치 있는 피드백을 얻기에는, 그리고 계속적인 개선을 유발하기에는 극히 효과적인 방법이다.

이제 열린 마음과 탐구적인 자세로 제14장의 변혁적 측정 행동 계획으로 뛰어들자.

변혁적 측정 행동 계획

이 장은 신생 및 변혁적 측정지표의 변혁적 측정 행동 계획TMAPs; Transformational Measurement Action Plans으로 구성되어 있고, 그 취지는 여러분의 생각을 자극하고, 여러분의 사고 모델에 도전하며, 어떤 경우에는, 측정의 사례와 안내를 제공하는 데 있다. 여러분 조직의 골칫거리 분야를 다루는 측정지표들을 재검토하고, 진행 중인 참고로 활용하며, 또한 여러분 자신의 신생 및 변혁적 측정지표를 리스트에 추가하라.

01 _ 고객경험

오늘날 성공적인 기업 경영의 높은 수준을 만족시키는 데는 표준 고객만족 측정 이상의 것이 요구된다. 고객경험Customer Experience에는 '핵심거래(구매)' 자체만이 아니라, 핵심거래 전에 선행한 것과 그 후에 뒤따르는 모든 것이 포함된다. 예를 들어 항공회사 '거래'의 경우, 20개나 되는 개별적 경험이, 예약, 탑승 수속, 여행, 도착에 개입되며, 이는 단일한 만족도 평가로 줄일 수가 없다.

조직이 실감하기 시작하고 있는 것은, 제품이나 서비스를 제공하는 것은 고객이 조직에 대하여 경험하는 면에서는 '빙산의 일각'에 지나지 않는다는 점이다. 베인 앤드 컴퍼니의 한 연구에서 회사들이 어떻게 고객의 인식을 잘못 해석하는 경향이 있는지 밝히고 있다. 조사된 362개 회사의 80%가 자신의 고객에게 '우수한 경험'을 하게 했다고 믿고 있었지만, 고객들은 단지 8%의 회사만이 진정으로 우수한 경험을 하게 했다고 평가했다.

거래는 쉽게 측정이 되지만 경험은 그렇지 못하다. 대부분의 고객만족도는 평균 고객경험을 측정하는데, 고객은 평균을 보는 것이 아니며, 모든 '흠' 하나하나를 문제로서 생각하는 것이다.

효과적으로 사용되는 경우, 고객경험 측정은 강력한 도구가 되어 조직들이 자신과 자신의 고객들을 바라보는 방법을 변혁할 수 있다. 매 건당 고객의 평이나 불평을 통해 드러난 사건 이면에는 글자 그대로 수백 건의 전혀 보고되지 않은 사건이 있을 수 있다.

'고객서비스(여러분이 고객에게 주는 것)'를 측정하고 관리하는 것에서 고객경험(고객이 얻는 것)을 측정하고 관리하는 것으로 바꾸는 것은 커다란 패러다임 전환이다. 이것은 전통적으로 측정되고 관리되던 것과는 구별되는 변혁적으로 다른 접근방법이고, 조직과 그 직원이 부서의 벽을 뛰어넘는, 총체적인 고객경험을 의식하게 하는 경향이 있다. 그것은 정의가 잘된 상호작용에 집중하게 하기 때문에, 고객경험 측정은 또한 고객만족도 측정보다 좀더 행동화하기가 쉽다. 이것의 훌륭한 예는, 버지니아 주의 인앳리틀워싱턴Inn at Little Washington 레스토랑으로, 고객 일행이 그 시설에 들어서고 식사하는 시간을 통해 레스토랑 스태프가 일행마다 '기분 등급(1~10)'을 부여한다. 목표는 기분 등급을 상향시켜서, 어떤 손님이든지 그 레스토랑을 등급 9 이하로 떠나게 해서는 안 되는 것이다. 주관적이기는 하지만, 이것은 혁신적인 도구로서 스태프로 하여금 고객경험에 집중을 유지하게 하고 그들이 얼마나 잘 그 경험을 조정하는지 피드백을 얻게 한다.

한 곳으로 집중이 덜된 환경에서는 고객경험을 측정하는 최선의 방법은 '이벤트 추진식 조사'의 사용을 통하는 것이다. 이 조사는 고객이 특정한 상호작용, 즉 예약, 구매, 서비스 문의, 또는 반환 등의 이벤트를 완료할 때마다 자동적으로 활용된다. 그런데 복잡한 고객 상호작용을 측정할 경우의 최대 난제는 어찌하면 비교적 방해적이지 않고 측정할 수 있는가 하는 문제이다. 소매점과 은행은 훈련된 관찰자와 비디오 감시, 그리고 위장 손님을 써서 고객경험을 관찰한다. 약간의 창의성과 괜찮은 샘플링 전략으로(경험과 응답자 둘 다), 고객의 기분을 상하게 하거나 데이터의 과적을 초래하지 않고, 조직은 여전히 상당한 데이터를 수집할 수 있다.

02 _ 고객밀착

가장 오래된 측정지표의 하나로 비즈니스 측정계를 지배해온 것이 '고객만족'이다. 그런데 고객만족은 점점 더 낮은 기대사항(고객의 최소한도의 기대가 만족되는 정도)에 집중하고, 그 낮은 기대사항을 강화하는 하나의 측정지표로서 인식되게끔 되었다. 더군다나 그것은 합리적인 의사결정을 내리는, 전적으로 '합리적인 고객'이라는 통념에 바탕을 두는 경향이 있다. 그렇지만 연구에 의하면 구매결정은, 또한 감정적임을 시사하고 있다. 조직은 단지 '만족' 정도가 아니라 좀 더 의미심장한 무엇인가를 활용할 필요가 있다.

새로운 측정지표들은 좀 더 전체론적인 방법으로 고객을 인식하기 시작하고 있다. 그 점이 바로 고객밀착 개념이 잠재적으로 변혁적 개념인 이유이다. '밀착된' 고객은 단지 '만족한' 고객과는 대단히 다르다.

갤럽Gallup Organization은 고객밀착Customer Engagement 측정도구를 개발하고 배포하고 있는데, 그것은 고객과 회사 또는 고객과 브랜드와의 감정적인 유대의 측정을 시도한다. 다음에 제시된 갤럽의 조사는 여덟 개의 문항이 있고, 고객은 5점 기준('강하게 동의함'에서 '강하게 부인함'까지)으로 응답하게 되어 있다. 빈칸은 평가되고 있는 회사명이나 브랜드명이 기입되어야 한다.

이 조사의 하나의 핵심단어는 '언제나'라는 단어의 사용으로, 여덟 개의 문항 중 다섯 개에 나타난다. 갤럽의 조사는 신뢰, 정중함, 확신, 공정한 대우, 그리고 기타 실천사항은 항상 존재해야 함을 예시하고

1. [   ]은(는) 언제나 신뢰할 수 있는 이름이다.

2. [   ]은(는) 언제나 약속한 것을 지킨다.

3. [   ]은(는) 고객을 언제나 공정하게 대한다.

4. 만일 문제가 생기면, 언제나 [   ] 에 의지해서 공정하고 만족한

   해결을 볼 수 있다.

5. [   ]의 고객임을 자랑스럽게 느낀다.

6. [   ]은(는) 언제나 고객을 정중하게 대한다.

7. [   ]은(는) 나 같은 고객에게는 완벽한 회사이다.

8. [   ] 없는 세상은 상상하기도 싫다.

있다. 밑바탕에 흐르고 있는 이론에 의하면, 매번 고객과의 상호작용
이 있을 때마다 그 회사는 밀착Engagement을 증진하거나, 아니면 깎아
내린다고 한다. 갤럽 연구자들이 발견한 바에 의하면, 수많은 산업 부
문을 조사했는데, '완전 밀착된' 고객의 비율이 6%대에서 높게는
40%까지의 범위에 있다고 한다. 그와는 대조적으로 갤럽은 그 동일
한 산업 부문에서 '만족'으로 보고한 고객이 80%임을 발견했다.

03 _ 고객감동

'만족한 고객'이란 무엇인가? 고객만족은 다른 고객측정지표들(고객
유지율과 충성도, 수익성)과 어떻게 연관되는가? 연구에 의하면, "당치도
않다!"라고 한다. 더군다나 다른 만족도 점수는 무슨 의미인가? 예를
들어 5점 기준 척도에서 3.7과 4.1 사이의 차이는 무엇인가? 여러분

의 조직이 80%의 고객이 만족하고 있다고 발견한다고 가정하자. 그것은 실제로 무슨 의미인가? 현실은 20%의 고객이 불만족해 하고 있다는 것이고, 여러분은 아마도 무엇이 왜 그런지 모르고 있을 것이다. 더욱 심각한 것은 만족하고 있다는 80%에 속해 있는 모든 고객이 언젠가는 떠나갈 수도 있다는 점이다.

최근의 흐름은 많은 전통적 고객만족 측정 주장자들로 하여금 그 가치가 꽤나 제한돼 있고, 심지어는 조직이 가장 중요한 것, 즉 가장 중요한 고객을 '감동시키는 일'(그저 최소한도로 만족시키는 것이 아니고)에 집중하는 것을 흩뜨릴 수도 있음을 실감하게 하고 있다. 이제는 연구의 매우 단단한 실체적 결과가 존재하고 예시하고 있어서, 만일 여러분이 5점 기준 형식('대단히 불만족'에서 '대단히 만족'까지)의 고객만족도 조사를 한다면, '대단히 만족'이라고 보고한 고객은 단지 '만족한' 고객과는 아주 다르다. 그들은 좀 더 만족한 정도가 아니라, 실제로 감동한 것이다. 그래서 '대단히 만족' 또는 '감동'한 고객을 알아내고, 그 이유를 (인터뷰나 그 표적 부분의 샘플로 구성한 포커스 집단을 통해서) 찾아내는 것은 변혁적인 통찰력을 제공할 수 있다. 여러분의 조직이 마음이 내킨다면, '대단히 불만족'한 고객을 인터뷰하는 것도 극히 유익할 것이다.

하나의 고객감동 지수Customer Delight Index가 대럴 에드워즈Dr. Darrel Edwards에 의해 개발되었는데, 5점 고객감동 기분(실패, 불만족, 만족, 우수, 감동)을 사용하고 있다. 오직 마지막의 등급 점수만 진정한 '감동'을 나타낸다고 간주된다. 에드워즈에 의하면, "고객을 감동시키는 경우, 강력한 감정적 반응을 조성해서, 고객을 제품, 브랜드 또는 제조사에 애착을 갖게commit 한다. 애착은 충성으로 이어진다." 명백하게 이 기준은 전통적 만족에서 두 가지보다는 세 가지의 긍정적인 선택으로 기대치를 높였다. 그러나 더 의미심장한 것은 오직 하나만 실제로 중요하다는 것이다.

순 추천고객지수NPS; Net Promoter Score는 고객감동을 평가하는 다른 이름이다. 고객충성도 권위자 프레데릭 라이히헬드는 유사한 개념을 소개했는데, 그는 이들 감동된 고객을 '추천고객Promoters'이라고 부른다. 추천고객이란 여러분의 제품이나 서비스를 친구에게 기꺼이 추천하려는 고객으로, 여러분 조직의 등급을 11점 기준에 '9'나 '10'을 주는 고객으로 정의된 것이다. 그런데 그게 다가 아니고, '비방고객detractor'도 있기 쉬운데, 그들은 여러분의 조직을 추천할 가능성이 희박하며, 그들은 동일 기준에서 '0'에서 '6'을 준 고객으로 정의된다. '소극적' 고객은 여러분의 조직을 '7'이나 '8'로 평가하는 고객이다. NPS는 추천고객 백분율에서 비방고객 백분율을 뺌으로써 계산된다. 순 추천고객측정지표(최근의 연구로 상당한 실체적 뒷받침도 있다.)가 특별히 호기심을 자극하는 점은, 하나의 단순한 질문을 사용해서 측정할 수 있다는 점이다. "여러분이 이 조직을 친구나 동료에게 추천한다면 그 가능성은 어느 정도일까?"

04 _ 고객충성도

고객유지율의 중요성이 인식되기 시작한 것은 유지율이 조금만 증가

해도 이익이 상당하게 증가된다는 것을 발견한 때였다. 수년 전에 조직들이 고객유지율 증가책으로 '충성 프로그램' 아이디어를 개발했다. 항공사, 호텔, 슈퍼마켓, 신용카드 회사들이 그러한 계획에 과감하게 투자했다. 이제 우리가 알다시피, 이들 프로그램은 진정으로 충성스러운 고객을 만들지 못했다. 인센티브에 응해서 구매하는 고객은 인센티브를 쫓아가는 경향이 있고, 누가 제시하든지, 다음의 더 나은 조건에 끌려간다. 더구나 표면상 충성을 보이는 고객도 받아들일 만한 대체물이 생길 때까지만 머문다. 확실히 '충성스러운 고객 행동'을 이해하는 데 새로운 접근방법이 필요하다.

최근 수년 간에 걸쳐서, 새롭고 변혁적인 고객충성도 개념이 진화하고 있고, 점진적으로 이해도 깊어지고, 개념도 더 확실해졌다. 이러한 이해의 많은 부분은 그것을 측정하려는 노력에서 유래되었다. 하나의 구성개념을 측정하기 시작하면, 그것의 의미와 중요성이 좀 더 명백해지는데, 고객충성도의 경우도 그러했다.

충성 구성개념에서 특별한 관심을 일게 한 것은 진실로 충성스러운 고객이 얼마나 일관성 있게 더 수익적인 경향이 있는가인데, 그 이유는 매수 비용은 이미 상각이 되었고, 할인도 중요성이 감소했고, 충성스러운 고객은 보통 추천과 소개, 기타 간접 이익의 원천을 제공하기 때문이다. 마케팅 전문가 조지 데이George Day가 말한다. "진실한 수익성은, 가치 있는 고객을 유지하는 데서 온다. 고객유지는 깊은 충성심을 형성함으로써 가능하고, 그 충성심은 상호신뢰, 양방향적 애착, 그리고 열성적인 의사소통에 뿌리를 두고 있다."

충성은 단지 관계의 기간이 아니고, 실제 깊이에 관한 것이다. 관계를 맺게 하는 원인을 측정하는 것이 그것들을 조성할 수 있는 열쇠이다. 고객충성을 일으키는 원인이 무엇인가에 대하여는 보편적으로 일치된 의견은 없다. 그렇지만 이 장에 수록된 기타 여러 가지 변혁적 측정지표는 충성을 예측하는 데 사용될 수 있고, 그 측정지표들은 고객감동, 고객경험, 고객의견, 고객관계 등이다. 그리고 물론 고객수익성과 고객 평생가치는 특정한 고객의 충성의 잠재적 가치를 결정할 수 있다.

05 _ 고객관계

전통적으로는 대부분의 고객은 장기 '관계' 보다는 단기 '거래' 로 간주되었다. 거래는 상당히 쉽게 측정되고 관리되며, 또한 전통적인 전제는 긍정적인 거래는 긍정적인 관계로 간단히 모아질 수 있다는 입장이었다. 그러나 장기 서비스 관계의 증가와 더 많은 조직이 고객들의 지출과 그들의 '평생가치' 의 지분을 크게 차지하려는 바람과 함께, 고객관계의 전체적 개념이 바뀌고 있는 중이다.

다우와 쿡이 말하듯이, "당신의 비즈니스를 키우기에 가장 기름진 땅은 기존 고객에 존재한다." 더군다나 수익적인 고객획득 비용이 올라가면서 기존 고객의 유지와 확대 가치는 증가한다. 고객관계관리 CRM; Customer Relationship Management가 자리를 잡으면서 고객관리는 현재 유행 중이다. '거래 사고방식' 에서 '관계 사고방식' 으로의 변화는 명백하게 잠재적으로 변혁적이다. 그렇지만 변혁화를 실현하는 것은 관계를 측정하고 관리하는 데 있어서 훨씬 더 많은 진전이 필요할 것이다.

다음은 지표 샘플링으로, 고객관리의 가치와 건전성을 측정하고 관리하는 데 사용될 수 있다.

● **매출** 판매, 교차 판매, 상향 판매의 증가를 통한 매출의 지속적 흐름은 건강한 관계의 지표이다.

● **이익** 건전한 관계는 이익이 나는 관계이다. 그 이유는 고객이 받고 있는 가치를 인정하고, 상대방에게 잔돈을 두고 따지지 않기 때문이다.

● **유지율** 관계의 기간은 관계의 품질을 나타내는 지표이다.

● **충성** 고객의 충성은 오래 감, 구매의 횟수, 그리고 표현된 충성으로 측정할 수 있다.

● **의사소통** 관계 당사자 간의 양방향 소통의 횟수와 긍정적 성질은 고객관계의 핵심이다. 의사소통이 얼마나 긍정적인가?

● **애착** 관계의 좋은 지표는 부정적 경험에도 불구하고 관계에 대한 애착을 잃어버리지 않는 것이다.

● **신뢰** 신뢰보다 관계의 깊이와 품질을 더 잘 나타내는 것은 없다. 그 신뢰는 스스로 보고하거나 신뢰 표시의 행동, 즉 비밀 정보를 공유하는 것 같은 행동에 의하여 예시된다.

● **인풋** 신제품 개발, 다듬기, 그리고 시험에 대해서 자진해서 사전 예방적인 제안과 공헌을 하는 것은 커다란 가치가 있다.

● **소개** 남을 관계 파트너에게 소개하는 것은 아주 강한 관계 지

표이다.

- **공동사회** 많은 회사들이, 이베이eBay나 스타벅스Starbucks같이, 관계의 범위를 넘는 활동을 한다. 그들은 고객의 '공동사회'를 설립하고 있다.

확실히 이들은 많은 지표들로서, 관계 품질의 바로미터 역할을 할수 있다. 이들 지표의 사용 형태는 체크리스트식(각 지표가 일어나는 횟수를 체크하기), 재고조사식(행위 관련 지표의 예를 나열하기), 그리고 (또는) 각 지표의 강도를 양적으로 평가하는 기준식이 있을 수 있다.

06 _ 고객의 의견

고객측정의 진정한 목적은 고객에 관하여 가능한 한 많이 배우는 것이야 하고, 그 지식을 더 좋고 깊은 관계로 전환하는 것이다. 이를 가장 가치 있고, 잠재적으로 가치 있는 고객과 함께 하는 것이다. 이것과 극명한 대조를 이루는 것이 피상적인 정량적 고객만족 평가인데, 이는 "당신이 얼마나 많이 우리를 사랑하는지 말해요." 행사라고 묘사되곤 했다. 이런 것은 조직은 기분 좋게 느낄지 모르나, 고객이 무슨 생각을 실제로 하고 있는지에 관해서는 거의 아무 것도 가치 있는 것을 알려주지 않는다.

고객의 의견 측정은 고객이 실제로 무슨 말을 하고 있는지에 관해서, 좀 더 전체적으로, 360도 전 방위적으로 고객이해를 얻어내려는 한 방법이며, 정량적인 데이터를 보완(반드시 대체할 필요는 없고)한다. 그 데이터는 대부분의 직원이 해석하는 데 고생(고객이 부여한 등급, 2.6과 2.8의 차이를 이해하려는 것 같은)을 한다. 고객의견 측정은 변혁적이며, 그 이유는 조직을 피상적인 '만족도 점수'에서 고객에 대한 '깊은 지식'으로 이동하려는 시도를 하기 때문이다.

고객의견의 수집은 여러 가지 방법을 조합해서 할 수 있는데, 그 방법들은, 인터뷰, 조사, 전화, 포커스 집단과 패널, 관찰, 고객방문, 보증 데이터, 현장 보고서, 불평 기록, 출구 인터뷰, 지속적인 직원과 고객 간의 상호작용, 웹 사이트의 피드백 난 등이다.

현명한 회사들은 적극적으로 고객 피드백을 계속적으로 여러 가지 출처에서 수집한다. 다음은 다른 관행으로서 고객의 의견을 청취하는 데 성공적으로 사용되고 있는 것들이다.

1 _ 심층 인터뷰, 또는 '개인적 대화'가 사용되고 있어서, 고객경험, 태도, 그리고 느낌을 탐색한다. 온전한 고객의 '그림'을 풍부하게 구성하고, 정략적인 데이터의 틈을 메우려는 취지에서이다.

2 _ 고객 자문위원회가 설치되고 있고, 모든 중요 고객을 대표한다.

3 _ 민족지학民族誌學(문화인류학의 한 분야로서 인간 문화, 사회, 조직을 과학적으로 기술하는 것을 추구한다.)이 사용되고 있고, 고객이 그들의 자연적인 환경, 직장, 집, 쇼핑 중에 제품을 사용하는 것을 관찰한다.

4 _ 정신 생리학적 반응 측정은 고객의 감정과 무의식적 생각을 수집하는 데 사용되고 있고, 생체 자기 제어 장치를 사용해서 고객이 의식하지 못하고 있을 수 있는 생각을 평가한다.

관점상의 진정한 발전은 원자론(복잡한 현상을 극단적으로 단순화한 요소로 축소하기)에서 전체론(사물을 유기적으로, 통일된 전체는 구성 부분의 단순한 합침보다 큰 것으로 보기)으로 바뀐 것이다. 이런 종류의 '고객의 의견'을 받아들이는 사람들은 여러 출처에서의 인풋을 환영하고, 모든 데이터는 가치가 있을 수 있고, 여러 가지 관점이 존재하며 다양성은 좋은 것이라고 깨닫고 있다.

회사들이 자신들에게만이 아니고, 고객에게 중요한 것을 측정하면 변혁화가 일어난다. 데이터텍 인더스트리Datatec industries의 CEO인 크리스 케어리Chris Carey가 설명하기를, 그들은 고객에게 데이터텍에게 중요한 것을 묻고는 했었단다. "그러나 일단 고객이 관심을 갖는 것에 대해서 묻기 시작하자, 우리 조직의 모든 사람이 정확하게 무엇에 집중해야 되는지 배웠습니다. 우리의 측정지표는 완전히 면모를 일신했어요."

07 _ 고객수익성

만일 평범한 사람에게 일반적으로 회사가 어느 정도의 이익을 올리느냐고 묻는다면, 대부분은 약 25~30%라고 말할 것이다. 그런데 조사 결과에 의하면, "대부분의 선진 공업 회사들의 실질 이윤폭이 위태롭게 제로에 가까운 상태이다."

고객수익성이 마침내 측정되기 시작하자, 거의 모든 사람이 놀랐는데, 30~80% 사이의 모든 고객이 수익성이 없었다는 것이다. 대부분의 기업은 그들이 '좋은' 고객이라고 생각했던 일부 고객이 실은 이익이 없는 '나쁜' 고객이고, 많은 경우에 대단히 무익했다는 것을 실감하지 못한다. 간단히 말하면 이들 고객과의 사업은 실제 이득 없이 많은 돈이 비용으로 들어갔다. 더 많은 고객을 확보하는 것이 수익성을 올리는 경우는 그들이 올바른 고객일 때뿐이다.

이익은 고객에게서 비롯되지 제품으로부터가 아닌데도, 이익이 고객과 연계된 적은 거의 없었다. 회사들은 오래 전부터 개별 고객이 얼마나 매출을 제공하는지는 파악하고 있었지만, 일정한 비용을 고객에게 연결하는 것은 불가능했다. 전통적인 원가계산은 특정한 고객에게 배정하는 비용을 포착하지 못했다. 그 이유는 대부분의 비용은 전체 고객 기준으로 간단히 상각되기 때문이다. 그랬던 것이 회사들이 활동기준원가ABC: Activity-Based Costing를 배우면서 상황이 달라졌다. 고객수익성 측정은 원래 ABC의 창안으로 가능해졌고, ABC를 통해서 특정한 활동비용을 특정한 고객에게 배정하는 것이 가능해졌다(이 장의 제23절 참조).

어떤 선구자적 회사들이 고객수익성을 측정하기 시작하자, 중역들은 수많은 비용 배정 관련 활동에 소스라치게 놀라고 말았다. 그 활동은 실제적인 제품과 서비스 자체 외에 추가로 영업에 비용 배분하기 (판촉, 할인, 리베이트, 봉급, 커미션, 보너스, 주문처리, 금융, 신용조사, 배달 완수, 설치, 청구작업, 수금, 미납, 보증, 판매 후 서비스, 반품, 재작업 등) 등이다. 한 회사가 발견한 것은 주문 독촉하기를 편하게 여겼더니, 많은 잠재적 수익성 고객을 이익이 나지 않게 만들었다는 것이다. 캐나다의 허드슨 베이 컴패니Hudson's Bay Company가 발견했는데, 한 점포의 고객

50%가 이익의 325%의 원천이었다고 한다.

고객수익성 측정지표가 그렇게 변혁적이라는 것은 의사결정을 개선할 수 있는 범위 때문이다. 잘 선택된 몇 명의 고객을 내용으로 한 하나의 수익성 분석이 언제나 회사 중역들을 깜짝 놀라게 하고 회사의 경영 방식을 변화시킨다. 이것은 또한 회사로 하여금 고객분석 작업을 통하여 '최선고객'과 '가망고객'을 목표로 하고, 고객을 '이익 없음'에서 '이익 있음'으로, 그리고 '낮은 이익'에서 '높은 이익'으로 이동하게 한다.

08 _ 고객 평생가치

고객 평생가치CLV: Customer Lifetime Value는 훌륭한 변혁적 잠재력을 지닌, 비교적 새로운 측정지표로서, 고객을 잠재적 현재 및 미래 가치의 흐름으로 바라보게 한다. 대부분의 신생 및 변혁적 측정지표와 마찬가지로 대차대조표나 손익계산서 또는 '공식적인' 회사의 회계에서는 발견할 수 없는 측정지표이다. 그렇지만 이것은 대부분이 공식적으로 보고된 측정지표보다도 실제로 더 가치가 있을 수도 있다.

고객 평생가치는 기본적으로, 과거의 역사와 미래에 관한 전제들에 기반하고 있는 '고객관계의 잠재가치'의 예측이다. 예를 들어 굽타Gupta와 레만Lehmann에 의하면, 한 고객의 평생가치는 고객의 연간 마진의 1~4.5배와 같다. 일부 회사는 고객 선택과 마케팅 투자의 목표를 정하는 데 CLV를 사용하기 시작하고 있다.

좀 더 상세하게는, CLV는 고객들이나 세분된 고객에 의해 생성되는 미래 소득 흐름의 '현재가치'이다. 고객 평생가치는 실제로 고객의 평생을 통해 예상되는 총 매출과 이익, 두 가지의 면에서 정의할 수 있다. 예를 들어 가전제품 체인 점포는 자신의 단골고객마다 CLV 분석표를 개발하고 있는데, 이는 고객의 과거 구매실적, 교차 판매 기회, 가능한 교환 간격, 그리고 10개년 동안의 수리실적 등에 기반을 두고 있다.

한 가지 흔한 CLV 계산 방법은 대략의 추산으로, 고객의 예상구매(판매 후 서비스와 부품 교체 포함) × 전 판매 및 서비스 이익률 × 구매 가능성(백분율로 표기) × 예상되는 고객관계 기간(현가할인 조정된)이다. 때로는 고객가치 중 덜 유형적인 근원(관계, 옹호, 혹은 소개의 추세 등)을 요소화해서 산입할 수도 있다.

CLV는 정확한 수량은 아니지만, 계획 목적에는 훌륭한 가치가 있을 수 있다. 그런 만큼 CLV의 주목적은 미래 이익의 정확한 추산을 결정하기보다는, 오히려 고객들과 세분된 고객의 우선순위를 조정하고 기회를 최대화하는 방도를 결정하는 것이다. 물론 CLV 같은 측정 지표의 위험성은 의문의 여지가 있는 전제조건(관계 기간 같은)에 기반한 터무니없는 추측일 수도 있다는 점이다.

09 _ 서비스 품질

세계 경제에서 서비스 부문이 차지하는 규모와 중요성이 커지면서,

서비스 품질을 측정하고 관리하는 과제가 점점 더 중요해지고 있다. 그러나 이것은 서비스 품질이 제품 품질과는 매우 다르기 때문에, 사소한 문제가 아님이 증명되고 있다.

제품 품질은 대부분의 품질 연구와 측정의 중심이었다. 오랫동안 서비스를 위한 표준 측정도구 개발에는 거의 관심이 없었다. 호텔, 레스토랑, 항공사 등 대부분의 서비스 기관들은 자체의 주문형 고객서비스 평가체제를 사용해 왔고, 이는 다른 기관과의 벤치마크를 실질적으로 불가능하게 했다.

자이섬Zeithaml과 패라수러먼Parasuraman, 그리고 베리Berry는 서비스 품질 측정에 대한 혁신적이고 변혁적인 접근방법을 개발했다. 우선 그들은 서브퀄SERVQUAL이라 부르는 모델을 개발했다. 그리고 그 모델에 바탕을 둔 측정도구를 개발했는데, 각 범위마다 여러 개의 항목으로 이루어져 있었다. 서비스 품질에 대한 그들의 정의는 '결함'(제조업계에서와 같은)에 관한 것이 아닌데, 그 이유는 서비스에 있어서의 '결함'은 매우 주관적이기 때문이다. 서비스의 품질은, 절대적인 품질보다는, 서비스를 받는 사람에게 달린 것이다. 그래서 서브퀄의 중심은 '객관적인' 품질보다는, '인식된' 품질에 맞춰져 있다. 근본적으로 고객의 '기대사항' 수준과 고객의 '인식 결과' 수준의 간격을 측정하는 것이다.

애초에 서브퀄에 의하여 측정되던 열 개의 서비스 품질 요소(신뢰성과 대응성, 능력, 접근, 공손, 의사소통, 신빙성, 안전성, 고객 알기, 그리고 유형성)는 결국은 다음과 같이 다섯 개로 줄어들었는데, 머릿글자를 따서 RATER로 부르기도 한다.

1 _ **신뢰성**Reliability: 서비스 품질의 일관성, 서비스 결함의 부재

2 _ **보증성**Assurance: 서비스 품질 유지와 서비스 품질 문제를 처리하는 규정

3 _ **유형성**Tangiles: 물리적 환경

4 _ **동조성**Empathy: 고객에 대한 감수성

5 _ **대응성**Responsiveness: 고객 요구에 대한 반응의 신속성과 효과성

서브퀄을 비방하는 사람이 없는 것은 아니지만, 진보적인 서비스 조직에서 널리 쓰이고 있다. 많은 서비스 환경에서의 최근 연구결과에 의하면, 서브퀄 도구가 고객인식의 관점을 정확하게 나타내고 있음을 시사하고 있다.

확실히 서비스 품질을 측정하기 위해 다른 도구들이 개발될 것이고, 더 나은 것도 있을 것이다. 그렇지만 현재로는 서브퀄이 표준이고, 이미 서비스 품질 향상에 엄청난 공헌을 하고 있다.

10 _ 브랜드 가치

브랜드는 오랫동안 대차대조표를 벗어나서 자산으로 간주되고 있다. 브랜드 가치Brand Equity의 위력은 도요타 코롤라가 시보레 프리즘(본래 같은 공장에서 만든 같은 차)과 비교해서 차지하고 있는 커다란 가격 프리미엄과 더 큰 수요에서 볼 수 있고, '인텔 인사이드' 프로그램(인텔과 경쟁 프로세서 간에 큰 차이가 없는데도)의 성공에서도 볼 수 있다. 많은 회

사가 인수되는 경우, 그 인수 가격의 상당한 금액은 '영업권'(큰 부분이 브랜드의 추산 가치임)이다. 예를 들어 필립 모리스Philip Morris가 크래프트Kraft를 129억 달러에 인수했을 때, 116억 달러가 영업권 대가였다. 앨름퀴스트Almquist와 윈터Winter에 의하면, "회사 브랜드는 최후의 큰 기업 자산으로 레버리지 여지가 많이 남아 있다."

전통적인 브랜드 관점은 주로 광고를 통해 조성된 '이미지'에 관한 것이며, 브랜드 이미지를 조성하고 선전하는 데 수백억 달러가 들어갔다. 광고를 중심으로 하는 전통적인 접근방법의 브랜드 관리는 진정한 브랜드 관리에 접근하기보다는 로고와 슬로건, 광고 카피에 관계된 것이다. 사실상 이런 것을 '마케팅 자기 도취증'("우리가 얼마나 좋은지 말해줄게")이라고 부르는 사람도 있다. 그러나 브랜드화의 새로운 패러다임이 출현하면서 고객에게 메시지를 전하는 것 이상의 많은 것들을 포함한다.

이런 새로운 패러다임은 조직의 브랜드를 둘러싸고 조직을 가로지르는 고도의 정렬을 필요로 한다. 이 새로운 패러다임 하에서 브랜드를 관리하려면, 브랜드 가치는 최상의 변혁적 측정지표가 되고 있고, 곧 대부분의 제품과 서비스의 유일한 구분 기준이 될지도 모른다. 브랜드 가치는 실제로 소비재로서의 제품이나 서비스를 고급 제품이나 서비스와 분리하는 것이다. 심지어 비영리기관이나 정부기관도 브랜드 가치를 지닐 수 있다.

브랜드 가치 구성 개념의 논리는 근본적으로 인식(또는 믿음)이 태도로 이어지고, 태도는 브랜드와의 '감정적 결부 상태'와 그 브랜드 구매에 대한 행위적 의도를 반영한다는 것이다.

어떻게 분석하더라도 브랜드 가치는 본래 브랜드의 이미지와 브랜드의 성능 그리고 브랜드의 부가가치의 기능이다. 다음은 흔히 측정되는 일부 요소들이다.

1 _ **독특성** 브랜드가 지닌 경쟁 브랜드와의 차별성
2 _ **품질** 브랜드의 평판과 실제 성능의 정도
3 _ **가치** 브랜드 선호도의 힘
4 _ **이미지** 브랜드가 의도하는 이미지의 전달 범위
5 _ **충성도** 브랜드에 대한 애착 정도

다른 요소, 즉 '애호'가 제안되었고, 이른바 애호 표시love-marks가, 고객이 열렬한 애정을 보여주는 (사우스웨스트 항공과 스타벅스에 대한 것처럼) 브랜드를 차별화하기 위해 제안되었다.

대부분의 이들 요소는, 애호까지도 꽤 쉽게 정량화가 가능하다. 물론 핵심의 하나는 태도의 세기를 결정하는 것이다. 그렇게 하는 한 가지 방법은 '컨조인트 분석conjoint analysis'이라는 기법을 통하는 것으로, 선택 상황(다양한 절충을 포함하여)을 제시하고, 응답자는 표준 질문에 단순히 반응하기보다는 제법 현실적인 선택을 할 필요가 있다.

11 _ 지적 자본

지적 자본IC; Intellectual Capital은, 한 조직의 가치창출에 기여하는 모든

무형 자원으로서 대차대조표에 포함되지 않은 것이라고 정의할 수 있다. 여기에는 지식(암묵적 및 서류 형태로 집대성된 것 모두), 지적 재산(특허), 사람의 능력과 기술, 실무적 방법론, 프로세스, 그리고 시스템 같은 가치의 원천이 포함된다. 그것은 또한 사람을 뒷받침하는 문화, 시장에서의 이미지, 고객과의 관계, 제휴 파트너, 그리고 공급자를 포함할 수 있다.

전통적인 접근방법은 그러한 가치원천을 무시하거나, 특허같이 가치부여가 쉬운 것만 가치를 인정한다. 일부 회사들은 그들이 시장가치(주식가격에 기초한)와 장부가치의 차이를 계산함으로써 그들의 무형가치를 전달하려고 시도했고, 그 차이를 IC로 간주했다. 거의 모두, IC '자산'으로 계산되는 것은 전통적으로 간접경비로 계산되고 상각되었으며, 경상이익에 대해 계산되어 올려졌다.

현대 조직의 가치에서 커다란 부분을 받쳐주는 IC를 측정하는, 신뢰할 수 있는 방법을 발견하는 것은 대단히 중요한 일이다. 하나의 방법은 여러분의 조직에 존재하는 지적 자산의 재고조사를 실시하는 것으로, 많은 조직에서 과거에 실행한 적이 없는 것이다. 일단 IC가 재고가 파악되면, IC의 주 분야마다 주관적인 등급 평가가, 정통한 내·외부 '전문가'에 의해 주어져야 한다. 물론 일관성 있는 등급 판정을 위해서, 전문가의 자질에 대한 결정과 지침의 개발이 선행되어야 한다. 그리고 나면 어려운 일이기는 하지만, IC 재고의 각 중요 구성 성분에 대해 가치를 부여할 수 있다. 개별적 성분의 가치 평가는 가치나 비용을 기준으로 할 수 있으며, 회사의 전반적인 무형자산의 가치를 IC 자산들 사이에 배분할 수도 있다. 확실히 이런 측정 활동은 원시적이고 시간이 많이 걸린다.

또 다른 방법은 이 재고조사와 등급 평가 프로세스를 좀 더 체계적으로 실천하는 하나의 방법론이다. IC 감정IC Rating 방법론은 표준화된 IC 언어와 프레임워크를 사용해서 평가의 일관성을 증가하게 한다. IC 감정은 그 분야 전문가가 개발한 것으로, 200개 이상의 회사에서 270여 개가 넘는 감정의 현장 작업을 통해서 그 효과가 증명되고 있다. 그 감정은 내·외부의 모든 핵심 이해당사자와의 인터뷰에 바탕을 두고 있다. 감정 작업은 현행 능률과 진행 중인 갱신 노력 그리고 각 IC 성분의 리스크에 대해서 수행된다.

12 _ 무형자산의 전략적 준비 태세

오늘날 조직이 당면하고 있는 더 커다란 문제는 허다한 무형자산의 효과적인 관리이다. 불행하게도 이들 대부분의 자산은 현재 전술적으로 관리되거나 아예 관리조차 되지 않고 있다. 무형자산은 조심스럽게 관리되어서 무형자산의 실현가치가 자본적 비용을 넘지 않도록 해야 하며, 그렇지 못할 경우에는 그들은 가치를 파괴하게 된다. 무형자산(직원과 파트너십 그리고 혁신 같은)을 자산으로 취급하는 데는 그들을 활동이나 비용으로 취급하는 것과는 완전히 다른 접근방법이 필수적이다. 무형자산의 또 다른 문제는 각자가 다르고, 따라서 그들은 모두가 다르게 관리되고, 다르게 측정되어야만 한다는 점이다.

균형성과기록표로 유명한 카플란과 노튼은 최근에 리더십을, 그들이 '무형자산의 전략적 준비 태세'라고 부르는 분야에서 포함하기 시작했고, 또한 이 준비 태세를 측정하는 방법을 다루기 시작했다. 무형자산은, 그것들이 하나의 전략적인 목적('신제품의 증가'와 같은)을 지원하는 데 사용될 수 있을 때, "전략적으로 준비가 되었다."고 말할 수 있고, 전략적 목적은 이어서 전략적 성공(매출, 이익, 시장점유율)의 측정 지표와 연계되어 있다.

무형자산을 그저 보유하는 것만으로는 충분하지 않다. 신경제에서는 조직의 경쟁적 우위는, 전략을 지원하는 데에 그들의 무형자산이 동원되기 위해 얼마나 '준비'가 잘 되어 있는가에 대한 의존성이 점점 더 커지고 있다. 준비되지 않은 무형자산은 사용되지 않은 재고품과 같다. 만일 그것들이 전략적 목적을 지원하는 데 효과적으로 사용될 수 없으면, 그것들의 가치는 감소되며, 제로까지 되는 때도 있다. 예를 들어 올바른 전략적 역량이나 기술을 지닌 직원(직원의 기술 세트가 조직 전략 목적 중 한 가지 이상과 확실하게 정렬 상태일 때)은 전략적 가치 창출에 공헌할 '준비 태세'에 있다고 말해진다. 반면에 직원이 동기도 높고, 열심히 일할지는 모르지만, 올바른 전략 관련 기술이 없는 경우에는 그들의 '전략적 준비 태세'는 제로에 가깝다.

카플란과 노튼이 지적하기를 "조직에는 흔히 일의 범주(직무군)가 다른 것보다 더 전략적인 것이 있다."고 했다. 그들은 그러한 일에는 다른 잡다하고 좀 더 전술적인 일보다 훨씬 더 주의를 기울여야 한다고 권고했다. '인적 자본 준비 태세'를 측정하기 위하여, 카플란과 노튼은 확신하고 있기를, 조직은 우선 반드시 필요한 내부 프로세스(핵심 전략 목표를 지원하는)를 확인해 내야 하며, 다음에는 각각의 그 필요한 내부 프로세스를 수행하는 데 없어서는 안 될 능력 세트를 확인해 내야 한다. '전략적 직무군'은 전략적 목적과 정렬되어 있는 조직의 불가결한 내부 프로세스를 강화하는 데 가장 영향력이 큰 능력을 지니고 있는 일의 범주이다.

다음은 그렇게 할 수 있는 방법이다. 가장 중요한 무형자산을 주된 전략적 우선순위와 연계시킨다. 이 연계에 기준해서, 각각의 무형자산을, 조직 전략 중의 하나 또는 그 이상의 요소와 '얼마나 잘 정렬이 되는가'의 면에서 등급분류(0%에서 100%까지)를 한다. 예를 들어 여러분 조직의 무형자산의 하나가 '고객지식'이라면, '신제품 개발에 대한 고객의 수용 증가' 같은 타당한 전략 목적과의 정렬 상태를 결정하는 것이다. 만일 '문화'가 핵심 무형자산의 하나라면, 여러분의 문화가 바로 지금 여러분의 '고객서비스' 목적을 지원하는 데 얼마나 '고객중심'인가에 등급을 매기는 것이다. 그리고는 계속해서 각각의 핵심 무형자산을 평가하는 것이다. 각각의 무형자산에 대한 그 '전략적 점수와의 정렬'이 자산의 '전략적 준비 태세'를 구성한다.

13 _ 혁신 풍토

오늘날의 조직은 진실로 좋은 혁신의 측정지표를 찾으려고 분투하고 있다. 더빌러, 엡스타인 그리고 셸턴이 최근의 중역 조사 결과에서 이렇게 말했다. "절반 이상이 자신들의 성과측정 시스템을 혁신과 관련하여, 형편없거나 충분치 못하다고 평가했다." 일반적으로 조직은 자신들이 셀 수 있는 측정지표를 생각 없이 사용하는데, 그 측정지표는 혁신 프로젝트의 수, 비용 측정지표, 그리고 특허의 수 같은 측정지표이다. 이 특허의 수는 아트 클라이너Art Kleiner가 '바보 같은 측정지표'라고 부른 것이다.

혁신의 풍토보다 혁신에게 더 중요한 것은 없다. 혁신 풍토는 하나의 중요한 신생 분야로서, 어떤 조직에서건 혁신에 무슨 일이 일어날 것인지를 주로 결정한다. 이것은 혁신 결과의 하나의 핵심 선행 지수이다. 혁신 풍토 설문ICQ; Innovation Climate Questionnaire은 혁신에 대한 조직의 풍토를 평가하는 설문이다. 스웨덴의 고란 에크발Goran Ekvall의 선구자적 업적에서, 이노베이션 센터 유럽Innovation Centre Europe이 채택해서, 그 ICQ는 영국와 기타 유럽 국가의 조직에서 1,500명 이상의 응답자에 의해 완성되었다. 이 도구에는 열세 개의 기준이 포함되는데, 간략한 설명과 함께 소개한다.

1 _ 헌신　조직 목표와 운영에 헌신적이다. 일은 자극적이고 기분 좋게 인식된다.

2 _ 자유　스스로 결정하고, 정보를 찾고, 솔선수범을 표시할 수 있는 기회. 엄한 감독에서의 자유.

3 _ 아이디어 지원　아이디어를 내고, 개선을 제안하도록 격려되고 있다.

4 _ 긍정적 관계　사람들이 서로 신뢰하고 잘 지낸다. 개인적 갈등이 없다.

5 _ 역동성　역동적이고 활동적인 분위기.

6 _ 쾌활한 분위기 사람들은 웃고, 서로 농담을 한다.

7 _ 아이디어 확산 사람들은 창의적인 아이디어와 다양한 관점을 지니고 있는 걸로 인식된다.

8 _ 스트레스 사람들은 보통 직장에서 과중한 부담감과 압박감을 느끼고 있다.

9 _ 리스크 감당 리스크를 무릅쓰고 새로운 아이디어를 구현할 준비가 되어 있다.

10 _ 아이디어 시간 새로운 아이디어를 고려하고 생성할 시간이 있다.

11 _ 관점의 공유 신참과 고참 직원 사이에 충분하고 열린 의사소통이 존재한다.

12 _ 봉급 인정 사람들은 자신의 보수에 만족하고 있다.

13 _ 업적 인정 사람들은 자신의 성취에 대해 칭찬을 받고 있다.

스트레스를 제외하고, 각 기준에 대한 높은 점수는 좀 더 유리한 조직 결과(이직 의사의 감소와 일에 대한 만족도 증가, 그리고 조직에 대해 좀 더 깊어지는 헌신)와 관계가 있다. 리스크 감당과 역동성 그리고 자유는 극단적 혁신 대 점진적 혁신을 지원하는 풍토의 차이를 설명하는 듯하다. 리스크 감당은 가장 크게 혁신적인 조직과 가장 작게 혁신적인 조직 사이의 가장 큰 차이의 원인인 듯이 보인다.

도피니스Dauphinais와 민즈Means, 그리고 프라이스Price는 말한다. "우리의 경험에 의하면, 조직이 혁신적일 것인가의 여부를 가장 잘 예측하는 측정지표는 조직 구성원 간의 신뢰 수준이다." 이것은 그

ICQ에서 너무나 소홀하게 주의를 기울인 요소일지도 모른다는 데에 저자도 동의하며, 제15절 조직 신뢰에서 신뢰 측정을 강화하기 위한 추천사항을 생각해 보기 바란다.

14 _ 평판

평판은 전통적으로 '일반 인식' 범주에 처넣어져서, 홍보활동PR이나 광고의 영역으로 남아 있고, 타이레놀 같은 위기(1982년도의 독극물 주입 사건 위기를 잘 극복한 존슨 앤 존슨의 위기관리 성공 사례로 유명-옮긴이)가 아니라면 별로 회사의 주목도 받지 못했다. 그렇지만 조직들은 좋은 평판의 중요성과 나쁜 평판의 폐해를 점점 더 크게 인식하고 있다. 페이트Pate와 플랫Platt에 의하면, "한 기업의 평판은 무슨 일이 있어도 보존해야 하는 자원이다." 평판에 대한 무기력한 태도는 그것의 측정이 어려운 데서 기인하는 바가 크다. 설사 그것이 기업의 이익에 당장 어떤 영향을 주는 것은 아니지만, 수많은 실증적 사례가 결국은 영향을 받고 있음을 보여주고 있다. 평판을 '평판 자본'으로 보는 것이 유용하고, 그 이유는 이것이 좋거나 또는 나쁜 평판의 재무적 의미를 담고 있기 때문이다.

평판의 정의는 어떻게 모든 이해당사자가 그 조직을 보고 있느냐이다. 그래서 측정은 투자자, 직원, 업자, 비즈니스 파트너, 정부 감독 기관, 일반 공공 사회, 그리고 그 조직의 평판이 중요할 수 있는 기타 그룹의 인식사항을 측정함으로써 시작한다.

저자가 발견한 평판의 가장 변혁적 측정지표는 평판지수RQ: Reputation Quotient이다. 그것은 해리스 인터랙티브Harris Interactive가 레퓨테이션 연구소Reputation Institute와 제휴하여 평가도구로 개발한 것으로서, 회사의 평판에 대해 범 산업적, 다양한 대상에게서 그 인식을 포착하며, 또한 미국 외의 국가들에도 적용할 수 있다. RQ 평가에 의한 50대 상위 회사의 명부가 또한 발표되었다. 그런데 다른 많은 측정지표처럼, 평판도 시간상 특정 순간의 스냅 사진식보다는 시간의 흐름에 따른 변화에 의해서 가장 잘 반영되고 있다.

RQ 측정지표는 이해당사자의 인식을 스무 개의 특질에 걸쳐서 측정하는데, 여섯 개의 차원으로 그룹화되었다.

1 _ 비전과 리더십 비전의 투명성, 리더십의 질
2 _ 재무적 성과 수익성의 기록, 성장 가능성, 리스크, 경쟁 성과
3 _ 일터 환경 일터의 품질, 직원의 질, 공정성
4 _ 제품과 서비스 품질, 혁신, 가치, 약속의 실현
5 _ 감정적 호소 느낌, 감탄과 존경, 신뢰
6 _ 사회적 책임 박애, 환경 및 공동체 책임

특질은 7점 기준으로 평가되고, 7(회사를 잘 묘사하고 있다)에서 1(회사를 잘 묘사하고 있지 못하다)까지 이다. 해리스 인터랙티브는 높은 평판이 있는 회사의 추천을 요청하고는, 추천된 회사의 이해당사자들의 인터뷰를 실시한다.

같은 요소들을 사용해서 어떤 회사라도 자기 자신의 평판 평가를

실시할 수 있다. 그러한 '셀프 서비스' 방식은 여러분의 조직에게 핵심 이해당사자 그룹에 대한 깊은 통찰력을 제공할 수 있고, 이어서 조직의 평판을 보호하고 강화할 수 있게 한다.

15 _ 조직 신뢰

이 책에서는 신뢰의 정의를 다른 몇 가지의 정의를 종합함으로써 다음과 같이 규정지었다. "개인이나 집단이 지니고 있는 기대로서, 약속이 지켜질 것이고 취약함이 악용되지 않을 것이라는 것"이다. 그래서 신뢰는 의존 가능성과 선량한 의도에 대한 하나의 '기대'이다.

신뢰는 보통 개인적 관계의 한 특징으로서 간주되고 있다. 그렇지만 신뢰는 기관, 역할, 정보 등에도 존재한다. 세계적으로 위험이 증가하고 있으며, 또 신뢰를 어긴 데 대해 미디어가 묘사한 사례의 증가 등으로 사람들은 남을 신뢰하는 데 점점 더 주저하게 되고, 조직관계에 대해서는 훨씬 더 회의적으로 변하고 있다. 그 외에, 글로벌화의 증가로 인해, 동일 장소 배치의 감소, 재택근무의 증가, 그리고 얼굴을 마주 대하는 회의의 감소 등으로 인한 개인적 상호작용의 감소는 더욱더 신뢰 형성의 기회를 감소시키고 있다. 이런 현상들 때문에 신뢰는 날이 갈수록 점점 더 희귀해지는 품목으로 변해가고 있다.

조직에서는 신뢰는 보통 대부분의 관리자와 심지어는 인적 자원 부서에서도 자신의 영역 밖의 것으로 생각하고 있다. 여론조사가 자주 정치적 및 기관에 대한 신뢰에 대해 질문을 하지만, '조직 신뢰'

또는 '조직 신뢰성'에 대한 측정은 일부 조직 풍토와 문화 조사나 이따금 행하는 직원 자세 조사에 포함되는 정도 외에는 거의 존재하지 않는다. 아주 최근까지, 신뢰를 조직적 구성개념으로 측정하려는 노력은 거의 없었다.

다행하게도 신뢰가 고객, 직원, 업자, 파트너, 그리고 다른 확장 기업 구성원과의 관계에서 꼭 필요하다고 깨닫게 되면서, 신뢰 측정 구멍도 메워지기 시작했다. 신뢰의 가장 중요한 적용의 하나는 공급망 성과와 관련이 있다. 톰 브루넬Tom Brunell이 갈파한다. "오늘날 신뢰는 공급망 내에서 가장 중요한 도구의 하나이고, 이것은 다른 테크놀로지 도구들처럼 단순히 전원을 넣거나, 적용할 수 있는 것이 아니다.… 테크놀로지 도구들은 제자리에 있으니, 이제 신뢰가 따라잡아야 하는 것이다." 더 나아가서 신뢰는 매우 상황에 따라 좌우되는 성향이 있고, 또 너무나 부서지기 쉬워서 단 하나의 행위에 의해 그것이 '신뢰의 배반'으로 인식되는 순간에 거의 즉각적으로 파괴될 수가 있다.

저자는 광범위한 연구에 바탕을 두고 조직 신뢰를 측정하기 위해서, 밑에 있는 질문서를 개발했다. 용어는 여러분의 조직에서 사용되는 용어에 맞게 조정할 수 있다. 그리고 모든 신생 측정지표와 마찬가지로 항목들을 테스트하고 파일럿 사용을 통하여 미세조정한 뒤에, 더 넓게 구현하기를 권고한다.

다음과 같은 표준 5점 기준의 사용을 제의한다. 5=강하게 동의함, 4=동의함, 3=동의도 부인도 아님, 2= 부인함, 1=강하게 부인함. 해석 요령은 질문 끄트머리에 있다.

조직 신뢰 설문

1. 나는 이 조직/그룹/팀에서 전해진 기대사항을 신뢰한다.
2. 나는 이 조직/그룹/팀의 사람들이 정직하다고 느낀다.
3. 이 조직/그룹/팀의 구성원 상호간에 서로 존중하고 있다.
4. 이 조직/그룹/팀의 사람들은 남을 심판하지 않고 남의 이야기를 잘 듣는다.
5. 나는 이 조직/그룹/팀의 구성원인 것이 기분 좋다.
6. 나는 이 조직/그룹/팀의 사람들이 유능하다고 느낀다.
7. 나는 이 조직/그룹/팀이 하겠다고 말한 것을 달성할 능력이 있다는 자신감이 있다.
8. 이 조직/그룹/팀에서는 서로 도와서 배운다.
9. 이 조직/그룹/팀에서는 배움을 높이 쳐준다.
10. 나는 이 조직/그룹/팀에서 100% 정직해질 수 있다고 느낀다.
11. 이 조직/그룹/팀에서는 정직하면 보상을 받는다.
12. 이 조직/그룹/팀에서는 기대사항과 한계가 명백하게 확립되어 있다.
13. 이 조직/그룹/팀에서는 권한 위임이 장려된다.
14. 이 조직/그룹/팀에서는 사람들이 약속을 지킨다.
15. 이 조직/그룹/팀에서는 강력한 책임감이 있다.
16. 이 조직/그룹/팀에서는 언행의 일치가 있다.
17. 이 조직/그룹/팀에서는 열린 의사소통이 있다.
18. 이 조직/그룹/팀에서는 사람들이 진실을 말한다.
19. 이 조직/그룹/팀에서는 사람들이 실수를 쾌히 인정한다.
20. 이 조직/그룹/팀에서는 사람들이 건설적인 피드백을 거부감 없이 받아들인다.
21. 이 조직/그룹/팀에서는 사람들이 비밀을 유지한다.
22. 나는 이 조직/그룹/팀에서는 사람들이 말한 것을 실행하는 데 의지할 수 있다.

23. 이 조직/그룹/팀에서는 사람들이 공정하고 정당하게 대우받는다.

24. 이 조직/그룹/팀에서는 사람들의 의견과 감정을 진지하게 취급한다.

25. 나는 이 조직/그룹/팀에서는 나의 신뢰가 보답을 받을 것이라고 느낀다.

| 해석 요령 | 최고 점수는 125점이다. 높은 점수 범위는 100~125점이다. 중간 점수 범위는 70~110점이다. 낮은 점수는 70점 미만이다. 위험 점수대는 50점 미만이다.

16 _ 파트너 관계

오늘날 조직에서, 파트너십과 제휴, 그리고 다른 관계는 성공에 매우 중요하고, 그런 관계를 효과적으로 관리하는 능력은 전략적인 필수사항이 되고 있다. 이제는 더 이상 이러한 우선사항을 우연이나 파트너의 선의에 맡기는 것은 용납되지 않는다. 이제 경쟁력의 핵심은 어떤 한 회사의 우위에 관한 것이 아니고, 회사끼리의 네트워크, 즉 모든 종류의 파트너십과 제휴로 구성된 네트워크의 경쟁우위이다. 레너드 그린할이 이렇게 말했다. "오늘날 관계는 조직구조의 가장 불가결한 구성 요소이다." 이것 역시 또 다른 분야로서, 전통적인 성과측정이 목표 근처에도 못 미치는 분야이고, 높은 성과를 올리는 '확장 기업'을 통하여 탁월한 실적을 달성하기를 바라는 기업에게는 특히 골칫거리이다.

  성공적인 파트너십과 제휴는 주의 깊은 관리를 필요로 하고, 이는 사려 깊고 협동적인 측정이 필수적이다. 《파트너 바로 찾기Getting

Partnering Right》에서 래컴Rackham, 프리드먼Friedman과 러프Ruff는 이렇게 말한다. "우리가 연구한 거의 모든 성공적인 파트너십은 상당한 노력과 시간을 들여서 그들의 진전을 추적할 측정 시스템을 확립했다."

파트너십과 제휴 관계용으로 가장 융통성 있는 측정 방법론은 밴티지 파트너Vantage Partners가 사용하는 것이다. 《파트너 관계 가치의 측정Measuring the Value of Partnering》에서 러레인 세질Larraine Segil은 밴티지 파트너의 접근방법을 소개하고 있고, 여기에는 포괄적인 '지표' 세트가 포함되어 있으며, 이 지표들을 제휴 생애주기를 통하여 벤치마크로 사용하여서 그 제휴가 순조로운 출발을 하고, 제대로 굴러가는지 확인하고 있다.

크게 두 가지 유형의 지표가 있는데, 개시할 때 사용되는 것('개발지표들')과 구현 작업 동안 사용되는 것('구현 지표들')이 있다. 일부 지표는 정량적이지만, 대부분은 파트너가 얼마나 잘 정렬이 되었는가를 결정하는 것같이, 좀 더 질적이다. 마치 결혼을 숙고하는 것처럼, 만일 가치와 기대사항에서 커다란 차이가 있고 절충이 안 되면, 그 제휴는 출발부터 삐걱거리고 '이혼'으로 결말이 나기 쉽다. 핵심 제휴 '지표'에서의 정렬 부재가 제휴 실패의 주원인이다.

예를 들어 파트너십을 체결하기 전에 숙고해야 할 사항들은 다음과 같다. 제휴에 대한 파트너의 임무와 비전은 얼마나 일관성이 있는가, 그 파트너십이 상호간에 얼마나 유익하다고 인식이 되고 있는가, 다음 항목들에 대한 그들의 기대는 어떤지, 즉 '출시 시간', 그들의 '의사결정 시간(의사결정 주기 시간)', 그들의 '경쟁 입장', 그리고 그들의 '프로젝트 개성(경영 스타일)'이다. 대부분의 가장 중요한 고려사항은 보통 그 순간의 감정에 의하여 가려진다. 마치 결혼 전의 상담처럼, 파트너에게 '지표들'을 숙고하도록 억지로 부탁하는 것은 '허니문 이후'의 골칫거리를 피할 가능성이 높다. 많은 문제는 좀 더 인식을 넓게 가짐으로써 회피하거나 해결할 수 있다. 그러한 요소들의 중요성을 인식에 부각시키는, 단순한 측정 행동이 자주 가장 중요한 부분일 수 있다.

17 _ 협동

협동은 가장 강력한 힘으로서 팀 내에서 기능부서를 가로지르고, 모든 종류의 조직과 '확장 기업'에서 일하는 관계를 변혁시키고 있다. 국제적인 연구회사, 애버딘 그룹Aberdeen Group은 강조했다. "협동과 성공 사이에는 아주 강력한 상관관계가 있다. 특히 공식화되었을 경우에."

협동이 공사를 막론한 조직의 성공에 너무나 중요하므로, 저자는 적어도 출발점으로 좋은 측정도구를 찾아보았는데, 옴니 인스티튜트 OMNI Institute가 펴낸 《'합동 작업 : 협동의 프로필' 평가도구 Working Together: A Profile of Collaboration' Assessment Tool》가 있다. 이 도구는 광범위한 연구에 바탕을 두고 있고, 수년간에 걸쳐서 다양한 환경에서 성공적으로 사용되고 있다. 여기에는 마흔 개의 설문이 포함되어 있고, 협동의 다섯 가지 범주, 상황, 구조, 구성원, 프로세스, 그리고 결과를 측정하고 있다.

또 다른 관련 구성개념은 협동 풍토Climate for Collaboration이다. 효과적인 협동을 위해서는 잘 통하는 풍토가 제일차적인 조건이다. 협동 풍토는 《와일더 협동 요소 인벤토리Wilder Collaboration Factors Inventory》의 항목들을 응용함으로써 측정할 수 있고, 그 항목들은 다음과 같다.

1 _ 성공적인 협동의 사례가 있다.

2 _ 공통 목표를 달성하는 데 비전과 관심을 공유하고 있다.

3 _ 충분한 자원이 있다.

4 _ 능숙한 리더십이 있다.

5 _ 다양성이 인정된다.

6 _ 협동에 대한 명백한 기대사항이 존재한다.

7 _ 역할, 책임, 그리고 정책이 명백하다.

8 _ 갈등을 처리할 방법이 존재한다.

9 _ 우호적인 정치적 및 사회적 풍토가 있다.

10 _ 상호 존중, 이해, 신뢰가 있다.

11 _ 협동이 모든 사람에게 최선이라고 생각되고 있다.

12 _ 구성원은 프로세스와 결과 모두에 직접적인 이해가 걸려 있다.

13 _ 구성원은 협동의 이점이 리스크보다 더 크다고 생각한다.

14 _ 안전한 환경이 있다.

15 _ 유연하고 적응하려는 태세가 되어 있다.

16 _ 의사소통이 개방적이고 자주 있다.

17 _ 아이디어와 정보의 공유가 장려되고 있다.

18 _ 협동에 따르는 인센티브가 있다.

19 _ 협동에 따르는 역 인센티브(벌)가 없다.

20 _ 팀 구축하는 데 충분한 시간과 적절한 프로세스가 있다.

응답자에게 "다음의 각각의 협동 수단이 갖춰져 있다고, 당신은 어느 정도 자신이 있습니까?"라고 물어볼 수 있고, 평가기준을, '아주 자신 있다', '다소 자신 있다', '자신 없다'와 같이 사용할 수 있다. 이걸로 여러분은 어떤 수단을 강화해야 좀 더 협동적인 환경을 조성할 수 있는가에 대한 좋은 아이디어를 확실하게 잡을 수 있을 것이다.

18 _ 생산성

생산성은 궁극적인 측정지표로서 국가와 조직이 진전을 측정하는 데 쓰는 것이다. 사실은 전 국가들이 자주 시간의 흐름에 따른 생산성 증가에 경제적·사회적 정책의 기준을 두고 있다. 그렇지만 성과의 단기적 측정지표로는 실질적으로 쓸모가 없다.

생산성 측정에 대한 전통적인 접근방법은 개인이나 조직 단위의 생산을 살펴보거나, 아니면 전체 조직의 총 생산을 살펴보는 것이었다. 개인적 또는 기능부서적 접근은 '바쁜 상태busy-ness'("내가 얼마나 열심히 오래 일하는지 좀 보지?")와 부분 최적화(기능 A는 어느 정도의 아웃풋을 기능 B의 처리 공정에 산출해 줄 수 있는가?)를 조장하는 경향이 있고, 그 반면에 조직적 접근은 많은 아웃풋의 생산을 기할 수 있고(재고로 들어갈지라도), 단기적으로는 비용 절감이 좋게 보이지만, 장기적으로 보면 조직을 난처하게 만들 수 있다.

대부분의 조직은 그들의 총 아웃풋을 그들의 총 인풋으로 나눠서 측정한다. 아웃풋은 치료된 환자들에서, 여러 톤의 생산된 강철, 항공사의 비행 거리, 생성된 매출까지 무엇이라도 될 수 있다. 가장 친숙한 조직 생산성 측정지표는 '노동생산성'으로서, 단순하게 총 아웃풋을 근로자의 수, 근로 시간 수 또는 총 근로자의 임금으로 나눈 것이다. 많은 경우에, 노동생산성을 높이려는 전형적인 행동은 실제로 그들의 생산성을 증가시키는 것이 아니고, 단지 그들의 활동량만 증가시킨다. 생산성은 또한 셈하기 쉬운 것에만 집중하는 경향이 있고, 고객, 품질, 서비스, 혁신, 또는 다른 주요한 요소들은 좀처럼 고려되지 않는다. 그런데 전통적인 생산성 측정의 가장 큰 문제는 생산성을 제약하는 것이 무엇인지, 또 그것에 대해 무엇을 할 수 있는가에 대하여 알아보려는 노력이 아무 것도 없다는 점이다.

엘리 골드렛이 생산성의 측정지표로 훨씬 더 낫고 잠재적으로 변혁적인 개념을 제안했는데, 스루풋Throughput(처리량)이다. 스루풋은 기본적으로 영업으로부터 받아들인 매출, 또는 그 대신에 시스템이 영업을 통해 생성한 금액의 비율이다(공공기관이나 비영리 단체에게는, 이것은 의뢰인에게서나 또는 기증자에게서 받은 다른 가치와 관계된 것일 수 있다). 적어도 사기업 영역의 관점상으로는, 스루풋은 현금이 수금되어야 비로소 인정이 된다(이것으로 팔리지 않은 재고로 실적의 인정을 주장하는 회계 역기능은 피한다).

스루풋 측정은 가치가 조직을 통하여 고객에게 흐르는 모양을 좀 더 제때에 볼 수 있게 촉진한다. 그러나 가장 중요한 것은 스루풋 측정의 도움으로 조직의 구성원들이 깨달은 것은, 스루풋의 증가는 사람들이 더 열심히 일한다거나 시스템에 전반적인 자본적 투자를 증가시킴으로써 일어날 수 있는 것이 아니고, 작업흐름work flow 을 고려해야 된다는 것이다. 엘리 슈라겐하임Eli Schragenheim이 이렇게 말했다. "스루풋 개념의 중요성은, 의사결정이 얼마나 이익에 추가할 것인지 예측함으로써, 그 의사결정을 지원하는 능력에 있다." 어떤 전통적인 생산성의 측정지표도 그렇게 할 수 없다.

스루풋은 '제약'에 의해 한계가 있다. 이들 제약은 시스템의 여러 지점에서 '병목현상'을 이루며, 그것은 고객에게 스루풋이 추가로 흐르는 것을 불가능하게 만드는데, 직원이 아무리 열심히 일하거나 시스템의 다른 지점에 아무리 많은 테크놀로지가 적용되어도 소용이 없다. 너무나도 흔한 일이지만, 조직이 만사를 개선하려고 애를 쓰지만, 정작 핵심 제약사항은 놓친다. 아이러니컬하게도 대부분의 조직이 생산성을 개선하려고 애를 쓰는 방법이 실제로 참된 생산성을 감소시키고 있다.

스루풋을 생산성 측정지표로 사용함으로써 조직은, 각 단위가 '자신만의 일을 해서' 그들 자신의 생산을 증가하는 단위들의 집합 대신에, 좀 더 전체론적인 사고방식으로 이끈다. 이 접근방법은 또한 개선 선택사항의 우선순위 작업을 훨씬 쉽게 만드는데, 그 이유는 일단 스루풋에 가장 급박한 제약이 무엇인가를 확인하면, 무엇을 개선할지의 의사결정은 명백해지기 때문이다. 생산성의 운용 측정지표로서 스루풋과 더불어, 관리자와 직원은 마침내 지금 당장 그에 대해 무엇인가를 행할 수 있고, 연말까지 실망스러운 생산성 숫자를 기다릴 필요가 없게 된 것이다.

19 _ 조직의 민첩성

오늘날의 격동적인 시대에, 민첩성은 더욱더 중요해지고 있다. 많은
전문가, 미래의 가장 성공적인 조직은 가장 민첩한 조직일 것이라
고 주장하고 있지만, 아무도 '민첩한 조직'의 비전을 제시하지 못하
고 있다. 일부 신생적인 측정의 시도가 있었지만, 조직의 민첩성의 측
정은 아직 유아기에 있다.

이 책에서는 조직 민첩성에 대한 중요한 연구 결과 중 일부의 종합
을 시도하여, 다음의 설문서를 만들었다. 표준 5점 기준의 사용을 제
의한다. 5=강하게 동의함, 4=동의함, 3=동의도 부인도 아님, 2= 부인
함, 1=강하게 부인함. 해석 요령은 설문서 끝에 있다.

조직의 민첩성 설문지

_____ 1. 이 조직은 조직의 비즈니스 프로세스의 변화를 신속하게 구현할 수
     있다.
_____ 2. 이 조직은 조직의 테크놀로지 하부구조의 변화를 신속하게 구현할
     수 있다.
_____ 3. 이 조직은 작은 변화를 신속하게 구현할 수 있다.
_____ 4. 이 조직은 대규모의 변화를 신속하게 구현할 수 있다.
_____ 5. 이 조직은 신속하게 직원을 재배치하고 재훈련시킬 능력이 있다.

_____ 6. 이 조직의 중요한 변화는 비교적 쉽게 이룰 수 있다.

_____ 7. 이 조직의 중요하지 않은 변화는 비교적 쉽게 이룰 수 있다.

_____ 8. 이 조직은 변화에 적응하는 높은 역량을 지니고 있다.

_____ 9. 이 조직에는 경계선을 넘나드는 고도의 협동이 있다.

_____ 10. 이 조직에는 많은 모듈 방식이 존재한다.

_____ 11. 이 조직은 경쟁에 비해 매우 유연하다.

_____ 12. 이 조직은 지식 획득을 잘 하고 있다.

_____ 13. 이 조직은 경험에서 배우는 것을 장려한다.

_____ 15. 이 조직은 협동에 방해가 되는 장벽을 허물고 있다.

_____ 16. 이 조직은 관료적이 아니다.

_____ 17. 이 조직에서는 규칙보다는 시나리오와 안내서가 더 자주 쓰인다.

_____ 18. 이 조직에서는 작업이 실험을 허용하도록 설계되었다.

_____ 19. 이 조직에서는 문제가 신속하고 효과적으로 해결된다.

_____ 20. 이 조직에서는 의사결정이 빠르고, 집행도 신속하다.

_____ 22. 이 조직에서는 상당량의 교차 훈련이 되고 있다.

_____ 23. 이 조직은 변화가 가능하도록 설계되었다.

_____ 24. 이 조직에서는 변화에 대한 기대는 하나의 능력이다.

_____ 25. 이 조직에서는 신속한 피드백이 있다.

_____ 26. 이 조직에서는 의외성과 유연성 그리고 리스크 관리가 예측성과 안정성 그리고 높은 확실성보다 높게 평가된다.

_____ 27. 이 조직은 단순하고, 군살 없고 그리고 유연하도록 설계되었다.

_____ 28. 이 조직은 기능보다는 프로세스 중심으로 설계되었다.

_____ 29. 이 조직은 안정된 직무에서 유연성 역할로 바뀌고 있는 중이다.

_____ 30. 이 조직은 비핵심 역량을 아웃소싱하는 데 주저하지 않는다.

_____ 31. 이 조직은 시장 기회와 위협에 신속하게 대응한다.

_____ 32. 이 조직의 사람들은 다양한 상황에 대처하도록 훈련되었다.

_____ 33. 이 조직은 혁신을 인수하거나 흡수할 능력이 높다.

| 해석 요령 | 최고 점수는 160점이다. 아주 높은 점수 범위는 100~160점이다. 높은 점수 범위는 80~100점이다. 중간 점수 범위는 60~80점이다. 낮은 점수는 60점 미만이다.

이 조사나, 또는 이를 변경한 조사의 가장 큰 이점은 논의를 촉진하게 된다는 것이다. 정기적인 기준으로 반복하면, 시간이 흐름에 따라서 조직의 민첩성을 추진하고 변화를 추적할 수 있다.

20 _ 낭비

오늘날의 초경쟁 세계에서, 조직은 효과적인 경쟁에 커다란 장애가 낭비임을 실감하고 있다. 이윤이 충분히 높기 때문에 막대한 낭비가 용인되던 때는 오래 전에 사라졌다. 낭비를 제거하기 위하여 측정하는 것은 경쟁에 필수사항이 되었다.

낭비의 감소 목적을 위한 측정은 진짜로 변혁적일 수 있다. 하지만 이는 산업혁명의 시작 이후로 계속 있어왔으며, 반드시 새로운 것은 아니다. 불행히도 전통적 측정 시스템이 비용을 측정하는 데는 훌륭하지만, 어떤 비용이 부가가치적이고 어떤 것이 아닌지를 분간할 수가 없다. 결과적으로 '지방'을 제거한다고 했지만, 일부의 '근육'도 잘려나갔다. 더 나아가서 지금까지 거의 모든 낭비 측정은 내부에 초점이 맞춰져 있었고, 비능률을 감소하는 데 신경을 썼지, 효과성을 증가하는 데 반드시 신경을 썼던 것은 아니다. 그렇기 때문에 새롭고 좀 더 전체론적인 측정도구가 필요했다.

대부분의 낭비 축소 방법은 품질 개선 방법처럼 미국에서 유래되었지만, 낭비의 측정과 축소의 선도자로 인정을 받고 있는 것은 일본인이다. 일본인 산업공학자, 신고 시게오新鄕 重雄, 오노 다이이치大野 耐一가 도요타 생산 방식TPS: Toyota Production System을 개발했고, 거기에서 '린Lean' 운동이 유래되었다. 신고가 정의한 제조의 '7대 낭비'는, 과잉생산, 재고, 동작, 대기, 운반, 과잉공정, 그리고 애초에 잘못함(스크랩, 재작업, 결함을 초래)이다. 그는 후에 여덟 번째의 낭비를 추가했는데, 인간 창의성의 낭비이다.

낭비를 체계적으로 축소하기 위해서는, 그저 비용을 절감하기보다는 조직이 그 낭비를 '알아볼' 필요가 있다. 그러나 낭비는 기존의 정량적이거나 관찰에 의한 측정지표로는 쉽게 보이는 것이 아니다. 사람들은 두 눈을 멀쩡하게 뜨고도 알아보지 못할 수도 있고, '낭비'로 보았는데 실은 낭비가 아닌 경우도 있다.

그렇기 때문에 가치흐름 매핑Value Stream Mapping은 커다란 변혁적 측정도구일 수 있다. 그것은 여러분 조직의 '가치흐름(공급자의 원자재로부터 고객의 손에 전달하는 제품이 되기까지 필요한 모든 활동)'을 가시화한다. 그것은 또한 각 활동의 '리드타임'의 계산을 가능하게 한다. 사람들이 프로세스 중에 낭비되는 시간(자원을 소모하지만 부가가치가 없는 시간)을 모두 '알아볼' 수 있을 때, 흔히 하나의 변혁화가 발생한다. 그것은 이미 실행 중에 있는 것을 그저 더 효율적으로 만들기보다는 고객가치로부터 거꾸로 작용한다. 부가가치적인 활동이 경과 시간의 10%만 차지하고, 부가가치가 없는 활동이 90%까지도 이를 수 있는 경우는 그렇게 드문 일도 아니고, 이는 재고를 증가하고, 품질 문제를 감추며, 고객의 대기시간을 증가시키고, 그래서 불만족으로 이어지는 것은 말할 것도 없다. 이런 가치연쇄를 다시 설계하는 것은 고객에게 같거나 더 나은 제품이나 서비스를 신속하게 제공하고, 또한 생산자에게는 훨씬 더 낮은 비용이 들게 한다.

린 생산 전문가 워맥Womack과 존즈Jones가 관찰한 결과는 유감스럽게도, "더 낮은 비용으로 훨씬 줄어든 결함에 더 낫고 다양한 제품에도 불구하고⋯, 소비자의 경험은 악화되고 있는 듯하다." 이는 그들에게 독특하게 린 원칙과 가치흐름 매핑을 서비스에 적용하는 결과로 이어지게 했다. 고객이 서비스 준비에 너무나 매우 중요하게 포함되어 있기 때문에, 워맥과 존즈는 제조의 '가치흐름'은 다만 일부의 관점만을 제공한다는 것을 깨달았다. 고객은 프로세스의 끄트머리에만 있는 것이 아니라, 전체를 통하여 개입되어 있는 것이다.

이러한 큰 깨달음의 결과로, 그들은 '가치흐름'을 두 개의 병행적 지도로 묘사하는 주장을 펼치게 되었다. 그 두 개의 지도는, 서비스 제공자의 관점에서 본 준비 지도Provision Map와 소비자의 관점에서 본 소비 지도Consumption Map이다. 이로써 서비스 제공자는 자신들과 고객의 관점에서 보는 '리드타임'을 비교할 수 있게 되고, 많은 고객이 극도로 실망하는 원인에 대한 밝은 시각을 갖추게 되었다. 이런 새로운 관점은 완전히 새로운 렌즈를 제공하며, 그게 바로 변혁적 측정이 추구하는 것이다.

21 _ 재고 목록

재고는 전통적으로 낭비의 주 원천이거나 의외의 수요에 대비하는 필수적인 완충장치로서 간주되었다. 경영 고전, 《더 골》에서 주인공인 컨설턴트 요나는 그의 고객에게 그의 회사를 엉망으로 만든 것에 대해 이야기한다. "당신이 만든 이 괴물을 좀 보시오. 이건 저절로 생겨난 게 아니지요. 이 산더미 같은 재고는 당신의 의사결정으로 만들어낸 거요." 재고 자체는 나쁜 것이 아니다. 오늘날의 격동적인 사업 풍토에서, 조직은 일부 보호적인 완충장치가 필요하지만, '산더미 같은 재고'는 확실히 바람직하지 못하다. 과잉재고는 한 기업의 현금 자원에 과중한 부담이 될 수 있으며, 공간을 잡아먹고, 품질문제를 숨길 수 있으며, 또 낭비가 될 수 있다. 그렇지만 부족한 재고는 영업실패, 고객에게는 지연, 그리고 공급중단 및 수요급증에 대한 대책의 부재로 이를 수도 있다.

생산 시스템에 대한 새로운 사고방식은 대규모의 재고는 생산 및 공급망 혁신을 방해한다고 보며, 그 이유는 조직에게 혁신을 촉발했을 수도 있는 도전으로부터 완충 역할을 하기 때문이다. 과잉재고를 유지하는 것이 계획, 예측, 생산 시스템, 그리고 공급망 관리를 개선하는 것보다는 더 쉽기 때문이다. 예를 들어 미국 자동차 회사들이 전면 조업으로 생산해서 재고품으로 공급을 하고 있는 반면에(그리고는 공격적인 가격인하와 리베이트를 통한 팔아 치우기), 도요타는 '저스트 인 타임just in time 제조 모델로 이행 중이었고, 이는 미국 경쟁회사들처럼 재고로 '밀어내기 식pushing' 보다는 수요에 맞추어 생산 프로세스를

'이끄는 식pull'이었다.

효율 최대화의 핵심은 조직에서 올바른 양의 재고를 적절한 지점에 쓸 수 있게 하는 것으로, 가장 적절한 측정을 필요로 한다. 유감스럽게도 전통적인 재고측정은 별 도움이 되지 않는데, 그 이유는 그것이 회계 중심이고 일차원적이기 때문이다. 회계담당자의 말에 따라서 재고가치를 높게 가져가는 것이 좋을 때도 있고, 재고가치를 낮게 가져가는 것이 더 나을 때도 있다. 그렇지만 이런 의사결정은 항상 사후에 취해지는 것이고, 이는 프로세스 진행 중에는 재고관리에 도움이 되지 않는다. 설상가상으로 재고는 회계적으로 '자산'으로 취급되고, 그렇기 때문에 그것을 줄이려는 동기는 보통 거의 없다.

한 가지 사항은 분명하다. 한 회사가 재고를 줄이기를 바란다면, 재고를 가능한 한 비싸게 만드는 것이 최선이다. 그렇지 않으면 높은 수준의 재고조차도 '수용할 만하다'고 볼 것이고, 그걸 줄이려는 동기는 별로 있지 않을 것이다.

엘리 골드렛이 재고의 다중차원식 측정지표, 재고 달러 날IDD: Inventory Dollar Day을 만들었다. 재고 달러 날은 재고로 있는 동안의 매일의 재고비용으로, 그 계산은 현 보유 중인 각 재고 단위의 금액 가치를 그 재고가 공급망의 특정 망 고리에 책임으로 들어온 이후, 그 일수로 곱함으로써 이루어진다.

이것을 재고량이나 금액 가치만의 기준인 전통적 재고측정과 대조해 보라. 재고는 몇 주 또는 몇 달간 유지될 수 있는데도, 여전히 동일하게 계산된다. 골드렛의 접근방법이 분명하게 밝히고 있는 것은, 과잉재고가 유지되는 것은 부정적이고, 재고가 오래 유지되면 될수록,

더욱더 악화된다는 점이다. 한 회사가 재고 '자산'으로 2만 달러를 지니고 있다는 것보다 많은 장소에 10만 달러 이상의 재고 달러 날이 존재하고 있는 것을 발견하는 것은 대단히 변혁적일 수가 있다. 더군다나 재고 달러일은 부서 상호 간 협력적 측정지표이고, 그 이유는 온갖 종류의 재고를, 그것이 공급망 어디에 존재하든지 측정하기 때문이다.

22 _ 총 소유비용

제조회사의 운영비 중, 구입된 원자재와 서비스가 차지하는 비중이 65~85%이고, 서비스 회사에서는 30~65%이다. 그것은 대단히 파급력이 높은 분야이면서, 또한 별로 자세히 주의 깊게 들여다보는 분야도 아니다. 이 분야는 변혁적 측정의 시기가 무르익은 분야이다.

오랫동안 구매 의사결정은 일상적으로 초기 매입비용 기준에 의해서 이루어졌다. 가장 저렴한 가격으로 결정되는 경향이 있다. 분명히 최저가격을 확보하는 것은 중요하지만, 다른 많은 요소도 고려해야 한다. 더 낮은 가격의 공급자는 최선의 (또는 수용할 만한) 품질 및 제시간 배달을 제공하지 않을지도 모른다.

총 소유비용TCO: Total Cost of Ownership은 하나의 중요한 변혁적 측정지표가 되고 있다. TCO는 소유하고 있는 전 기간을 통하여 들어가는 구매의 총 비용이다. 그것은 구매 의사결정에서 막대한 규모의 숨어 있는 비용을 계산에 넣는다. 초기 구매가격은 진짜로 '빙산의 일각'이다. 한 품목이나 서비스 구매의 총 비용은 여러 가지의 사항, 즉 다른 구매비용(의사소통, 계약 행위, 인보이스), 운반 및 인도비용, 설치비용, 훈련비용, 예상 유지비용, 수리비용(수리 가능성, 수리에 드는 비용)을 포함할 수 있다.

대부분 구매 후의 비용은 예상되지 않은 것이고, 그러므로 그들은 관리되지 않는다. 이는 흔히 막대한 비예측비용으로 이어지고, 흔히 는 초기 구매가격의 3~10배에 이른다. 예를 들어 한 컴퓨터의 가격이 1,000달러일 수 있지만, 그 컴퓨터의 생애를 통한 TCO(소프트웨어, 업 그레이드, 유지, 서비스, 그리고 교체 등 포함)는 1만 달러까지도 가능하다. 분명히 구매 의사결정에서 핵심절충은 '총 가격'과 '총 성능' 사이에 있다. TCO는 단일 측정지표로 그 절충의 양쪽 측면을 다 반영할 수 있는 것이다. TCO 같은 구성개념 측정의 가치는 대부분이 그들이 촉 진하는 훈련과 그들이 제공하는 가시성에 있다. 구매부서에는 확실하 게 좀 더 '완전히 활용되는 가시성'이 필요하다.

23 _ 활동 기준 원가

재무 보고 시스템이 대단히 상세하게 과거에 일어난 일에 대해 정보 를 제공하지만, 그것이 무슨 일을 할 것이냐에 대해서는 별로 파악하 는 힘이 없다고 알려지고 있다. 원가회계에 관해서는 그보다 더 잘 맞 는 말은 없을 것이다. 예를 들어 전통적인 신념에 의하면, 판매가 늘 면 거의 자동적으로 이익도 늘 것이라고 한다. 그런데 조직의 부분 중에서 이익이 나지 않는 부분이 있다는 것은, 전반적인 이익은 모든 것이 이익이 나는 것을 의미한다고 가정하는 조직에게는 놀라운 일일 수 있다. 많은 회사에서 실증되고 있는 사실이지만, 일정한 제품과 제품계열, 그리고 고객은 상당량의 이익을 고갈시킬지도 모른다. 그 이유는 전통적인 원가 계산 방법의 사용으로는 간파가 되지 않는 엄청난 고액의 원가 때문이다. 전통적인 회계는 유일한 대응이, '전면적인' 원가절감이다.

전통적 원가 계산 방법으로는, 별다른 타당한 선택의 여지가 없는데, 그 이유는 원가가 '공평하게' 배분되는 것이지, '경제적으로' 배분되는 것이 아니기 때문이다. 원가가 조직 전체적으로 절감되고 있는 경우에는, 기업의 가치창출하는 부분은 필요한 자본을 빼앗기고, 그 반면에 실제로 가치를 파괴하는 사업활동은 넉넉하게 자금을 쓰는 현상이 자주 눈에 띈다.

활동기준원가ABC: Activity-Based Costing는 한 회계 방법으로서 조직이 산출하는 각각의 제품과 서비스와 연관된 실제의 원가를 확정하는 방법이다. 광범위한 인위적인 백분율을 사용하여 원가를 할당하는 대신에, ABC는 원가를 좀 더 객관적으로 배정하기 위하여, 원가와 활동 간의 인과관계를 알아내려고 조사한다.

ABC의 논리는 다음과 같다. 아웃풋(제품, 서비스, 고객)은 활동을 소비한다. 활동은 자원을 소비한다. 자원의 소모는 원가를 유발하는 것이다. 그래서 활동이 원가를 유발한다. 일단 각 활동의 원가가 확인되면, 그 원가는 각 제품, 서비스, 또는 고객에게 돌려지는데, 그 범위는 그 제품이 그 활동을 사용한 한도까지이다. 이런 할당은 여러 가지 방법으로 수행되고 있지만, 대부분의 ABC 실천가들의 생각으로는 활동의 시간 연구가 가장 정확한 원가 추산을 산출하는 경향이 있다고 한다.

ABC는 원가의 진정한 유발 동인動因을 확인할 수 있다. 원가동인을 이해하는 것은 가치창출을 최대화하는 데 강력한 효과가 있다. ABC는 또한 특정한 제품, 서비스, 또는 고객에 대해 단위당 간접원가가 과도하게 높은 분야를 확인해 낼 수도 있다. 부가가치가 없는 비용을 확인하는 것은 그러한 활동에 집중함으로써, 전면적인 원가절감보다는 특정한 원가동인을 절감하는 데로 노력을 기울이게 할 수 있다. 훨씬 더 인상적인 것은, ABC는 또한 특정한 고객들이나 세분화된 고객층과 연관된 원가를 확정하는 데 사용될 수도 있고, 그리하여 이익이 없는 고객들이 자원을 고갈하는 것을 막을 수 있다는 것이다. 이에 대해서는 제7절 고객수익성에서 살펴보았다. 활동이 부서 벽을 넘나드는 것이라서, ABC는 본래 여러 부서에 걸치는 측정 프로세스로서, 부서 상호 간의 협동과 의사결정 일을 촉진한다.

그런데 활동기준원가에도 문제가 없는 것은 아니고, 일부 공통된 원가배분의 어려움과 외부 보고를 위해, 전통적인 회계 준칙을 만족시켜야 하는 필요성 같은 문제들이 있다. 그러나 다른 많은 신생 측정지표처럼, 완전하게 사용하는 것이 실용적이 아닐 경우라도, ABC는 여전히 개념적으로 사용할 수 있다. 그 예로 간단히 영업담당자들에게 고객의 서비스에 드는 원가를 좀 더 의식하게 만드는 것으로 고객수익성을 개선할 수 있다. 활동과 원가 관계의 지식이 불완전함에도 일부 조직은 ABC 사고방식을 사용하고 있고, 그들이 예전 모델 하에

서 할 수 있었던 것보다 훨씬 더 낮게 제품과 고객에 대한 의사결정을
하고 있다.

24 _ 경제적인 부가가치

매출이 12% 줄었는데도, 한 회사가 순이익이 74% 증가했다고 보고
했는데, 그 이유는 114억 달러의 자산을 상각 처리했으며 이로써 경
비를 절감했기 때문인데, 그 회사는 영업실적의 급격한 하락을 겪으
면서도 그러했다. 또 다른 회사는 4분기에 예상치 못했던 이익이 발
생했다고 보고했는데, 재고 조정 때문이었고 이는 그 해에 중역 보너
스 지급을 유발했다. 이런 보고들이 회계시스템을 점점 더 회의와 경
멸의 눈으로 보게 하는 이유이다.

이익이 보기에는 매우 간단한 것 같지만, 사실은 가장 일관성 없는
재무적 측정지표이다. 이익 계산에는 너무나 많은 전제와 조정사항이
포함되기 때문에 사람들이 혼란을 느끼는 것이 이상한 일도 아닐뿐더
러, 또한 많은 재무제표가 학자의 논문보다도 더 많은 주석을 달고 있
는 경우도 많다.

이익에는 기본적으로 '회계적 이익(계산에 명시적 비용과 매출만 포함시
킴)'과 '경제적 이익' 두 유형이 있다. 경제적 이익은 매출에서 명시적
및 묵시적 비용('기회비용'이라고도 한다) 두 가지를 모두 뺀 것을 측정한
다. 경제적 이익의 가장 두드러진 특징은 '자본의 비용'에 대한 경비
공제액을 포함한다는 것이고, 그 자본 비용은 실제로는 자본의 '기회

비용'으로 조직 내에 묶여 있는 것이다.

문제는 사람들이 자본을 마치 비용적인 결과가 없는 것처럼 사용하는 경향이 있다는 점이다. 많은 회사들이 여전히 이익을 남겼다고 보고하고 있는데, 심지어는 그들의 '이익'이 자본의 비용을 초과하지 못하는 경우에도 그렇게 한다. 그들이 '회계적 이익'을 보고할 수 있을지는 몰라도, 그들은 '경제적 이익'을 남긴 것은 아니다. 피터 드러커가 이런 식으로 말했다. "회사들은 그들의 매출이 모든 비용을 초과해야 비로소 이익을 남긴 것이다…. 그러한 측정에 의하면…, 제2차 세계대전 이후 미국 기업이 이익을 남긴 적은 거의 없다."

경제적 부가가치EVA; Economic Value Added는 특정한 형태의 경제적 이익으로서, 회계적 이익에서 일부 왜곡을 제거함으로써 한 기업의 진정한 이익을 파악하려는 시도이다. 약자인 EVA®은 이 측정지표를 대중화한 스턴 스튜어트 사Stern Stewart and Co.의 등록상표이다. 극히 간단하게 말하자면, EVA는 순 영업이익에서 기업에 투자한 모든 자본의 기회비용에 대한 해당 비용을 뺀 것이다. EVA의 실제 공식은 다음과 같다.

EVA = 세후영업이익(NOPAT; Net Operating Profit After Tax)−(사용자본액(Capital Employed) × 자본 비용(Cost of Capital))

EVA는 가치창출의 훌륭한 대용물로 생각되고 있다. EVA가 긍정적(플러스)이면 그 회사는 주주에게 가치를 창출하고 있는 것으로 보며, 그것이 부정적(마이너스)이면 주주가치를 파괴하고 있다고 본다.

대부분의 회사가 회계적 목적을 표현하기 위하여 혼란스러운 측정지표들을 사용한다. EVA는 단일한 회계적 측정지표를 사용함으로써 그런 혼란을 제거할 수 있고, 모든 의사결정에 공통된 초점, 즉 "어떻게 EVA를 개선할 수 있는가?"를 만들어낸다. EVA를 사용하면, 조직의 모든 부분이 그 가치창출 목표를 둘러싸고 정렬이 될 수 있다. 모든 사업 단위, 모든 프로젝트는 그것이 가치를 창출하는가 또는 파괴하는가의 여부 기준으로 평가할 수 있다.

25 _ 조직적 무형가치

오늘날 특별히 중요하게 여기는 무형자산에는 파트너십, 공급자, 협동, 기술, 지식, 혁신, 특허권 및 기타 지적 재산, 리더십, 평판, 그리고 문화 등이 있다. 확실히 회사의 대차대조표상에는 나열되지 않는 수많은 가치가 있다. 그런데 얼마나 가치가 있는가? 회사들의 가치는 확실하게 유형적인 것에서 무형적인 것으로 이동하고 있다. 이들 눈에 보이지 않는 자산이 신경제에서는 주주가치의 핵심동인들이지만, 회계 규칙 하에서는 회사들의 평가 측면에서 이런 이동 현상을 타당하게 인정을 할 방법이 없다. 일반 회계 준칙GAAP: Generally Accepted Accounting Principles에 의해 작성된 재무제표는 이런 자산을 기록하지 않는다. 그 결과로 이해당사자들은 한 회사의 진정한 가치를 보지 못한다.

단순하게 시장가치(회사 주식의 현재 시장 가치)와 장부가치(회사의 유형자산의 현 가치) 사이의 차이를 무형자산의 가치로 보는 사람들도 있다. 이는 별로 정확하지 않은 추산일 뿐만이 아니라, 또한 그 평가가 어떻게 이루어졌는지에 대한 통찰을 조금도 제공하지 못한다.

무형자산을 평가하는 새로운 접근방법이 나타나고 있다. 점점 더 경제학자들과 경영학자들이 한 회사의 진실하고 완전한 가치를 측정하는 어려운 과제를 시작하거나 시도하고 있는 중이다. 벤 매클루어 Ben McClure가 이것을 실행하는 한 방법을 생각해 냈다. 그는 그것을 기업 무형가치Corporate Intangible Value라고 부르며, 마이크로프로세서의 거인 인텔Intel을 그의 예로 사용하여 접근방법을 설명한다.

1 _ 과거 3년 동안의 세전 이익 평균을 계산한다. 인텔은 95억 달러이다.

2 _ 대차대조표상에서 같은 3년간의 연도 말 유형자산의 평균을 계산한다. 인텔은 376억 달러이다.

3 _ 인텔의 총자산 수익률ROA; Return On Assets을 계산하는데, 계산식은 순이익을 총자산 평균으로 나누고 100을 곱하는 것이다. 결과는 25%이다.

4 _ 같은 3년에 대해, 산업 평균 ROA를 구한다. 반도체 산업의 평균은 약 11%이다.

5 _ 초과 ROA를 계산한다. 산업 평균 ROA(11%)를 인텔사의 유형자산(376억 달러)으로 곱한다. 제1단계의 세전 이익(95억 달러)에서 그 결과를 뺀다. 인텔의 경우, 그 초과액은 53억 6,000달러이다. 이것으로 평균 칩 메이커보다 인텔이 자신의 자산에서 얼

마나 더 버는지 알 수 있다.

6 _ 3년간의 법인 소득세율 평균을 계산해서, 초과수익으로 곱한다. 초과수익에서 그 결과를 빼면 세후 숫자, 즉 무형자산으로 귀속될 수 있는 프리미엄이 나온다. 인텔의 경우(평균 세율 34%), 그 숫자는 35억 3,000달러이다.

7 _ 프리미엄의 순 현재가치를 계산한다. 그 계산은 그 프리미엄을 그 회사의 자본비용 같은 적절한 할인율로 나누는 것이다. 임의적인 할인율 10%를 사용하여 353억 달러가 나왔다.

이 계산에 의하면, 인텔의 무형자산 가치는 353억 달러나 된다. 매클루어가 입바른 말을 한다. "이렇게 큰 자산은 마땅히 햇빛을 봐야 하지 않는가."

그렇지만 더 큰 의문은 이렇다. "그래서? 일단 그것을 계산하면, 그 정보로 무슨 일을 하는가?" 이 정보가 가치가 있다고 저자가 믿고 있는 이유는, 그리고 잠재적으로 변혁적인 것은, 그것이 기업의 모든 이해당사자에게 그들이 관리하고, 투자하고, 작업하고, 또는 파트너와 함께 하고 있는 그 가치에 대해 좀 더 깊은 이해력을 제공하기 때문이다. 우리는 모두 무엇인가를 효과적으로 관리하기 위해서는 그 무엇인가를 측정해야 함을 잘 알고 있다. 우리가 그걸 측정할 수 있을 때, 관리 책임의 범위는 좀 더 명확해진다. 그런데 사용되지 않는 무형자산을 쌓아놓는 것이 능사는 아니다. 그것은 그 가치를 활용하여 증대시키고 주주 가치와 기업의 다른 이해당사자들을 위한 가치로 변환하는 문제인 것이다. 제12절 무형자산의 전략적 준비태세는 이 중요한 주제의 좀 더 질적인 측면을 다루고 있다.

26 _ 프로젝트 일정계획

오늘날 조직에서의 일은 대부분이 프로젝트 작업이다. 대부분의 조직
은 프로젝트 팀으로 가득 차 있다. 프로젝트 관리자는 흔히 '제때에
완료' 했다고 주장하지만, 상당량의 증거로는 프로젝트, 특히 다중 프
로젝트는 제기간보다는 늦는 경우가 더 많은데도, 프로젝트 일정 속
에 삽입된 많은 '여유시간slack' 으로 인해, 실제 '지연사항' 은 잘 나타
나지 않는다. 한 국제적인 연구에 의하면, 응답자의 91.7%가 그들의
프로젝트가 늦게 완료되었다고 인정했다. 확실히 충분한 시간을 남겨
두면, 늦을 리가 없게 되는데, 그렇게 하는 것은 매우 비능률적이다.
그게 바로 현재 프로젝트가 추산되는 방법이 그렇게 골칫거리인 이유
이다.

　오늘날의 보통의 관행은 각각의 자원에게 개별적으로 그들의 태스
크task가 얼마나 걸릴 것인가를 묻는 식이다. 인간의 천성 때문에, 그
리고 사람들의 태스크가 늦었을 경우에 징벌을 겪은 경험 때문에, 각
자원은 '최악의 경우' 를 상정한 시나리오에 근거해서, 보수적으로 추
산하는 경향이 있다. 이것의 의미는 모든 추산이 프로젝트 계획으로
집적되었을 경우에, 모든 사람들의 추산에는 묵시적인 '버퍼buffer' 가
들어 있다는 것이다. 더구나 그 프로젝트가 실현되는 경우, 업무 완료
를 보고해야 하는 마감일까지 기다림으로써, 거의 아무도 혹시라도

필요하지 않는 자신들의 여유 시간을 '돌려주는' 사람은 없다. 그렇게 한다는 것은 원래의 추산이 틀렸다는 것을 스스로 인정하는 결과가 되기 때문이다. 프로젝트 계획의 이런 방법은 결과적으로 수많은 '제때의' 프로젝트 완료를 양산했지만, 애초에 그 시간의 반만 걸렸어야 했을 프로젝트였다.

엘리 골드렛은 그의 제약이론Theory of Constraints의 일부로서 몇 가지 변혁적 측정지표를 개발한 적이 있는데, 허위 프로젝트 문제에 기발한 해결법을 창안했다. 그것은 '중대한 사슬Critical Chain' 방법이라고 불린다. 이 접근방법의 핵심은 프로젝트의 업무마다 '최악의 경우'가 아닌 '평균' 시간을 기준으로 일정계획을 잡는 것이다. 일정한 추산이 틀렸을 경우의 리스크를 완화하기 위해서, 전체 프로젝트에 단일 버퍼를 설정해서 일부 활동이 지연되는 것에 대비한다. 이것은 각각의 자원이 자신의 '안전 버퍼'를 자신의 추산에 고려하지 않는다는 의미이고, 또한 일부 자원이 추산을 잘못하더라도 프로젝트 버퍼가 과외 시간을 흡수할 것이기 때문에 상관없다는 것이다.

기타 관련 측정혁신은 프로젝트의 주 추적 측정지표로 버퍼 지수 Buffer Index가 있는데, 완료된 작업에 대한 정보를, 버퍼가 소모된 양의 비율로 제때에 제공한다. 이런 방법으로 전체 프로젝트 팀이, 버퍼 잔존 시간 비율로 프로젝트의 제때 완료에 대비해서, 정확하게 프로젝트의 현재 위치를 안다. 이 단순하지만 강력한 측정지표는 모든 사람에게 단일한 숫자로 한 프로젝트의 현황을 잴 수 있게 한다. 그 외에 이 방법으로 프로젝트가 과거의 경우에 비교해서 비상하게 제시간 완료 성과를 올리고 있다.

대부분의 조직이 말로는 '직원이 우리의 가장 중요한 자산'이라고 하지만, 그들의 측정은 그것을 거의 반영하고 있지 않다. '그들의 가장 중요한 자산'이 얼마나 잘하고 있는지 측정하는, 형식적인 직원만족도 조사보다 훨씬 더한 것을 실시하는 조직은 거의 없다. 그리고 많은 고객만족도 조사의 결과와 마찬가지로 직원만족도 조사 결과는 어딘가의 데이터 보관소에 들어가고는 그 데이터로 무엇을 할 것인지 아무도 아는 사람도 없다.

그렇다면 그 믿음직한 옛날 직원만족도 조사로 무슨 일을 해야 하는가? 그냥 내버려야 하나? 많은 진보적인 조직들이 '고객만족도'가 오늘날의 신 경쟁시장에서는 낡은 구성개념인 것처럼, '직원만족도'도 마찬가지라는 결론을 깨닫기 시작하고 있다. 주된 문제는 바로, 고객만족도와 마찬가지로 직원만족도 역시 거래적인 (순간에서 순간으로) 평가이며, 반드시 근본적인 강한 감정적 집착을 반영하는 것은 아니라는 점이다.

직원몰입Employee Engagement은 감정과 관련이 있는 구성개념이고, 반면에 만족은 단순한 인식의 소산(하나의 의견)이다. 직원몰입은 또한 훨씬 더 지속성이 예측된다.

사용할 수 있는 직원몰입 측정도구가 제법 여러 가지가 있다. 가장 유명한 것은 갤럽이 개발한 것으로, 흔히 Q^{12}(12질문) 조사라고 부르는데, 조사 질문은 다음과 같다.

1 _ 난 직장에서 나에게 기대하고 있는 것을 알고 있는가?

2 _ 내 일을 바로 하는 데 필요한 자료와 장비를 갖고 있는가?

3 _ 직장에서, 매일 나는 내가 제일 잘하는 것을 할 수 있는 기회를 갖고 있는가?

4 _ 최근 7일 동안, 일을 잘했다고 인정이나 칭찬을 받은 적이 있는가?

5 _ 내 상관이나 직장의 누군가가 나를 한 인간으로서 마음을 쓰고 있는 것 같은가?

6 _ 직장의 누군가가 나의 발전을 장려하는 사람이 있는가?

7 _ 직장에서, 내 의견은 인정이 되는가?

8 _ 내 회사의 사명/목적은 내 일이 중요하다고 느끼게 하는가?

9 _ 내 동료들은 질 높은 일을 하는 데 헌신적인가?

10 _ 직장에서 제일 친한 친구가 있는가?

11 _ 최근 6개월 동안, 직장의 누군가가 내 진도에 대해서 이야기한 적이 있는가?

12 _ 지난 1년간, 배우고 성장할 기회가 직장에서 있었는가?

이들 질문과 그 전형적인 "우리가 해주는 모든 일을 당신이 얼마나 좋아하는지 말하라."는 식의 만족도 조사와의 차이를 알기는 쉬운 일이다. 위의 것은 어떤 조직을 막론하고, 직원들에게 개인적으로 가장 중요하다고 갤럽이 알아낸 것에 토대를 두고 있다. 응답자들은 단지 그들의 '생각'만이 아니고, 그들의 '느낌'에 대하여 질문을 받고 있다. 이것은 또 다른 좋은 예로서, 비교적 사소한 '사고 모델' 이동이 어떻게 변혁적 차이를 만들어낼 수 있는가를 예시한다.

흥미 있는 것은, 갤럽의 조사 결과에 의하면 보통의 조직에서는 직원의 19%는 '적극적으로 역 몰입', 55%는 '몰입 아님', 그리고 겨우 26%만이 '몰입'이었다. 전통적인 직원만족도 조사였다면, 그 '몰입 아님' 직원은 '만족함'이라고 나타났을 가능성이 높다.

다른 직원몰입 조사에는 샛메트릭스 시스템Satmetrix Systems에서 제공하는 것인데. '직원 엄밀 테스트Employee Acid Test'(고객 엄밀 테스트 Customer Acid Test를 본뜬 것. 제4절 고객충성도 참조)라고 부르는 것과 머서 휴먼 리소스 컨설팅Mercer Human Resource Consulting의 직원 헌신도 평가 Employee Commitment Assessment가 있다. 직원 헌신도 평가는 직장 경험의 특질들, 즉 적합성과 소속감, 신분과 정체성, 신뢰와 상호관계, 경제적 자립, 그리고 감정적 보상을 측정한다. 이것 역시 전통적 직원만족도 조사와는 하늘과 땅 차이이다.

확실히 직원몰입 같은 구성개념을 측정한다고, 자동적으로 여러분의 직원을 좀 더 몰입하게 하지는 않는다. 그렇지만 도움이 되는 요소들을 측정하기 시작하는 경우, 그리고 현재의 상황(기준선)을 알고 나면, 조직이 이룩하기를 바라는 목표 수준에 점수를 가까이 가져가려고 무언가를 할 수 있을 것이다.

28 _ 감성지능

오랫동안 성공에 관련하여 중요한 것은 지능지수I.Q.: Intelligence

Quotient라고 여겨져왔다. 지능지수 검사는 교육 배치와 채용을 위한 인선에 표준 측정도구였다. 그러나 최근의 연구에 의하면, '다른 지능들(언어 지능과 공간 지능 같은)'이 있으며, 개인적·조직적 성공에, 전통적인 지성지능과 같거나 보다 더 중요할지도 모른다고 한다.

원래 데이비드 골만David Goleman에 의해 대중화된 감성지능EI; Emotional Intelligence은 인적 자원과 리더십 분야에서 상당한 흥분을 자아냈다. 감성지능은 감성지수EQ; Emotional Quotient라고도 하는데, 성공에서 주된 차별화 요소임이 예시되고 있다.

EQ는 IQ와 기술적 전문성을 합한 것보다 두 배나 중요하다는 것이 밝혀졌다. 감성지능 기량은 지성적 능력과 구별되지만, 상승작용적이다. 이러한 성과 능력이 합쳐진 것이 전문 분야의 '스타 퍼포머star performer' 성공의 65~90%를 설명한다. 존 그럼바John Grumbar에 의하면, 관리자 실패의 가장 의미 있는 결정요소는 낮은 EQ였다. 그럼바가 말한다. "대부분의 사람이 IQ로 고용되지만, EQ로 해고된다."

감성지능은 보통 네 가지 성분(자신의 이해, 자신의 관리, 타인 이해, 남과의 관계 관리)을 갖고 있고, 20개 이상의 능력이 있다. 다음은 그 능력이다.

1 _ 감성적 자각 (우리의 감정과 그 효과를 인지하기)
2 _ 정확한 자기 평가 (우리의 강점과 한계를 알기)
3 _ 자신감 (우리의 자긍심과 역량을 강하게 느낌)
4 _ 자제력 (우리의 분열적인 감정과 충동을 억제함)
5 _ 신뢰성 (정직과 인격의 기준을 유지함)

6 _ 양심 (자신을 관리함에 책임감을 표현함)

7 _ 적응성 (변화하는 환경이나 장애에 적응하는 유연성)

8 _ 달성주의 (내부적 우수 기준을 만족시키려는 추진력)

9 _ 솔선수범과 낙천주의 (행동 대응성)

10 _ 동조성 (남을 이해하고 그들의 걱정거리에 적극적 관심 쏟기)

11 _ 다양성 활용 (많은 종류의 사람을 통한 기회를 조성함)

12 _ 조직적 감각 (조직 수준에서의 논점, 역동적 상황, 정치에 대한 '분별 있는', 이해 및 강조 능력)

13 _ 봉사적 마음가짐 (고객의 필요를 알아보고 맞춰주기)

14 _ 남을 계발하기 (타인의 발전 필요를 느끼고, 거기에 반응하기)

15 _ 리더십 (그룹과 사람을 이끌고 영감 주기)

16 _ 영향 (대인적 영향력 발휘하기)

17 _ 의사소통 (명백하고 신빙성 있는 메시지 전하기)

18 _ 변화의 촉매역할 (변화를 시작하거나 관리하기)

19 _ 갈등 관리 (의견 불일치를 해결함)

20 _ 유대 망 구성하기 (인맥을 계발하고 육성 및 파트너십 추구하기)

21 _ 팀워크와 협동 (공동 목표를 위해 남과 함께 일하기)

세 가지 인기 있는 EQ 테스트는 메어-살로비-카루소 EI 테스트 MSCEIT; Mayer-Salovey-Caruso Emotional Intelligence Test와 감성 능력 조사 ECI; Emotional Competence Inventory 그리고 EQ 조사EQ-i; Emotional Quotient Inventory이다. 이것들은 감성지능을 측정할 수 있을 뿐만이 아니고, IQ보다는 훨씬 크게 '훈련할 수 있다'고 나타나고 있다.

감성지능은 이 책에는 가장 타당한 변혁적 측정지표일지도 모르는데, 그 이유는 측정이 얼마나 잘 '사회화' 되었는가가 중요한 요소이기 때문이다. 높은 감성지능의 소유자는 명백하게 사회화에 대해 좀 더 순응적이며, 조직 전체를 통해서 사회화를 더 잘 이룰 수 있다.

29 _ 직원 안전

일터의 안전은 변혁적 측정에는 맞지 않는 분야처럼 보이겠지만, 이 변혁적 측정지표가 개인과 조직에 줄 수 있는 의미심장한 영향력에 놀랄지도 모른다.

다니엘 패트릭 오브라이언Daniel Patrick O'Brien이 설명하듯이. 대부분의 안전 측정은 "과거의 노력, 손해 사고, 문제 분야, 그리고 과거 추세이다. 그것들은 완전히 과거에 일이 어떠했는가에 전념하고 있다…." 안전 측정은 부상통계(시간 허비 사고 같은)와 안전 규칙 준수 문제(안전 위반)에 집중하기가 쉽다. 거의 모든 사고 데이터는 실패 중심의 측정으로, 그 예는, 부상/죽음의 숫자, 상실 근무일수, 유출 숫자, 사고 비용, 안전 위반 숫자 등등이다. 설상가상으로 사고통계는 불완전하기가 십상이고, 어떤 사고는 보고조차 되지 않기도 하는데, 그 이유는 동료들의 압력("우리의 무사고 기록이 깨지면 안 되는데…") 또는 시간 허비성 부상 결과가 아닌 때문이다.

사고를 셈으로써 안전 관리를 시도하는 것은 사상자의 수를 측정함으로써 전투를 하려고 시도하는 것과 마찬가지이다. 여러분이 얼마나 잘했는가 또는 못했는가를 나타내는 데 사용된 측정은 상황을 개선하는 데 아무런 도움이 되지 않는다. 더군다나 사고율은 여느 요인만큼이나 우연에 기인한다. 그 이유는 직장에는 불안전한 조건이 많이 존재하고 사람들이 불안전한 행동에 많이 종사하지만, 그게 사고로 연결되지는 않기 때문이다. 연구 결과에 의하면 평균적으로 한 근로자가 불안전한 행동을 330번 해야 비로소 하나의 사고로 연결되었다고 한다. 한 사고가 발생하면, 흔히 불운에 의한 것이다. 낮은 부상률을 가진 회사라도 실제로는 커다란 안전 문제를 안고 있을지도 모르며, 단지 운이 좋은 경우도 흔하다.

안전 측정에 대한 전통적인 접근방법이 안고 있는 원래의 문제를 해결하기 위해서 안전을 측정하는 데 대해 변혁적인 접근방법이 만들어졌다. 그 측정지표는 안전 행동인데, 무엇보다도 먼저 질적인 또는 주관적인 측정지표로서, 또한 정량적인 통계로 변환할 수 있다. 이것의 배경이 되는 개념은 부정적인 것보다는 일어나기를 바라는 긍정적인 것을 측정하는 것이 훨씬 더 쓸모 있고, 특히 사고를 측정하는 것은 직원 행동보다는 '불운'을 측정하기 때문이다.

이런 새로운 패러다임에 의하면, 측정은 무작위적인 '동료 관찰' 중에 일어난다. 사고와 부상이 보고되기를 기다리는 것보다, 관찰자는 적극적으로 중대한 '안전 행동(가장 흔한 사고를 방지하는 짓)'을 찾아보는데, 그 행동은 행동 관찰 양식에 기재되어 있다. 관찰자는 '불안전한 행동'을 특별히 찾고 있는 것은 아니지만, 그런 행동이 눈에 띄면, 도움이 되는 피드백(비난이 아닌)을 주게 되며, 관찰 양식에 그 불안전한 행동을 기록하지 않는다. 오직 관찰 양식에 기재된 안전 행동만

기록된다. 그 측정은 주관적인 판단에 근거하고 있지만, 관찰자들은 안전 행동을 알아보도록 훈련되었으며, 그들의 관찰은 비교적 정확하다.

더구나 그 측정은 긍정적이므로 피관찰자들에게는 방어적인 자세가 존재하지 않는다. 안전 행동 점수는 개인이 아닌 각 팀별로 계산된다. 이들 점수는 성과기록표에 기록되고 추세는 그래프로 그려져서 전시되어, 팀들이 그 진전 상태를 볼 수 있게 한다. 직원들은 그 측정을 논의하고, 서로에게 좀 더 안전하게 작업하도록 '긍정적인 동료 압력'을 행사하도록 격려된다. 사전에 정한 '목표 수준'에 도달되면, 어떤 인정 행사가 흔히 마련되어 있다. 그 취지는 '긍정적인 측정의 힘'을 사용하여 안전 행동을 증가시키자는 것이지, 단순히 감시하자는 것이 아니다. 그리고 전통적인 '사고 측정'과는 달리, 안전 행동은 철저하게 직원 통제 하에 있다.

30 _ 직원 프리젠티즘

출근과 건강의 현행 측정은 직장에서 직면하고 있는 가장 심각한 문제, 즉 프리젠티즘Presenteeism(과잉근무, 억지출근)을 무시하고 있다. 프리젠티즘 문제는 이러저러한 형태로 수세기 동안이나 존재하고 있지만, 그 용어 자체는 비교적 새로운 것이다. 프리젠티즘이 일어나는 것은 사람들이 병이나 다른 문제를 안고 출근할 때이고, 그래서 그들의 생산성을 저하시키고 질병을 퍼뜨린다. 여느 다른 구성개념처럼, 프리젠티즘은 측정이 되어야 비로소 효과적으로 관리할 수 있다.

프리젠티즘은 직원 측이 품고 있는 소득이나 직장의 상실에 대한 두려움에 기인한다고 널리 생각되고 있다. 많은 회사는 병가 혜택을 3일 이상은 제공하지 않고 있다. 게다가 최근의 건강보험료율의 엄청난 인상과 천정부지로 치솟는 건강 관리 비용은 많은 직원에게 치료받는 것을 더욱더 주저하게 만들고 있는 실정이다.

프리젠티즘은 한 회사의 아웃풋에 최악의 결과를 초래할 수 있고, 또한 눈에 보이지 않는 장기적인 비용과 광범위한 사회적 문제를 안겨줄 수가 있다. 병이 난 채로 출근하는 직원은 평상시 능력의 일부만으로 일할 수도 있는데, 임금과 혜택은 100%의 능력으로 일하는 직원들과 똑같이 받고 있는 것이다. 그들은 또 실수와 부상의 위험성이 더 크고, 전염성 질병을 동료 직원에게 옮길 수도 있으며, 그래서 더욱더 직장 능률 문제를 야기한다.

이제 프리젠티즘이 확인되었고 정의되었으니 측정하고 관리할 수 있다. 미국 플로리다Florida 주 탬파Tampa 시에 있는 종업원 건강 연대 Employee Health Coalition가 처음 그 문제를 연구하고 17가지 질병을 분석했는데, 그 결과 프리젠티즘으로 인한 생산성 손실이 앱센티즘 absenteeism(무단/장기 결근)으로 인한 생산성 손실보다 7.5배나 크다는 것을 발견했다. 특정 문제, 즉 알레르기, 관절염, 심장병, 고혈압, 편두통, 그리고 목 또는 등 통증 같은 경우에는 15대 1 이상이었다.

코넬 대학교Cornell University의 건강 및 생산성 연구 센터Institute for Health and Productivity Studies 연구진에 의하면, 직원 질병에 들어간 총비용의 60%까지가 프리젠티즘에서 생겨났다고 한다. 위와 같은 연구가 이제 나타나는 노력의 최선봉에서, 이런 문제를 다루기 시작하는 중이며, 그 문제는 측정이 되지 않았기 때문에 오랫동안 방치되었던 것이다.

31 _ 학습의 효과성

미국 회사들이 연간 3,000억 달러 이상이나 매년 훈련 비용으로 쓰고 있는데도 불구하고, 비즈니스 실적에 대해 학습이 어떤 긍정적인 영향을 주고 있음을 나타내는 아무런 데이터도 존재하지 않는다. 사실 대부분의 회사와 정부기관은 그 영향을 측정하려는 시도조차 하지 않는데, 그 이유는 그 방법을 모르거나 너무 어렵다고 느끼기 때문이다. 그렇기 때문에 훈련이나 다른 학습 프로그램들이 여전히 수행된 프로그램의 숫자, 참가자 수, 과정 일수, 1인당 훈련투자비용, 그리고 과정 끝의 만족도 조사 같은 지표로 측정되고 있다. 이것들은 실제로는 학습 효과성에 대한 측정지표가 아니라. 학습 활동에 대한 측정지표인 것이다.

거의 모두가 훈련과 비즈니스 실적 사이에는 인과적인 관계가 있을 거라고 믿고 있지만, 진지하게 살펴본 사람은 드물고 그 관계를 발견할 수 있었던 사람은 더 드물다. 최근에는 훈련 프로그램의 ROI를 분리하는 데에 관심이 있지만, 대부분의 활동이 '손쉬운 선택', 즉 직원의 기본 직무 기능 훈련이 성과를 개선함을 보여주는 것 같은 것에만 집중한다. 실제로 그것은 ROI 계산이 없더라도 너무나 뻔한 것이다.

더군다나 지식경영, 코치식 훈련, 그리고 스승 개념의 시대에, 전통적인 훈련 프로그램은 직원 성과를 개선하기 위해 실행되는 여러가지 다른 사항들에서 분리하는 것이 점점 더 어려워지고 있는 현실이다. 그 점이 바로 저자가 학습 효과성 측정LEM; Learning Effectiveness Measurement을 IBM에서 개발해서 훈련 측정에 대한 전통적인 접근방법의 약점에 대처하려고 한 것이다.

학습에서 가장 커다란 문제 중의 하나는 학습과 실제의 조직적 효과와의 사이의 틈을 메우는 방법이었다. 그 틈을 메우기 위해, 전형적인 학습 측정지표(지식과 기술의 획득)와 좀 더 결과중심의 조직 측정지표 사이의 인과관계의 연쇄chain of causality를 추적하기 위한 체계적인 프로세스가 필요했다. LEM의 핵심은 '인과 사슬causal chains' 도표 개념으로서, 원인과 결과의 '사슬'을 통하여 학습의 영향을 추적하는데 사용된다. 즉 '지식과 기술의 획득'에서 '행동 변화', '개인 또는팀 성과 개선', '조직성과 개선'으로, 그리고 '조직 실적 측정지표'로궁극적 고리에 이르게 된다.

가장 중요한 것은 물론 도표가 아니며, 개발, 검사, 그리고 상호작용의 프로세스를 통해서 얻은 이해력이다. 그 인과 사슬은 바라는 결과에 대한 학습 프로그램의 영향을 추적하기 위해 좀 더 효과적인 학습 프로그램과 측정 계획을 설계하기 위한 길잡이를 제공한다. 인과의 이해는 하나의 비즈니스적인 효과를 달성하려고 시도하는 훈련에서 오랫동안 빠져 있던 요소이다. 이 인과 논리는 '학습으로부터 비즈니스 효과 사슬'의 모든 핵심 연결 고리를 추적하는 데 쓰일 수 있는 측정지표를 알아내게 할 뿐만 아니고, 더욱 중요한 것은 그 효과를 추진하는 데 반드시 필요한 연결 상황을 눈으로 볼 수 있게 한다는 점이다.

LEM은 통례적인 학습 측정 방법론과는 차원이 틀린 것이다. 이것은 바람직한 조직 효과를 달성하기 위해, 학습 및 성과 개선 프로세스를 계획하고 관리하는 접근방법이다.

32 _ 정보적응

조직이 자신의 IT 하부구조를 운영하는 거의 모든 면에 대하여 진이 빠지도록 상세하게 측정할 수는 있겠지만, 정보 활용의 비기술적인 측면은 거의 측정이 되지 않고 있다. 기존의 측정지표는 어느 정도로 한 회사가 다음의 사항을 잘하고 있는지 알려주는 것이 거의 없다. 그 사항은 직원의 정보 필요에 대해 분석 정리하기, 과부하를 방지하기 위해 정보 걸러내기, 핵심 지식 원천 확인하기, 그리고 정보의 활용, 공유 또는 재활용에 대해 직원 훈련시키기 등이다. 정보를 가지고 사람들이 무슨 일을 하는가는 그들이 정보를 관리하기 위해서 사용하는 테크놀로지와 마찬가지로 중요하거나 오히려 그보다 더 중요하다. '정보 활용' 을 측정하는 능력이 없이는, 21세기 조직이 실제로 행하고 있는 것 대부분은 관리할 수가 없다.

정보적응IO: Information Orientation은 조직이 보유하고 있는 정보를 얼마나 잘 사용하는가를 측정하는 신생 측정지표이다. 이것은 도널드 마찬드Donald Marchand, 윌리엄 케팅거William Kettinger 그리고 존 롤린스 John Rollins의 광범위한 연구에 바탕을 두고 있는데, 전 세계의 많은 산업에 걸쳐서 수백 개의 회사에서 IO를 연구한 결과이다. 이러한 것과 같은 신 측정지표가 개발이 될 때까지는 효과적인 정보 활용의 상태는 대부분 볼 수 없었다.

한 조직의 IO는 세 가지의 '역량' 으로 이루어져 있고, 그 중 단 한 가지만이 IT 응용과 하부구조 관리와 관계가 있다. 다른 두 가지의 IO 역량이 관계된 것은 첫째, 정보의 생애주기에 걸친 '정보 관리' 와 둘째, 정보의 효과적인 사용에 잘 통하는 '행동과 가치' 를 심어주고 촉진하는 조직의 능력이다.

IO는 다음과 같은 실천사항, 행동, 그리고 가치로 구성되어 있다.

- **IT 실천사항**ITP 운영지원용 IT(운영 통제하기). 비즈니스 프로세스 지원용 IT(비즈니스 프로세스를 촉진하기 위한 하드웨어, 소프트웨어, 전문가의 배치). 혁신 지원용 IT(직원의 창의적 활동을 위한 하드웨어 및 소프트웨어 지원). 경영 의사결정을 촉진하는 IT지원.
- **정보 관리 실천사항**IMP 정보 감지하기(정보가 탐지되고 확인되는 방법). 정보 수집하기(타당한 정보의 모음). 정보의 체계화(정보의 인덱싱, 분류, 그리고 연결). 정보 처리하기(의사결정 전 정보의 접근과 분석). 정보 유지하기(정보의 재활용, 갱신변경 그리고 재생).
- **정보 행동과 가치**IBV 정보 완전성(정보의 보안 개선하기 및 조작 감소하기). 정보 절차(정식 정보의 신뢰성 강화하기). 정보 통제(적정한 이해당사자에 대한 비즈니스 정보의 공개). 정보 공유(부서 내 및 기업을 가

로지르는 정보의 자유로운 교환 촉진하기). 정보 투명성(정보와 관련된 신뢰와 정직성 강화하기). 정보 적극성(조직 내 사람들이 정보를 찾아내고 강화하는 성향 늘리기).

정보적응은 위에 열거한 사항들을 단순히 실행하는 것에 관한 것이 아니고, 잘 실행하는 데 있다. 낮은 IO의 조직이 이런 사항들을 많이 실행하겠지만, 그들은 잘하거나 철저하게 하는 것이 아니다. 많은 데이터를 그저 수집하고 체계화하는 것으로는 충분하지 않다. 그 데이터를 올바른 지식과 행동으로 전환할 수 있어야만 한다.

33 _ 정보숙달도

《무게 없는 사회The Weightless Society》의 저자, 찰스 리드비터Charles Leadbeater는 말한다. "정보를 생성하는 우리의 역량은 그것을 효과적으로 사용하는 우리의 능력을 훨씬 웃돈다." 개인과 조직이 데이터를 정보로, 정보를 지식으로, 그리고 지식을 지혜로 변환하는 역량을 좀 더 낫게 개발해야 비로소 정보작업이 진정한 지식작업이 될 것이다.

토마스 버콜츠Thomas Buckholtz가 정보숙달도Information Proficiency라고 부르는 것 말고는 그 외 다른 직원 '정보 사용'의 측정지표는 모르겠다. 대개의 경우에 조직은 영리한 사람을 고용하고, 그 사람을 데이터의 홍수가 난 시스템 속으로 던져버린다. 대부분의 직원은 간신히

떠있는 것이 고작이고, 이 데이터를 가지고 어떤 적극적인 일을 하거나 창의적이 된다는 것은 말이 안 되는 소리이다. 정보숙달도에 대한 커리큘럼에 대해서도 아는 바가 없는데, 어딘가에는 존재하는지도 모른다.

아이러니컬하게도 한 회사가 세계에서 가장 훌륭한 IT 하부구조를 지닐 수는 있겠지만, 정보숙달도가 낮다면 막대한 낭비의 원인이기 쉽다. 대부분의 조직은 '정보 활용'보다는 '정보 가용성'을 측정하고 있다.

버콜츠에 의하면, "정보숙달도는 정보의 효과적인 사용으로 목표를 정의하고 달성한다. 운영면에서 정보숙달도는 의사결정을 하고 실현함에 있어서 품질을 상징한다." 정보숙달도에는 다음과 같은 두 가지 측면이 있다.

1 _ 정보를 가지고 의사결정을 하는 숙달도 측정하기
2 _ 정보를 통하여 의사결정을 실현하는 숙달도 측정하기

버콜츠가 제의한 측정 방법은 흥미 있는 것으로서, 응답자가 개입된 한 대표적인 의사결정에 대한 반응을 포함하고 있다. 완전한 질문과 채점체계는 그의 책에 들어 있다. 그 측정지표가 대략 어떤 것인지 알기 위해서, '정보를 가지고 의사결정을 하는 숙달도'를 측정하려고 버콜츠가 사용하는 질문을 다음에 소개한다.

1 _ 의사결정에 대비해서 목적은 명백했다.

2 _ 의사결정 프로세스에 올바른 참가자가 개입되었다.

3 _ 효과적인 의사결정 프로세스가 사용되었다.

4 _ 의사결정 프로세스의 관리가 적절했다.

5 _ 의사결정 프로세스의 진도는 그 의사결정의 우선순위에 적절했다.

6 _ 의사결정의 핵심 논점은 일찍 결정되었다.

7 _ 의사결정 프로세스 동안에 참석자들은 잘 조정되었다.

8 _ 의사결정 프로세스를 둘러싼 의사소통은 적절했다.

9 _ 의사결정은 최적 효과에 알맞은 시간에 이루어졌다.

10 _ 의사결정(또는 비결정)은 잘 전달되었다.

11 _ 의사결정 프로세스에서 배운 것이 있었다.

12 _ 과거의 의사결정에서 배운 것이 있었다.

13 _ 의사결정은 적절한 때에 재검토되었다.

14 _ 의사결정은 실현 계획을 포함하고 있었다.

15 _ 의사결정을 하는 데에 충분한 정보가 활용되었다.

16 _ 의사결정을 하는 데에 사용된 정보의 품질은 적절하게 검증되었다.

17 _ '메타 정보(정보에 관한 정보)'는 적절하게 사용되었다.

18 _ 의사결정에 사용된 정보의 품질은 적절하게 고려되었다.

19 _ 의사결정에서 조직목표에 대한 최적의 결과가 달성되었다.

버콜츠의 응답 선택사항은 꽤 복잡하고 각 항목에 맞춰져 있지만, 표준 5점 평가기준 ('5=강하게 동의한다'에서 '1=강하게 부인한다' 까지), 또는 또 다른 적절한 평가기준을 사용 못할 이유는 없다고 본다.

정보숙달도 측정은 조직에 진정으로 변혁적 영향을 줄 수 있다. 만일 개인, 팀, 부서 또는 전체 조직이 이 구성개념을 부지런히 사용하고 이를 개선하려고 시간을 들인다면, 자신의 의사결정의 품질을 개선하지 못할 경우는 상상도 할 수 없다.

34 _ 지식의 흐름

조직 내의 지식을 더 잘 관리하면, 협동과 혁신, 그리고 경쟁우위의 개선으로 연결될 것이라는 데는 의심의 여지가 없다. 한 조직의 데이터는 조직의 컴퓨터 시스템 내부에 존재하는 반면, 조직의 '지성'은 조직의 사회 시스템에서 발견된다고 지적되고 있다. 이런 지식 집약 경제 체제에서, 조직은 지식이 어떻게 공유되고 있는지 더 잘 파악하고 있어야, 지식을 더 효과적으로 관리할 수 있다. 미래에는, '누가 무엇을 안다' 및 '누가 누구와 공유하고 있다'가 전통적 신분의 상징인 '누가 누구를 안다'보다 더 중요할 것이다.

사회 네트워크 분석SNA; Social Network Analysis은, 원래 조직 네트워크 분석ONA; Organizational Network Analysis으로 불렸는데, 사회 집단과 조직 네트워크 내의 사람들 간의 관계와 정보의 흐름을 지도화하고 측정하는 것이다. 그러한 분석에서 유래한 통찰력은 흔히 대단히 위압적이며 반 직관적이다.

SNA를 실천하는 방법은 다음과 같다. 분석 대상으로 선정된 사람은 조사용 설문을 완료하는데, 그 질문은 누구와 지식을 공유하는지 그리고 어떤 종류의 지식을 그들이 공유하는지에 관해 묻는다. 그 조사 데이터의 결과로 지식 네트워크가 지도화되며, 조직 내부와 그 경계를 넘어서 상호작용을 드러낸다. 이 분석은 어떻게 지식과 전문 지식이 공유되는가에 관한 지도로 연결된다. 분석 내의 각 사람은 네트워크 지도상에 하나의 노드node(교차점)로 표시된다. 가장 중요한 노드는 이 네트워크에서 가장 중심적인 사람이다. 그들은 보통 인정된 전문가로서, 중요한 정보와 지식으로 사람들이 자주 찾는 사람이거나, 또는 그냥 인맥이 풍부한 네트워커networker일 수도 있다.

네트워크 지도에 추가로, 여러 가지 측정지표들이 있는데, 소프트웨어에 의해 계산된다. 몇 개의 측정지표는 노드의 '중심성centrality' 에 관계된다. 이들 측정지표는 네트워크에서 한 노드의 중요성과 두드러짐을 결정하게 한다. 항상 흥미 있는 것은 네트워크에서의 위치가 자주 조직도나 공식적인 서열상의 위치와는 의미심장하게 다른 것이 눈에 띈다는 점이다. '정도 중심성' 은 '정도(직접 연결의 숫자)' 의 개념을 사용함으로써, 각 노드의 네트워크 활동을 측정하는 측정지표이다.

사람들의 생각과는 반대로, 개인적 네트워크에서는 더 많은 연결을 갖는다는 것이 항상 더 좋은 것은 아니다. 진짜로 중요한 것은 그 연결이 어디로 이끄는가이다. '매개 중심성' 은 얼마나 많은 노드의 사이에 그 노드가 있는가의 측정지표이다. 예를 들어 누군가 많은 다른 관계 사이에 있는 사람은 네트워크상에서 '브로커' 역할을 하는 것으로 보인다. 높은 '매개성' 을 지닌 노드는 네트워크에서 흐르고 있는 것에 대해 커다란 영향력을 갖는다.

'근접 중심성'은 노드의 연결이 얼마나 가까운가와 상관이 있다. 남과 가장 짧은 경로를 지닌 사람은 네트워크상에서 정보의 흐름을 관찰하기에 특히 좋은 위치에 있다. 그들은 네트워크에서 무슨 일이 일어나는지에 관해 가장 좋은 시계를 지니고 있다. '네트워크 집중화'는 네트워크상에서 노드의 위치를 꿰뚫어보는 힘을 제공한다. 집중화된 네트워크(하나 혹은 극소수의 중심적 노드에 의해 지배되는)는 위험한 상황을 제시하는데, 그들 중 하나라도 치워지면 네트워크의 붕괴를 초래할 수 있기 때문이다. '허브'는 높은 정도 및 매개 중심성을 지닌 노드이다. 집중화가 높은 네트워크는 위험에 노출되어 있고, 아무 허브라도 제거되거나 불능상태에 빠지면, 갑작스럽게 고장나게 된다. '평균 경로길이'는 네트워크상의 경로의 평균 길이이다. 연구가 제시하는 바에 의하면, 네트워크상에서 더 짧은 경로가 가장 중요한 것이다.

일부 핵심 SNA 개념과 측정지표의 이 짤막한 기술로 그러한 분석에서 얼마나 많은 데이터를 끌어낼 수 있는가 하는 아이디어를 갖게 되었을 것이다. SNA를 활용할 수 있는 목적에는, 개인적 영향력 지도화, 특정 분야의 혁신가 찾아내기, 변화 노력에 관련된 사람들의 상호작용 지도화, 프로젝트 팀의 기능 향상하기, 관심의 대상이 되는 공동사회의 발생 발견하기, 경계를 넘나드는 지식흐름 확인하기, 있을 수 있는 테러리스트 네트워크 노출하기, 그리고 한 분야의 기술적 전문가의 위치 알아내기 등이 있다. 가장 중요한 점은 이 측정이 사회적 네트워크의 관리를 좀 더 효과적으로 할 수 있게 한다는 것이다.

옮긴이 / 이규장

서울대학교 법학과를 졸업하고 한국비지네스서비스(주) 소프트웨어 사업본부장, 전무를 역임했다. 현재 인트랜스 소속 전문 번역가로 활동 중이다.

KPI 이노베이션

제1판 1쇄 발행 | 2008년 3월 24일
제1판 11쇄 발행 | 2021년 5월 20일

지은이 | 딘 R. 스피처
옮긴이 | 이규장
펴낸이 | 윤성민
펴낸곳 | 한국경제신문 한경BP

주소 | 서울특별시 중구 청파로 463
기획출판팀 | 02-3604-590, 584
영업마케팅팀 | 02-3604-595, 583   FAX | 02-3604-599
H | http://bp.hankyung.com   E | bp@hankyung.com
F | www.facebook.com/hankyungbp
등록 | 제 2-315(1967. 5. 15)

ISBN 978-89-475-2664-7   03320